"十四五"职业教育系列教材

建筑材料与构造

（第二版）

主　编　魏艳萍　梁荐喆

副主编　昝西娟

编　写　杨　希　王凯徽

　　　　游　乾　刘双英

中国电力出版社

CHINA ELECTRIC POWER PRESS

内 容 简 介

本书为"十四五"职业教育系列教材，教材形式为"活页式＋课程思政"双创新。

全书以房屋构造为主，将建筑材料的内容融入房屋构造中，主要阐述建筑材料的种类、基本性质、建筑物的组成、构造原理及常见构造做法，由概述、基础与地下室、墙体、楼地面、垂直交通设施、屋面、门窗七个教学模块组成。每个模块节点化，分为知识单元、技能单元和思政单元，且附有教学评价表；每一节点首页以表格形式插入：课程名称、教学内容、学时安排、教学重点及难点、教学目标、思政元素融入方法、教学环节、课前导入（课程思政案例及思考讨论）等内容，使学生"德技"并修。

思政单元中的案例分为红色建筑、建筑人物、大国工程、建筑伦理、中国精神五个主题，将中国道路、中国理论、中国制度、中国精神、中国力量润物细无声地融入到相应的专业知识中，达到专业人才的培养目标要求。

全书数字化教学资源丰富，包括PPT、二维码链接、技能单元答案、思政单元微课、视频等。在数字资源中设置了"二十大报告及党章修正案学习辅导"栏目，为教师组织课堂教学和学生自主学习提供了便捷的信息化资源平台。

本书可作为土建类专业教材，也可作为建筑工程技术人员自学和参考用书。

扫码获取本书
配套数字资源

图书在版编目（CIP）数据

建筑材料与构造/魏艳萍，梁荐喆主编 . —2 版 . —北京：中国电力出版社，2023.3（2023.9 重印）
ISBN 978 - 7 - 5198 - 7345 - 5

Ⅰ. ①建⋯　Ⅱ. ①魏⋯②梁⋯　Ⅲ. ①建筑材料—高等职业教育—教材②建筑构造—高等职业教育—教材
Ⅳ. ①TU5②TU22

中国版本图书馆 CIP 数据核字（2022）第 239615 号

出版发行：中国电力出版社
地　　址：北京市东城区北京站西街 19 号（邮政编码 100005）
网　　址：http://www.cepp.sgcc.com.cn
责任编辑：孙　静（010 - 63412542）
责任校对：黄　蓓　郝军燕
装帧设计：张俊霞　郝晓燕
责任印制：吴　迪

印　　刷：北京九天鸿程印刷有限责任公司
版　　次：2019 年 1 月第一版　2023 年 3 月第二版
印　　次：2023 年 9 月北京第十次印刷
开　　本：787 毫米×1092 毫米　16 开本
印　　张：21.5
字　　数：495 千字
定　　价：59.80 元

前 言

　　21世纪科技高速发展，建筑行业面临的是一个经济全球化、信息国际化、知识产业化、学习社会化、教育终身化的崭新时代，培养高等应用型技术人才，提高从业人员的整体素质，是我国现代建筑行业蓬勃发展的迫切需要。高等职业技术教育就是培养适应生产、建设、管理、服务第一线需要的高等技术应用型人才。目前，随着我国高等职业技术教育改革的深化，高等职业技术建筑类专业迫切需要一套新的教学计划及配套教材，以使学生能更好地适应社会及经济建设发展的需要。

　　本教材是为适应科技和社会快速发展的需要，促进科技成果向现实生产力的转化，结合我国高等职业技术教育的特点编写的。该教材适用于建筑设计、城市规划、土木工程、建筑工程技术、工程监理、工程造价、物业管理等专业，同时也适用于给水排水、供暖通风和电气设备安装等专业，对工程类技术人员的自学，备考一、二级注册建筑师也有非常重要的指导作用。

　　本书为新型活页式教材，融入课程思政的相关内容。根据建筑专业人才培养目标，本教材分为七个教学模块，每个模块节点化，分为知识目标、能力目标和思政目标，且附有教学评价表。教材的编写采用了最新国家标准和有关规范，同时选用了当前建设领域的一些新成果。注重理论知识与实际工程的结合，力求做到以应用为主旨，在理论上坚持必须、够用的原则，深入浅出、图文结合，更具有针对性和实用性。

　　本教材由山西工程科技职业大学魏艳萍教授主编并承担全书的统稿和校核工作；山西筑心建筑设计工程有限公司总工梁荐喆为企业主编；山西工程科技职业大学昝西娟教授为副主编并承担全书的思政单元内容编写。参加编写工作的有：山西工程科技职业大学魏艳萍、昝西娟、杨希、王凯徽、游乾、刘双英，山西筑心建筑设计工程有限公司梁荐喆。

　　为学习贯彻落实党的二十大精神，本书根据《党的二十大报告学习辅导百问》《二十大党章修正案学习问答》，在数字资源中设置了"二十大报告及党章修正案学习辅导"栏目，以方便师生学习，微信扫码即可获取。

　　限于编者水平，书中不足之处难免，恳请广大读者批评指正。

编者

2022 年 11 月

目 录

教学模块 1　概　　述

课程名称	1.1　建筑材料的基本知识		
教学内容	1.1　建筑材料的基本知识 一、建筑材料的分类 （一）按材料的化学成分分类 （二）按材料适用的工程分类 （三）按材料的功能分类 二、建筑材料的基本性质 （一）材料的物理性质 （二）材料的力学性质 （三）材料的化学性质和耐久性		
学时安排	2 学时 （90 分钟）	知识单元	65 分钟
		技能单元	10 分钟
		思政单元	15 分钟
教学重点 及难点	建筑材料的基本性质——材料的物理性质、与水有关的性质、与热有关的性质、与声学有关的性质； 通过实测，理解每一种基本性质的含义		
教学目标	知识目标	1. 了解建筑材料的物理性质。 2. 熟悉建筑材料的分类。 3. 掌握建筑材料的物理性质在实际工程中的应用	
	能力目标	1. 能够准确对建筑材料按化学成分进行分类。 2. 能够分辨密度、表观密度、堆积密度的异同；孔隙率与空隙率的异同；亲水性、吸水性和耐水性的异同；强度与比强度、弹性与塑性、脆性与韧性、硬度与耐磨性的异同。 3. 能够描述隔绝空气声和隔固体声的不同要求。 4. 能够判断材料的耐燃性	
	思政目标	**案例 1** 1. 深刻认识红色政权来之不易、新中国来之不易、中国特色社会主义来之不易。 2. 青春是用来奋斗的，积极投身社会主义伟大实践，用奋斗来实现人生价值。 **案例 2** 1. 通过港珠澳大桥建设中耐久性材料的研发和使用，使学生明白创新的重要性。 2. 培养学生精益求精、专注执着的工匠精神	
思政元素 融入方法	1. 通过案例导入教学内容。 2. 通过讨论对学生进行思政教育		

知识单元	
教学环节	教学内容安排
课前导入	课程思政案例1：一座由红军设计建造的"人民大会堂"——中华苏维埃共和国临时中央政府大礼堂的革命历史印记 思考讨论：中华苏维埃共和国临时中央政府大礼堂建造采用了什么建筑材料？当时为什么会选用这样的建筑材料？ 课程思政案例2：港珠澳大桥"强筋健骨"的奥秘 思考讨论：港珠澳大桥为什么能达到120年的使用标准？

1.1 建筑材料的基本知识

建筑材料是指建筑工程中所使用的各种材料，是各项基本建设的物质基础，也是其质量保证的重要前提。在实际工程中，建筑材料的选择、使用及管理，对工程成本有较大影响。因此，掌握建筑工程材料知识，可以优化选择和正确使用材料，充分利用材料的各种性能，显著降低工程成本，提高经济效益。

一、建筑材料的分类

建筑材料的种类繁多，为便于区分和应用，工程中常从不同角度对其分类。

（一）按材料的化学成分分类

材料按化学成分可分为无机材料、有机材料和复合材料，见表 1-1。

表 1-1　　　　　　　　　　　　建筑材料按化学成分分类

分类	品种		举例	
无机材料	金属材料	黑色金属	钢、铁	
		有色金属	铝、铜、铅及其合金等	
	非金属材料	天然石材	花岗岩、石灰岩、大理岩等	
		烧土制品及玻璃	砖瓦、陶瓷、玻璃等	
		胶凝材料	气硬性胶凝材料	石灰、石膏、水玻璃等
			水硬性胶凝材料	各种水泥
		以胶凝材料为基料的人造石	混凝土、砂浆、石棉水泥制品、硫酸盐建筑制品	
有机材料	植物材料		木材、竹材等	
	合成高分子材料		塑料、涂料、胶结剂、合成橡胶等	
	沥青材料		石油沥青、煤沥青、沥青制品等	
复合材料	金属材料与非金属材料复合		钢筋混凝土、钢丝网混凝土等	
	无机材料与有机材料复合		聚合物混凝土、沥青混凝土、玻璃钢等	
	其他复合材料		水泥石棉制品、人造大理石、铝塑板等	

（二）按材料适用的工程分类

材料按适用的工程可分为土建工程材料、装饰工程材料、水暖气工程材料和电气工程材料。

（1）土建工程材料是指土建工程所使用的建筑材料，主要包括砖、瓦、灰、砂、石、钢材、水泥等。

（2）装饰工程材料是指建筑装饰工程所使用的建筑材料，主要包括板材（如石板、玻璃、陶瓷、金属板、人造板、塑料板等）和浍料（油漆、涂料等）。

（3）水暖气工程材料是指给排水、消防、供热、通风、空调、供燃气等配套工程所需设备与器材。

（4）电气工程材料是指供电、电信及楼宇控制等配套工程所需设备与器材。

（三）按材料的功能分类

材料按功能可分为结构材料和专用材料。

（1）结构材料是以力学性能为基础，制造受力构件所使用的材料，如建筑物的基础、梁、板、柱等所用的材料。

（2）专用材料是指用于防水、防潮、防腐、防火、阻燃、隔音、隔热、保温、密封等材料，如改性沥青、合成高分子防水材料、膨胀珍珠岩、防火涂料、聚氨酯建筑密封膏等。

二、建筑材料的基本性质

建筑材料的基本性质是指材料处于不同的使用条件和使用环境时，通常必须考虑的最基本的、共有的性质。归纳起来有物理性质、力学性质、化学性质和耐久性等。

在建筑工程的设计和施工中，只有了解和掌握了材料的有关性能指标，才能够最大限度地发挥材料的效能，做到正确地选择和合理使用材料。

（一）材料的物理性质

1. 与质量有关的性质

与质量有关的性质主要有密度、表观密度、堆积密度、密实度、孔隙率、空隙率、压实度。

（1）密度。密度是指材料在绝对密实状态下单位体积的质量，旧称比重，按下式计算

$$\rho = \frac{m}{V}$$

式中　ρ——材料的密度，g/cm^3，kg/m^3；

　　　m——材料的质量，g，kg；

　　　V——材料的密实体积，cm^3，m^3。

材料在绝对密实状态下的体积是指不包括内部孔隙的材料体积。对钢材、玻璃等绝对密实材料，可根据其外形尺寸求得体积，称出其干燥的质量，按公式计算密度。

对于一般的材料，为了测得准确的密度值，可将材料磨成细粉干燥后，再称取一定质量的粉末，利用密度瓶测量其绝对体积。

（2）表观密度。表现密度是指材料在自然状态下单位体积的质量，旧称容重，按下式计算

$$\rho_0 = \frac{m}{V_0}$$

式中　ρ_0——材料的表观密度，g/cm^3，kg/m^3；

　　　m——材料的质量，g，kg；

　　　V_0——材料在自然状态下的体积，或称表观体积，cm^3，m^3。

材料的表观体积是指整体材料（包括内部孔隙）的外观体积。外形规则材料的表观体积，可直接以尺度量后计算求得；外形不规则材料的表观体积，必须用排水法或排油法测定。

材料的表观密度除与材料的密度有关外，还与材料内部孔隙的体积有关。当材料孔隙体积内含有水分时，其质量、体积随含水率而变化，故测定表观密度时应注明含水情况，而未注明含水率时，是指烘干状态下的表观密度，即表观干密度。

（3）堆积密度。堆积密度是指粉状、颗粒状材料（水泥、砂、石等）在堆积状态下单位体积的质量，按下式计算

$$\rho_0' = \frac{m}{V_0'}$$

式中　ρ_0'——堆积密度，kg/m^3；

　　　m——材料质量，kg；

　　　V_0'——材料的堆积体积，m^3。

材料的堆积体积是指散粒状材料在堆积状态下的总体外观体积，它包含了材料固体物质体积、材料颗粒内部的孔隙体积和颗粒间的空隙体积。材料的堆积体积，常以材料填充容器的容积大小来测量。

在建筑工程中，进行材料用量、配料、构件自重及材料储存空间等计算，均需要用到上述三种密度。

建筑常用材料的密度、表观密度、堆积密度见表1-2。

表1-2　　　　　　　　　　建筑常用材料的密度、表观密度、堆积密度

材料	密度 ρ（g/cm³）	表观密度 ρ_0（g/cm³）	堆积密度 ρ_0'（g/cm³）
钢材	7.85	7800～7850	—
红松木	1.55～1.60	400～600	—
水泥	2.80～3.10	—	1600～1800
砂	2.50～2.60	—	1500～1700
碎石	2.48～2.76	2300～2700	1400～1700
花岗岩	2.60～2.90	2500～2800	—
普通黏土砖	2.50～2.80	1500～1800	—
普通混凝土	2.60	2100～2600	—
普通玻璃	2.45～2.55	2450～2550	—
铝合金	2.70～2.90	2700～2900	—

（4）密实度。密实度是指材料体积内被固体物质所充实的程度，按下式计算

$$D = \frac{V}{V_0} \times 100\% = \frac{\rho_0}{\rho} \times 100\%$$

式中　D——材料的密实度，%；

　　　V——材料中固体物质体积，cm³，m³；

　　　V_0——材料内部孔隙体积，cm³，m³；

　　　ρ_0——材料的表观密度，g/cm³，kg/m³；

　　　ρ——材料的密度，g/cm³，kg/m³。

（5）孔隙率。孔隙率是指材料中孔隙体积所占整个体积的百分率，按下式计算

$$P = \frac{V_0 - V}{V_0} \times 100\% = \left(1 - \frac{V}{V_0}\right) \times 100\% = \left(1 - \frac{\rho_0}{\rho}\right) \times 100\% = (1 - D) \times 100\%$$

孔隙率反映了材料内部孔隙的多少，它会直接影响材料的多种性质。孔隙率越大，则材料的表观密度、强度越小，耐磨性、抗冻性、抗渗性、耐腐蚀性、耐水性及耐久性越差，而保温性、吸声性、吸水性与吸湿性越强。

与材料孔隙率相对应的另一性质是材料的密实度。它反映了材料内部固体的含量，对于材料性质的影响正好与孔隙率的影响相反。

（6）空隙率。空隙率是指散粒状材料在堆积体积内颗粒之间的空隙体积所占的百分率，按下式计算

$$P' = \frac{V_0' - V_0}{V_0'} \times 100\% = \left(1 - \frac{V_0}{V_0'}\right) \times 100\% = \left(1 - \frac{\rho_0'}{\rho_0}\right) \times 100\%$$

式中　P'——散粒状材料在堆积状态下的空隙率，%。

空隙率考虑的是材料颗粒间的空隙，这对填充和黏结散粒材料时，研究散粒材料的空隙结构

和计算胶结材料的需要量十分重要。

（7）压实度。材料的压实度是指散粒状材料被压实的程度，即散粒状材料经压实后的干堆积密度 ρ' 值与该材料经充分压实后干堆积密度 ρ'_m 值的比率百分数，按下式计算

$$k_y = \frac{\rho'}{\rho_m} \times 100\%$$

式中　k_y——散粒状材料的压实度，%；

　　　　ρ'——散粒状材料经压实后的实测干堆积密度，kg/m^3；

　　　　ρ'_m——散粒状材料经充分压实后的最大干堆积密度，kg/m^3。

散粒状材料的堆积密度是可变的，ρ' 的大小与材料被压实的程度有很大关系，当散粒状材料经充分压实后，其堆积密度值达到最大干密度 ρ'_m，相应的空隙率 P' 值已达到最小值，此时的堆积体最为稳定。因此，散粒状材料的压实度 k_y 值越大，其构成的结构物就越稳定。

2. 与水有关的性质

与水有关的性质主要有亲水性与憎水性、吸水性与吸湿性、耐水性、抗渗性、抗冻性。

（1）亲水性与憎水性。材料与水接触时，其表面可被水润湿或不被水所润湿，被水润湿的材料称为亲水性材料，不被水润湿的材料称为憎水性材料。

材料亲水性或憎水性，通常以润湿角 θ 的大小划分。在水、空气、材料三相交点处，沿水滴表面的切线与水和材料接触面所形成的夹角 θ 称为润湿角，如图 1-1 所示。当 $\theta \leq 90°$ 时，材料为亲水性材料，如木材、砖、混凝土、天然石材等；当 $\theta > 90°$ 时，材料为憎水性材料，如沥青、油漆、石蜡等。

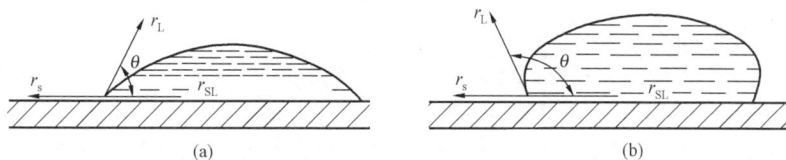

图 1-1　材料润湿示意图
（a）亲水性材料；（b）憎水性材料

（2）吸水性与吸湿性。

1）吸水性。亲水性材料在水中吸收水分的能力，称为材料的吸水性，可用吸水率表示。材料吸水率的表达方式有质量吸水率和体积吸水率两种。

质量吸水率是指材料在吸水饱和时，所吸水量占材料干质量的百分率，按下式计算

$$W_m = \frac{m_b - m}{m} \times 100\%$$

式中　W_m——材料的质量吸水率，%；

　　　　m_b——材料吸水饱和状态下的质量，g，kg；

　　　　m——材料在干燥状态下的质量，g，kg。

体积吸水率是指材料在吸水饱和时，吸水体积占材料自然体积的百分率，按下式计算

$$W_v = \frac{V_b}{V_0} = \frac{m_b - m}{V_0} \times \frac{1}{\rho_w} \times 100\%$$

式中　W_v——材料的体积吸水率，%；

　　　　V_b——材料吸水饱和状态下的体积，cm^3；

　　　　V_0——材料在自然状态下的体积，cm^3；

ρ_w——水的密度，g/cm^3，kg/cm^3。

在多数情况下，吸水率是按质量吸水率计算的，但多孔材料的吸水率一般用体积吸水率表示，材料的吸水率与孔隙率有关，更与孔的特征有关。

2）吸湿性。材料在潮湿空气中吸收水分的性质，称为吸湿性，用含水率表示。含水率用材料含水质量与材料干燥时质量的百分比来表示，按下式计算

$$W_h = \frac{m_s - m_g}{m_g} \times 100\%$$

式中　W_h——材料的含水率，%；

　　　m_s——材料在吸湿状态下的质量，g，kg；

　　　m_g——材料在干燥状态下的质量，g，kg。

材料的含水率随着空气湿度大小而变化。材料含水后一般会对工程产生不利影响，如质量增加、强度降低、抗冻性差，有时还会有明显的体积膨胀，致使材料变形，甚至会导致材料失效，降低其绝热性。

（3）耐水性。耐水性是指材料长期在饱和水作用下，保持其原有功能，抵抗破坏的能力。对于结构材料，耐水性主要指强度变化；对装饰材料则主要指颜色、光泽、外形等的变化，以及是否起泡、分层等。材料不同，耐水性的表示方法也不同。

结构材料的耐水性通常用软化系数 K_R 表示，即材料在吸水饱和状态下的抗压强度与材料在干燥状态下的抗压强度之比，按下式计算

$$K_R = \frac{f_b}{f_g}$$

式中　K_R——材料的软化系数；

　　　f_b——材料在吸水饱和状态下的抗压强度，MPa；

　　　f_g——材料在干燥状态下的抗压强度，MPa。

软化系数反映了材料在吸水饱和后强度降低的程度，是材料吸水后性质变化的重要特征之一。软化系数的大小，有时作为选择材料的重要依据。工程中通常将 $K_R > 0.85$ 的材料称为耐水性材料，可用于水中或潮湿环境的重要结构中；用于受潮较轻或次要结构时，材料的 K_R 值也不得小于 0.75。

耐水性的好坏，主要看成分是否在水中溶解，同时与材料的亲水性、孔隙率、孔特征等均有关，工程中常从这几个方面改善材料的耐水性。石膏制品耐水性差，主要成分会溶解在水里，有机材料不溶于水，可保证强度和使用功能。

（4）抗渗性。抗渗性是指材料抵抗压力水渗透的性质。材料的抗渗性用渗透系数 K 和抗渗等级 P_n 表示。渗透系数 K 按下式计算

$$K = \frac{Qd}{AtH}$$

式中　K——材料的渗透系数，cm/h，m/s；

　　　Q——渗水量，cm^3，m^3；

　　　d——试件厚度，cm，m；

　　　A——渗水面积，cm^2，m^2；

　　　t——渗水时间，h，s；

　　　H——水位差，cm，m。

材料的渗透系数 K 值越小，则其抗渗能力越强。工程中一些材料的防水能力就是以渗透系数表示的。

材料的抗渗性也可用抗渗等级 Pn 表示。它是指材料用标准方法进行透水试验时，规定的试件在透水前所能承受的最大水压力（以 0.1MPa 为单位）。如防水混凝土的抗渗等级为 P6、P12、P20，表示其分别能承受 0.6MPa、1.2MPa、2.0MPa 的水压而不渗水。材料的抗渗等级越高，其抗渗性越强。

抗渗性与材料的孔隙率和孔隙特征有关，孔隙率小且为封闭孔的材料，抗渗性好；孔隙率大且为连通孔的材料，抗渗性差。

（5）抗冻性。抗冻性是指材料在吸水饱和状态下，能经受多次冻融循环而不破坏，强度及质量无显著变化的性质。材料的抗冻性用抗冻等级 Fn 表示，如 F25 表示能经受 25 次冻融循环而不破坏。

冰冻对材料的破坏作用是由于材料孔隙内的水结冰时体积膨胀而引起的。材料的抗冻性能越好，对抵抗温度变化、干湿交替、风化作用的能力越强。它也是衡量建筑物耐久性的重要指标之一。

3. 与热有关的性质

与热有关的性质主要有导热性、热容量与比热、温度变形性、耐燃性与耐火性、耐急冷急热性。

（1）导热性。导热性是指材料将热量由温度高的一侧向温度低的一侧传导的性质。通常用导热系数 λ 表示。按下式计算

$$\lambda = \frac{Q\delta}{At(T_2 - T_1)}$$

式中　λ——材料导热系数，W/(m·K)；

　　Q——传导的热量，J；

　　δ——材料厚度，m；

　　A——材料的传热面积，m²；

　　t——传热的时间，s；

$T_2 - T_1$——材料两侧的温度差，K。

材料导热系数越小，其导热性质越差，保温隔热效果越好。建筑材料的导热系数差别很大，工程上通常把 $\lambda \leqslant 0.23$W/(m·K) 的材料作为保温隔热材料。通常所说的材料导热系数是指干燥状态下的导热系数，材料一旦吸水或受潮，导热系数会显著增大，绝热性变差。

导热系数：金属＞非金属；晶体＞非晶体；无机＞有机。多孔材料的孔隙率越大，导热系数越小，这是因为空气导热系数小。

（2）热容量与比热容。热容量是指材料受热时吸收热量或冷却时放出热量的性质。热容量 Q 按下式计算

$$Q = cm(T_2 - T_1)$$

式中　Q——材料的热容量，J；

　　c——材料的比热容，J/(g·K)；

　　m——材料的质量，g；

$T_2 - T_1$——材料受热或冷却前后的温度差，K。

其中比热容 c 值是真正反映不同材料热容性差别的差数，它可由上式导出

$$c = \frac{Q}{m(T_2 - T_1)}$$

比热容表示质量为 1g 的材料，在温度每改变 1K 时所吸收或放出热量的大小。通常所说材料

比热值是指其干燥状态下的比热值。

选择高热容材料作为墙体、屋面、内装饰，在热流变化较大时，对稳定建筑物内部温度变化有很大意义。

（3）温度变形性。材料的温度变形是指温度升高或降低时材料的体积变化。这种变化表现在单向尺寸时，为线膨胀或线收缩，温度变形性一般用线膨胀系数 α 表示。材料的单向线膨胀量或线收缩量按下式计算

$$\Delta L = (t_2 - t_1)\alpha L$$

式中　ΔL——线膨胀或线收缩量，mm，cm；

　　$t_2 - t_1$——材料升（降）温前后的温度差，K；

　　　　α——材料在常温下的平均线膨胀系数，1/K；

　　　　L——材料原来的长度，mm，cm。

在建筑工程中，由于温度变化使材料发生单向尺寸的变形，对结构和工程质量影响很大，因此，研究其平均线膨胀系数具有重要意义。材料的线膨胀系数与材料的组成和结构有关，工程上常选择合适的材料来满足其对温度变形的要求。

（4）耐燃性与耐火性。

1）耐燃性。材料抵抗燃烧的性质称为耐燃性。它是影响建筑物防火和耐火等级的重要因素。GB 50222—2017《建筑内部装修设计防火规范》按建筑材料燃料性质不同将其分为四级，即非燃烧材料（A级）、难燃材料（B1级）、可燃材料（B2级）及易燃材料（B3级）。

材料在燃烧时放出的烟气和毒气对人体的危害极大，远远超过火灾本身。因此，建筑内部装修时，应尽量避免使用燃烧时放出大量浓烟和有毒气体的装饰材料。

2）耐火性。耐火性是指材料抵抗高热或火的作用，保持其原有性质的能力。钢铁、铝、玻璃等材料受到火烧或高热作用会发生变形、熔融，它们是非燃烧材料，但不是耐火材料。建筑材料或构件的耐火极限通常用时间来表示。

（5）耐急冷急热性。材料抵抗急冷急热的交替作用，保持其原有性质的能力。许多无机非金属材料在急冷急热交替作用下，易产生巨大的温度应力而使材料开裂或炸裂，如玻璃、瓷砖、釉面砖等。

4. 与声学有关的性质

（1）吸声性。吸声性是指声能穿透材料和被材料消耗的性质，通常用吸声系数 α 表示，按下式计算

$$\alpha = \frac{E}{E_0} \times 100\%$$

式中　α——材料的吸声系数；

　　E_0——传递给材料的全部入射声能；

　　E——被材料吸收（包括透过）的声能。

材料的吸声特性除与材料的表观密度、孔隙特征、厚度及表面的条件（在无空气层及空气层的厚度）有关外，还与声波的入射角及频率有关。为了全面反映材料的吸声性能，规定取 125、250、500、1000、2000、4000Hz 六个频率的平均吸声系数来表示材料吸声的频率特性。材料的吸声系数在 0～1 之间，平均吸声系数≥0.2 的材料称为吸声材料。

（2）隔声性。隔声性是指材料能减弱或隔断声波传递的性质。声波在建筑中的传播主要通过空气和固体来实现，隔声分为隔空气声和隔固体声两种。对空气声的隔绝主要是依据声学中的质量定律，即材料单位面积的质量越大或材料的密度越大，隔声效果越好。轻质材料的质量较小，

隔声性较密实材料差。固体声是由于振源撞击固体材料，引起固体材料受迫振动而发声，并向四周辐射声能。对固体声隔绝的最有效措施是断绝声波继续传递的途径。具有一定弹性的衬垫材料，如软木、橡胶、毛毡、地毯等置于能产生和传递固体声波的结构层中或表面，能阻止或减弱固体声波的继续传播。

（二）材料的力学性质

材料的力学性质是指材料在外力作用下的表现或抵抗外力的能力，主要有强度与比强度、弹性与塑性、脆性与韧性、硬度与耐磨性。

1. 强度与比强度

（1）强度。材料的强度是指材料在外力作用下抵抗破坏的能力。材料的强度按受力方式不同主要分为抗拉强度、抗压强度、抗剪强度、抗弯（折）强度，如图 1-2 所示。

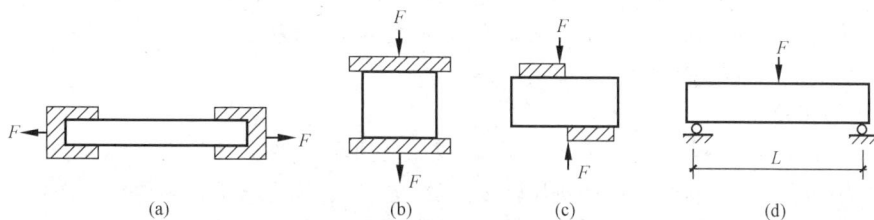

图 1-2　材料受力示意图

（a）拉伸；（b）压缩；（c）剪切；（d）弯曲

材料的抗拉、抗压及抗剪强度按下式计算

$$f = \frac{F}{A}$$

式中　f——抗拉、抗压、抗剪强度，MPa；

　　　F——材料受拉、压、剪破坏时的荷载，N；

　　　A——材料受力面积，mm^2。

材料的抗弯（折）强度按下式计算

$$f_m = \frac{3FL}{2bh^2}$$

式中　f_m——材料的抗弯（折）强度，MPa；

　　　F——受弯时的破坏荷载，N；

　　　L——两支点间距，mm；

　　　b、h——材料截面宽度、高度，mm。

材料的强度与其组成及结构有关。不同种类材料，强度不同；相同种类材料，其组成、结构特征、孔隙率、试件形状、尺寸、表面状态、含水率、温度及试验时的加荷速度等对材料的强度都有影响。

对于以强度为主要指标的材料，通常按材料强度值的高低划分成若干等级，称为强度等级（如混凝土、砂浆等用强度等级来表示）。

（2）比强度。比强度是按单位体积质量计算的材料强度，其值等于材料的强度与其表观密度的比值。它是衡量材料轻质高强性能的一项重要指标。比强度越大，则材料的轻质高强性能越好。在高层建筑及大跨度结构工程中常采用比强度较高的材料。

2. 弹性与塑性

（1）弹性。材料在外力作用下产生变形，外力消除后变形可以完全恢复的性质称为弹性，这种变形称为弹性变形。弹性变形的大小与其所受外力的大小呈正比，其比例系数称为该材料的弹性模量，通常用 E 表示，按下式计算

$$E = \frac{\sigma}{\varepsilon}$$

式中　E——材料的弹性模量，MPa；

　　　σ——材料所受的应力，MPa；

　　　ε——在应力 σ 作用下的应变。

弹性模量 E 是反映材料抵抗变形能力的指标。E 值越大，表明材料的刚度越强，外力作用下的变形越小。E 值是建筑工程结构设计和变形验算所依据的主要参数。

（2）塑性。材料在外力作用下产生变形，外力消除后仍保持变形后的形状和大小，并不产生裂缝的性质称为塑性，这种不可恢复的变形称为塑性变形。

建筑工程中，大多数材料的力学变形既有弹性变形，也有塑性变形。弹性材料或塑性材料的主要区别就是变形能否恢复。

3. 脆性与韧性

（1）脆性。材料在外力作用下未产生明显的塑性变形而突然破坏的性质称为脆性。具有这种性质的材料为脆性材料。脆性材料的抗压强度远比其抗拉、抗弯（折）强度大，而抗冲击或抗振动能力差。工程中常用的脆性材料有天然石材、混凝土、砂浆、普通砖、玻璃等。

（2）韧性。材料在动力荷载作用下产生较大变形而不突然破坏的性质称为韧性。具有这种性质的材料为韧性材料。韧性材料的主要特点是荷载作用下能产生较大的变形，破坏时能吸收较大的能量。工程中常用的韧性材料有钢材、木材、沥青、建筑塑料等。

4. 硬度与耐磨性

（1）硬度。硬度是指材料表面抵抗其他物质刻划、腐蚀、切削或压入表面的能力。工程中用于表示材料硬度的指标有多种。为保持建筑物性能的外观，对建筑材料的使用有一定的硬度要求，如预应力钢筋混凝土锚具、外墙柱面及地面装饰等都要求具有一定的硬度。

（2）耐磨性。耐磨性是指材料表面抵抗磨损的能力。通常用磨损率 B 表示，按下式计算

$$B = \frac{m_1 - m_2}{A}$$

式中　B——材料的磨损率，g/cm^2；

　$m_1 - m_2$——材料磨损前后的质量损失，g；

　　　A——材料试件受磨面积，cm^2。

材料的磨损率 B 值越低，该材料的耐磨性越好，反之越差。建筑工程中有些部位经常受到磨损的作用，其耐磨性应满足工程使用寿命的要求，如楼地面、楼梯、台阶等。

（三）材料的化学性质和耐久性

1. 化学性质

化学性质是指材料在生产、施工或使用过程中发生化学反应，使材料内部组成和结构发生变化的性质。材料的化学性质范畴很广，就其在建筑工程中的应用来说，主要关注其使用中的化学变化和稳定性。材料的化学稳定性是指材料在工程环境中，其化学组成和结构能否保持稳定的性质。

为保证材料良好的化学稳定性，许多材料标准对某些成分及组成结构进行了限制规定。

2. 耐久性

耐久性是指在各种外界因素的作用下，长久地保持其使用性能的性质。耐久性是材料的一项

综合性质，诸如抗冻性、抗渗性、抗风化性、抗老化性、耐化学侵蚀性等均属于耐久性的范围。此外，材料的强度、耐磨性等性能也与材料的耐久性有密切关系。

　　为提高材料的耐久性，可根据使用情况和材料特点采取相应的措施，设法减轻大气或周围介质对材料的破坏作用（降低湿度、排除侵蚀性的介质等）；提高材料本身对外界作用的抵抗性（提高材料的密实度、采取防腐措施等）；对材料表面进行处理，使其免受破坏（覆面、抹灰、油漆涂料等）。

📑 课堂总结

　　本节课介绍了建筑材料的分类和基本性质。材料的基本性质有物理性质、力学性质、化学性质和耐久性等。

笔记页

🎯 技能单元

一、名词解释

1. 材料的导热性

2. 材料的耐久性

3. 吸声性

4. 隔声性

二、填空题

1. 材料按化学成分可分为（　　　）、（　　　）和（　　　）。

2. 材料与质量有关的性质主要有（　　　）、（　　　）、（　　　）、（　　　）、（　　　）等。

3. 材料与水有关的性质主要有（　　　）、（　　　）、（　　　）、（　　　）、（　　　）。

4. 材料与热有关的性质主要有（　　　）、（　　　）、（　　　）、（　　　）等。

5. 材料的力学性质主要有（　　　）、（　　　）、（　　　）、（　　　）。

三、选择题

1. 建筑材料分类中下列哪些材料属于复合材料？（　　　）

A. 不锈钢　　　　　　　B. 合成橡胶　　　　　　C. 铝塑板　　　　　　D. 水玻璃

2. 下列属于非金属－有机复合材料的是（　　　）。

A. 硅酸盐制品　　　　　B. 玻璃钢　　　　　　　C. 沥青制品　　　　　D. 合成橡胶

3. 下列材料中，不是有机材料的是（　　　）。

A. 木材、竹子　　　　　　　　　　　B. 树脂、沥青

C. 石棉、菱苦土　　　　　　　　　　D. 塑料、橡胶

4. 建筑材料抗渗性的好坏与下列哪些因素有密切关系？（　　　）

A. 体积、比热容　　　　　　　　　　B. 形状、表观密度

C. 含水率、空隙率　　　　　　　　　D. 孔隙率、孔隙特征

5. 关于材料孔隙率的说法，正确的是（　　　）。

A. 孔隙率反映材料致密程度　　　　　B. 孔隙率也可以称为空隙率

C. 孔隙率大小与材料强度无关　　　　D. 烧结砖的孔隙率比混凝土小

6. 以下哪种材料属于韧性材料？（　　　）

A. 砖　　　　　　　　　B. 石材　　　　　　　　C. 普通混凝土　　　　D. 木材

7. 破坏时无明显变形的材料为脆性材料，下列哪种材料不是脆性材料？（　　　）

A. 混凝土　　　　　　　B. 石材　　　　　　　　C. 砖　　　　　　　　D. 木材

8. 关于密度的下列说法，错误的是（　　　）。

A. 密度是材料主要的物理状态参数之一　　　B. 密度是指自然状态下材料单位体积的质量

C. 密度又可以称"比重"　　　D. 密度的常用单位是 g/cm^3

9. 以下哪种材料只能测定其表观密度？（　　　）

A. 花岗岩　　　B. 木材　　　C. 水泥　　　D. 混凝土

10. 软化系数代表了材料的哪种性能？（　　　）

A. 耐水性　　　B. 吸湿性　　　C. 抗冻性　　　D. 抗渗性

四、简答题

建筑材料如何分类？

思政单元

案例 1

一座由红军设计建造的"人民大会堂"
——中华苏维埃共和国临时中央政府大礼堂的革命历史印记

【案例呈现】

在红色故都江西瑞金的沙洲坝老茶亭村，一片参天古樟树林中，屹立着一栋中西结合的"红军八角帽"造型的建筑，这里就是中华苏维埃共和国临时中央政府大礼堂旧址。

中华苏维埃共和国临时中央政府大礼堂建于 1934 年；建筑面积为 1489.95m²，坐西北朝东南，重檐，小青瓦屋面，形似红军八角帽；共有两层，楼面为回廊式，并有阶梯式楼座，楼下呈半圆形，整个礼堂可容纳 2000 多人。

1930 年 10 月至 1931 年 9 月，毛泽东、朱德领导的红一方面军接连取得了三次反"围剿"的胜利。中共中央决定以赣南闽西根据地为依托，建立苏维埃中央政府。1931 年 11 月 7 日至 20 日，中华苏维埃第一次全国代表大会在江西瑞金叶坪村的谢氏宗祠召开，宣告中国第一个全国性的工农民主政权——中华苏维埃共和国临时中央政府成立，并定都瑞金。大会成立了中央政府最高政权机构——中华苏维埃共和国中央执行委员会，毛泽东当选为中央执行委员会主席。

1933 年 4 月，临时中央政府从叶坪搬迁到瑞金沙洲坝后，因为政府机关较为分散，无法集中办公和开会，再加上筹备召开第二次全国苏维埃代表大会，决定建造一栋具有苏维埃共和国标志的临时中央政府大礼堂。

经过充分酝酿和周密策划，临时中央政府决定由"龙潭三杰"之一的钱壮飞担任工程设计，并在江西、福建选调了 400 多名建筑工人，而工会则全力以赴组织原材料和生活用品的供应。

建筑规模大、工艺要求高、设置完备、设计科学合理的大礼堂，在苏区人民的全力建设下仅仅 3 个多月就已建成。当时整个建筑用了 48 根木柱，这些木柱都是原有的大树，为防止被敌空军发现，树顶上的枝卡都还保留着。为了集会人群便于疏散，设计者在礼堂四周设置出入门 17 道，41 扇窗户又能使礼堂有较好的自然采光和自然通风。观众厅设回廊形的楼座，保证了参会者良好的视线，无论坐在大厅内的哪个位置，都可以看见主席台。礼堂的建设采用了八个面的回音效果，在礼堂的任何一点，都可以听到主席台传来的声音，弥补了当时没有扩音装置的不足，充分体现了建设者的智慧。

值得一提的是，从安全角度考虑，大礼堂完工后，在后侧 10 米处修建了一个"回"字形防空洞，同样可容纳 2000 多人，而且具有配套的防空安全措施，这是人民防空史上早期的典范建筑。

大礼堂见证了中华苏维埃共和国达到鼎盛时期，民主政治制度得到空前发展，见证了中国共产党领导和管理的第一个工农民主专政新型国家政权形式之伟大尝试，人们把它称作北京人民大会堂的前身。

【案例点评】

建筑是历史的记忆，是文化和艺术的体现，是对社会存在的一种反映。中央苏区条件艰苦，困难重重，又面临着敌人的轰炸，在党的自给自足、自力更生的号召下，军民白手起家、因陋就简、因地制宜，就地取材，在很短时间内完成。

中华苏维埃共和国临时中央政府大礼堂的建造过程也体现了人民群众登上建筑创作舞台，直接参与建筑活动的创举。青春是用来奋斗的，当代大学生也应积极投入到中国特色社会主义建设的伟大事业中，实现自己的人生价值。

案例来源：根据《建筑时报》（2021.07.02）"一座由红军设计建造的'人民大会堂'——中华苏维埃共和国临时中央政府大礼堂的革命历史印记"（何梦吉）改编。

案例 2

港珠澳大桥"强筋健骨"的奥秘

【案例呈现】

"长风破浪会有时，直挂云帆济沧海。"广袤而神秘的海洋给予人们无限想象，但它同时又是具有强腐蚀性的严酷自然环境。港口码头、石油平台、钢桩、桥梁等，如何乘风破浪、更持久地坚守？

2018年，世界最长的跨海大桥——港珠澳大桥通车，为了保障其达到120年耐久性设计要求，大桥采用了当前世界上最好的高性能环氧钢筋、不锈钢筋、高性能海工混凝土、合理的结构、工厂化制造等，集目前国内国际最好的耐久性技术，这在中国也是绝无仅有的。

国际上的重大海洋工程几乎都在我国，但海洋重腐蚀防护技术却由国外垄断，在实际应用过程中经常出现"卡脖子"情况，为此，中科院金属研究所（以下简称金属所）面向国家建设海洋强国的战略需求，从20世纪90年代初即开始研究海洋工程重腐蚀防护技术。

针对港珠澳大桥特定的海泥环境，从论证时起团队就开展了相关涂层的研发工作，先后从涂层的抗渗透性、耐阴极剥离性等关键性能指标着手，研制新型涂料，解决涂层的耐久性问题。

目前，大多服役涂层耐久性都很差，一般在5～15年，主要采用溶剂型涂料。科研人员通过调整涂层配方和改善涂装工艺，降低了涂层的吸水率和溶出率，有效提高了涂层的抗渗透能力，增强了涂层与金属的黏合强度。

以主要应用于钢管桩外壁的SEBF涂层为例，其与基体的黏合强度超过国内外同类产品，充分保证了打桩过程中涂层的完好性。该涂层在酸碱盐环境中的化学稳定性非常出色，抗水防渗能力优异。

港珠澳大桥基础桥墩使用的是海工混凝土。混凝土中钢筋不受腐蚀，混凝土的强度就有了保证。为此，团队研发了新一代高性能环氧涂层钢筋，满足了港珠澳大桥的工程需求。

不过，120年耐久性设计要求仅仅依靠涂层防腐还远远不够，必须加上阴极保护技术这个"双保险"，为此，科研人员按照1∶20的比例进行模拟实验，并尽可能地模拟了港珠澳大桥钢管复合桩穿越的地质环境。缩比模型实验证明该设计计算方法正确可行，随后在桥址实地进行1∶1工程足尺结构试验验证，结果表明在海水中安装高效牺牲铝阳极能充分保护海泥中的钢管桩。

三年多的时间中，施工现场留下了金属所科研团队的无数足迹，科研人员个个都晒出"科研黑"。这支土生土长的北方团队没有因伶仃洋上的炙烤和台风而却步，为我国重大海洋工程耐久性设计提供了宝贵经验，结束了远海岛屿工程混凝土结构钢筋无涂层"裸用"阶段。

【案例点评】

国际上的重大海洋工程几乎都在我国，但长期以来海洋重腐蚀防护技术却由国外垄断，在实际应用过程中经常出现"卡脖子"情况。中科院金属研究所的科研人员不畏艰苦、开拓创新、克服一个又一个困难，成功研发出了当前世界上最好的高性能环氧钢筋、不锈钢筋、高性能海工混凝土等材料。

创新是引领发展的第一动力，我国正处于"两个一百年"交汇期、踏上了全面建设社会主义现代化国家新征程，当代大学生要发扬勇攀高峰、敢为人先的创新精神，开拓创新，以国家需求为导向，在奋斗中实现人生价值。

笔记页

🕮 教学评价

<table>
<tr><td colspan="3" align="center">1. 本课自查表</td></tr>
<tr><td rowspan="3">教学目标</td><td>知识目标</td><td>□清晰 □模糊 □一般 □混淆</td></tr>
<tr><td>能力目标</td><td>□掌握 □熟悉 □了解</td></tr>
<tr><td>思政目标</td><td>□有 □无</td></tr>
<tr><td rowspan="6">授课情况</td><td>概念清晰度</td><td>□清晰 □模糊 □一般 □混淆</td></tr>
<tr><td>讲课语速</td><td>□快 □慢 □适当 □听不清</td></tr>
<tr><td>课堂节奏</td><td>□快 □慢 □适当 □无</td></tr>
<tr><td>课堂氛围</td><td>□激情 □饱满 □互动 □压抑</td></tr>
<tr><td>授课方式</td><td>□接受 □抵触 □死板 □改进 □灵活</td></tr>
<tr><td>板书或PPT</td><td>□工整 □潦草 □太少 □字迹模糊</td></tr>
<tr><td rowspan="6">学习情况</td><td>概念</td><td>□难懂 □理解 □易忘 □抽象 □简单 □太多</td></tr>
<tr><td>学习方法</td><td>□听讲 □自学 □实验 □讨论 □笔记</td></tr>
<tr><td>学习兴趣</td><td>□浓厚 □一般 □淡薄 □厌倦 □无</td></tr>
<tr><td>学习态度</td><td>□端正 □一般 □被迫 □主动</td></tr>
<tr><td>课前课后</td><td>□预习 □复习 □无 □没时间</td></tr>
<tr><td>课后作业</td><td>□太少 □太多 □无</td></tr>
<tr><td>意见建议</td><td colspan="2"></td></tr>
</table>

<table>
<tr><td colspan="5" align="center">2. 小组评价表</td></tr>
<tr><td>讨论问题</td><td colspan="4"></td></tr>
<tr><td>小组成员</td><td></td><td></td><td></td><td></td></tr>
<tr><td>为我打分</td><td></td><td></td><td></td><td></td></tr>
</table>

笔记页

课程名称	1.2　民用建筑的构造组成 1.3　建筑的分类与等级		
教学内容	1.2　民用建筑的构造组成 1.3　建筑的分类与等级 一、建筑的分类 （一）按建筑的使用功能分类 （二）按建筑的规模和数量分类 （三）按建筑高度和层数分类 （四）按承重结构的材料及结构形式分类 （五）按设计使用年限分类 二、建筑的等级 （一）按建筑的耐火性能分等级 （二）按建筑的规模大小和复杂程度分等级		
学时安排	2 学时 （90 分钟）	知识单元	65 分钟
		技能单元	10 分钟
		思政单元	15 分钟
教学重点 及难点	民用建筑的构造组成及等级的划分。 讲解周边建筑物的组成，用举例法讲解建筑的分类		
教学目标	知识目标	1. 了解民用建筑的构造组成、建筑的分类与等级。 2. 熟悉各种等级划分标准。 3. 掌握民用建筑各构造组成部分的作用，各种建筑类型及等级的适用条件	
	能力目标	1. 能够准确描述房屋的构造组成。 2. 能够根据不同的标准准确判断。 3. 能够熟练判断建筑属于单、多层还是一、二类高层	
	思政目标	1. 通过中国共产党历史展览馆的建筑分类使学生明白学习党史的重要性，从党的百年奋斗历程中汲取继续前进的智慧和力量，不忘初心，牢记使命，坚定"四个自信"。 2. 继承经典建筑中的传统文化基因，坚定文化自信	
思政元素 融入方法	1. 课前布置课程思政故事自学和思考题。 2. 课中教师简述课程思政案例，并组织同学展开思考讨论。 3. 通过案例导入教学内容，通过讨论对学生进行思政教育		

知识单元

教学环节	教学内容安排
课前导入	案例呈现：中国共产党历史展览馆 思考讨论：谈谈中国共产党历史展览馆的建筑分类、等级及建筑意义

1.2 民用建筑的构造组成

一般民用建筑通常是由基础、墙或柱、楼地面、楼梯、屋面、门窗六个主要部分组成。下面以图 1-3 为例，将民用建筑各组成部分的作用及其构造要求简述如下。

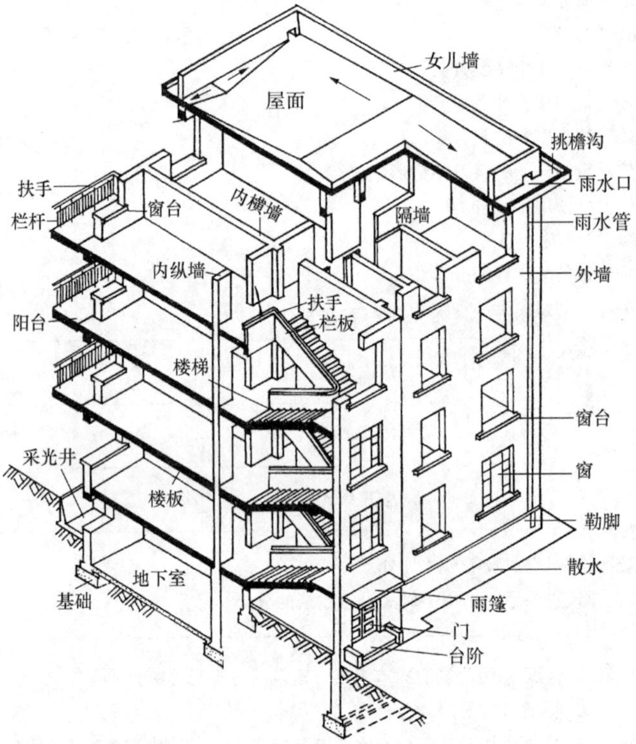

图 1-3 房屋的构造组成

1. 基础

基础是建筑物最下部分的承重构件，它承受着建筑物的全部荷载，并把这些荷载传给地基。因此，要求基础应具有足够的承载能力、刚度、耐水、耐腐蚀、耐冰冻性能，防止不均匀沉降和延长使用寿命。

2. 墙或柱

有些建筑物由墙承重，有些建筑物由柱承重，墙或柱是建筑物的垂直承重构件。它承受屋面、楼地面传来的各种荷载，并把它们传给基础。外墙同时也是建筑物的围护构件，抵御自然界各种因素对室内的侵袭，内墙同时起分隔房间的作用。因此，作为承重的墙或柱，要求具有足够的承载能力和稳定性；作为围护和分隔的墙体，应具有良好的热工性能、防火性能及隔声、防水、耐久性能。

3. 楼地面

楼地面包括楼层地面（楼面）和底层地面（地面），是楼房建筑中水平方向的承重构件。楼面按房间层高将整个建筑物分为若干部分，它将楼面的荷载通过楼板传给墙或柱，同时还对墙体起着水平支撑作用。因此，要求楼面应具有足够的承载能力、刚度，并应具备防火、防水、隔声的性能；地面直接与土壤相连，它承受着首层房间的荷载。因此，要求地面应具有良好的耐磨、防潮、防水、保温的性能。

4. 楼梯

楼梯是楼房建筑的垂直交通设施。供人们上下楼层和紧急疏散之用。因此，要求楼梯应具有足够的通行能力、承载能力、稳定性、防火及防滑性能。

5. 屋面

屋面是建筑物顶部的承重和围护构件。作为承重构件，它承受着建筑物顶部的荷载（包括自重、雪荷载和风荷载等），并将这些荷载传给墙或柱；作为围护构件，它抵御自然界风、雨、雪的侵袭及太阳辐射热对顶层房间的影响。因此，要求屋面应具有足够的承载能力、刚度及保温、隔热、隔汽、防水性能。

6. 门窗

门主要是供人们内外交通和隔离空间之用；窗则主要是采光和通风，同时又有分隔和围护作用。它们都是非承重构件。因此，要求门窗具有隔声、保温、防风沙等性能。

除上述六部分以外，在一幢建筑中，还有许多为人们使用服务和建筑物本身所必需的附属部分，如阳台、散水、勒脚、踢脚、墙裙、台阶、烟囱等。它们各处在不同的部位，发挥着各自的作用。

在设计工作中还把建筑的各组成部分划分为建筑构件和建筑配件。建筑构件主要指墙、柱、梁、楼板、屋架等承重结构；而建筑配件则是指门窗、栏杆、花格、细部装修等。建筑构造设计主要侧重于建筑配件的设计。

1.3 建筑的分类与等级

一、建筑的分类

（一）按建筑的使用功能分类

1. 民用建筑

供人们居住及进行公共活动的非生产性建筑称为民用建筑。民用建筑又分为居住建筑和公共建筑。

（1）居住建筑。居住建筑是供人们生活起居用的建筑，包括住宅和宿舍。

（2）公共建筑。公共建筑是供人们进行公共活动的建筑，包括行政办公建筑、文教科研建筑、文化娱乐建筑、体育建筑、商业服务建筑、旅馆建筑、医疗与福利建筑、交通建筑、邮电建筑、纪念性建筑、司法建筑、园林建筑、市政公用设施建筑等。

2. 工业建筑

工业建筑是供人们进行工业生产活动的建筑，包括生产车间、辅助车间、动力用房、仓库等建筑。

3. 农业建筑

农业建筑是供人们进行农、牧、渔业生产和加工用的建筑，包括农机站、温室、畜禽饲养场、水产品养殖场、农副产品仓库等建筑。

4. 术语

（1）裙房：在高层建筑主体投影范围外，与建筑主体相连且建筑高度不大于 24m 的附属建筑。

（2）综合楼：由两种及两种以上用途的楼层组成的公共建筑。

（3）商住楼：底部商业营业厅与住宅组成的高层建筑。

（4）网局级电力调度楼：可调度若干个省（区）电力业务的工作楼。

（5）高级旅馆：具备星级条件的且设有空气调节系统的旅馆。

（6）高级住宅：建筑装修标准高和设有空气调节系统的住宅。

（7）商业服务网点：住宅底部（地上）设置的百货店、副食店、粮店、邮政所、储蓄所、理发店等小型商业服务用房。该用房层数不超过两层、建筑面积不超过 300m²，采用不开门窗洞口的隔墙与住宅和其他用房完全分隔。

（8）重要的办公楼、科研楼、档案楼：性质重要，建筑装修标准高，设备、资料贵重，火灾危险性大，发生火灾后损失大，影响大的办公楼、科研楼、档案楼。

（二）按建筑的规模和数量分类

1. 大量性建筑

大量性建筑是指建筑规模不大，但建造数量多，分布较广，与人们生活密切相关的建筑，如住宅、中小学校、幼儿园、中小型商店等。

2. 大型性建筑

大型性建筑是指规模大、标准高、耗资多，对城市面貌影响较大的建筑，如大型体育馆、影剧院、火车站等。

（三）按建筑高度和层数分类

（1）建筑高度的计算应符合下列规定：

1）建筑屋面为坡屋面时，建筑高度应为建筑室外设计地面至其檐口与屋脊的平均高度。

2）建筑屋面为平屋面（包括有女儿墙的平屋面）时，建筑高度应为建筑室外设计地面至其屋面面层的高度。

3）同一座建筑有多种形式的屋面时，建筑高度应按上述方法分别计算后，取其最大值。

4）对于台阶式地坪，当位于不同高程地坪上的同一建筑之间有防火墙分隔，各自有符合规范规定的安全出口，且可沿建筑的两个长边设置贯通式或尽头式消防车道时，可分别计算各自的建筑高度。否则，应按其中建筑高度最大者确定该建筑的建筑高度。

5）局部突出屋顶的瞭望塔、冷却塔、水箱间、微波天线间或设施、电梯机房、排风和排烟机房，以及楼梯出口小间等辅助用房占屋面面积不大于 1/4 者，可不计入建筑高度。

6）对于住宅建筑，设置在底部且室内高度不大于 2.2m 的自行车库、储藏室、敞开空间，室内外高差或建筑的地下或半地下室的顶板面高出室外设计地面的高度不大于 1.5m 的部分，可不计入建筑高度。

（2）建筑层数的计算应符合下列规定：

1）建筑层数应按建筑的自然层数计算。

2）下列空间可不计入建筑层数：

① 室内顶板面高出室外设计地面的高度不大于 1.5m 的地下或半地下室；

② 设置在建筑底部且室内高度不大于 2.2m 的自行车库、储藏室、敞开空间；

③ 建筑屋顶上突出的局部设备用房、出屋面的楼梯间等。

（3）民用建筑的分类。民用建筑根据其建筑高度和层数可分为单、多层民用建筑和高层民用建筑。高层民用建筑根据其建筑高度、使用功能和楼层的建筑面积可分为一类和二类。

民用建筑的分类应符合表 1-3 的规定。

表 1 - 3		民用建筑的分类	
名称	高层民用建筑		单、多层民用建筑
	一类	二类	
住宅建筑	建筑高度大于 54m 的住宅建筑（包括设置商业服务网点的住宅建筑）	建筑高度大于 27m，但不大于 54m 的住宅建筑（包括设置商业服务网点的住宅建筑）	建筑高度不大于 27m 的住宅建筑（包括设置商业服务网点的住宅建筑）
公共建筑	1. 建筑高度大于 50m 的公共建筑； 2. 建筑高度 24m 以上部分任一楼层建筑面积大于 1000m² 的商店、展览、电信、邮政、财贸金融建筑和其他多种功能组合的建筑； 3. 医疗建筑、重要公共建筑； 4. 省级及以上的广播电视和防灾指挥调度建筑、网局级和省级电力调度建筑； 5. 藏书超过 100 万册的图书馆、书库	除一类高层公共建筑外的其他高层公共建筑	1. 建筑高度大于 24m 的单层公共建筑； 2. 建筑高度不大于 24m 的其他公共建筑

注 建筑高度大于 100.0m 为超高层建筑。

（四）按承重结构的材料及结构形式分类

1. 混凝土结构建筑

混凝土是人工石材，它由石子、砂粒、水泥、外加剂和水按一定比例拌和而成，简称"砼"。以混凝土为主要材料的结构称为混凝土结构，包括素混凝土结构、钢筋混凝土结构和预应力混凝土结构等。其中以钢筋混凝土结构建筑应用最广。

钢筋混凝土多层及高层建筑有框架结构、剪力墙结构、框架—剪力墙结构和筒体结构四种主要的结构体系。

（1）框架结构。即由梁、柱组成的框架承重体系，内、外墙仅起围护和分隔的作用，如图 1 - 4（a）所示。

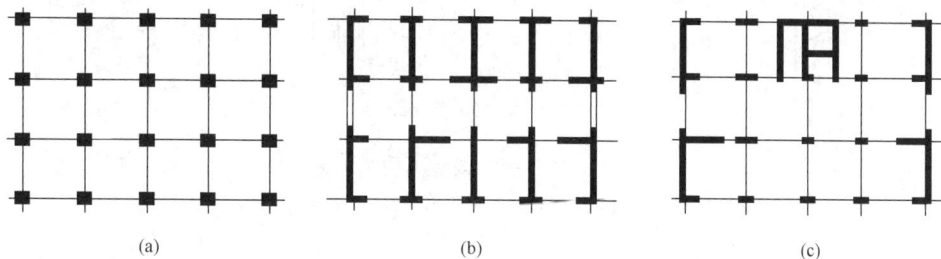

图 1 - 4　常用结构体系
（a）框架结构；（b）剪力墙结构；（c）框架—剪力墙结构

框架结构的优点是能够提供较大的室内空间，平面布置灵活，因而适用于各种多层工业厂房和仓库。在民用建筑中，适用于多层和高层办公楼、旅馆、医院、学校、商场及住宅等内部有较大空间要求的建筑。

框架结构在水平荷载下表现出抗侧移刚度小、水平位移大的特点，属于柔性结构，随着建筑层数的增加，水平荷载逐渐增大，将因侧移过大而不能满足要求。因此，框架结构建筑一般不超过 15 层。

（2）剪力墙结构。当建筑层数更多时，水平荷载的影响进一步加大，这时可将建筑的内、外墙都做成剪力墙，形成剪力墙结构，如图 1-4（b）所示。它既承担竖向荷载，又承担水平荷载剪力，"剪力墙"由此得名。因剪力墙是一整片高大实体墙，侧面又有刚性楼盖支撑，故有很大的刚度，属于刚性结构。

剪力墙结构由于受实体墙的限制，平面布置不灵活，故适用于住宅、公寓、旅馆等小开间的民用建筑，在工业建筑中很少采用。此种结构的刚度较大，在水平荷载下侧移小，适用于 15～35 层的高层建筑。

（3）框架—剪力墙结构。为了弥补框架结构随建筑层数增加，水平荷载迅速增大而抗侧移刚度不足的缺点，可在框架结构中增设钢筋混凝土剪力墙，形成框架—剪力墙结构，如图 1-4（c）所示。

在框架—剪力墙结构建筑中，框架以负担竖向荷载为主，而剪力墙将负担绝大部分水平荷载。此种结构体系建筑，由于剪力墙的加强作用，建筑的抗侧移刚度有所提高，侧移大大减小，多用于 16～25 层的工业与民用建筑（如办公楼、旅馆、公寓、住宅及工业厂房）。

（4）筒体结构。即将剪力墙集中到建筑的内部和外围，形成空间封闭的筒体，使整个结构体系既具有极大的抗侧移刚度，又能因剪力墙的集中而获得较大的空间，使建筑平面获得良好的灵活性，由于抗侧移刚度较大，适用于更高的高层建筑（≥30 层或≥100m）。

筒体结构有单筒体结构（包括框架核心筒和框架外框筒）、筒中筒结构和成束筒结构三种形式，如图 1-5 所示。

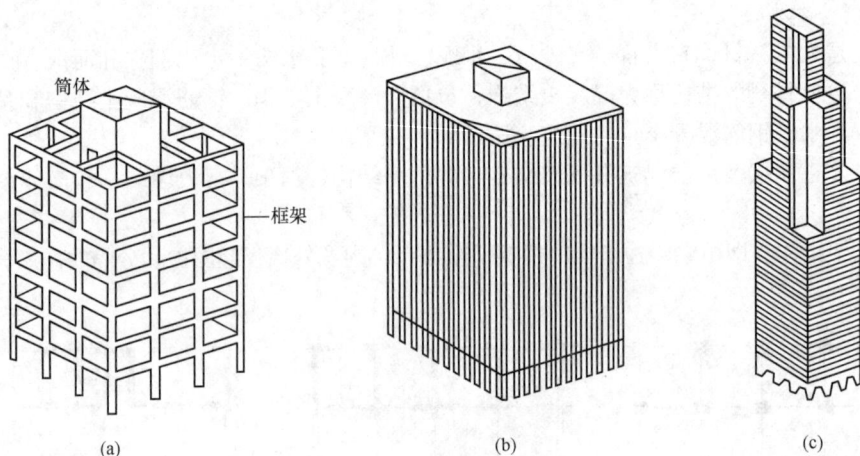

图 1-5　筒体结构
（a）框架内筒结构；（b）筒中筒结构；（c）束筒结构

2. 砌体结构建筑

砌体结构建筑是指用普通黏土砖、空心砖、混凝土中小型砌块、粉煤灰中小型砌块等块材，通过砂浆砌筑而成的建筑。根据需要，有时在砌体中加入少量钢筋，称为配筋砌体，图 1-6 所示为配筋砖砌体。

砌体结构建筑具有就地取材、造价低廉、耐火性能好、耐久性较好、保温隔热性能较好及容易砌筑等优点。但存在强度低、自重大、抗震性能差等缺点，主要用于多层砖混结构、框架结构中的填充墙等。

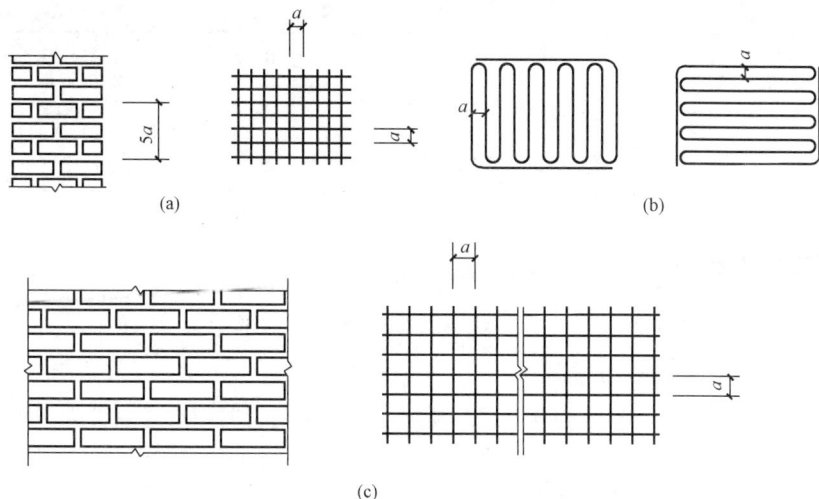

图 1-6　网状配筋砖砌体

（a）用方格网配筋的砖柱；（b）连弯钢筋网；（c）用方格网配筋的砖墙

3. 钢结构建筑

钢结构建筑是指以钢材为主要结构形成的建筑。其主要优点是承载力高，自重轻，塑性和韧性好，材质均匀；便于工厂生产和机械化施工，便于拆卸；抗震性能优越，无污染；可再生、节能、安全，符合建筑可持续发展原则等。钢结构的发展是 21 世纪建筑文明的体现。钢结构的主要缺点是易腐蚀、耐火性差、工程造价和维护费用较高。钢结构的应用正日益增多，主要用于以下结构体系：

（1）厂房结构。用于重型车间的承重骨架，例如冶金工厂的平炉车间、初轧车间等。

（2）大跨结构。用于火车站、大会堂、体育馆、展览馆、影剧院等，其结构体系要采用框架结构、网架结构、悬索结构及预应力钢结构等。

（3）多层工业建筑结构。用于炼油工业中的多层多跨框架。

（4）高层结构。当层数在 30 层以上时，国外多采用钢结构，我国已建成的高层钢结构大多在 40 层以上，如上海浦东的金茂大厦高度为 420.5m。

（5）塔桅结构。用于高度较大的无线电桅杆、广播电视塔、高压输电线路塔、火箭发射塔、石油钻井塔等。

（6）板壳结构。用于要求密封的容器，如大型储液库、煤气库等。

（7）可拆结构。用于临时用房和经常性移动的结构，如临时展览馆、建筑工地井架、塔式起重机、钢脚手架等。

4. 木结构建筑

木结构建筑是指以木材作为建筑物承重骨架的建筑。具有自重轻、构造简单、施工方便等优点，是我国古代建筑的主要结构类型。从唐宋到明清，经历了从程式化到高度程式化的演进，形成了一整套极为严密的定型形制。全部官式建筑都是程式化的。民间建筑大部分也是定型的，或是在定型的基础上灵活变化的。但木材易腐，耐火性及耐久性差，再加之我国木材资源有限，所以木结构建筑目前已基本不采用。

（五）按设计使用年限分类

民用建筑的设计使用年限应符合表 1-4 的规定。

表 1 - 4　　　　　　　　　　　　设计使用年限分类

类别	设计使用年限（年）	示例	类别	设计使用年限（年）	示例
1	5	临时性建筑	3	50	普通建筑和构筑物
2	25	易于替换结构构件的建筑	4	100	纪念性建筑和特别重要的建筑

二、 建筑的等级

建筑等级是根据建筑物的耐火性能、规模大小和复杂程度来划分等级的。

（一）按建筑的耐火性能分等级

按照建筑的耐火性能，根据我国现行规范规定，一般建筑物的耐火等级分为四级，见表 1 - 5，高层建筑的耐火等级应分为一、二两级，见表 1 - 6。一类高层建筑的耐火等级应为一级，二类高层建筑的耐火等级不应低于二级；裙房的耐火等级不应低于二级；高层建筑地下室的耐火等级应为一级。耐火等级标准依据建筑物主要构件（如墙、柱、梁、楼板、楼梯等）的燃烧性能和耐火极限两个因素来确定。

表 1 - 5　　　　　　　　建筑物构件的燃烧性能和耐火极限（h）

构件名称		耐 火 等 级			
		一级	二级	三级	四级
墙	防火墙	不燃烧体 3.00	不燃烧体 3.00	不燃烧体 3.00	不燃烧体 3.00
	承重墙	不燃烧体 3.00	不燃烧体 2.50	不燃烧体 2.00	难燃烧体 0.50
	非承重外墙	不燃烧体 1.00	不燃烧体 1.00	不燃烧体 0.50	燃烧体
	楼梯间的墙 电梯井的墙 住宅单元之间的墙 住宅分户墙	不燃烧体 2.00	不燃烧体 2.00	不燃烧体 1.50	难燃烧体 0.50
	疏散走道两侧的隔墙	不燃烧体 1.00	不燃烧体 1.00	不燃烧体 0.50	难燃烧体 0.25
	房间隔墙	不燃烧体 0.75	不燃烧体 0.50	难燃烧体 0.50	难燃烧体 0.25
柱		不燃烧体 3.00	不燃烧体 2.50	不燃烧体 2.00	难燃烧体 0.50
梁		不燃烧体 2.00	不燃烧体 1.50	不燃烧体 1.00	难燃烧体 0.50
楼板		不燃烧体 1.50	不燃烧体 1.00	不燃烧体 0.50	燃烧体
屋顶承重构件		不燃烧体 1.50	不燃烧体 1.00	燃烧体	燃烧体
疏散楼梯		不燃烧体 1.50	不燃烧体 1.00	不燃烧体 0.50	燃烧体
吊顶（包括吊顶格栅）		不燃烧体 0.25	难燃烧体 0.25	难燃烧体 0.15	燃烧体

表 1 - 6　　　　　　　　　　　　　**建筑构件的燃烧性能和耐火极限（h）**

构件名称	燃烧性能和耐火极限（h）	耐 火 等 级	
		一 级	二 级
墙	防火墙	不燃烧体 3.00	不燃烧体 3.00
	承重墙、楼梯间的墙、电梯井的墙、住宅单元之间的墙、住宅分户墙	不燃烧体 2.00	不燃烧体 2.00
	非承重外墙、疏散走道两侧的隔墙	不燃烧体 1.00	不燃烧体 1.00
	房间隔墙	不燃烧体 0.75	不燃烧体 0.50
柱		不燃烧体 3.00	不燃烧体 2.50
梁		不燃烧体 2.00	不燃烧体 1.50
楼板、疏散楼梯、屋顶承重构件		不燃烧体 1.50	不燃烧体 1.00
吊 顶		不燃烧体 0.25	难燃烧体 0.25

1. 构件的燃烧性能

建筑构件的燃烧性能分为不燃烧体、难燃烧体、燃烧体三类。

（1）不燃烧体。即用不燃烧材料做成的建筑构件，如天然石材、人造石材、金属材料等。

（2）难燃烧体。即用难燃烧材料做成的建筑构件，或用可燃烧材料做成而用不燃烧材料作保护层的建筑构件，如沥青混凝土、经过防火处理的木材等。

（3）燃烧体。即用可燃烧材料做成的建筑构件，如木材等。

2. 构件的耐火极限

建筑构件的耐火极限是指在标准耐火试验条件下，建筑构件从受到火的作用时起，至失去支持能力，或完整性破坏，或失去隔火作用为止所用的时间，用小时（h）表示。具体判定条件如下：

（1）失去支持能力。非承重构件失去支持能力的表现为自身解体或垮塌；梁、板等受弯承重构件，失去支持能力的情况为挠曲率发生突变。

（2）完整性破坏。楼板、隔墙等具有分隔作用的构件，在试验中，当出现穿透裂缝或穿火的孔隙时，表明试件的完整性被破坏。

（3）失去隔火作用。具有防火分隔作用的构件，试验中背火面测点测得的平均温度升到140℃（不包括背火面的起始温度），或背火面测温点任一测点的温度到达 220℃时，则表明试件失去隔火作用。

（二）按建筑的规模大小和复杂程度分等级

建筑按照其规模人小和复杂程度，分成特级、一级、二级、三级、四级、五级六个级别，具体划分见表 1- 7。

表 1 - 7　　　　　　　　　　　　　　**民用建筑的等级**

工程等级	工程主要特征	工程范围举例
特级	1. 列为国家重点项目或以国际性活动为主的特高级大型公共建筑； 2. 有全国性历史意义或技术要求特别复杂的中小型公共建筑； 3. 30 层以上建筑； 4. 高大空间有声、光等特殊要求的建筑物	国宾馆、国家大会堂、国际会议中心、国际体育中心、国际贸易中心、国际大型空港、国际综合俱乐部、重要历史纪念建筑、国家级图书馆、博物馆、美术馆、剧院、音乐厅、三级以上人防工程

续表

工程等级	工程主要特征	工程范围举例
一级	1. 高级大型公共建筑； 2. 有地区性历史意义或技术要求复杂的中小型公共建筑； 3. 16 层以上 29 层以下或超过 50m 高的公共建筑	高级宾馆、旅游宾馆、高级招待所、别墅、省级展览馆、博物馆、图书馆、科学实验研究（包括高等院校）、高级会堂、高级俱乐部。≥300 床位医院、疗养院、医疗技术楼、大型门诊楼、大中型体育馆、室内游泳馆、室内滑冰馆、大城市火车站、航运站、候机楼、摄影棚、邮电通信楼、综合商业大楼、高级餐厅、四级人防、五级平战综合人防
二级	1. 中高级、大中型公共建筑； 2. 技术要求较高的中小型建筑； 3. 16 层以上 29 层以下住宅	大专院校教学楼、档案楼、礼堂、电影院、部省级机关办公楼、300 床位以下医院、疗养院、地市级图书馆、文化馆、少年宫、俱乐部、排演厅、报告厅、风雨操场、大中城市汽车客运站、中等城市火车站、邮电局、多层综合商场、风味餐厅、高级小住宅等
三级	1. 中级、中型公共建筑； 2. 7 层以上（包括 7 层）15 层以下有电梯住宅或框架结构的建筑	重点中学、中等专科学校教学试验楼、电教楼、社会旅馆、饭馆、招待所、浴室、邮电所、门诊部、百货楼、托儿所、幼儿园、综合服务楼，一、二层商场、多层食堂、小型车站等
四级	1. 一般中小型公共建筑； 2. 7 层以下无电梯的住宅，宿舍及砖混结构建筑	一般办公楼、中小学教学楼、单层食堂、单层汽车库、消防车库、消防站、蔬菜门市部、粮站、杂货店、阅览室、理发室、水冲式公共厕所等
五级	一、二层单一功能，一般小跨度结构建筑	

课堂总结

　　本节课主要讲解了民用建筑的构造组成：基础、墙或柱、楼梯、屋面、门窗；重点讲解了建筑的分类和分级。

◎ 技能单元

一、名词解释

1. 大量性建筑

2. 耐火极限

二、填空题

1. 一般民用建筑主要由（   ）、（   ）、（   ）、（   ）、（   ）和（   ）等组成，其中（   ）属于非承重构件。

2. 建筑按其使用功能不同，一般可分为（   ）、（   ）和（   ）等。

3. 按照建筑的耐火性能，根据我国现行规范规定，建筑物的耐火等级分为（   ）级。

4. 耐火等级标准依据建筑物主要构件的（   ）和（   ）两个因素确定。

三、选择题

1. 民用建筑包括居住建筑和公共建筑，其中（   ）属于居住建筑。

A. 旅馆　　　　　　　　B. 宿舍　　　　　　　　C. 疗养院　　　　　　　　D. 公寓

2. 我国《建筑设计防火规范》中规定，多层住宅是指不大于（   ）m。

A. 24　　　　　　　　　B. 27　　　　　　　　　C. 18　　　　　　　　　D. 16

3. 普通建筑的设计使用年限为（   ）年。

A. 5　　　　　　　　　　B. 100　　　　　　　　C. 25　　　　　　　　　D. 50

四、简答题

民用建筑的构造组成有哪些？简述其作用及要求。

笔记页

思政单元

【案例呈现】

中国共产党历史展览馆

建筑是历史的记忆，是浓缩的历史。

中国共产党历史展览馆是我国首座以党史为主线、全景式展示党矢志不渝奋斗之路的永久性展馆，是共产党员受教育、受洗礼的精神家园，是引导人民群众听党话、跟党走的教育基地和党史研究宣传的权威阵地。

在中国共产党百年华诞来临之际，为了更好地把党的历史学习好、总结好，把党的成功经验传承好、发扬好，党的十九大闭幕后不久，以习近平同志为核心的党中央作出重大决策：建设中国共产党历史展览馆！

习近平总书记对建好中国共产党历史展览馆、办好中国共产党历史展览高度重视，亲自谋划、亲切关怀，亲自决策、亲自部署，并强调："展览馆建设要同中国共产党的精神相吻合，充分体现中国共产党百年奋斗的历史和其中蕴含的伟大奋斗精神，反映中国共产党人筚路蓝缕、顽强奋斗的伟大历程"。

2018 年 4 月，北京中南海，习近平总书记听取展馆建设方案汇报。在听取了几个方案的设计思路后，总书记明确指出，"建筑风格要庄重肃穆，具有殿堂般的仪式感；要与时俱进，别具一格，与目前的展馆相比让人眼睛一亮"。

中国共产党历史展览馆于 2018 年 9 月 10 日开工建设，2021 年 5 月 5 日竣工落成。从空中俯瞰这座大气恢宏的展馆，整体呈现"工"字形，寓意我们党是中国工人阶级的先锋队，同时是中国人民和中华民族的先锋队。外观采用传统的柱廊式结构，充分传承中华建筑方正端庄、质朴大气的传统精髓。

展馆东西两面立有 28 根廊柱，象征中国共产党经过 28 年浴血奋战建立新中国。南北两面各 6 根廊柱，体现美好的愿望和寄托，展现中国共产党带领人民奋勇前进、从胜利走向胜利的昂扬风貌。

中国共产党历史展览馆作为单体规模大、功能全面、地位重要的国家级展览馆，无论是风格样式、结构外观，还是功能设计、内涵底蕴，中国共产党历史展览馆都生动展示了党的使命抱负、真切反映了党的时代风采。

为了保证历史的连续性，展览馆打破了以楼层进行区分隔断的传统，采用符合现代展陈理念的流线设计，组织了一条螺旋上升、循环向上的参观流线。从一层前厅开始，顺时针循环观展后，沿着中轴线上的台阶和扶梯进入上一层，通过渐进的空间转换，形成层层递进、由下而上的展览动线，人们在向上层层行进中会产生一种仪式感、崇敬感，同时寓意我们党的事业不断走向新高度。

整座建筑通过厚重的实墙和虚实变化的柱廊及玻璃幕墙，形成一种庄严的纪念效果。在内部空间布局上，双轴线对称的形式，使建筑看起来周正庄重、更具有中国传统精神。建筑细节造型上也充分体现中华文化特征，柱廊的柱头、柱础采用了宝相花设计图样，柱与柱之间通过中国传统木构建筑的额枋进行连接，使立柱更加稳定。东西柱廊两端的花格墙装饰，同时融入向日葵符号，突出党史馆的特征。建筑的檐口没有简单做成抽象造型，而是通过类似木构椽子的形式，形成比较强烈的中式建筑印象。建筑上部的顶冠，则采用了中国古建筑大屋面琉璃瓦的形式，形成连续的立面肌理。土黄色的外立面寓意中国共产党来自大众，脚踩黄土地般沉稳、厚重的气质，柱础采用红色花岗岩，象征着共产党的革命性和以鲜血换来胜利果实的特征。

设计过程中，党中央一直强调要突出人性化的功能需求，体现我们党以人为本的执政理念。考虑到这样的大型展览馆人流密集、活动较多，在六层设置了可供 1000 人举行大型交流活动的红色大厅，习近平总书记带领党员领导同志举行宣誓活动，就是在这里，同时在西侧广场地下设置了一个约 9 万平方米的公共服务空间，配套有餐饮、影视等各类服务设施，观众可以在此等候参观，观展后也能得到放松。

总之，中国共产党历史展览馆传承人民大会堂、国家博物馆等经典建筑的文化基因，形成简约、大气、质朴的建筑风格；细节造型上充分体现中华文化特征；内部结构符合时代对展馆的功能要求，实现纪念性、传承性与实用性的有机衔接……

建设中国共产党历史展览馆，是党中央作出的一项重大决策，是不忘初心、牢记使命，走好新时代长征路的庄严宣示，具有重大的政治意义、现实意义和深远的历史意义。

（来源：学习强国）

【案例点评】

中国共产党历史展览馆是为了庆祝建党 100 周年而建成的一座大型的、永久性的、纪念性的建筑，是共产党员受教育、受洗礼的精神家园，是不忘初心、牢记使命，走好新时代长征路的庄严宣示，在中国建筑史上具有重大的政治意义、现实意义和深远的历史意义。

教学评价

		1. 本课自查表	
教学目标	知识目标	□清晰 □模糊 □一般 □混淆	
	能力目标	□掌握 □熟悉 □了解	
	思政目标	□有 □无	
授课情况	概念清晰度	□清晰 □模糊 □一般 □混淆	
	讲课语速	□快 □慢 □适当 □听不清	
	课堂节奏	□快 □慢 □适当 □无	
	课堂氛围	□激情 □饱满 □互动 □压抑	
	授课方式	□接受 □抵触 □死板 □改进 □灵活	
	板书或PPT	□工整 □潦草 □太少 □字迹模糊	
学习情况	概念	□难懂 □理解 □易忘 □抽象 □简单 □太多	
	学习方法	□听讲 □自学 □实验 □讨论 □笔记	
	学习兴趣	□浓厚 □一般 □淡薄 □厌倦 □无	
	学习态度	□端正 □一般 □被迫 □主动	
	课前课后	□预习 □复习 □无 □没时间	
	课后作业	□太少 □太多 □无	
意见建议			

	2. 小组评价表				
讨论问题					
小组成员					
为我打分					

笔记页

课程名称	1.4 影响建筑构造的因素和设计原则 1.5 建筑标准化与模数协调		
教学内容	1.4 影响建筑构造的因素和设计原则 一、影响建筑构造的因素 （一）外界环境的影响 （二）建筑技术条件的影响 （三）建筑标准的影响 二、建筑构造的设计原则 1.5 建筑标准化与模数协调 一、建筑标准化 二、建筑模数协调 （一）建筑模数 （二）定位轴线 （三）几种尺寸及其关系		
学时安排	2学时 （90分钟）	知识单元	45分钟
		技能单元	30分钟
		思政单元	15分钟
教学重点 及难点	模数协调及定位轴线的确定。采用某学院学生公寓施工图进行举例说明		
教学目标	知识目标	1. 了解基本模数及常用的扩大模数和分模数。 2. 熟悉标准尺寸、制作尺寸、实际尺寸及其相互间的关系。 3. 掌握混合结构、框架结构如何确定定位轴线	
	能力目标	1. 能够准确判断模数数列的适用范围。 2. 能够绘制墙身的平面和竖向定位轴线。 3. 能够准确描述标准尺寸、制作尺寸、实际尺寸及其相互间的关系	
	思政目标	1. 使学生认识到随着新时代我国社会主要矛盾由"人民日益增长的物质文化生活需要"向"对美好生活的需要"的转变，人们的审美水平不断提高，未来的建筑师要把"美观大方"作为自己的历史使命。 2. 树立正确的审美观和建筑观，坚持文化自信，更好地满足人们对美好建筑物的需要	
思政元素 融入方法	1. 课前布置课程思政故事自学和思考题。 2. 课中教师简述课程思政案例，并组织同学展开思考讨论。 3. 通过思政故事导入课程的讲解		

知识单元

教学环节	教学内容安排
课前导入	课程思政案例：文化让建筑美观大方 思考讨论：什么样的建筑设计才美观大方？建筑设计怎样做到美观大方？

1.4 影响建筑构造的因素和设计原则

一、 影响建筑构造的因素

（一）外界环境的影响

外界环境的影响是指自然界和人为的影响，归纳起来有以下三个方面。

1. 外力的影响

作用在建筑物上的各种力统称为荷载。荷载可归纳为恒载（如结构自重等）和活荷载（如人群、家具、雪荷载、地震荷载、风荷载等）两大类。荷载的大小是结构选型、材料选用及构造设计的重要依据。

2. 自然气候的影响

我国幅员辽阔，各地区气候、地质及水文等情况大不相同。日晒、雨淋、风雪、冰冻、地下水、地震等因素将给建筑物带来影响。对于这些影响，在构造上必须考虑相应的防护措施，如防潮、防水、保温、隔热、防温度变形等。

3. 人为因素的影响

人为因素，如火灾、机械振动、噪声等影响，在建筑构造上需采取防火、防振和隔声的相应措施。

（二）建筑技术条件的影响

建筑技术条件是指建筑材料技术、结构技术和施工技术等。随着这些技术的不断发展和变化，建筑构造技术受它们的影响和制约也在改变着。所以建筑构造做法不能脱离一定的建筑技术条件而存在，设计中应采取相适应的构造措施。

（三）建筑标准的影响

建筑构造设计必须考虑建筑标准。标准高的建筑，其装修质量好，设施齐全且档次高，建筑的造价相应也较高；反之，则较低。标准高的建筑，构造做法考究，反之，构造只能采取一般的做法。因此，建筑构造的选材、选型和细部做法无不根据标准的高低来确定。

二、 建筑构造的设计原则

在建筑构造设计中，应根据建筑的类型特点、使用功能的要求及影响建筑构造的因素，分清主次和轻重，综合权衡利弊关系，根据以下设计原则，妥善处理。

1. 技术先进

建筑构造设计中，在应用改进传统的建筑方法的同时，应大力开发对新材料、新技术、新构造的应用，因地制宜地发展适用的工业化建筑体系。

2. 经济合理

建筑构造无不包含经济因素。在设计中应掌握建筑标准，做到经济合理，在保证工程质量的前提下，尽量降低建筑造价。

3. 节约能源

建筑构造设计中，应尽可能地改进节点构造，提高外墙的保温隔热性能，改善外门窗气密性。充分利用自然光和采用自然通风换气，达到节约能源的目的。

4. 安全适用

在进行主要承重结构设计的同时，应确定构造方案。在构造方案上首先应考虑安全适用，以确保房屋使用安全，经久耐用。

5. 保护环境

建筑构造设计应选用无毒、无害、无污染、有益于人体健康的材料和产品，采用取得国家环境认证的标志产品。

6. 美观大方

建筑的美观主要是通过其平面空间组合、建筑体型和立面、材料的色彩和质感、细部的处理及刻画来体现的。建筑要做到美观大方，构造设计是非常重要的一环。

1.5　建筑标准化与模数协调

建筑业是我国国民经济的支柱产业之一。为了适应我国"四化"建设迅速发展的需要，必须改变目前建筑业劳动力密集、手工作业的落后局面，尽快实现建筑工业化，像工厂生产产品那样生产房子。建筑工业化的内容为：设计标准化、构配件生产工厂化、施工机械化、管理现代化。设计标准化是实现其他目标的前提，只有使建筑构配件乃至整个建筑物标准化，才能够实现建筑工业的现代化。

一、 建筑标准化

建筑标准化主要包括两方面的内容：首先应制定各种法规、规范标准和指标，使设计有章可循；其次是设计中推行标准化设计。标准化设计可以借助国家或地区通用的标准图集来实现，设计者根据工程的具体情况选择标准构配件。实行建筑标准化，既有利于工厂定型规模生产，又可节省设计力量，加快施工速度，达到缩短设计和施工周期，提高劳动生产率和降低工程造价的目的。

二、 建筑模数协调

为了实现建筑设计标准化，使不同材料、不同形状和不同制造方法的建筑构配件（或组合件）具有一定的通用性和互换性，我国颁布了 GB/T 5002—2013《建筑模数协调标准》，用以约束和协调建筑的尺度关系。

（一）建筑模数

建筑模数是选定的标准尺度单位，作为建筑物、建筑构配件、建筑制品以及建筑设备尺寸间相互协调中的增值单位。

1. 基本模数

基本模数是模数协调中最基本的数值，用 M 表示，即 1M＝100mm。建筑物和建筑物部件及建筑组合件的模数化尺寸，应是基本模数的倍数。

2. 导出模数

导出模数分为扩大模数与分模数，其基数应符合下列规定：

（1）扩大模数。指基本模数的整倍数。其中水平扩大模数的基数为 2M，3M，6M，9M，12M，……，其相应的尺寸分别为 200、300、600、900、1200mm。

（2）分模数。指基本模数的分数值。其基数为 M/10、M/5、M/2，其相应的尺寸分别为 10、20、50mm。

3. 模数数列

模数数列是以基本模数、扩大模数、分模数为基础，扩展成的一系列尺寸，应根据功能性和经济性原则确定。

（1）建筑物的开间或柱距，进深或跨度，梁、板、隔墙和门窗洞口宽度等构配件的截面尺寸宜采用水平基本模数和水平扩大模数数列，且水平扩大模数数宜采用 $2n\text{M}$、$3n\text{M}$（n 为自然数）。

（2）建筑物的高度、层高和门窗洞口高度等宜采用竖向基本模数和竖向扩大模数数列，且竖向扩大模数数列宜采用 nM。

（3）构造节点和构配件的接口尺寸等宜采用分模数数列，且分模数数列宜采用 M/10、M/5、M/2。

（二）定位轴线

把房屋看作是三向直角坐标空间网格的连续系列，当三向均为模数尺寸时称为模数化空间网格，如图 1-7 所示。三向直交面的一个面应是水平的，网格间距应等于基本模数或扩大模数。

在模数化空间网格中，确定主要结构位置的线，如确定开间或柱距、进深或跨度的线称为定位轴线。除定位轴线以外的网格线均为定位线，定位线用于确定模数化构件尺寸，如图 1-8 所示。

房屋需在水平和竖向两个方向进行定位，以下介绍砖混结构的定位轴线，其他结构建筑的定位轴线也可以此为参考。

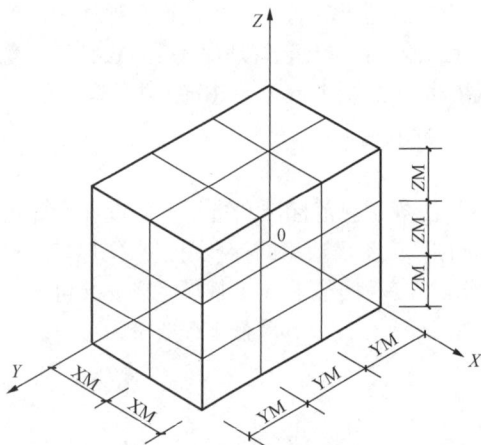

图 1-7 模数化空间网格

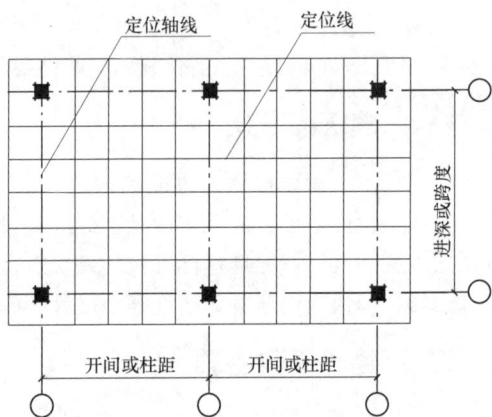

图 1-8 定位轴线和定位线

1. 墙身的平面定位轴线

（1）承重外墙的定位轴线。承重外墙的顶层墙身内缘与平面定位轴线的距离为 120mm（图 1-9）。

（2）承重内墙的定位轴线。承重内墙的顶层墙身中心线应与平面定位轴线相重合（图 1-10）。

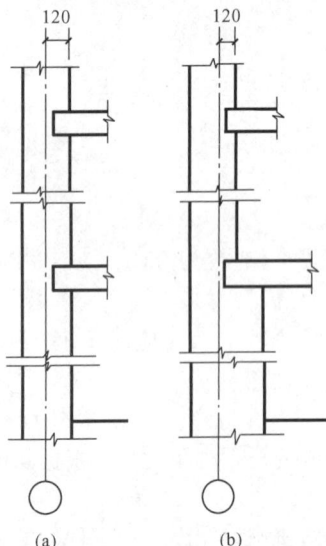

（a）   （b）

图 1-9 承重外墙定位轴线

（a）与顶层墙厚相同；（b）底层与顶层墙厚不相同

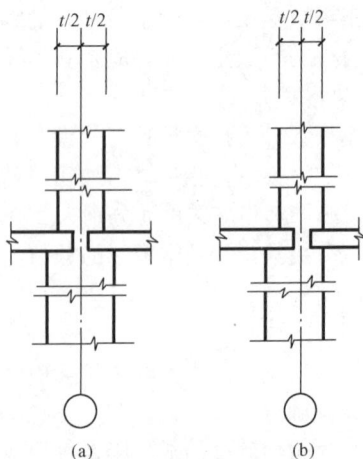

（a）   （b）

图 1-10 承重内墙定位轴线

（a）定位轴线中分底层墙身；（b）定位轴线偏分底层墙身

（3）非承重墙的定位轴线除可按承重外墙或内墙的规定定位外，还可使墙身内缘与平面定位轴线相重合。

（4）带壁柱外墙的墙身内缘与平面定位轴线相重合（图 1-11）或墙身内缘距平面定位轴线 120mm（图 1-12）。

图 1-11　定位轴线与墙身内缘重合

(a) 内壁柱时；(b) 外壁柱时

图 1-12　定位轴线距墙身内缘 120mm

(a) 内壁柱时；(b) 外壁柱时

2. 墙身的竖向定位

（1）底层及中间层墙身竖向定位应与楼面上表面重合（图 1-13）。

（2）顶层墙身竖向定位应为屋顶结构层上表面与距墙内缘 120mm 处的外墙定位轴线的相交处（图 1-14）。

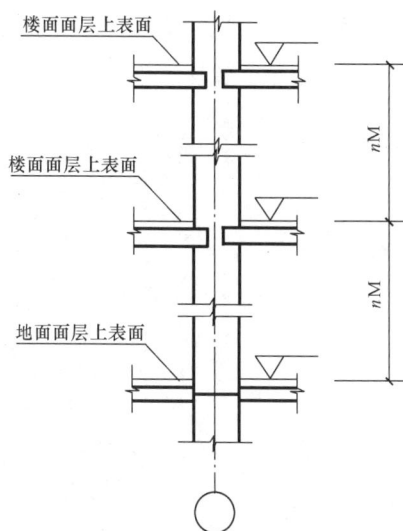

图 1-13　底层及中间层墙身竖向定位

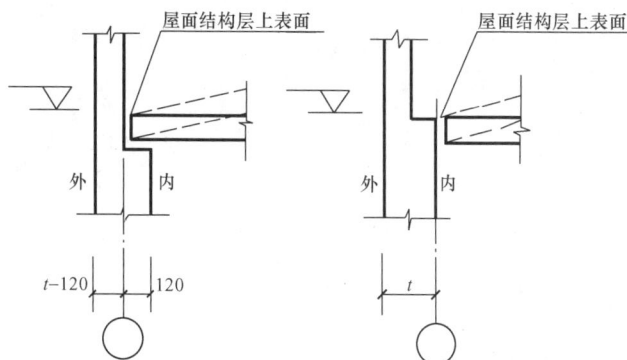

图 1-14　顶层墙身竖向定位

（三）几种尺寸及其关系

为了保证建筑制品、构配件等有关尺寸间的统一与协调，《建筑模数协调标准》规定了标志尺寸、制作尺寸、实际尺寸及其相互间的关系。

1. 标志尺寸

标志尺寸用来标注建筑物定位轴线、定位线之间的垂直距离（如开间或柱距、进深或跨度、层高等），以及建筑构配件、建筑组合件、建筑制品及有关设备等界限之间的尺寸。标志尺寸应符合模数数列的规定。

2. 制作尺寸

制作尺寸是建筑构配件、建筑组合件、建筑制品等生产的设计尺寸。该尺寸与标志尺寸有一定的差额。一般情况下，制作尺寸加上缝隙尺寸等于标志尺寸。缝隙尺寸也应符合模数数列的规定。

3. 实际尺寸

实际尺寸指建筑构配件、建筑组合件、建筑制品等生产制作后的实际尺寸。这一尺寸因生产误差造成与设计制作尺寸间的差值，这一差值应符合建筑公差的规定。

标志尺寸、制作尺寸和缝隙尺寸之间的关系如图 1-15 所示。

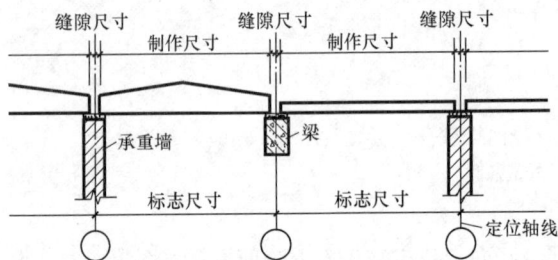

图 1-15 几种尺寸关系

课堂总结

本节课讲解了影响建筑构造的因素和建筑构造设计原则，重点讲解了建筑标准化和建筑模数协调中的建筑模数、定位轴线和几种尺寸及其关系。

◎ 技能单元

一、名词解释

1. 建筑模数

2. 标志尺寸

二、填空题

1. 基本模数用（   ）表示，数值为（   ）。

2. 一般情况下，制作尺寸加上（   ）尺寸等于（   ）尺寸。

三、简答题

1. 影响建筑构造的因素有哪些？

2. 建筑构造的设计原则是什么？

3. 建筑标准化包括哪些内容？

4. 承重外墙及内墙的定位轴线是如何确定的？

笔记页

💠 思政单元

【案例呈现】

文化让建筑美观大方

　　2020年5月，《住房和城乡建设部　国家发展改革委关于进一步加强城市与建筑风貌管理的通知》建科〔2020〕38号明确指出："落实适用、经济、绿色、美观的新时期建筑方针，治理'贪大、媚洋、求怪'等建筑乱象"严禁建设"丑陋建筑"。

　　那么什么样的建筑才算美观大方？

　　也许有人说"一千个人眼中有一千个哈姆雷特"，审美是非常主观和因人而异的，近年来被网友评选出的"丑陋建筑"也颇具争议，很多人认为挺好的、并不丑，有的"丑陋建筑"在当选"最丑"前甚至曾获得过"年度最佳"，被评价为"最具创意性和革命性的建筑"。而且，建筑时常随着时间的推移被赋予不同的评价：埃菲尔铁塔施工期间被一些建筑师和知名人士质疑，认为它"毫无疑问让巴黎蒙羞"；卢浮宫改造计划的玻璃金字塔入口设计方案刚发布时遭到强烈反对和批评，被认为"绝对不能接受"，对神圣的卢浮宫来说，是"残酷的暴行""巨大的错误"。但随着时间的推移，埃菲尔铁塔和玻璃金字塔都成为法国巴黎的著名地标。可见，建筑这门艺术需要时间，有一种难以提前预知的独特神秘性。

　　但为何有些建筑无论让业内人士来看还是让普通民众评价，都是"当之无愧"的"最丑"？有建筑学者发表的意见或能回答这一问题：建筑使用功能极不合理、与周边环境和自然条件极不和谐、滥用符号、低劣崇洋山寨、形象媚俗、盲目仿古、体态怪异恶俗……由此可知，虽然审美不分高下，但人们对审美的底线却能达成共识，挑战审美底线的建筑，都是舍弃了文化与艺术的追求。

　　建筑是城市重要的形象名片，它一旦拔地而起，就将与一座城市长久地共存，与当地的人们和周边的环境长久地共处。一些地标性建筑物，是一道风景还是一道疤痕，将对城市形象产生极深的影响。因此，建筑的规划、设计和建设一定要慎之又慎。

　　纵观中国建筑历史，五千年华夏文明筑起无数瑰宝，北京故宫博物院、江西滕王阁、山西应县木塔等建筑至今为人称道。但近二三十年，在我国快速的城市化进程中，却相继出现了一些贪大媚洋、崇权炫富、猎奇求怪、粗制滥造的建筑，引发设计失衡、文化失序等问题。

　　城市到底需要怎样的建筑？一个明确的答案是：我们需要的一定不是媚俗崇洋、照搬照抄等挑战审美底线的"丑陋建筑"。建筑，是为了让人诗意地栖居，建筑设计应尽可能发挥物理空间，承载社会活动的实用功能，实现与人文环境的和谐统一。即便是当时备受争议的卢浮宫玻璃金字塔，它的设计者、著名建筑师贝聿铭的设计理念也是清晰的——"对于法国人来说，卢浮宫不仅仅是拥有绝品收藏的博物馆，更是他们历史甚至日常生活的核心。金字塔的律动来自整个建筑的几何性，而这种几何性正是深植于法国文化，塔身的玻璃映射出卢浮宫和天空，以及巴黎美丽多变的光线。"在实用性方面，通过改造，卢浮宫此前曲折的参观路线和昏暗的展厅状况得到改善。同样是贝聿铭的作品，坐落在中国的苏州博物馆也很好地考虑了周围建筑风格与实用性，成功地扮演了传承历史、开拓未来的角色。

　　以此作为一个观察的窗口，不难发现，建筑应当与历史文化和艺术结合，应当与当地环境呼应，应当承载一定功能。用建筑历史学家梁思成的话概括"建筑之始，产生于实际需要，受制于自然物理……建筑之规模、形体、工程、艺术之嬗递演变，乃其民族特殊文化兴衰潮汐之映影；一国一族之建筑适反鉴其物质精神，继往开来之面貌"。在中国这片历史悠久、文化深厚的土地上，建筑应自然而然地生根于这样的历史文化。

我们期待，经过科学规划、严格审批，通过所有者、设计方、建设方对审美的尊重和努力，不再有"丑陋建筑"的败笔，而是有更多在中国历史文脉的根上长出艺术新芽的建筑，让城市焕发更多魅力。

（资料来源：光明网—光明日报）

【案例点评】

新时代，我国社会主要矛盾已经由"日益增长的物质文化生活需要"转变为"对美好生活的需要"，对建筑物的需求也由经济、实用、安全转向环保、美观大方，人们在享受建筑物各种功能和景观服务的同时也在追求建筑物的美感。

建筑是凝固的音乐，用视觉音符奏响着文化与时代交融的乐章；它也是一面文化之镜，在上百年甚至数千年的城市发展史中，勾勒出世代生活于此的人们的精神文化追求，标注出特色鲜明的地域文明。美观大方的建筑一定是有文化内涵、时代特征和当地人文精神的建筑，无视各地历史、民族特征、人文精神和民族特征的"千城一面""万楼一样"的标准化建筑是对建筑艺术的低水平诠释和低层次应用；建筑的美还表现为一种和谐，与周围其他建筑物的和谐、与自然环境的和谐，缺乏科学规划、拥挤无序、色彩杂乱无章、一味追求"新、奇、洋"、没有自己特色的建筑是没有文化的表现，会影响人的思维和情感。因此，建筑的设计一定要考虑建筑物与环境的和谐，与文化的融合。

中华文化上下五千年延绵不绝，博大精深，是我们赖以延续和发展的根基，中国的建筑文化是中国历史上最悠久、保存最完整的文化之一，我们应认真梳理和汲取拥有强大生命力的中国传统建筑风格和元素，树立正确的审美观，坚持文化自信，更好地满足人们对美好建筑物的需求。

教学评价

		1. 本课自查表		
教学目标	知识目标	□清晰 □模糊 □一般 □混淆		
	能力目标	□掌握 □熟悉 □了解		
	思政目标	□有　 □无		
授课情况	概念清晰度	□清晰 □模糊 □一般 □混淆		
	讲课语速	□快　 □慢　 □适当 □听不清		
	课堂节奏	□快　 □慢　 □适当 □无		
	课堂氛围	□激情 □饱满 □互动 □压抑		
	授课方式	□接受 □抵触 □死板 □改进 □灵活		
	板书或PPT	□工整 □潦草 □太少 □字迹模糊		
学习情况	概念	□难懂 □理解 □易忘 □抽象 □简单 □太多		
	学习方法	□听讲 □自学 □实验 □讨论 □笔记		
	学习兴趣	□浓厚 □一般 □淡薄 □厌倦 □无		
	学习态度	□端正 □一般 □被迫 □主动		
	课前课后	□预习 □复习 □无　 □没时间		
	课后作业	□太少 □太多 □无		
意见建议				

	2. 小组评价表			
讨论问题				
小组成员				
为我打分				

笔记页

教学模块2 基础与地下室

课程名称	2.1 概述 2.2 基础的埋置深度及影响因素		
教学内容	2.1 概述 一、基础与地基的含义和它们的关系 二、地基的分类 （一）天然地基 （二）人工地基 三、对地基和基础的要求 （一）对地基的要求 （二）对基础的要求 2.2 基础的埋置深度及影响因素 一、基础的埋置深度 二、影响基础埋深的因素		
学时安排	2学时 （90分钟）	知识单元	65分钟
		技能单元	10分钟
		思政单元	15分钟
教学重点及难点	基础的埋置深度要求和影响因素		
教学目标	知识目标	1.了解基础与地基的含义及相互关系。 2.熟悉人工地基的处理方法及地基的分类。 3.掌握基础的埋置深度和影响因素以及建筑构造设计中对地基和基础的要求	
	能力目标	1.能够描述基础埋置深度的概念。 2.能够分辨深基础和浅基础。 3.能够描述基础埋置深度与地下水和冰冻线的关系	
	思政目标	1.职业院校大学生应发扬执着、创新、精益求精的工匠精神，打好坚实的人生基础。 2.大学生应该养成正确的世界观、人生观和价值观，筑牢树立社会主义核心价值观，系好人生第一粒扣子，才能在人生的征途中扬帆起航	
思政元素融入方法	1.课前布置课程思政故事自学和思考题。 2.课中教师简述课程思政案例，并组织同学展开思考讨论。 3.通过思政故事导入课程的讲解		
知识单元			
教学环节	教学内容安排		
课前导入	课程思政案例："岩土特工"周予启 思考讨论：结合案例谈谈如何理解万丈高楼平地起？谈谈为什么要发扬工匠精神		

2.1 概　　述

一、基础与地基的含义和它们的关系

基础是建筑物的墙或柱深入土中的扩大部分，是建筑物的一部分，它承受建筑物上部结构传来的全部荷载，并将这些荷载连同本身的自重一起传到地基上，地基因此而产生应力和应变。

地基是基础下部的土层，它不属于建筑物，地基承受建筑物荷载而产生的应力和应变随着土层深度的增加而减小，在达到一定深度后就可以忽略不计。直接承受荷载的土层称为持力层，持力层以下的土层称为下卧层（图 2-1）。

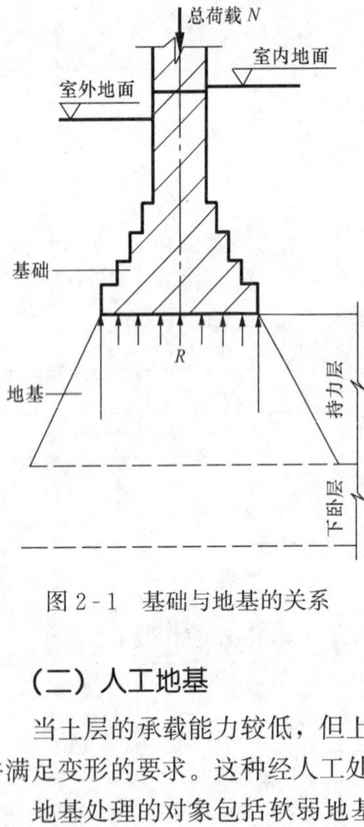

图 2-1　基础与地基的关系

基础是建筑物十分重要的组成部分，没有一个坚固而耐久的基础，上部结构就是建造得再结实，也会出问题。而地基与基础又密切相关，地基虽不是建筑物的组成部分，但它对保证建筑物的坚固耐久具有非常重要的作用。

实践证明，建筑物的事故，很多是与地基基础有关的，例如建于 1913 年的加拿大特朗斯康谷仓，由于设计前不了解地基埋藏有厚达 16m 的软黏土层，建成后谷仓的荷载超过了地基的承载能力，造成地基丧失稳定性，使谷仓西侧陷入土中 8.8m，东侧抬高 1.5m，仓身倾斜 27°。

二、地基的分类

建筑物的地基可分为天然地基和人工地基两大类。

（一）天然地基

凡具有足够的承载力和稳定性，不需经过人工加固，可直接在其上建造房屋的土层称为天然地基。岩石、碎石土、砂土、黏性土等，一般可作为天然地基。

（二）人工地基

当土层的承载能力较低，但上部荷载较大，必须对土层进行人工加固，以提高其承载能力，并满足变形的要求。这种经人工处理的土层，称为人工地基。

地基处理的对象包括软弱地基和特殊土地基。软弱地基是指主要由淤泥、淤泥质土、冲填土、杂填土或其他高压缩性土层构成的地基，特殊土地基主要指湿陷性黄土等区域性特殊土构成的地基。

地基处理的方法很多，各自有不同的适用范围和作用原理。选择地基处理方法时，应对地基条件、目标要求、工程费用及材料、机具来源等方面进行综合分析，通过几种可供采用的方案比较，择优选择一种技术先进、经济合理、施工可行的方案。

地基处理方法分类如下：

（1）按处理深度可分浅层处理和深层处理。

（2）按处理对象可分为砂性土处理和黏性土处理，饱和土处理和非饱和土处理等。

（3）按地基的加固机理不同可分为换土垫层法、预压法、强夯法和排水固结法等，分类见表 2-1、表 2-2。

表 2-1 软弱土地基处理方法分类表

编号	分类	处理方法	原理及作用	适用范围
1	碾压夯实	重锤夯实、机械碾压、振动压实	利用压实原理，通过夯实、碾压、振动，把地基表层压实，以提高其强度，减少地基压缩性和不均匀性，消除其湿陷性	适用于处理低饱和度的黏性土、粉土、砂土、碎石土、人工填土等
		强夯（动力固结）	反复将夯锤提到高处使其自由落下，给地基以冲击和振动能量，将其夯实，从而提高土的强度并降低其压缩性，在有效影响深度范围内消除土的液化及湿陷性	适用于处理碎石土、砂土、低饱和度的粉土与黏性土、湿陷性黄土、素填土和杂填土等
2	换土垫层	砂石垫层、素土垫层、灰土垫层、矿渣垫层	挖去地表浅层软弱土层或不均匀土层，回填坚硬、较粗粒径的材料，并夯压密实，形成垫层，从而提高持力层的承载力	适用于处理浅层软弱地基及不均匀地基
3	排水固结	堆载预压、真空预压、降水预压	对地基进行堆载或真空预压，加速地基的固结和强度增长，提高地基的稳定性；加速沉降发展，使地基沉降提前完成。降水预压则是借井点抽水降低地下水位，以增加土的自重应力，达到预压目的	适用于处理饱和软弱土，降水预压适用于渗透性较好的砂或砂质土
4	振密挤密	土或灰土挤密、石灰桩、砂石桩等	借助于机械、夯锤或爆破，使土的孔隙减少，强度提高；必要时，回填素土、灰土、石灰、砂和碎石等，与地基土组成复合地基，从而提高地基的承载力，减少沉降量	适用于处理无黏性土、杂填土、非饱和黏性土及湿陷性黄土等
5	置换及拌入	高压喷射注浆、水泥土搅拌等	在地基中掺入水泥、石灰或砂浆等形成增强体，与未处理部分土组成复合地基，从而提高地基的承载力，减少沉降量	适用于处理软弱黏性土、欠固结冲填土、粉砂、细砂等
6	加筋	土工合成材料加筋、锚固、加筋土、树根桩	通过在地基土中设置强度较大的土工合成材料、拉筋等加筋材料，从而提高地基的承载力，减小沉降量或维持建筑物的稳定	适用于处理砂土、软弱土、人工填土地基
7	其他	灌浆、冻结、托换技术、纠偏技术	通过独特的技术措施处理软弱土地基	根据建筑物和地基基础情况确定

表 2-2 湿陷性黄土地基常用的处理方法

名称		适用范围	一般可处理（或穿透）基底下的湿陷性土层厚度（m）
垫层法		地下水位以上，局部或整片处理	1～3
夯实法	强夯	$S_r < 60\%$ 的湿陷性黄土，局部或整片处理	3～6
	重夯		1～2
挤密法		地下水位以上，局部或整片处理	5～15
桩基础		基础荷载大，有可靠的持力层	≤30
预浸水法		Ⅲ、Ⅳ级自重湿陷性黄土场地，6m 以上尚应采用垫层等方法处理	可消除地面 6m 以下全部土层的湿陷性
单液硅化或碱液加固法		一般用于加固地下水位以上的已有建筑物地基	≤10 单液硅化加固的最大深度可达 20m

三、 对地基和基础的要求

为了保证建筑物的安全和正常使用，使基础工程做到安全可靠、经济合理、技术先进和便于施工，对地基和基础提出以下要求：

（一）对地基的要求

（1）地基应具有足够的强度和较低的压缩性。
（2）地基的承载力要均匀。
（3）地基应有较好的持力层和下卧层。
（4）尽可能采用天然地基。

（二）对基础的要求

（1）基础应具有足够的强度和耐久性，以便有效地传递荷载和保证使用年限。
（2）基础属于隐蔽工程，要确保按设计图纸和验收规范施工和验收。
（3）在选材上尽量就地取材，以降低工程造价。

2.2　基础的埋置深度及影响因素

一、 基础的埋置深度

基础的埋置深度是指设计室外地面到基础底面的垂直距离，简称埋深，见图 2-2。

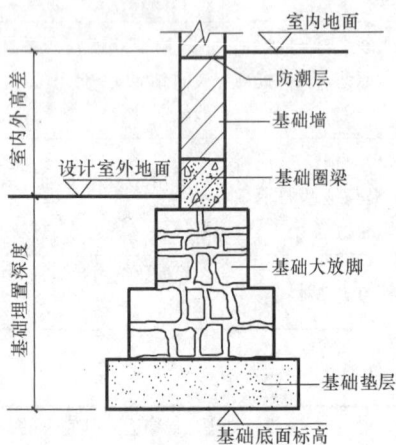

图 2-2　基础的埋置深度

基础根据埋深的不同有浅基础和深基础之分。一般情况下，将埋深小于等于 5m 者称为浅基础，埋深大于 5m 者称为深基础。从基础的经济效果看，其埋置深度越小，工程造价越低，但如基础没有足够的土层包围，基础地面的土层受到压力后会把基础四周的土挤出，基础将产生滑移而失去稳定；同时，基础埋深过浅，易受外界的影响而损坏，所以基础的埋置深度一般不应小于 500mm。

二、 影响基础埋深的因素

影响基础埋置深度的因素很多，一般应根据以下几个方面综合考虑确定。

1. 地基土层构造对基础埋深的影响（见表 2-3）

表 2-3　　　　　　　　　　地基土层构造对基础埋深的影响

序号	地基土层构造	基础埋深	图示
1	均匀好土	应尽量浅埋，但也不得浅于 500mm	

续表

序号	地基土层构造	基础埋深	图示
2	上层为软土，厚度在 2m 以内，下层为好土	应埋在好土层上，土方开挖量不大，既可靠又经济	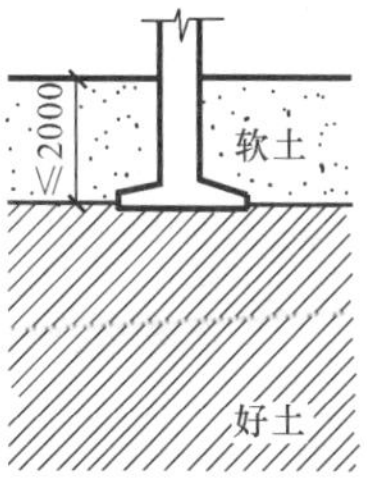
3	上层为软土，厚度 2~5m	低层轻型建筑仍可埋在软土层内，但应加宽基础底面并加强上部结构的整体性；若是高层重型建筑，则应将基础埋在好土上，以保安全	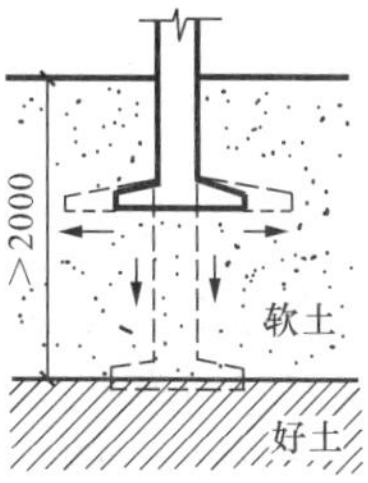
4	上层软土厚度大于 5m	可做地基加固处理，或者将基础埋在好土上；应作技术经济比较后选定	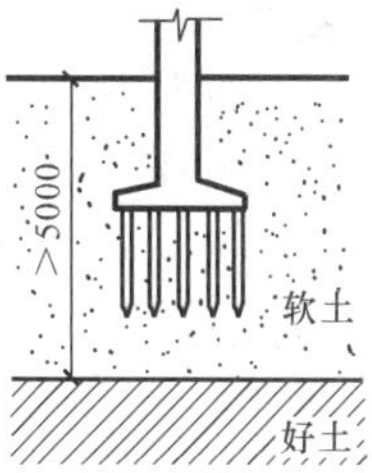
5	上层为好土，下层为软土	应力争将基础浅埋在好土层内，适当加大基础底面，以有足够厚度的持力层，并验算下卧层的应力和应变，确保建筑的安全	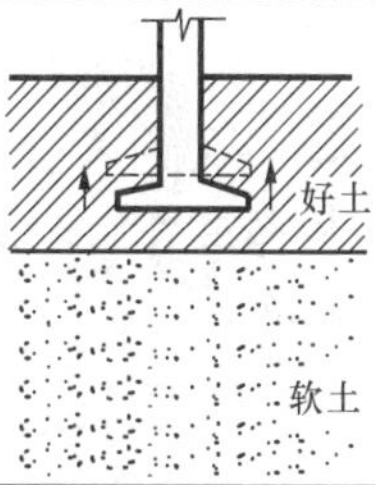
6	地基由好土和软土交替构成	低层轻型建筑应尽可能将基础埋在好土内；重型建筑可采用人工地基或将基础深埋到下层好土上，两方案可经技术经济比较后选定	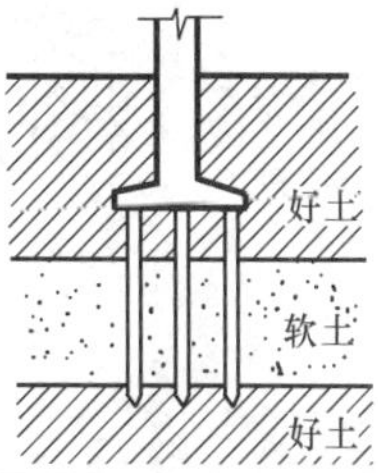

2. 地下水位对基础埋深的影响

地下水对某些土层的承载能力有很大影响，如黏性土在地下水上升时，将因含水量增加而膨胀，使土的强度降低；当地下水下降时，基础将产生下沉。为避免地下水的变化影响地基承载力及防止地下水对基础施工带来的麻烦，一般基础应力争埋在最高水位以上，如图 2-3（a）所示。

当地下水位较高时，基础不得不埋置在地下水内。但应注意，基础底面宜置于最低地下水位以下 200mm，以使基础底面常年置于地下水中，也就是防止置于地下水位升降幅度之内。这是为了减少和避免地下水的浮力对建筑的影响，如图 2-3 (b) 所示。

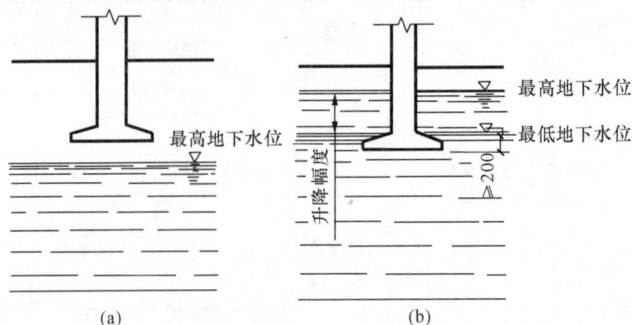

图 2-3　地下水位对基础埋深的影响
(a) 地下水位较低时的基础埋置深度；(b) 地下水位较高时的基础埋置深度

3. 土的冻结深度对基础埋深的影响

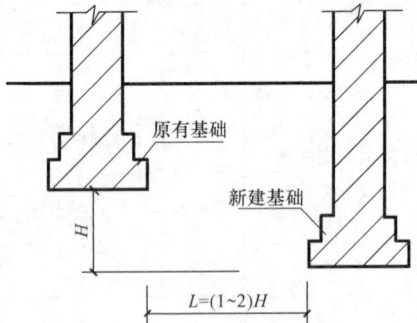

当地基土的温度低于 $0 \sim 1 \, ℃$ 时，土内孔隙中的水大部分冻结。地基土冻结的极限深度称为冻结深度，即冰冻线，一是地面以下的冻结土与非冻结土的分界线。各地区气候不同，低温持续时间不同，冻结深度也不同。如哈尔滨为 2m，沈阳为 1.5m，北京为 0.85m，郑州为 0.2m，重庆地区则基本无冻结土。当冻土深度小于 0.5m 时，基础埋深即不受其影响。

土的冻结是由于土中水分受冷冻结成冰，体积膨胀，因而导致冻土膨胀。地基土冻结后，是否对建筑产生不良影响，主要看土冻结后会不会产生冻胀现象。若产生冻胀，冻结时的冻胀力可将房屋拱起，解冻后房屋将下沉。不均匀的冻融，引起不均匀的胀缩，因而导致建筑出现裂缝、倾斜及破坏。

地基土冻结后是否产生冻胀，主要与地基土颗粒的粗细程度、含水量大小和地下水位高低等条件有关。如地基土存在冻胀现象，特别是在粉砂、粉土和黏性土中，基础底面置于冰冻线以下 200mm，即置于不冻土之中，以避免冻害发生，如图 2-4 所示。

4. 其他因素对基础埋深的影响

基础埋置深度除考虑地基土层构造、地下水位、土的冻结深度等因素外，还应考虑相邻建筑物基础的深度（图 2-5），新建建筑物是否有地下室、设备基础、地下管沟等因素的影响。

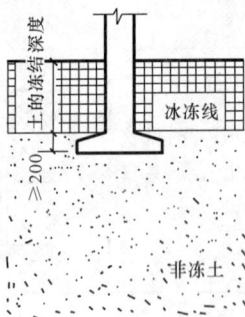

图 2-4　深度对基础埋深的影响　　　　图 2-5　相邻基础的关系

课堂总结

本节内容为基础与地基的含义与关系、地基的分类以及对地基和基础的要求；基础的埋置深度及影响因素。

◎ 技能单元

一、名词解释

1. 基础埋深

2. 人工地基

1. 天然地基

二、填空题

1. 建筑物的地基可分为（　　　）和（　　　）两大类。

2. 采用人工加固地基的方法通常有（　　　）、（　　　）和（　　　）等。

三、选择题

1. 地下室地面高于最高地下水位时，地下室需做（　　　）。

A. 防水防冻处理　　　　B. 防潮处理　　　　C. 防水处理　　　　D. 防冻处理

2. 当地下水位很高，基础不能埋在地下水位以上时，应将基础底面埋置在（　　　）以下，从而减少或避免地下水浮力的影响。

A. 最高水位 200mm　　　　　　　　B. 最低水位 200mm

C. 最高水位 500mm　　　　　　　　D. 最低水位 500mm

四、简答题

1. 简述基础与地基的含义和它们的关系。

2. 影响基础埋深的影响因素有哪些？

五、作图题

图示基础的埋置深度。

笔记页

思政单元

【案例呈现】

万丈高楼平地起——"岩土特工"周予启

俗话说"万丈高楼平地起",对于现代建筑来说,其实万丈高楼应该是"地下"起。几十万吨的摩天大楼如何才能扎根大地、屹立不倒?地下工程——地基基础是根本,"地下特工"功不可没。

中建一局建设发展公司总工程师周予启——建筑业界小有名气的岩土专家,正是这样的"地下特工"。我国许多众所周知的超高层建筑都在周予启主持建造的地基上拔地而起,包括时为北京第一高楼——国贸三期,世界钢板剪力墙结构第一高、华北第一高——天津津塔,中国第一高写字楼——600m 的深圳平安金融中心(见下图)。

图片来源:图虫网

就拿深圳平安金融中心来说吧:设计高度为 600m,重 68 万 t,想要支撑起这样的摩天大楼,需要一个无比强大的基础。周予启为这个庞然大物准备了 8 根直径达 8m 的擎天巨柱,每一根巨柱的抗压承载力超过 10 万 t,将它们打进地下 60m 深处,可以轻松载起一艘"辽宁号"航母,堪称中国最大工程桩也不为过。

2010 年 9 月的一天,周予启像往常一样蹲守在平安工程的基坑边,项目书记陈明跑到他面前,火急火燎地说:"周工,你赶紧跟我去趟地铁集团!"

到了深圳地铁集团,周予启感到空气都快凝固了,地铁集团的几位领导眉头紧锁。其中一位拿出了一张处罚决定书,严肃地说:"谁让你们把站厅的地面砸了?!地铁无法正常运营你们负得了责吗?!"

周予启接过处罚书,神情淡定地答道:"接下来我还要把出站口的地砖全都砸掉,你们要罚就等我把地砖都砸完再一起罚吧!"

在场的人惊呆了!陈明急得拽住周予启的衣角暗示他不要再往下说,心里想:"完了!完了!周予启一定是疯了!"

那位领导注视着眼前这个瘦弱却气粗的"愣头青",面露愠色。周予启没看领导的脸色,继续理直气壮地说:"破坏是为了安全!砸地砖是为了给基坑和地铁之间的地下岩土注浆,注了浆土方才不会因为侧压力大变形,地铁才能更安全!我们中建一局是负责任的企业,等注完浆,我们会立即把地面修整好,还会换上比现在还好的大理石呢!"

听到这里,那位领导凝重的表情开始缓和,陈明也长出了口气,向大家介绍说周予启是岩土专家，他主持建造的"明星"基坑有很多。

平安工程地处闹市区，施工区域狭窄，它的基坑离深圳交通大动脉 1 号线只有 6m，离最近的购物公园站不到 2m，每天经过这个车站的乘客有上百万。按照国家规定，基坑施工引起的建筑物变形不能超过 50mm，地铁变形不能超过 4mm。作为中国第一高写字楼，平安的基坑深 33.3m，最深处达 60m，可谓中国最深基坑。

基坑开挖前，周予启拿着方案去找深圳地铁领导，没想到方案被否决。周予启还没受过这样的挫折。他是北京小有名气的岩土专家，早就具备了注册岩土工程师的资格，还会经常被邀赴世界或中国超高层建筑论坛做专题演讲。周予启没有因为自己的"老资格"自大，而是又精心准备了几套方案。他知道地铁领域都是岩土专家，必须拿出让专家们信服的方案才行。最后，周予启的"袖阀管注浆"施工方案征服了专家论证小组。这个第一次引入房建领域的"袖阀管注浆"施工工艺，相当于在基坑与地铁轨道之间筑起一座"钢筋混凝土"的坚不可摧的"地连墙"。经监测，深圳地铁 1 号线最终变形不到 2mm，比最小值 4mm 又增加了 2mm 的"安全值"。2014 年周予启总结的"袖阀管注浆施工"获得了北京市级工法。

"一个人如果一直做能力范围之内的事，就永远没有进步。"如果非要周予启给年轻人提点建议，他会用《功夫熊猫 3》中的熊猫大侠师傅说的这句话回答你。

作为一个获得过 2 项中国建设工程鲁班奖、1 项国家优质工程奖、1 项中国土木工程詹天佑奖、2 项全国建设工程优秀项目管理成果一等奖、各级优秀共产党员称号（分别为国务院国资委、北京市国资委、中建总公司授予）的人，周予启当之无愧。

2014 年 12 月，深圳平安金融中心的基坑工程提前一个月完成了，周予启登上这座中国第一高写字楼拍了张照片，在照片中放心地笑着，"只有大楼封顶才能证明基坑是安全的！"

（资料来源：2016 年第 4 期《中国建筑》杂志）

【案例点评】

俗话说"万丈高楼平地起"，没有坚固耐久的基础，上部建造得再结实，也会出问题。深圳平安金融大厦这样一座 600m 高的摩天大楼如何扎根大地、屹立不倒？因为"基坑专家""岩土专家"周予启发扬工匠精神，执着、创新、精益求精的工匠精神，打好坚实的地基基础，才保证了一个个工程质量。

周予启的成功也得益于他大学毕业后在工地的艰苦锻炼，为以后的职业生涯打好了基础。大学生处于价值观形成和确立的时期，这一时期养成正确的世界观、人生观和价值观，筑牢社会主义核心价值观的精神大厦，打牢了人生的基础，以后的事业就会一帆风顺，如果开步就错了，将会失之毫厘、谬以千里。

♥ 教学评价

		1. 本课自查表	
教学目标	知识目标	□清晰 □模糊 □一般 □混淆	
	能力目标	□掌握 □熟悉 □了解	
	思政目标	□有　□无	
授课情况	概念清晰度	□清晰 □模糊 □一般 □混淆	
	讲课语速	□快　□慢　□适当 □听不清	
	课堂节奏	□快　□慢　□适当 □无	
	课堂氛围	□激情 □饱满 □互动 □压抑	
	授课方式	□接受 □抵触 □死板 □改进 □灵活	
	板书或PPT	□工整 □潦草 □太少 □字迹模糊	
学习情况	概念	□难懂 □理解 □易忘 □抽象 □简单 □太多	
	学习方法	□听讲 □自学 □实验 □讨论 □笔记	
	学习兴趣	□浓厚 □一般 □淡薄 □厌倦 □无	
	学习态度	□端正 □一般 □被迫 □主动	
	课前课后	□预习 □复习 □无　□没时间	
	课后作业	□太少 □太多 □无	
意见建议			

	2. 小组评价表				
讨论问题					
小组成员					
为我打分					

笔记页

课程名称	2.3 基础的类型与构造 2.4 地下室构造		
教学内容	2.3 基础的类型与构造 一、基础的类型 （一）按基础的构造形式分类 （二）按基础的材料及受力特点分类 二、刚性基础构造 （一）砖基础 （二）毛石基础 （三）灰土基础 （四）三合土基础 （五）混凝土和毛石混凝土基础 三、柔性基础（扩展基础）构造 2.4 地下室构造 一、地下室的类型 （一）按功能分类 （二）按地下室与室外地面的关系分类 二、地下室的组成与构造要求 三、地下室采光井构造		
学时安排	2 学时 （90 分钟）	知识单元	65 分钟
		技能单元	10 分钟
		思政单元	15 分钟
教学重点 及难点	基础的类型及构造做法和地下室采光井的构造做法		
教学目标	知识目标	1. 了解桩基础的知识和基础的类型。 2. 熟悉基础（刚性基础、柔性基础）的构造做法。 3. 掌握不同类型刚性基础的优缺点和适用条件。 4. 掌握地下室的组成和采光井的构造	
	能力目标	1. 能够描述刚性基础和柔性基础的区别。 2. 能够分辨不同材质刚性基础应用中的优缺点。 3. 能够描述地下室的组成。 4. 能够绘制地下室采光井的构造做法	
	思政目标	1. 教育学生要严格遵守工程设计、施工规范，遵守职业道德。 2. 同学们要勿忘历史，珍爱和平，珍惜来之不易的幸福生活	
思政元素 融入方法	1. 课前布置课程思政故事自学和思考题。 2. 课中教师简述课程思政案例，并组织同学展开思考讨论。 3. 通过思政故事导入课程内容的讲解		

知识单元	
教学环节	教学内容安排
课前导入	课程思政案例：勿忘历史，珍爱和平——"重庆防空洞惨案" 思考讨论：重庆防空洞惨案的原因是什么？和平时期人防工程建设有什么重要意义？

2.3 基础的类型与构造

一、基础的类型

基础的类型很多，对于民用建筑的基础，可以按构造形式、材料和受力特点进行分类。

（一）按基础的构造形式分类

1. 条形基础

当建筑物上部结构采用墙承重时，基础沿墙身设置呈长条形，这种基础称为条形基础或带形基础（图2-6）。条形基础常用砖、石、混凝土等材料建造。当地基承载能力较小，荷载较大时，承重墙下也可采用钢筋混凝土条形基础。

2. 独立基础

当建筑物上部结构为梁、柱构成的框架、排架及其他类似结构时，其基础常采用方形或矩形的单独基础，称独立基础。独立基础的形式有阶梯形、锥形、杯形等（图2-7），主要用于柱下。当建筑是以墙作为承重结构，而地基承载力较弱或埋深较大时，为了节约基础材料，减少土石方工程量，亦可采用墙下独立基础。为了支撑上部墙体，在独立基础上可设基础梁或拱等连续构件（图2-8）。

3. 井格基础

当建筑物上部荷载不均匀，地基条件较差时，常将柱下基础纵横相连组成井字格状，称井格基础（图2-9）。它可以避免独立基础下沉不均的弊病。

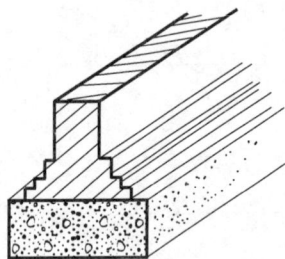

图2-6 条形基础

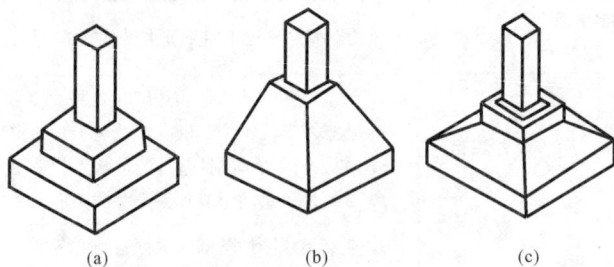

(a)   (b)   (c)

图2-7 独立基础
(a) 阶梯形；(b) 锥形；(c) 杯形

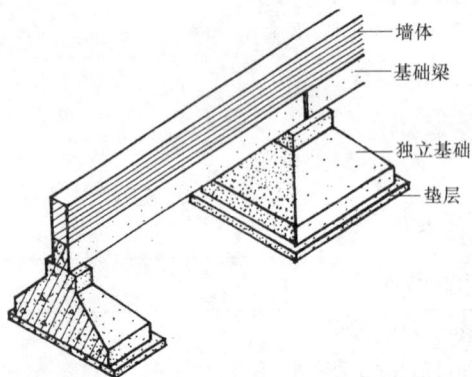

墙体
基础梁
独立基础
垫层

图2-8 墙下独立基础

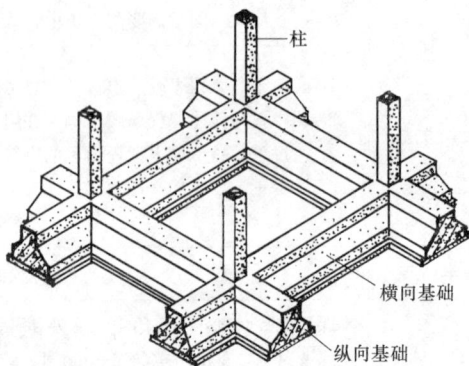

柱
横向基础
纵向基础

图2-9 井格基础

4. 筏片基础

当建筑物上部荷载很大或地基的承载力很小时，可由整片的钢筋混凝土板承受整个建筑的荷载并传给地基，这种基础形似筏子，故称筏片基础，也称满堂基础，其形式有板式和梁板式两种（图2-10）。

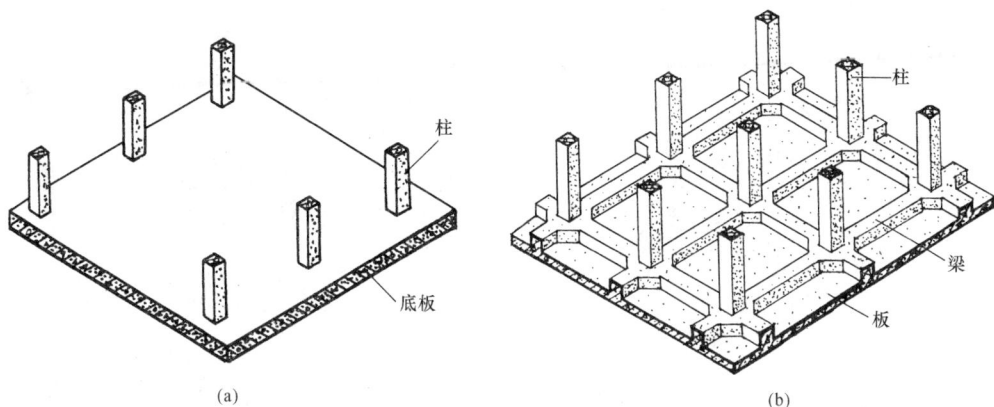

图 2-10　筏片基础
（a）板式基础；（b）梁板式基础

5. 箱形基础

当钢筋混凝土基础埋置深度较大，为了增加建筑物的整体刚度，有效抵抗地基的不均匀沉降，常采用由钢筋混凝土底板、顶板和若干纵横墙组成的箱形整体来作为房屋的基础，这种基础称为箱形基础（图2-11）。箱形基础具有较大的强度和刚度，且内部空间可用作地下室，故常作为高层建筑的基础。

6. 桩基础

当建筑物荷载较大，地基的软弱土层厚度在5m以上及基础不能埋在软弱土层内时，常采用桩基础，它是天然地基深基础方案之一。桩基础具有承载力高，沉降量小，节省基础材料，减少挖填土方工程量，改善施工条件和缩短工期等优点。因此，近年来桩基础应用较为广泛。

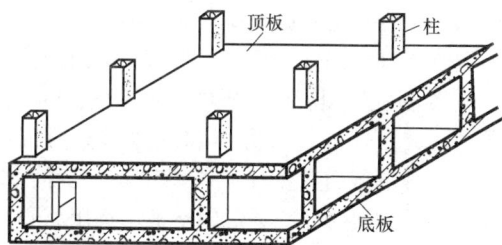

图 2-11　箱形基础

（1）桩基础的组成。桩基础是由桩身和承台组成，在承台上面是上部结构，如图2-12所示。柱身像置于土中的柱子一样，而承台则类似钢筋混凝土扩展式浅基础。桩身尺寸是按设计确定的，再按照设计的点位置入土中。在桩的顶部灌注钢筋混凝土承台，以支承上部结构，使建筑物荷载均匀地传递到桩基上。在寒冷地区，承台下应铺设100～200mm左右厚的粗砂或焦渣，以防止土壤冻胀引起承台的反拱破坏。

（2）桩基按受力情况分类。桩基可分为摩擦桩与端承桩。摩擦桩只是用桩挤实软弱土层，靠桩壁与土壤的摩擦力承担总荷载，如图2-13（a）所示。这种桩适合坚硬土层较深，总荷载较小的工程；端承桩是将桩尖直接支承在岩石或硬土层上，用桩身支承建筑的总荷载，也称为柱桩，如图2-13（b）所示。这种桩适用于坚硬土层较浅、荷载较大的工程。

图 2-12　桩基础的组成

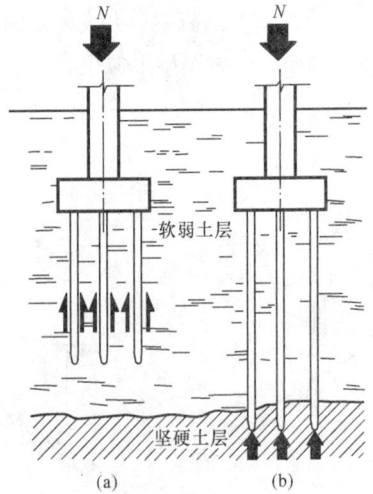

图 2-13　桩基础受力类型
(a) 摩擦桩；(b) 端承桩

（3）桩基按材料分类。桩基按材料不同可分为混凝土桩、钢桩、木桩和组合材料桩等。

1）混凝土桩。混凝土桩还可分为素混凝土桩、钢筋混凝土桩和预应力钢筋混凝土桩。

素混凝土桩由于受混凝土抗拉强度低的影响，一般只用在桩纯粹承压条件下，不适于荷载条件复杂多变的情况，因而它的应用已很少。

钢筋混凝土桩的配筋率较低（一般为 $0.3\% \sim 1.0\%$），取材方便，价格便宜，耐久性好。桩基工程绝大部分采用钢筋混凝土桩。

预应力钢筋混凝土桩通常预制而成，桩体在抗弯、抗拉及抗裂等方面比钢筋混凝土桩更强，特别适用于受冲击和振动荷载的情况。

混凝土桩可以分为预制桩和灌注桩两种基本的类型。

a. 预制桩。预制桩是桩体在施工现场或工厂先预制好，然后运至工地，用各种沉桩方法埋入地层中而成。预制桩有方形和八边形截面或中空方形和圆形截面等，截面边长一般为 250～550mm，管桩截面直径有 400、550mm 几种。中空型桩更适用于摩擦型桩，因为单位体积混凝土可提供更大的接触面。圆形中空桩基运用离心原理浇制而成。各桩横截面如图 2-14 所示。钢筋的作用是抵抗起吊和运输中产生的弯矩、竖向荷载。这类桩按预定的长度预制并养护，然后运往施工现场。

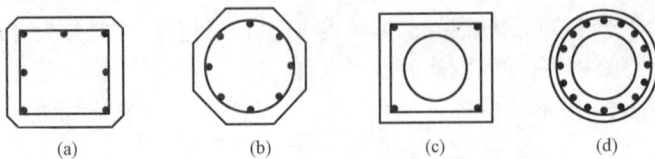

图 2-14　预制混凝土桩
(a) 方形；(b) 八边形；(c) 中空方形；(d) 中空圆形

目前工厂预制的桩限于运输和起吊能力一般不超过 13.5m，现场制作的长度可大些，但限于桩架高度，一般在 20～30m 以内。桩长度不够时，需要在沉桩过程中接长。

预制混凝土桩的强度等级不宜低于 C30，采用静压法沉桩时也不宜低于 C20，对预应力混凝土桩不宜低于 C40。预制桩纵向钢筋混凝土保护层厚度不宜低于 30mm。预制桩的桩端可将主筋合拢焊在桩端的辅助钢筋上，也可在合拢主筋上再包以钢板桩靴。

预制桩桩身质量易于保证和控制，承载力高，能根据需要制成多种尺寸和形状。桩身混凝土密实，抗腐蚀能力强。桩身制作方便，成桩速度快，适合大面积施工。沉桩过程中的挤土效应可使松散土层的承载能力提高。

预制桩也有一些缺点，如需运输、起吊、打桩，为避免损坏桩体需要配置较多钢筋，选用较高强度等级混凝土，使得预制桩造价较高。打桩时噪声大，对周围土层扰动大。不易穿透较厚的坚硬土层达到设计标高，往往需通过射水或预钻孔等辅助措施来沉桩，还常因桩打不到设计标高而截桩，造成浪费。挤土效应有时会引起地面隆起，道路、管线等损坏，桩产生水平位移或挤断、相邻桩上浮等，因此需合理确定沉桩顺序。沉桩一般从中间开始，向两端或周围进行，或者分段进行。

b. 灌注桩。现场灌注桩是先在地基土中钻孔或挖孔，然后下放钢筋笼和填充混凝土而成，如图 2-15 所示。灌注桩的材料除钢筋混凝土和素混凝土外，还有砂、碎石、石灰、水泥和粉煤灰等，这些材料与桩周围土构成复合地基，丰富了地基处理的措施。

灌注桩混凝土的强度等级不得低于 C20，水下灌注时不得低于 C25。灌注桩纵向钢筋混凝土保护层厚度不应小于 35mm；水下灌注混凝土，其保护层厚度不得小于 50mm。

当持力层承载力较低时，可采用扩底桩。例如：钻挖成扩底锥孔后再灌注混凝土。其他形成扩底桩的方法有：用内夯管夯击孔底刚浇筑的混凝土，以便形成扩大的混凝土球状物，这样的扩底桩又称为夯扩桩，如图 2-16（a）～（c）所示；在孔底进行可控制的爆破，形成爆扩桩，如图 2-16（d）～（f）所示。桩墩是通过在地基中成孔后灌注混凝土形成大口径断面柱形深基础，即以单个桩

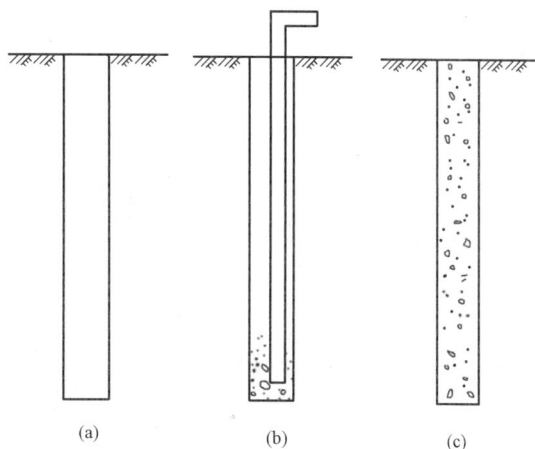

图 2-15 现场灌注桩
（a）泥浆护壁钻孔；（b）灌浆管孔底浇筑；
（c）灌注完成

墩代替群桩及承台。桩墩基础底部可支承于基岩之上，也可嵌入基岩或较坚硬的土层中。当桩墩受力很大时，也可用钢套筒或钢核桩墩，如图 2-17 所示。桩墩一般为直柱形，在桩墩底土较坚硬的情况下，为使桩墩底承受较大的荷载，也可将桩墩底端尺寸扩大而做成扩底桩墩。桩墩断面形状常为圆形，其直径不小于 0.8m。

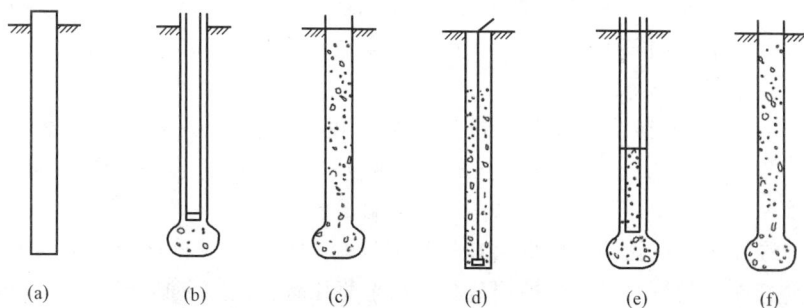

图 2-16 拔管夯扩灌注桩和爆扩桩
（a）钻孔下套管；（b）内夯管捣实；（c）成桩；
（d）钻孔放引线及灌注混凝土；（e）引爆；（f）灌注混凝土成桩

灌注桩的钢材使用量一般较低，比预制桩经济，造价为预制桩的 40%～70%，适于各种地层，桩长可灵活调整，桩端扩底可充分发挥桩身强度和持力层承载力。但它成桩质量不易保证，桩身易出现断桩、缩颈、夹泥、沉渣和混凝土析出等质量问题。

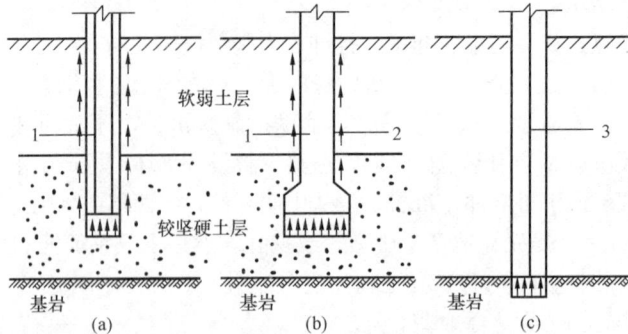

图 2-17　桩墩

(a)、(b) 摩擦桩墩；(c) 端承桩墩

1—钢筋；2—钢套筒；3—钢核

2）钢桩。钢桩通常为管桩或轧制的 H 形钢桩，槽钢和工字钢也可用作钢桩。但热轧宽翼缘 H 形钢更适用些，因为其腹板和翼缘等厚且长度相近，而槽钢和工字钢的腹板比翼缘薄且长，如图 2-18 所示。我国 JGJ 94—2008《建筑桩基技术规范》中列出了常用 H 形钢桩的截面尺寸。钢桩如果不得不接长时，可用焊接或铆接。

图 2-18　钢桩的横截面

(a) H 形（宽翼缘）；(b) 工字形；(c) 管形

钢管桩可开口或闭口打入。当桩很难打入时，比如遇到密实的砂砾、页岩和软岩时，钢管桩可以焊上圆锥形桩端（或桩靴）。大多数情况下，钢管桩在打入后用混凝土填实，形成组合材料桩。

钢桩存在锈蚀的问题，例如：遇到泥炭土和另外一些有机土，它们都具有腐蚀性，一般应加厚钢桩（超过实际设计截面）。很多情况下，在桩的表面涂上有效的防腐层，且打桩时涂层也不容易损坏。在大多数腐蚀区域，有混凝土外壳的钢桩也能有效地防腐蚀。

钢桩材料强度高、抗冲击性能好、接头易于处理、施工质量稳定，还可根据弯矩沿桩身的变化情况局部加强其断面刚度和强度。钢桩的最大缺点是造价相对较高和前面提到的存在锈蚀问题。在我国，钢桩目前应用较少，一般只用在特别重大和一些特殊的建设工程中，如火电厂厂房基础、软基上的高重结构物等。

3）木桩。木桩用树干制成，大多数木桩的最大长度为 10～20m，桩端直径不应小于 150mm。木桩的承载力一般限制在 220～270kN。作为桩的木材应该是直的、完好的。木桩一般用于临时工程，但当整个桩处于水位以下时，可以作为结构的永久基础。

木桩不能承受很大的打击力，因此，在桩端可以套上钢靴、在桩顶套上金属箍，以防破坏。木桩应尽量避免接头，特别是当承受拉伸荷载或水平荷载时。但如果必须接头时，可以用金属管套或铆钉和螺栓连接。管套的长度至少为木桩直径的 5 倍。为了连接紧密，接头末端应该锯正，装配位置应仔细修整；采用金属铆钉和螺栓连接时，接头末端也应该锯正，在铆钉连接的部位应削平。如果木材足够长，但其横断面尺寸不足，可以几根胶合在一起，或者用 3～4 根圆木组合起来。如果木桩处于饱和土中，其寿命可以很长。但在海水中，木桩受到各种有机物的侵蚀，在短短几个月便会遭到严重的破坏，在水位以上的桩还容易受到昆虫的破坏。用防腐剂对木桩进行处理，可提高其寿命。

4）组合材料桩。组合材料桩指一根由两种或两种以上材料组成的桩。整个桩长分段采用木材、钢材或混凝土材料。例如：在钢管内填充混凝土的桩，下部为预制桩、上部为灌注桩、中间为预制桩外包灌注桩等，即为组合材料桩。

（4）桩基按成桩方法分类。按成桩方法可分为挤土桩、部分挤土桩和非挤土桩。

挤土桩是在成桩过程中，大量排挤土，使桩周围土受到严重扰动，土的工程性质有很大改变的桩。挤土桩引起的挤土效应使地面隆起和土体侧移，施工常带有噪声，导致对周围环境的较大影响。但它不存在泥浆及弃土污染问题。这类桩主要有打入或静压成的实心或闭口预制混凝土桩、闭口钢管桩及沉管灌注桩等。

部分挤土桩在成桩过程中，引起部分挤土效应，使桩周围土受到一定程度的扰动。这类桩主要有打入或压入 H 形钢桩、开口管桩、预钻孔植桩及长螺旋钻孔、冲孔灌注桩等。非挤土桩采用钻孔、挖孔等方式将与桩体积相同的土体排出，对周围土体基本没有扰动，但废泥浆、弃土等可能会对环境造成影响。这类桩主要有干作业挖孔桩、泥浆护壁钻孔桩和套管护壁灌注桩等。

（5）桩基按桩径分类。按桩径可分为小直径桩、中等直径桩和大直径桩。

小直径桩指桩径 $d \leqslant 250$mm 的桩，如树根桩。它的施工机械、施工场地及施工方法一般较为简单，在基础托换、支护结构、地基处理等工程中得到广泛应用。

中等直径桩，250mm$<d<800$mm，这种桩大量应用于工业与民用建筑的基础，成桩方法和工艺很多。

大直径桩，$d \geqslant 800$mm，此类桩大多为钻、冲、挖孔灌注桩，还有大直径钢管桩等，通常用于高重型结构物基础，单桩承载力高，可实现柱下单桩形式。多为端承型桩。

（二）按基础的材料及受力特点分类

（1）刚性基础（无筋扩展基础）。凡是由刚性材料建造、受刚性角限制的基础，称为刚性基础。刚性材料一般是指抗压强度高、抗拉和抗剪强度较低的材料。如砖、石、混凝土、灰土等材料建造的基础，属于刚性基础，见图 2-19（a）。这类基础的大放脚（基础的扩大部分）较高，体积较大，埋置较深。适用于土质较均匀、地下水位较低、六层以下的砖墙承重建筑。

一般情况下，基础的底面积越大，其底面的压强越小，对地基的负荷越有利。但放大的尺寸超过一定范围，超过基础材料本身的抗拉、抗剪能力，就会产生冲切破坏。从图 2-20 中可看出，破坏的方向不是沿墙或柱的外侧垂直向下，而是与垂线形成一个角度，这个角度就是材料特有的刚性角 α，它是宽 b 与高 h 所夹的角。只有控制基础的宽高比（$b:h$），才能保证基础不被破坏。

（2）柔性基础（扩展基础）。主要是指钢筋混凝土基础，它是在混凝土基础的底部配以钢筋，利用钢筋来抵抗拉应力，使基础底能够承受较大的弯矩。这种基础不受材料刚性角的限制，故称为柔性基础，见图 2-19（b）。这类基础大放脚矮、体积小、挖方少、埋置浅，适用于土质较差、荷载较大、地下水位较高等条件下的大中型建筑。

二、刚性基础构造

（一）砖基础

用非黏土烧结砖砌筑的基础称为砖基础。它具有取材容易，价格较低，施工简便等优点。但由于砖的强度、耐久性、抗冻性和整体性均较差，因而只适合于地基土质好、地下水位较低，五层以下的砖混结构中。

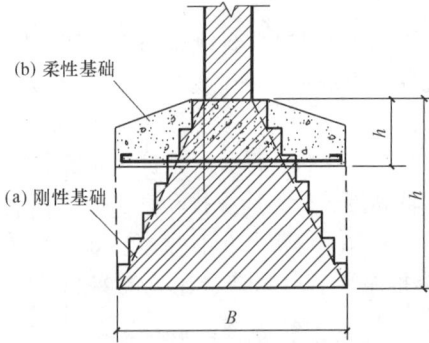

图 2-19　刚性基础与柔性基础比较

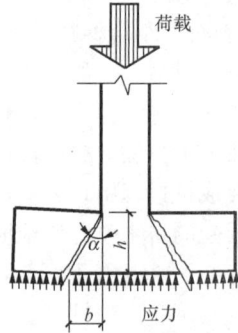

图 2-20　刚性角的形成

砖基础断面一般都做成阶梯形，这个阶梯形通常称为大放脚（图 2-21）。大放脚从垫层上开始砌筑，其台阶宽高比允许值为 $b/h \leqslant 1/1.5$。为保证大放脚的刚度，应为"二皮一收"（等高式）或"二皮一收"与"一皮一收"相间（间隔式），但其最底下一级必须用二皮砖厚。一皮即一皮砖，标注尺寸为 60mm，每收一次，两边各收 1/4 砖长。砌筑前基槽底面要铺 20mm 厚的砂垫层。

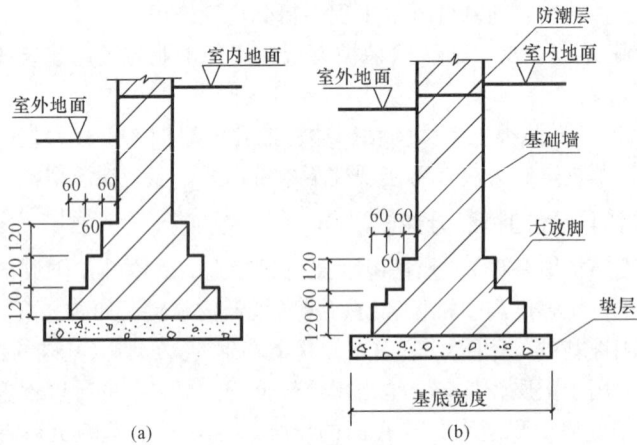

图 2-21　砖基础
(a) 等高式大放脚；(b) 间隔式大放脚

（二）毛石基础

毛石是一种天然石材经粗略加工使其基本方整，便于人力搬运及操作的石料，粒径一般不小于 300mm。毛石基础的强度、抗水、抗冻、抗腐蚀性能均较好。但由于毛石自重较大，操作要求高，运输、堆放不便，故毛石基础多适用于邻近山区，石材丰富，一般标准的砖混结构中。

毛石基础的做法有两种。一种是毛石灌浆基础，即在基坑内先铺一层高约 400mm 的毛石后，灌以 M2.5 砂浆，然后分层施工；另一种是浆砌毛石基础，即边铺砂浆边砌毛石。两种做法均要求毛石大小交错搭配，缝内砂浆饱满，灰缝错开。

毛石基础断面形式一般为阶梯形，其台阶宽高比允许值为 $b:h \leqslant 1:1.5$（图 2-22）。为了便于砌筑和保证砌筑质量，基础顶部宽度不宜小于 500mm，且要比墙或柱每边宽出 100mm。每个台阶的高度不宜小于 400mm，退台宽度不应大于 200mm。当基础底面宽度小于 700mm 时，毛石基础应做成矩形截面。毛石顶面砌墙时应先铺一层水泥砂浆。

（三）灰土基础

在砖基础下用灰土做垫层，便形成灰土基础（图 2-23）。在地下水位较低的地区，低层房屋采用灰土基础，可节省材料，提高基础的整体性。

灰土是用经过消解后的石灰粉和黏性土按一定比例加适量的水拌和夯实而成。其配合比为 3∶7 或 2∶8，一般采用 3∶7，即 3 分石灰粉，7 分黏性土（体积比），通常称"三七灰土"。灰土需分层夯实，每层均需铺 220mm，夯实后为 150mm 厚，通称一步。三层及三层以上的混合结构和轻型厂房，多采用三步灰土，厚 450mm；三层以下混合结构房屋多采用两步灰土，厚 300mm。垫层超过 100mm 按基础使用和计算。

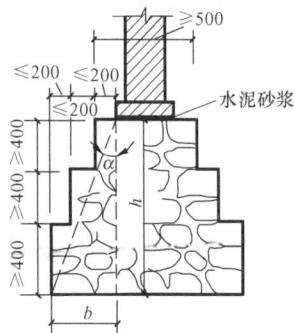

图 2-22 毛石基础

灰土基础具有施工简便，造价便宜，可以节约水泥和砖石材料的优点。但由于灰土抗冻性、耐水性较差，所以灰土基础应设置在地下水位以上，冰冻线以下。

（四）三合土基础

在砖基础下用石灰、砂、骨料（碎砖、碎石或矿渣）组成的三合土做垫层，形成三合土基础（图 2-24）。这种基础具有施工简单、造价低廉的优点。但其强度较低，只适用于四层及四层以下的建筑，且基础应埋置在地下水位以上。

三合土的配比为 1∶3∶6 或 1∶2∶4。三合土应均匀铺入基槽内，加适量水拌和夯实，每层厚 150mm，总厚度 $H_0 \geqslant 300mm$，宽度 $B \geqslant 600mm$。三合土铺至设计标高后，在最后一遍夯打时，宜浇浓灰浆。待表面灰浆略微风干后，再铺上薄薄一层砂子，最后整平夯实。

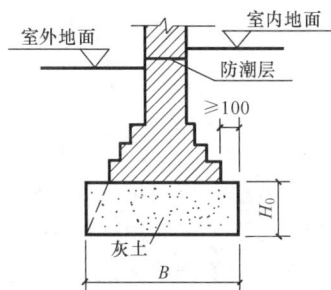

图 2-23 灰土基础

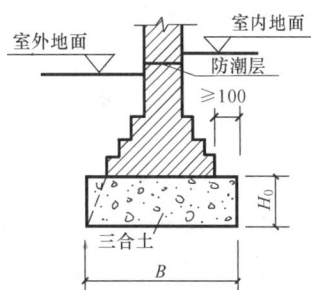

图 2-24 三合土基础

（五）混凝土和毛石混凝土基础

这种基础多采用 C20 混凝土浇筑而成，它坚固耐久、抗水、抗冰，多用于地下水位较高或有冰冻情况的建筑。它的断面形式和有关尺寸，除满足刚性角外，不受材料规格限制，按结构计算确定。其基本形式有梯形、阶梯形等（图 2-25）。

基础底面下可设置垫层，垫层多用低强度等级的混凝土或三合土，厚度 80～100mm，每侧加宽 80～100mm。垫层不计入基础面积，作用是找平坑槽，便于放线和传递荷载。

混凝土的强度、耐久性、防水性都较好，是理想的基础材料。在混凝土基础体积过大时，可以在混凝土中加入适量毛石，即是毛石混凝土基础。加入的毛石粒径不得超过 300mm，也不得大

图 2 - 25　混凝土基础

（a）梯形；（b）阶梯形

于基础宽度的 1/3，加入的毛石体积为总体积的 20％～30％，应分布均匀。

三、柔性基础（扩展基础）构造

柔性基础就是在基础受拉区的混凝土中配置钢筋，由弯矩产生的拉应力全部由钢筋承担，因而不受刚性角的限制。基础的"放脚"可以做得很宽、很薄，所以也称板式基础（图 2 - 26）。它的截面面积较刚性基础小得多，挖土方量也少得多，但是它增加了钢筋和混凝土的用量，综合造价还是较高。

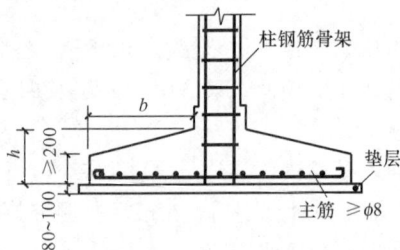

图 2 - 26　柔性基础（扩展基础）构造

柔性基础相当于倒置的悬臂板，板端最薄处不应小于 200mm，根部厚度需进行计算，一般最经济厚度为 b/4。

柔性基础属受弯构件，混凝土的强度等级不宜低于 C25，钢筋需进行计算求得，但受力筋直径不宜小于 8mm，间距不宜大于 200mm。当用等级较低的混凝土作垫层时，为使基础底面受力均匀，垫层厚度一般为 80～100mm。为保护基础钢筋，当有垫层时，保护层厚度不宜小于 35mm，不设垫层时，保护层厚度不宜小于 70mm。

2.4　地下室构造

在建筑物首层下面的房间称为地下室，它是在限定的占地面积中争取到的使用空间。在城市用地比较紧张的情况下，把建筑向上下两个空间发展，是提高土地利用率的手段之一。如高层建筑的基础很深，利用这个深度建造一层或多层地下室，既增加了使用面积，又省掉房心填土之费用，一举两得。图 2 - 27 为地下室示意图。

一、地下室的类型

地下室主要是按照功能和与室外地面的关系进行分类。

（一）按功能分类

1. 普通地下室

普通地下室是建筑空间在地下的延伸，通常为单层，有时根据需要可达数层。其耐火等级、防火分区、安全疏散、防排烟设施、房间内部装修等应符合防火规范的有关规定。

2. 防空地下室

防空地下室是修建在地面房屋下面的人防建筑，它可以用做专业队掩蔽所和人员掩蔽所等。

在平面布置、结构选型、通风防潮、采光照明和给水排水等方面，应采取相应措施使其充分发挥战备效益、社会效益和经济效益。

防空地下室的作用：预防现代战争对人员造成的杀伤，主要预防核武器、常规武器、化学武器、生物武器以及次生灾害和由上部建筑倒塌所产生的倒塌荷载。

功能要求：应对冲击波和倒塌荷载，主要通过结构厚度来解决；对于早期核辐射，通过结构厚度以及相应的密闭措施来解决；对于化学毒气，通过密闭措施及通风、滤毒来解决。

按重要性分类：甲类（以预防核武器为主），乙类（以预防常规武器为主）。

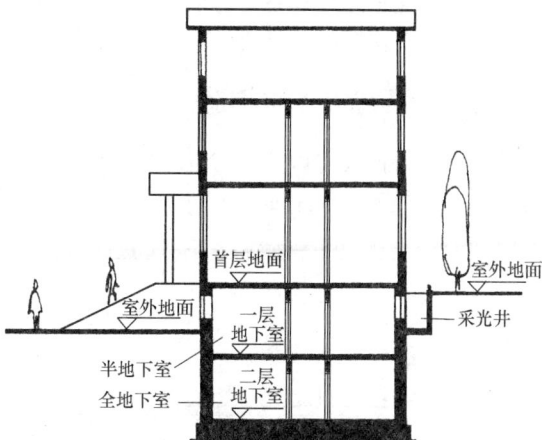

图 2 - 27　地下室示意图

防空地下室的抗力分级：甲类：4 级（核 4 级）、4B 级（核 4B 级）、5 级（核 5 级）、6 级（核 6 级）、6B 级（核 6B 级）；乙类：5 级（常 5 级）、6 级（常 6 级）。

（二）按地下室与室外地面的关系分类

1. 地下室

房间地面低于室外设计地面的平均高度大于该房间平均净高的 1/2 者为地下室。

2. 半地下室

房间地面低于室外设计地面的平均高度，大于该房间平均净高的 1/3，且不大于 1/2 者为半地下室。

二、 地下室的组成与构造要求

地下室一般由底板、墙体、顶板、楼梯和门窗五大部分组成。

1. 底板

底板处于最高地下水位之上时，可按一般地面工程做法，即垫层上现浇混凝土 60～80mm 厚，再做面层。如底板处于地下水位之中时，底板不仅承受地面垂直荷载，还要承受地下水的浮力。因此，要求它具有足够的强度、刚度和抗渗性能。通常采用钢筋混凝土底板。

2. 墙体

墙体的主要作用是承受上部结构的垂直荷载，并承受土、地下水和土壤冻胀的侧压力。因此，要求它必须具有足够的强度和防潮、防水的性能。一般采用砖墙、混凝土墙或钢筋混凝土墙。

3. 顶板

顶板与楼板基本相同，常采用现浇或预制的钢筋混凝土板。如为人防地下室必须采用现浇板，并按有关规定决定板的厚度和混凝土强度等级。

4. 楼梯

楼梯可与地面以上部分的楼梯间结合布置。对于人防地下室，要设置两个直通地面的出入口，并且必须有一个是独立的安全出口。这个安全出口周围不得有较高的建筑物，以防因突袭倒塌堵塞出口，影响疏散。

5. 门窗

普通地下室的门窗与地上房间门窗相同。地下室外窗如在室外地坪以下时，应设置采光井，以利于室内采光、通风和室外行走安全。人防地下室一般不允许设窗，如需设窗，应做好战时封堵措施。外门应按防护等级要求，设置防护门、防护密闭门。

三、 地下室采光井构造

地下室的外窗处，可按其与室外地面的高差情况设置采光井。采光井可以单独设置，也可以联合设置，视外窗的间距而定。图 2-28 为地下室采光井构造。

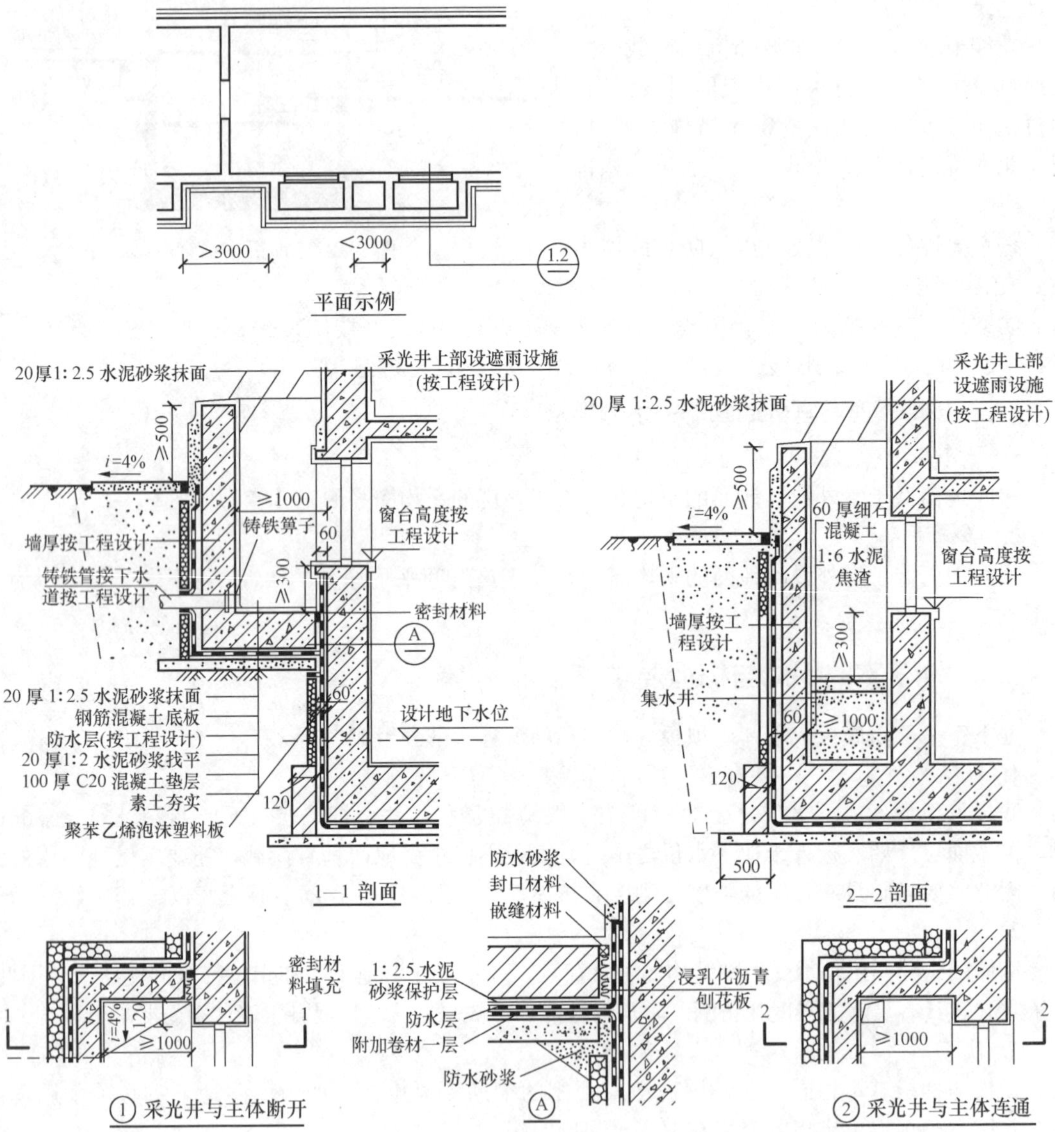

图 2-28 地下室采光井构造

📑 课堂总结

本节内容主要为基础的类型、刚性基础构造和柔性基础构造；地下室的类型和构造。重点掌握不同类型刚性基础的构造和地下室采光井的构造。

◎ 技能单元

一、名词解释

1. 刚性基础

2. 柔性基础

3. 刚性角

4. 箱形基础

二、填空题

1. 基础按构造形式分为（　　）、（　　）、（　　）、（　　）、（　　）和（　　）等类型。

2. 地下室按使用功能可分为（　　）和（　　）；按埋置深度可分为（　　）和（　　）。

3. 地下室一般由（　　）、（　　）、（　　）、（　　）和（　　）等部分组成。

三、选择题

当建筑物上部结构为梁柱构成的框架、排架及其他类似结构时，其基础常采用（　　）。

A. 条形基础　　　　　B. 井格基础　　　　　C. 箱形基础　　　　　D. 独立基础

四、简答题

1. 什么是端承桩？

2. 什么是摩擦桩？

笔记页

思政单元

【案例呈现】

勿忘历史，珍爱和平——"重庆防空洞惨案"

防空洞（Air‑raid Shelter）是用来防范空袭及保护地面平民的一种军事掩体，能够在战争中减轻人员伤亡和财产损失，在战争中发挥重要作用。现代意义上的防空洞最早出现在英国，由地下室、酒窖、车站等地下设施演变而来。中国的防空洞建设始于 1932 年"一·二八"事变后，为躲避日军飞机空袭，南京、上海、北平、汉口等地开始进行系统的防空洞建设工作。

抗日战争时期，国民政府首都内迁重庆，重庆成为战时陪都，面对日军的狂轰滥炸，重庆修建了大量的防空洞，在防范日军轰炸和保护人民生命财产方面发挥了至关重要的作用。

图片来源：人民网

1941 年 6 月 5 日，天刚亮，日军飞机突然飞临重庆上空，重庆人像往常一样躲进了防空洞里。防空洞有深有浅，但都无一例外地简陋，只要能够容纳身体，不被炸到即可。

这天的轰炸断断续续持续到下午四五时，天空中没有了日本飞机的身影，人们从防空洞里走出来，回到家中吃晚饭。按照惯例，每天到这个时候，日军飞机不会再轰炸了。日机是从沦陷的湖北宜昌起飞的，这一来一往需要花费两个小时以上。

然而，谁也没有想到，这天下午 6 时，日军 20 多架飞机突然再次飞临重庆上空，进行轰炸。飞机突然来临，人们只能寻找就近的防空洞躲藏。这样，位于重庆市中区十八梯石灰市路口附近较场口大隧道的防空洞里，突然涌入了上万人，而按照设计和规定，这条隧道只能容纳 5000 人。

较场口大隧道是 1936 年仓促设计的，先从地面深挖入地底 10 米，然后平行深入两公里长。冲突分叉成三个洞口进出入。洞内宽度两米，高也两米，有多处急弯，两旁有木板钉成的长凳，每隔 30 米左右，洞壁上挂一盏油灯。这条隧道本来是作为交通用的，因为设计失败而废弃，后作为防空洞使用，因此此隧道里通风、防火、防毒、排水、医疗等设备都没有。

上万人涌入了仅能容纳 5000 人的防空洞里，灾难不可避免地发生了。

这天下午，日军 24 架飞机，分三个批次，对重庆进行长达 5 小时的轰炸。因为上万人涌入了空间有限的隧道里，呼吸不畅，洞里有人发生头晕、呕吐等现象，洞壁上的油灯也因为缺氧而相继熄灭。尽管日军还在轰炸，洞内的人开始向外涌，然而，工作人员为了防止更多的人涌入大隧道，便将洞门上锁了，防空洞里面的人并不知道发生了什么事情，他们还在不断地涌向洞口，于是发生了踩踏挤压，有人倒下去，后面涌来的人踩在了他们身上，有人高声求救，但声音被淹没在更大的声浪中……据《重庆市志》第一卷记载，在日军地毯式无差别轰炸下，"1941 年 6 月 5 日，日军于夜间轰炸重庆，导致较场口和平大隧道大惨案，窒息 9000 余人。"这就是历史上的"6.5"重庆防空洞惨案"。

（资料来源：人防频道）

【案例点评】

每个防空洞都有自己不一样的故事，镌刻着特殊的时代烙印，重庆防空洞的紧急开凿，是旧中国积贫积弱、强敌入侵的痛苦印记，惨案发生有多方面的原因，最主要的原因是隧道里人员过多，由于隧道里空气不畅，大量毒瓦斯和二氧化碳无法排出，导致大量市民窒息身亡。据当时审查委员会调查公布的《审查报告》认为："镇静之避难者，在换气设备的防空洞滞留一小时，每人所需之空气应为一立方公尺。通常以滞留 2 小时为准，每人应有 3 立方公尺的空气量。"按照较场口防空洞的容积计算，该防空洞最多仅能容纳 4384 人，而当日涌入了万人之多，造成很多人缺氧窒息。有关部门经过调查后，才发现原本用于防空洞内的必要照明和通风设备的相关资金，都被经办人员贪为己有。因为国民党官员盘剥经费，造成费用不足，洞内设施严重不符合规定。

落后就要挨打。和平时期加强人防工程建设意义重大。

当今世界，和平与发展虽然仍是时代主题，但我国依然面临着复杂国际形势变化带来的威胁和挑战，这其中既有国际安全环境发展变化带来的挑战，也有现代战争形态演变带来的挑战。随着世界新军事变革和高科技智能武器装备的迅猛发展，空袭与反空袭斗争，已经成为左右战争胜负的重要因素，甚至决定性因素。我们必须要树立居安思危和有备无患的思想观念，积极在平时加强人防工程建设，做到"宁可备而不用，不可用而无备"。

♨ 教学评价

		1. 本课自查表	
教学目标	知识目标	□清晰 □模糊 □一般 □混淆
	能力目标	□掌握 □熟悉 □了解
	思政目标	□有　□无
授课情况	概念清晰度	□清晰 □模糊 □一般 □混淆
	讲课语速	□快　□慢　□适当 □听不清
	课堂节奏	□快　□慢　□适当 □无
	课堂氛围	□激情 □饱满 □互动 □压抑
	授课方式	□接受 □抵触 □死板 □改进 □灵活
	板书或PPT	□工整 □潦草 □太少 □字迹模糊
学习情况	概念	□难懂 □理解 □易忘 □抽象 □简单 □太多
	学习方法	□听讲 □自学 □实验 □讨论 □笔记
	学习兴趣	□浓厚 □一般 □淡薄 □厌倦 □无
	学习态度	□端正 □一般 □被迫 □主动
	课前课后	□预习 □复习 □无　□没时间
	课后作业	□太少 □太多 □无
意见建议		

	2. 小组评价表				
讨论问题					
小组成员					
为我打分					

笔记页

课程名称	2.5　地下工程防水与防潮
教学内容	2.5　地下工程防水与防潮 一、地下工程防水 （一）防水混凝土防水 （二）卷材防水 （三）水泥砂浆防水 （四）涂料防水 （五）金属防水 二、地下工程防潮

学时安排	3 学时 （135 分钟）	知识单元	75 分钟
		技能单元	45 分钟
		思政单元	15 分钟

教学重点 及难点	地下工程防水构造

教学目标	知识目标	1. 了解地下室工程防水等级标准。 2. 熟悉地下工程防水类型。 3. 掌握防水混凝土防水、卷材防水、水泥砂浆防水、涂料防水和金属防水的适用条件和构造做法
	能力目标	1. 能够描述地下工程防水的等级标准。 2. 能够准确绘制卷材防水的外防外贴法和外防内贴法的构造简图。 3. 能够区别有机防水涂料和无机防水涂料
	思政目标	早在 2000 多年前，我国古代工匠凭借着一双勤劳的双手和智慧，创造出璀璨的民族文化。当代大学生一定要继承和弘扬中国传统文化，培养劳动精神，积极参加实习实训，只有在实践中才能真正理解书本知识，也才能实现习近平总书记所说的"把论文写在祖国的大地上"

思政元素 融入方法	1. 课前布置课程思政故事自学和思考题。 2. 课中教师简述课程思政案例，并组织同学展开思考讨论。 3. 通过思政故事导入课程的讲解

知识单元	
教学环节	**教学内容安排**
课前导入	课程思政案例：2200 年前地下防水工程至今不漏，看秦始皇如何做防水 思考讨论：2200 年前秦始皇陵墓地防水工程怎么做到至今不漏？

2.5 地下工程防水与防潮

地下工程的外墙和底板都埋在地下，常年受到土中水分和地下水的侵蚀、挤压，如不采取有效的构造措施，地面水或地下水将渗透到地下工程内，轻则引起墙皮脱落，墙面霉变，影响美观、使用，重则降低建筑物的耐久性，甚至破坏。因此，地下工程的防水和防潮是确保地下工程能够正常使用的关键环节，应根据现场的实际情况，确定防水或防潮的构造方案，做到安全可靠，万无一失。

一、 地下工程防水

当设计最高地下水位高于地下室底板标高时，底板和部分外墙被浸在水中，外墙受到地下水的侧压力，底板受到浮力。在这种情况下，必须考虑对地下工程采取防水措施。

地下工程的防水等级标准分为四级，见表 2-4。

表 2-4 地下工程防水等级标准

防水等级	防水标准
一级	不允许渗水，结构表面无湿渍
二级	不允许漏水，结构表面可有少量湿渍； 工业与民用建筑：总湿渍面积不应大于总防水面积（包括顶板、墙面、地面）的 1/1000； 任意 100m² 防水面积上的湿渍不超过 2 处，单个湿渍的最大面积不大于 0.1m²
三级	有少量漏水点，不得有线流和漏泥沙； 任意 100m² 防水面积上的漏水点数不超过 7 处，单个漏水点的最大漏水量不大于 2.5L/(m²·d)； 单个湿渍的最大面积不大于 0.3m²
四级	有漏水点，不得有线流和漏泥沙； 整个工程平均漏水量不大于 2L/(m²·d)； 任意 100m² 防水面积上的漏水量不大于 4L/(m²·d)

地下工程的防水设防要求应根据使用功能、结构形式、环境条件、施工方法及材料性能等因素，按表 2-5 选用。

表 2-5 不同防水等级的适用范围

防水等级	适用范围
一级	人员长期停留的场所； 因有少量湿渍会使物品变质、失效的储物场所； 严重影响设备正常运转和危及工程安全运营的部位； 极重要的战备工程、地铁车站
二级	人员经常活动的场所； 在有少量湿渍的情况下不会使物品变质、失效的储物场所及基本不影响设备正常运转和工程安全运营的部位； 重要的战备工程
三级	人员临时活动的场所；一般战备工程
四级	对渗漏水无严格要求的工程

地下工程防水有：①防水混凝土防水；②卷材防水；③水泥砂浆防水；④涂料防水；⑤金属防水。地下工程的钢筋混凝土结构，应采用防水混凝土，并根据防水等级要求采用其他防水措施。

（一）防水混凝土防水

混凝土防水是由防水混凝土依靠材料自身的憎水性和密实性来达到防水的目的。防水混凝土既是承重结构，又是围护结构，并具有可靠的防水性能。因而简化了施工，加快了工程进度，改善了劳动条件。

防水混凝土分为普通防水混凝土和掺外加剂的防水混凝土。普通防水混凝土是对混凝土中骨料进行科学级配，对水灰比进行精确计算，按要求严格振捣，从而起到防水作用；掺外加剂的防水混凝土，则是在混凝土中掺入加气剂或密实剂，来提高其抗渗性能而达到防水目的。为了保证防水效果，防水混凝土结构厚度不应小于 250mm，裂缝宽度不得大于 0.2mm，并不得贯通。迎水面钢筋保护层的厚度应大于等于 50mm，当遇有腐蚀性介质时，应适当加厚。其使用环境温度不得高于 80℃。

地下工程防水混凝土防水构造示例，图 2-29 为桩基础防水构造、图 2-30 为条形基础与独立基础防水构造、图 2-31 为地下连续墙与底板防水构造。

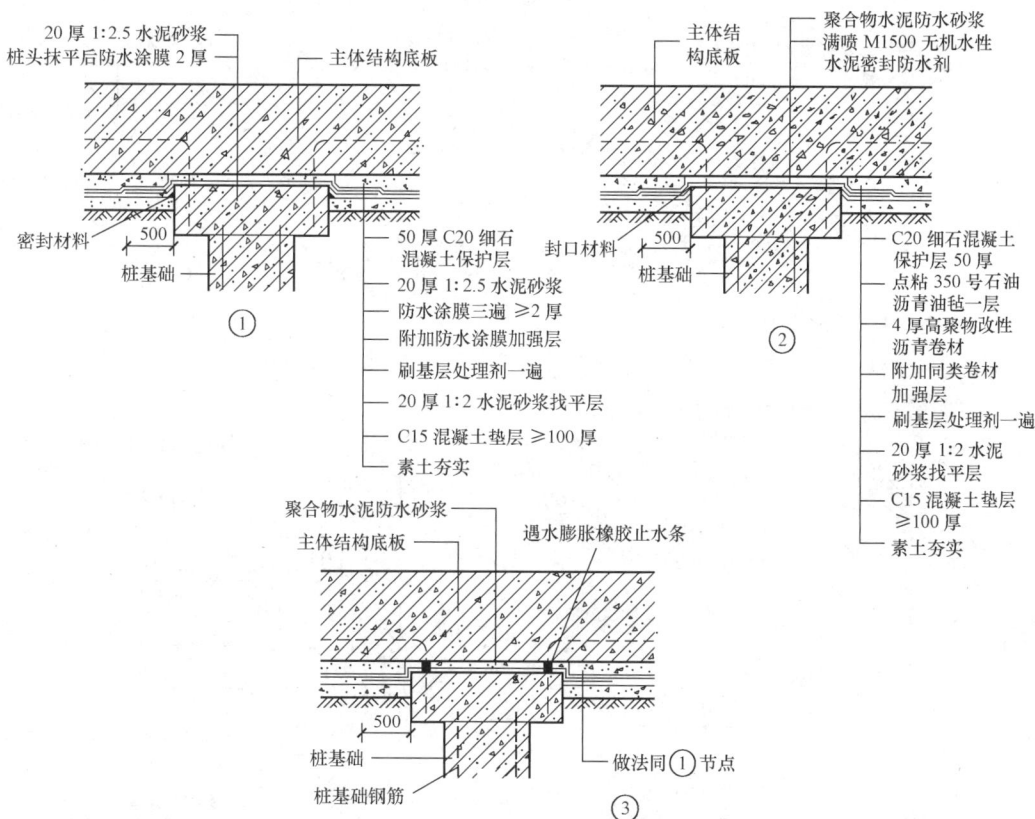

图 2-29　桩基础防水构造

（二）卷材防水

卷材防水属于柔性防水，适用于受侵蚀性介质作用或受振动作用的地下工程防水，应铺设在混凝土结构主体的迎水面，它是在结构主体底板垫层至墙体顶端的基面上，在外围形成的封闭的防水层。卷材防水层一般有外防外贴法和外防内贴法两种施工方法。

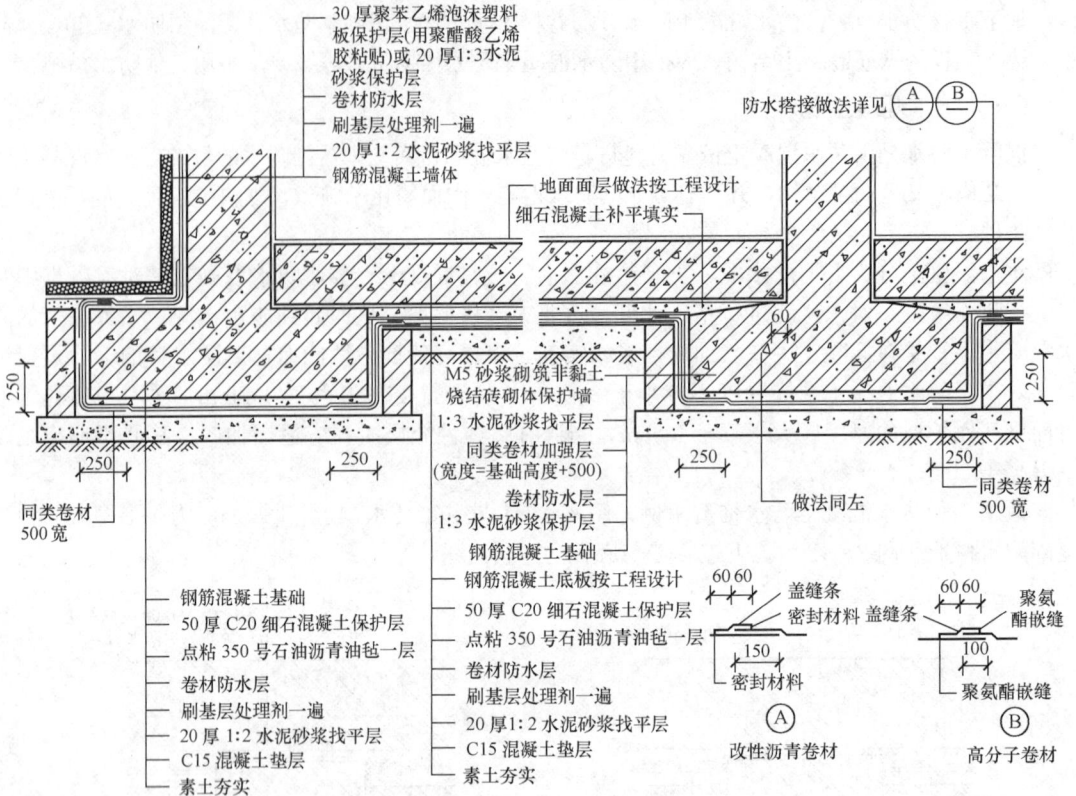

图 2-30　条形基础与独立基础防水构造

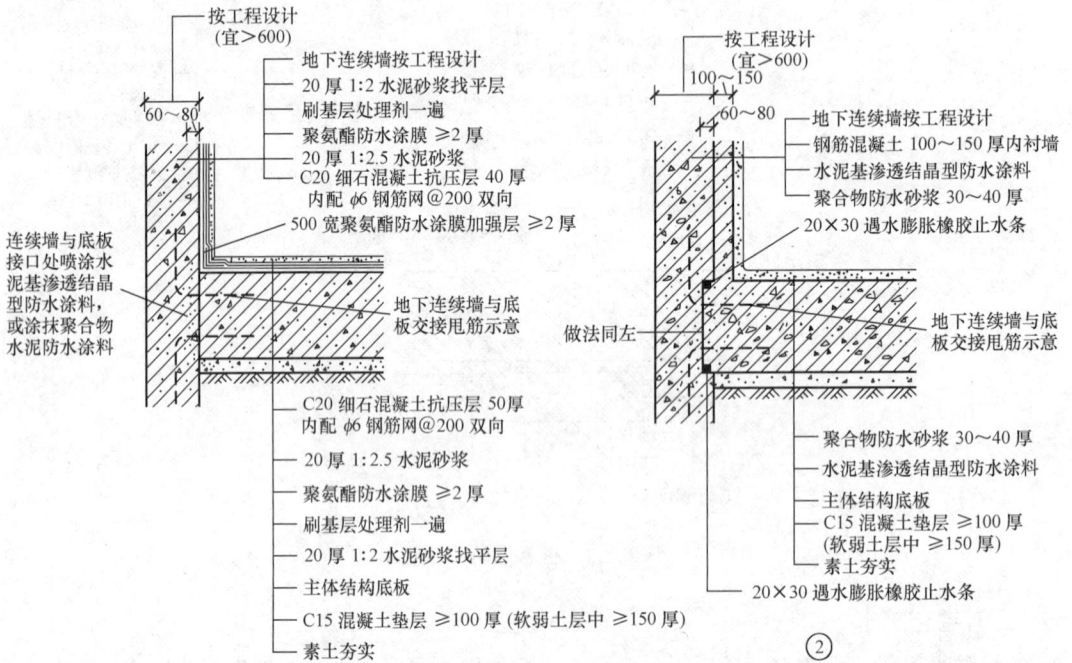

30 厚聚苯乙烯泡沫塑料板保护层(用聚醋酸乙烯胶粘贴)或 20 厚1:3 水泥砂浆保护层
卷材防水层
刷基层处理剂一遍
20 厚1:2 水泥砂浆找平层
钢筋混凝土墙体

防水搭接做法详见　Ⓐ　Ⓑ

地面面层做法按工程设计
细石混凝土补平填实

M5 砂浆砌筑非黏土烧结砖砌体保护墙
1:3 水泥砂浆找平层
同类卷材加强层(宽度=基础高度+500)
卷材防水层
1:3 水泥砂浆保护层
钢筋混凝土基础
钢筋混凝土底板按工程设计
50 厚 C20 细石混凝土保护层
点粘 350 号石油沥青油毡一层
卷材防水层
刷基层处理剂一遍
20 厚1:2 水泥砂浆找平层
C15 混凝土垫层
素土夯实

做法同左

同类卷材 500 宽

同类卷材 500 宽

钢筋混凝土基础
50 厚 C20 细石混凝土保护层
点粘 350 号石油沥青油毡一层
卷材防水层
刷基层处理剂一遍
20 厚 1:2 水泥砂浆找平层
C15 混凝土垫层
素土夯实

盖缝条　密封材料　盖缝条
密封材料
Ⓐ 改性沥青卷材

聚氨酯嵌缝
聚氨酯嵌缝
Ⓑ 高分子卷材

按工程设计(宜＞600)
地下连续墙按工程设计
20 厚 1:2 水泥砂浆找平层
刷基层处理剂一遍
聚氨酯防水涂膜 ≥2 厚
20 厚 1:2.5 水泥砂浆
C20 细石混凝土抗压层 40 厚内配 φ6 钢筋网@200 双向
500 宽聚氨酯防水涂膜加强层 ≥2 厚

连续墙与底板接口处喷涂水泥基渗透结晶型防水涂料,或涂抹聚合物水泥防水涂料

地下连续墙与底板交接甩筋示意

C20 细石混凝土抗压层 50厚内配 φ6 钢筋网@200 双向
20 厚 1:2.5 水泥砂浆
聚氨酯防水涂膜 ≥2 厚
刷基层处理剂一遍
20 厚 1:2 水泥砂浆找平层
主体结构底板
C15 混凝土垫层 ≥100 厚 (软弱土层中 ≥150 厚)
素土夯实

① 适用于底板较小跨度的结构

按工程设计(宜＞600)
100～150
60～80
地下连续墙按工程设计
钢筋混凝土 100～150 厚内衬墙
水泥基渗透结晶型防水涂料
聚合物防水砂浆 30～40 厚
20×30 遇水膨胀橡胶止水条

做法同左

地下连续墙与底板交接甩筋示意

聚合物防水砂浆 30～40 厚
水泥基渗透结晶型防水涂料
主体结构底板
C15 混凝土垫层 ≥100 厚 (软弱土层中 ≥150 厚)
素土夯实
20×30 遇水膨胀橡胶止水条

②

图 2-31　地下连续墙与底板防水构造

（1）外防外贴法（简称外贴法）：如图 2-32 所示，待混凝土垫层及砂浆找平层施工完毕，在垫层四周砌保护墙的位置干铺油毡条一层，再砌半砖保护墙高 300～600mm，并在内侧抹找平层。干燥后，刷冷底子油 1～2 道，再铺贴底面及砌好保护墙部分的油毡防水层，在四周留出油毡接头，置于保护墙上，并用两块木板或其他合适材料将油毡接头压于其间，从而防止接头断裂、损伤、弄脏。然后在油毡层上做保护层。再进行钢筋混凝土底板及砌外墙等结构施工，并在墙的外边抹找平层，刷冷底子油。干燥后，铺贴油毡防水层（先贴留出的接头，再分层接铺到要求的高度）。完成后，立即刷涂 1.5～3mm 厚的热沥青或加入填充料的沥青胶，以保护油毡。随即继续砌保护墙至油毡防水层稍高的地方。保护墙与防水层之间的空隙用砂浆随砌随填。

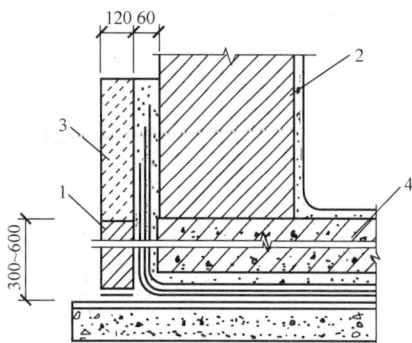

图 2-32   外贴法施工示意图
1—永久保护墙；2—基础外墙；
3—临时保护墙；4—混凝土底板

外防外贴法，卷材防水层直接粘贴于主体外表面，防水层能与混凝土结构同步，较少受结构沉降变形影响，施工时不易损坏防水层，也便于检查混凝土结构及卷材的质量，发现问题容易修补。缺点是工期长，工作面大，土方量大，卷材接头不易保护，容易影响防水工程质量。

（2）外防内贴法（简称内贴法）：如图 2-33 所示，先做好混凝土垫层及找平层，在垫层四周干铺油毡一层并在其上砌一砖厚的保护墙，内侧抹找平层，刷冷底子油 1～2 遍，然后铺贴油毡防水层。完成后，表面涂刷 2～4mm 厚热沥青或加填充料的沥青胶，随即铺撒干净、预热过的绿豆砂，以保护油毡。接着进行钢筋混凝土底板及砌外墙等结构施工。

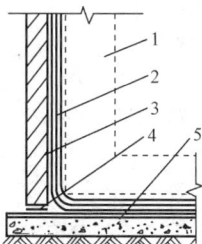

图 2-33   内贴法施工示意图
1—尚未施工的地下室墙；
2—卷材防水层；3—永久保护墙
4—干铺油毡一层；5—混凝土垫层

外防内贴法，可一次完成防水层的施工，工序简单，土方量较小，卷材防水层无需临时固胶留茬，可连续铺贴。缺点是立墙防水层难以和主体同步受结构沉降变形影响，防水层易受损，卷材及混凝土的抗渗质量不易检查，如发生渗漏，修补困难。

卷材防水层应选用高聚物改性沥青防水卷材类或合成高分子防水卷材类。

（1）高聚物改性沥青防水卷材：具有耐老化、耐侵蚀、不浸润等特性和良好的憎水性、弹塑性、耐候性和黏结性。适用于受侵蚀性介质作用或受振动作用、基层变形较小、迎水面设防的地下工程。搭接边应采用热熔黏结。选用厚度及常用材料见表 2-6、表 2-7。

表 2-6   **高聚物改性沥青防水卷材厚度的选用**

防水等级	设防道数	厚度（mm）
一级	二道或二道以上	单层≥4.0
二级	二道	双层≥3.0×2
三级	宜一道	≥4.0
	复合	≥3.0

注   表中所述设防道数不包括混凝土结构自防水。

表 2 - 7 　　　　　　　　　　　　常用高聚物改性沥青防水卷材

类型	名称	代号
弹性体改性	SBS 橡胶改性沥青防水卷材	J1 - 1
	自粘性聚酯胎 SBS 橡胶改性沥青防水卷材	J1 - 2
	SBR 橡胶改性沥青防水卷材	J1 - 3
	丁苯橡胶改性氧化沥青防水卷材	J1 - 4
	自粘性化纤胎橡胶改性沥青防水卷材	J1 - 5
塑性体改性	APP 改性沥青防水卷材	J1 - 6
	APO 改性沥青防水卷材	J1 - 7
	APAO 改性沥青防水卷材	J1 - 8
共混体改性	棉胶沥青聚氯乙烯防水卷材	J1 - 9
	铝箔面橡塑共混体改性沥青防水卷材	J1 - 10
	橡塑改性沥青聚乙烯胎防水卷材	J1 - 11

（2）合成高分子防水卷材：具有抗拉强度高、延伸率大、弹性高、温度特性好、耐水性能优异等特性。适用于受侵蚀性介质或振动作用的基层变形量较大、迎水面设防的地下工程。橡胶型卷材采用冷粘法施工；树脂型卷材、塑料板采用热熔、热风焊接施工。选用厚度及常用材料见表2-8、表 2 - 9。

表 2 - 8 　　　　　　　　　　　合成高分子防水卷材厚度的选用

防水等级	设防道数	厚度（mm）
一级	三道或三道以上	单层≥1.5
二级	二道	双层总厚≥1.2×2
三级	宜一道	≥1.5
	复合	≥1.2

注　表中所述设防道数不包括混凝土结构自防水。

表 2 - 9 　　　　　　　　　　　　　常用合成高分子防水卷材

类型		名称	代号
均质片	硫化橡胶类	三元乙丙橡胶防水卷材	J2 - 1
		氯化聚乙烯—橡胶共混防水卷材	J2 - 2
		氯丁橡胶、氯磺化聚乙烯、氯化聚乙烯防水卷材等	J2 - 3
		再生三元乙丙—丁基橡胶防水卷材	J2 - 4
	非硫化橡胶类	三元乙丙橡胶防水卷材	J2 - 5
		氯化聚乙烯—橡胶共混防水卷材	J2 - 6
		氯化聚乙烯防水卷材	J2 - 7
	树脂类（塑料板）	聚氯乙烯防水卷材（PVC）等	J2 - 8
		乙烯—醋酸乙烯共聚物（EVA）、聚乙烯等	J2 - 9
		乙烯—共聚物沥青（ECB）等	J2 - 10

续表

类型		名称	代号
复合片	硫化橡胶类	乙丙、丁基、氯丁橡胶、氯磺化聚乙烯等	J2-11
	非硫化橡胶类	氯化聚乙烯、乙丙、丁基、氯丁橡胶、氯磺化聚乙烯等	J2-12
	树脂类（塑料板）	聚氯乙烯防水卷材（PVC）等	J2-13
		聚乙烯防水板（PE、LDPE、HDPE）等	J2-14
其他		纳基膨润土防水毡、防水板（单层使用厚度≥6.4mm）	J2-15
		聚合物水泥柔性防水卷材	J2-16

地下工程卷材防水构造示例，如图 2-34、图 2-35 所示。

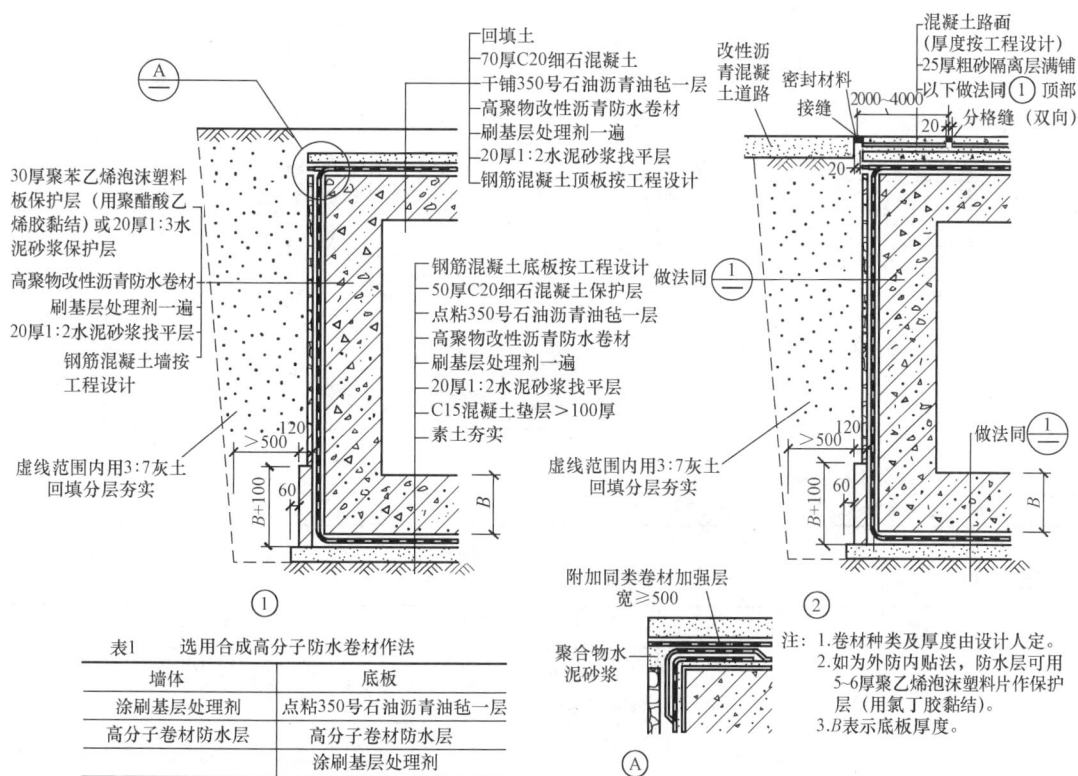

图 2-34　卷材防水构造（一）

（三）水泥砂浆防水

水泥砂浆防水属于刚性防水，适用于埋置深度不大，使用时不会因结构沉降，温度、湿度变化以及受振动等产生有害裂缝的地下防水工程。水泥砂浆防水层可采用多层抹压施工，并宜与其他防水措施复合使用。它可用于结构主体的迎水面或背水面。

水泥砂浆防水具有高强度、抗刺穿、湿粘性等特性。它包括普通防水砂浆、聚合物水泥砂浆和掺外加剂或掺和料防水砂浆。由于普通防水砂浆的多层做法比较繁琐，故工程中已不多用。

水泥砂浆的厚度规定及常用防水材料见表 2-10、表 2-11。

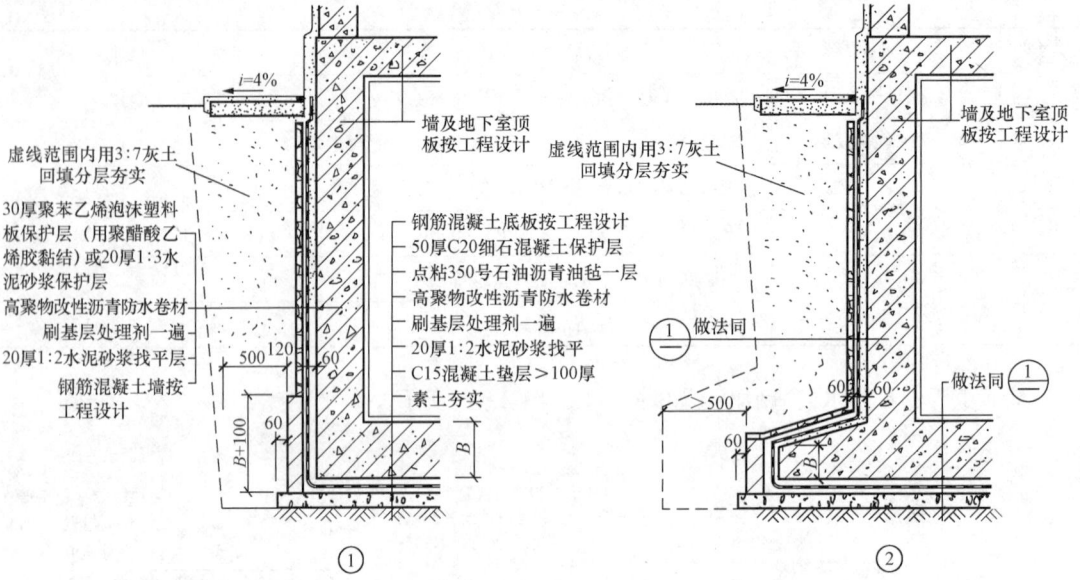

虚线范围内用3:7灰土回填分层夯实

30厚聚苯乙烯泡沫塑料板保护层（用聚醋酸乙烯胶黏结）或20厚1:3水泥砂浆保护层

高聚物改性沥青防水卷材

刷基层处理剂一遍

20厚1:2水泥砂浆找平层

钢筋混凝土墙按工程设计

墙及地下室顶板按工程设计

钢筋混凝土底板按工程设计

50厚C20细石混凝土保护层

点粘350号石油沥青油毡一层

高聚物改性沥青防水卷材

刷基层处理剂一遍

20厚1:2水泥砂浆找平

C15混凝土垫层＞100厚

素土夯实

① 做法同

做法同 ①

① ②

表1　选用合成高分子防水卷材作法

墙体	底体
涂刷基层处理剂	点粘350号石油沥青油毡一层
高分子卷材防水层	高分子卷材防水层
	涂刷基层处理剂

注：1.卷材种类及厚度由设计人定。
　　2.如为外防内贴法，防水层可用5~6厚聚乙烯泡沫塑料片作保护层（用氯丁胶黏结）。
　　3.B表示底板厚度。

图 2-35　卷材防水构造（二）

表 2-10　　　　　　　　　　水泥砂浆厚度规定

名　称	厚度（mm）
聚合物水泥砂浆防水层	单层：6~8；双层：10~12
掺外加剂或掺和料水泥砂浆、普通水泥砂浆	18~20

表 2-11　　　　　　　　　　常用水泥砂浆防水材料

类型	名　称	代号
聚合物水泥砂浆	有机硅防水砂浆（合成纤维）	S-1
	阳离子氯丁胶乳防水砂浆	S-2
	EVA聚合物防水砂浆	S-3
	丙烯酸酯共聚乳液防水砂浆	S-4
	不饱和聚酯树脂防水砂浆	S-5
	丁苯胶乳防水砂浆	S-6
	钢纤维（合成纤维）聚合物防水砂浆	S-7
外加剂、掺和料水泥砂浆（宜多层抹压）	补偿收缩（掺膨胀剂）水泥砂浆	S-8
	硅粉、粉煤灰水泥砂浆	S-9
	减水剂水泥砂浆	S-10
	水泥防水剂防水砂浆	S-11
	无机铝盐防水砂浆	S-12
	钢纤维（合成纤维）补偿收缩防水砂浆	S-13
普通水泥砂浆防水层（宜多层抹压）		S-14

地下工程水泥砂浆防水构造示例，如图 2-36 所示。

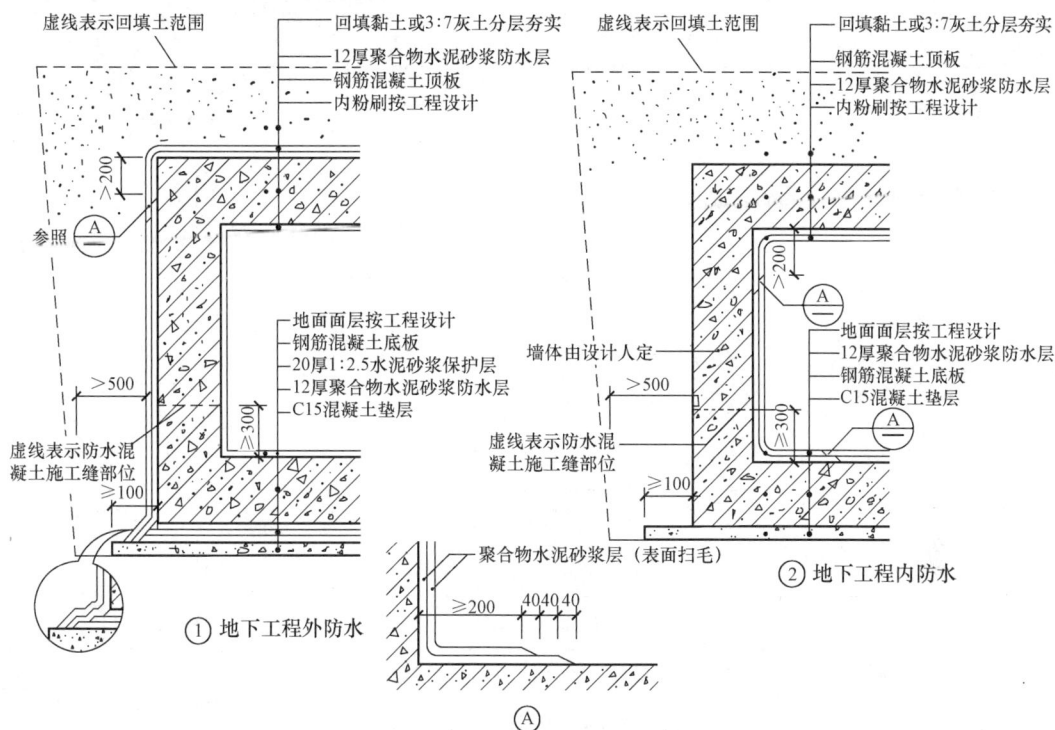

图 2-36 水泥砂浆防水构造

（四）涂料防水

涂料防水层包括有机防水涂料和无机防水涂料。有机防水涂料宜用于结构主体的迎水面；无机防水涂料宜用于结构主体的背水面。

有机防水涂料包括反应型、水乳型、聚合物水泥防水涂料；无机防水涂料包括水泥基防水涂料、水泥基渗透结晶型防水涂料。

（1）有机防水涂料：具有良好的延伸性、整体性和耐腐蚀性。适宜在迎水面设防。深埋、振动、变形较大的工程宜选用高弹性涂料。水乳型、聚合物水泥基有机涂料可用于潮湿基层。选用厚度及常用材料见表 2-12、表 2-13。

表 2-12　　　　　　　　　　有机防水涂料厚度选用

防水等级		厚度（mm）		
		反应型	水乳型	聚合物水泥
一级	三道以上	1.2～2.0	1.2～1.5	1.5～2.0
二级	二道			
三级	一道	—	—	≥2.0
	复合	—	—	≥1.5

注　表中所注设防道数不包括混凝土结构自防水。

表 2 - 13   常用有机防水涂料

类型	名称	代号
反应型	聚氨酯防水涂料	T1 - 1
	环氧树脂防水涂料	T1 - 2
	不饱和聚酯树脂防水涂料	T1 - 3
	聚硫橡胶防水涂料	T1 - 4
水乳型	硅橡胶防水涂料	T1 - 5
	丙烯酸酯防水涂料	T1 - 6
	有机硅防水涂料	T1 - 7
	聚氯乙烯弹性防水涂料	T1 - 8
	聚丁或丁苯胶乳防水涂料	T1 - 9
	三元乙丙橡胶防水涂料	T1 - 10
	SBS 弹塑性防水涂料	T1 - 11
水泥聚合物	丙烯酸胶乳—水泥复合防水涂料	T1 - 12
	EVA、丙烯酸酯乳液—水泥复合防水涂料	T1 - 13
	EVA、改性剂—水泥复合防水涂料	T1 - 14

（2）无机防水涂料：它与水泥砂浆、混凝土基层具有良好的湿干黏结性、耐磨性和抗刺穿性。宜用于主体结构的背水面和潮湿基层。潮湿基层亦可采用复合涂料，先涂水泥基类无机涂料，后涂有机涂料。选用厚度及常用材料见表 2 - 14、表 2 - 15。

表 2 - 14   无机防水涂料厚度选用

防水等级		水泥基（厚度 mm）	渗透结晶型（厚度 mm）	
			水泥基（粉末型）	溶液型
一级	三道以上		≥0.8	按要求喷涂
二级	二道	1.5～2.0	≥0.8	
三级	一道	≥2.0	—	—
	复合	≥1.5	—	—

注　表中所注设防道数不包括混凝土结构自防水。

表 2 - 15   常用无机防水涂料

类型	名称	代号
水泥基	堵漏防水粉（剂）	T2 - 1
	水泥基防水涂料	T2 - 2

续表

类型		名称	代号
渗透结晶型	水泥基	CCCW	T2-3
	溶液型	渗密液	T2-4
		M1500 无机水性水泥密封防水剂	T2-5

地下工程涂料防水构造示例，如图 2-37 所示。

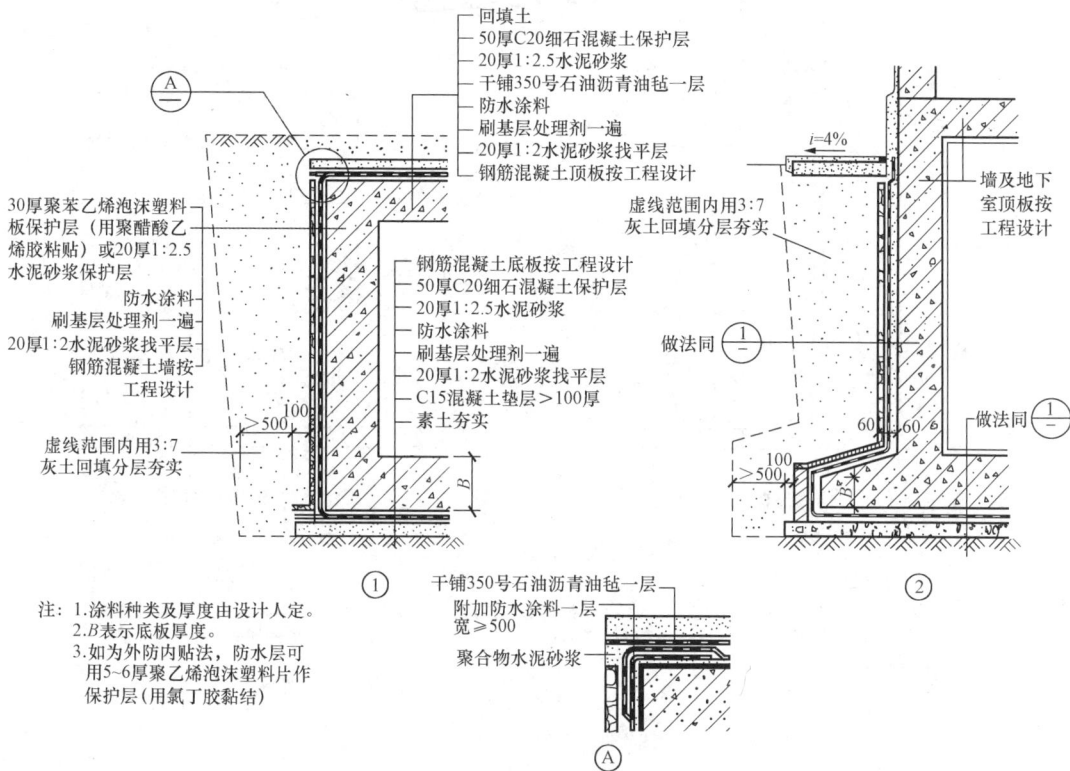

注：1.涂料种类及厚度由设计人定。
2.B 表示底板厚度。
3.如为外防内贴法，防水层可用 5~6 厚聚乙烯泡沫塑料片作保护层（用氯丁胶黏结）

图 2-37 涂料防水构造

（五）金属防水

金属防水层主要用于工业厂房地下烟道、电炉基坑、热风道等有高温高热以及振动较大、防水要求严格的地下防水工程。它只起防水作用，其承重部分仍以钢筋混凝土承担。

金属防水层分内防水和外防水两种做法。采用内防水时，金属防水层应与混凝土结构内的钢筋焊牢或焊接一定数量的锚固件；采用外防水时，金属防水层应焊在混凝土结构预埋件上，焊缝检查合格后，应将其与结构间的空隙用水泥砂浆灌实。

金属防水层常用材料见表 2-16。

表 2-16 金属防水层常用材料

名称	厚度（mm）	代号
碳素结构钢	民用 3~6，工业用 8~12	G-1
低合金高强度结构钢	民用 3~6，工业用 8~12	G-2

续表

名称	厚度（mm）	代号
铝、锡、锑合金防水卷（板）材	＞0.45	G-3
不锈钢板	0.5～1.2	G-4

地下工程金属防水构造示例，如图 2-38 所示。

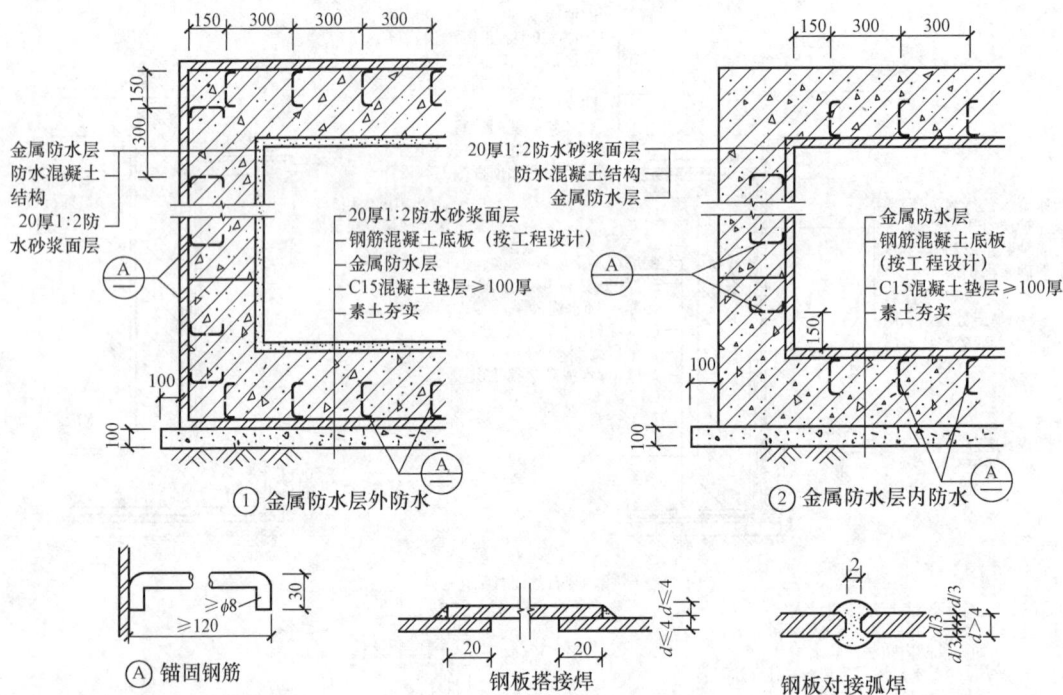

图 2-38　金属防水构造

二、 地下工程防潮

当设计最高地下水位低于地下室底板标高，且工程周围没有其他因素形成的滞水时，外墙和底板只受到土层中潮气的影响。在这种情况下，应考虑对地下工程采取防潮措施。

地下工程防潮措施只适用于防无压水（如毛细管水及地下水下渗而造成的无压水）。

防潮层的做法按表 2-17 选定。

表 2-17　　　　　　　　　　　　　　防潮层做法

编号	防潮层做法
1	防水涂料详见表 2-10～表 2-13
2	水泥砂浆防水层详见表 2-8、表 2-9

地下工程防潮构造示例，如图 2-39 所示。

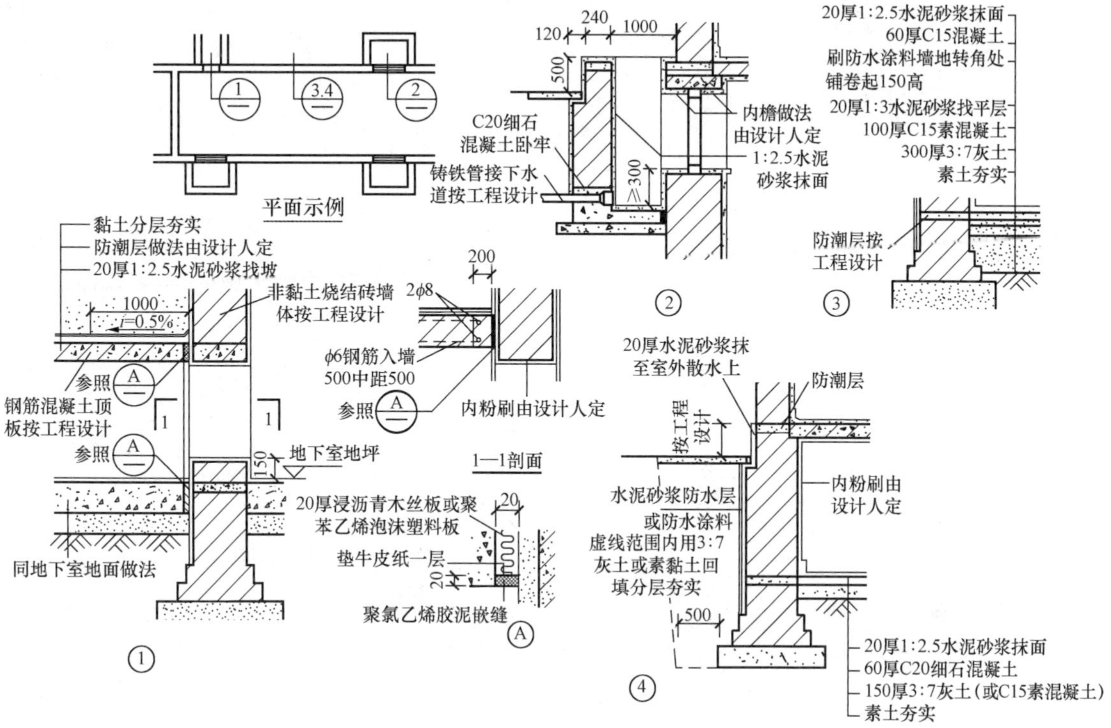

图 2-39 地下工程防潮构造

课堂总结

本节内容为地下工程防水和防潮。重点是防水混凝土防水、卷材防水、水泥砂浆防水、涂料防水和金属防水的适用条件和构造做法。

笔记页

◎ 技能单元

一、填空题

1. 地下工程防水一般有（　　）防水、（　　）防水、（　　）防水、（　　）防水、（　　）防水等。

2. 卷材防水层一般有（　　）和（　　）两种施工方法。

二、选择题

1. 下列哪种地下室防水做法应设置抗压层？（　　）

A. 背水面涂膜防水　　　　　　　　　　B. 迎水面涂料防水

C. 水泥砂浆内防水　　　　　　　　　　D. 沥青卷材外防水

2. 关于水泥基渗透结晶防水涂料的说法，错误的是（　　）。

A. 是一种常见的有机防水材料　　　　　B. 适用于地下主体结构的迎水面或背水面

C. 常用于地沟、电缆沟的内壁　　　　　D. 厚度不宜小于 1.0mm

3. 下列关于地下室背水面采用有机防水涂料的说法中，错误的是（　　）。

A. 可选用反应性涂料　　　　　　　　　B. 不能选用水乳型防水涂料

C. 与基层有较好的黏结性　　　　　　　D. 应有较高的抗渗性

4. 有关地下建筑防水层的厚度，下面哪一条是正确的？（　　）

A. 聚合物水泥砂浆防水层双层施工厚度不宜小于 10mm

B. 合成高分子卷材单层使用时厚度不应小于 1.2mm

C. 高聚物改性沥青防水卷材双层使用时厚度不应小于 6mm

D. 水泥基渗透结晶型防水涂料的厚度不应小于 0.8mm

5. 地下工程的防水等级共分几级？（　　）

A. 2 级　　　　　　　B. 3 级　　　　　　　C. 4 级　　　　　　　D. 5 级

6. 关于防水混凝土结构及钢筋保护层的最小厚度的规定，哪一条是错误的？（　　）

A. 钢筋混凝土底板最小厚度为 150mm

B. 钢筋混凝土墙体的最小厚度为 250mm

C. 钢筋混凝土裂缝的最大宽度为 0.2mm

D. 钢筋混凝土结构迎水面钢筋保护层最小尺度为 50mm

三、简答题

1. 地下工程何时应做防水处理？

2. 地下工程何时应做防潮处理？

四、作图题（习题课）

绘制地下室卷材外防水构造示意图。

笔记页

🫱 思政单元

【案例呈现】

2200 年前地下防水工程至今不漏，看秦始皇如何做防水

　　2014 年 7 月 4 日，中国建筑防水协会与北京零点市场调查与分析公司联合发布《2013 年全国建筑渗漏状况调查项目报告》。抽样调查了地下建筑样本 1777 个，地下建筑样本中有 1022 个出现不同程度渗漏，渗漏率达到 57.51%。现在是 21 世纪，成百上千种听上去很不错的防水产品，还有一些据说是高科技的施工设备，地下工程渗漏率竟然达到了 57.51%。这个数据，让我们的祖先情何以堪。

　　秦始皇在公元前 246 年至公元前 208 年，历时 39 年建造了世界上最伟大的建筑工程之一——秦始皇陵。根据《汉书·楚元王列传》载："秦始皇帝葬于骊山之阿，下锢三泉，上崇山坟，其高五十余丈，周回五里有余"。秦时一尺约为现代 23cm，五十丈即约 115m。秦时一里为 414m，五里约为 2070m，封土底面积约 25 万 m²，高 115m，这大概就是秦始皇陵当初的规模。根据现代的考古资料，规模宏大的地宫位于封土堆顶台及其周围以下，距离地平面 35m 深，东西长 170m，南北宽 145m，主体和墓室均呈矩形。墓室位于地宫中央，高 15m，大小相当于一个标准足球场。

　　这么庞大的地下工程，到现在保存完好，尚未被发掘。这种地下墓穴能够保存完好，一个必备条件就是防水功能完好，墓穴没有进水。2015 年，距离秦始皇逝世 2225 年，也就是说，距离秦始皇陵地宫完工 2225 年，秦始皇陵地宫是怎么深埋在 2200 多年的历史长河中滴水不漏的？2200 多年前的秦始皇是如何做防水的？

　　2003 年，秦始皇陵考古队队长段清波宣布，在封土堆下墓室周围存在着一圈很厚的细夯土墙，即所谓的宫墙。经验证，宫墙东西长约 168m，南北 141m，南墙宽 16m，北墙宽 22m。根据考古发现，宫墙都是用多层细土夯实而成，每层有 5～6cm 厚，相当精致和坚固。在修建宫墙的施工中，为了检测用泥土夯实的宫墙是否坚硬，施工人员会站在远处用弓箭射墙，若箭能插进墙体，修好的宫墙必须推倒重建。宫墙顶面甚至高出了当时秦代的地面很多，向下直至现封土下 33m，整个墙的高度约 30m，非常壮观。在土墙内侧，研究人员又发现了一道石质宫墙。根据探测，发现墓室内没有进水，而且整个墓室也没有坍塌。

　　秦陵地宫能保存下来，不得不提一道"防水大坝"，也就是地下那道规模巨大的阻排水渠。阻排水渠其实是堵墙，底部由厚达 17m 的防水性强的清膏泥夯成，上部由 84m 宽的黄土夯成，正好挡住了地下水由高向低渗透，有效保护了墓室不遭水浸。这一套阻排水渠和都江堰、灵渠有得一比，北京国家大剧院也是按照这套办法来解决水浸问题的。

　　地宫的建成本身就说明了排水系统的成功，而阻水系统更是经历了 2200 多年时间检验。考古学家通过自然电场法和核磁共振法测出，在所推断的墓室和地宫范围内为不含水区，而阻排水渠外测的相同深度为含水区，从而证实这个地下阻排水工程迄今仍然在发挥着作用。这应该就是班固在《汉书》中所言的"下锢三泉"。

　　古代的墓穴，都有完善的防水系统。当然大部分墓穴都不可能和秦始皇陵相比，一般普通的墓穴防水"都是先挖好土坑墓穴，然后在墓室四周砌上地下暗沟作为渗漏排水，暗沟出口位于墓室前端，通过墓道引出。做完排水系统后，在墓室中间与暗沟上铺一层夹细碎石的垫土。之后，在垫土上用砖砌椁，椁内先垫一层细黄泥，再铺一层木炭，然后上砌一层砖做棺床；在椁外与墓壁之间填塞木炭与白膏泥，作为防潮防水之用；在椁顶部用弧形榫卯结构的红条石作顶。"

　　试想一下，如果用现代的一些防水材料来给秦始皇陵地宫做防水，57.51% 的渗漏，2200 多

年过去了，秦始皇陵地宫还能存在吗？

（文＼俞明辉　来源：中国防水编辑部）

【案例点评】

2200 年前秦始皇陵墓地下防水工程能做到防水防潮，至今不漏，是因为采用了规模巨大的阻排水渠，挡住了地下水由高向低渗透，有效保护了墓室不遭水浸。我国古代工匠的智慧是无穷的，凭借着一双勤劳的双手，就能在 2000 多年前，创造出璀璨的民族文化，并留下了如此伟大的建筑工程，着实令人惊叹。秦始皇陵还有很多的秘密在等着我们去不断地探索和研究，从而发现更多不为人知的传奇历史。

☙ 教学评价

1. 本课自查表

教学目标	知识目标	□清晰 □模糊 □一般 □混淆	
	能力目标	□掌握 □熟悉 □了解	
	思政目标	□有　□无	
授课情况	概念清晰度	□清晰 □模糊 □一般 □混淆	
	讲课语速	□快　□慢　□适当 □听不清	
	课堂节奏	□快　□慢　□适当 □无	
	课堂氛围	□激情 □饱满 □互动 □压抑	
	授课方式	□接受 □抵触 □死板 □改进 □灵活	
	板书或PPT	□工整 □潦草 □太少 □字迹模糊	
学习情况	概念	□难懂 □理解 □易忘 □抽象 □简单 □太多	
	学习方法	□听讲 □自学 □实验 □讨论 □笔记	
	学习兴趣	□浓厚 □一般 □淡薄 □厌倦 □无	
	学习态度	□端正 □一般 □被迫 □主动	
	课前课后	□预习 □复习 □无　□没时间	
	课后作业	□太少 □太多 □无	
意见建议			

2. 小组评价表

讨论问题					
小组成员					
为我打分					

笔记页

教学模块 3　墙　　体

课程名称	3.1　概述 3.2　墙体构造（一）		
教学内容	3.1　概述 一、墙体的类型 （一）按墙体在建筑物中所处的位置及方向分类 （二）按墙体受力情况分类 （三）按墙体材料分类 （四）按墙体构造方式分类 （五）按墙体施工方法分类 二、墙体的设计要求 （一）具有足够的强度和稳定性 （二）满足热工方面的要求 （三）满足隔声方面的要求 （四）其他方面的要求 三、墙体结构布置要求 （一）横墙承重方案 （二）纵墙承重方案 （三）纵横墙混合承重方案 （四）部分框架承重方案 3.2　墙体构造（一） 一、墙体材料 （一）砌墙砖 （二）砌块 （三）钢筋混凝土 （四）板材 （五）砌筑砂浆 二、墙体的组砌方式 （一）砖墙的组砌方式 （二）砌块的组砌方式		
学时安排	2 学时 （90 分钟）	知识单元	65 分钟
		技能单元	10 分钟
		思政单元	15 分钟
教学重点 及难点	墙体的类型和常用墙体材料		

教学目标	知识目标	1. 了解墙体的设计要求和砌体的材料特征。 2. 熟悉墙体的结构布置方案及组砌方式。 3. 掌握墙体的类型和墙体材料
	能力目标	1. 能够准确判断墙体的类型。 2. 能够分辨不同材质墙体的特性。 3. 能够熟悉墙体的砌筑方式
	思政目标	1. 使学生了解到改革开放是决定中国命运的关键一招。改革开放让中国以几十年的时间走过了西方发达国家几百年走过的现代化历程，综合国力和国际影响力不断提升，极大地缩小了与现代化前沿国家的差距。改革开放不仅书写了人类发展史上的中国奇迹，也让中华民族以崭新的姿态立于世界东方。 2. 在新的历史方位下，发扬敢闯、敢试、敢干和敢为人先的创新精神，为实现中国经济高质量发展、实现从"中国制造"向"中国建造""中国创造"的转变做贡献
思政元素 融入方法		1. 课前布置课程思政故事自学和思考题。 2. 课中教师简述课程思政案例，并组织同学展开思考讨论。 3. 通过思政故事导入课程的讲解

知识单元	
教学环节	教学内容安排
课前导入	课程思政案例："三天一层楼"的深圳速度 思考讨论：深圳国贸大厦用了什么墙体材料？国贸大厦为什么能创造出"深圳速度"？

3.1 概 述

墙体是组成建筑空间的竖向构件。它下接基础，中隔楼板，上连屋顶，是建筑物的重要组成部分。其造价、工程量和自重往往是建筑物所有构件当中所占份额最大的。长期以来，人们一直围绕着墙体的技术和经济问题进行着不懈的努力和探索，并取得了一定的进展。

一、 墙体的类型

（一）按墙体在建筑物中所处的位置及方向分类

（1）按墙体所处的位置不同，可分为外墙和内墙。凡位于建筑物四周的墙称为外墙；位于建筑物内部的墙称为内墙。外墙的主要作用是抵抗大气侵袭，保证内部空间舒适，故又称为外围护墙；内墙的主要作用是分隔室内空间，保证各房间的正常使用。

（2）按墙体所处的方向不同，又可分为纵墙和横墙。沿建筑物长轴方向布置的墙称为纵墙，有外纵墙和内纵墙之分，外纵墙也称檐墙；沿建筑物短轴方向布置的墙称为横墙，有外横墙和内横墙之分，外横墙通常称为山墙。墙体的名称如图 3-1 所示。

此外，窗与窗或门与窗之间的墙称为窗间墙；窗洞下方的墙称为窗下墙；屋顶上部高出屋面的墙称为女儿墙等。

（二）按墙体受力情况分类

按墙体受力情况的不同，可分为承重墙和非承重墙。凡是承担上部构件传来荷载的墙称为承重墙；不承担上部构件传来荷载的墙称为非承重墙。非承重墙包括自承重墙和隔墙，自承重墙仅承受自身重量而不承受外来荷载，而隔墙主要用作分隔内部空间而不承受外力。在框架结构中，不承受外来荷载，自重由框架承受，仅起分隔作用的墙，称为框架填充墙。

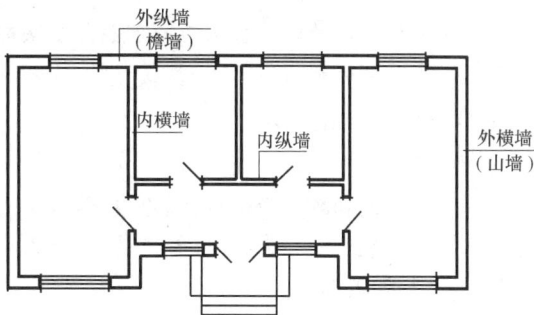

图 3-1 墙体的名称

（三）按墙体材料分类

按墙体所用材料不同有砖墙、石墙、土墙、混凝土墙、钢筋混凝土墙，以及利用各种材料制作的砌块墙、板材墙等。

（四）按墙体构造方式分类

按墙体构造方式可以分为实体墙、空体墙和组合墙三种。实体墙由单一材料组成，如普通砖墙、实心砌块墙等。空体墙也由单一材料组成，可由单一材料砌成内部空腔或材料本身具有孔洞，如空斗墙、空心砌块墙等；组合墙由两种及两种以上材料组合而成，如混凝土墙、加气混凝土复合板材墙等。

（五）按墙体施工方法分类

按墙体施工方法不同可分为叠砌式墙、预制装配式墙和现浇整体式墙三种。叠砌式墙是用零散材料通过砌筑叠加而成的墙体，如砖、石墙和各种砌块墙等；预制装配式墙是指将在工厂制作的大、中型墙体构件，用机械吊装拼合而成的墙体，如大板建筑、盒子建筑等；现浇整体式墙是现场支模和浇筑的墙体，如现浇钢筋混凝土墙等。

二、 墙体的设计要求

（一）具有足够的强度和稳定性

墙体的强度与砌体本身的强度等级、所用砂浆的强度等级、墙体尺寸、构造以及施工技术有关；墙体的稳定性则与墙的长度、厚度、高度密切相关，同时也与受力支承情况有关。一般通过控制墙体的高厚比，利用圈梁、构造柱以及加强各部分之间的连接等措施，增强其稳定性。

（二）满足热工方面的要求

热工要求主要是指外墙体的保温与隔热。对于外墙体的保温，通常采用增加墙体厚度、选择导热系数小的墙体材料、采用多种材料的组合墙以及防止外墙中出现凝结水、空气渗透等措施加以解决；对于外墙的隔热，一般可以通过选用热阻大，重量大，表面光滑、平整、浅色的材料作饰面，窗口外设遮阳等措施，达到降低室内温度的目的。

（三）满足隔声方面的要求

为防止室外及邻室的噪声影响，获得安静的工作和休息环境，墙体应具有一定的隔声能力。为满足隔声要求，对墙体一般采取增加墙体密实性及厚度，采用有空气间层或多孔性材料的夹层墙等措施。通过减振和吸声等作用，提高墙体的隔声能力。

（四）其他方面的要求

1. 防火要求

选择燃烧性能和耐火极限符合防火规范规定的材料。在大型建筑中，还要按防火规范的规定设置防火墙，将建筑划分为若干区段，以防止火灾蔓延。

2. 防水防潮要求

位于卫生间、厨房、实验室等有水的房间及地下室的墙，应采取防水、防潮措施。选择良好的防水材料以及恰当的做法，保证墙体的坚固耐久性，使室内有良好的卫生环境。

3. 建筑工业化要求

建筑工业化的关键是墙体改革。尽可能采用预制装配式墙体材料和构造方案，为生产工厂化、施工机械化创造条件，以降低劳动强度，提高墙体施工的工效。

三、 墙体结构布置要求

结构布置是指梁、板、墙、柱等结构构件在房屋中的总体布局。大量民用建筑的结构布置方案，通常有以下几种，如图3-2所示。

（一）横墙承重方案

横墙承重方案是将楼板两端搁置在横墙上，荷载由横墙承受，纵墙只起纵向稳定和围护作用。该方案特点是横向间距小，又有纵墙拉结，使建筑物的整体性好，空间刚度较大，对抵抗风力、地震力等水平荷载的作用十分有利。该方案适用于使用功能为小房间的建筑，如住宅、宿舍等，见图3-2（a）。

（二）纵墙承重方案

纵墙承重方案是将大梁或楼板搁置在内外纵墙上，荷载由纵墙承受，横墙为非承重墙，仅起分隔房间的作用。该方案特点是房间平面布置较为灵活，适用于需要较大房间的建筑，如教学

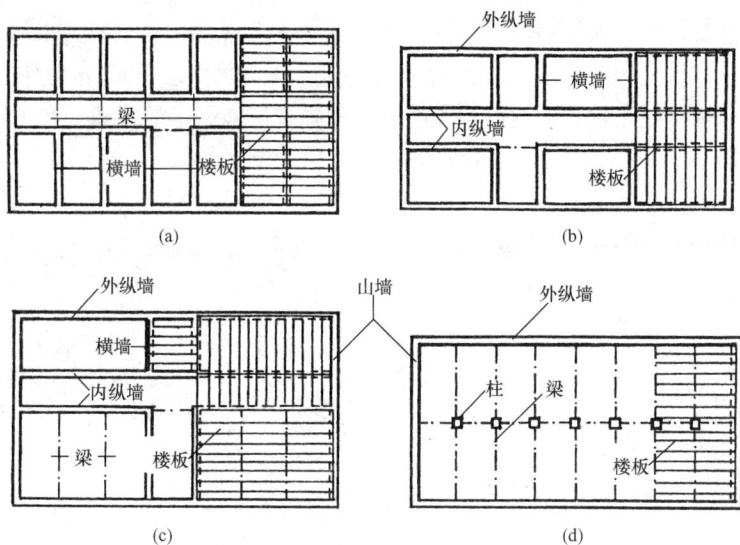

图 3-2　墙体结构布置方案

（a）横墙承重；（b）纵墙承重；（c）纵横墙混合承重；（d）部分框架承重

楼、办公楼等，见图 3-2（b）。

（三）纵横墙混合承重方案

由于建筑空间变化较多，结构方案可根据需要布置，房屋中一部分用横墙承重，另一部分用纵墙承重，形成纵横墙混合承重方案。该方案的特点是建筑组合灵活，空间刚度较好。适用于开间、进深变化较多的建筑，如医院实验楼等，见图 3-2（c）。

（四）部分框架承重方案

当建筑需要大空间时，采用部分框架承重，四周为墙承重，楼板的荷载传给梁、柱或墙。该方案的特点是房屋的总刚度主要由框架保证，水泥及钢材用量较大，适用于内部需要大空间的建筑，如商店、综合楼等，见图 3-2（d）。

3.2　墙体构造（一）

一、墙体材料

墙体材料是房屋建筑主要的围护和结构材料。目前常用的墙体材料有砖、砌块、钢筋混凝土、板材和砌筑砂浆。

（一）砌墙砖

凡由黏土、工业废料或其他地方资源为主要原料，以不同工艺制成，在建筑中用于砌筑承重和非承重墙体的砖，统称为砌墙砖。

砌墙砖可分为普通砖和空心砖两大类。

（1）普通砖：它是没有孔洞或孔洞率小于 15% 的砖，按照生产工艺分为烧结砖和非烧结砖。烧结普通砖是以黏土、页岩、煤矸石、粉煤灰等为主要原料，经焙烧而成，包括黏土砖、页岩砖、煤矸石砖、粉煤灰砖等；非烧结普通砖是通过非烧结工艺制成的，如碳化砖、蒸氧砖、蒸压砖等。

烧结普通砖的外形为直角六面体，尺寸为 240mm×115mm×53mm［图 3-3（a）］。砖的长、宽、厚之比约为 4∶2∶1［图 3-3（b）］，在砌筑墙体时加上灰缝，上下错缝方便灵活。但这种规格的砖与我国现行模数制不协调，这给建筑的设计和施工带来一定的麻烦。在工程实际中常以一个砖宽加一个灰缝（115mm＋10mm＝125mm）为砌体的组合模数。

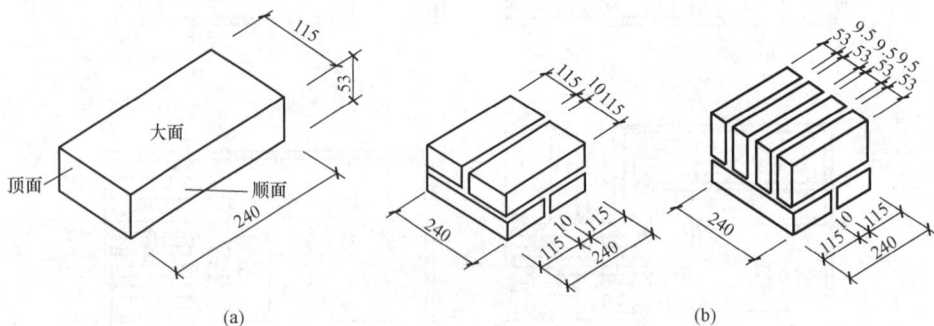

图 3-3 普通砖的尺寸关系
(a) 普通砖的尺寸；(b) 普通砖的组合尺寸关系

（2）空心砖：它是指孔洞率等于或大于 15％的砖，其中孔的尺寸小而数量多者又称为多孔砖。

烧结空心砖为顶面有孔，且孔洞较大的砖（图 3-4），其尺寸有 290mm×190mm×90mm 和 240mm×180mm×115mm 两种；烧结多孔砖为大面有孔，孔多且小的砖（图 3-5），其尺寸有 190mm×190mm×90mm 和 240mm×115mm×90mm 两种。

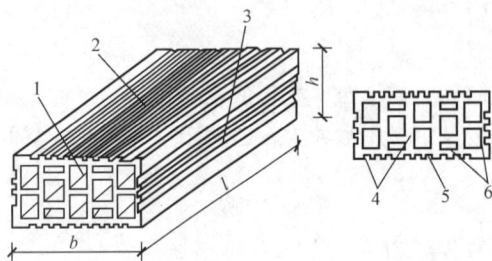

图 3-4 烧结空心砖的外形
1—顶面；2—大面；3—顺面；4—肋；5—凹槽线；6—外壁

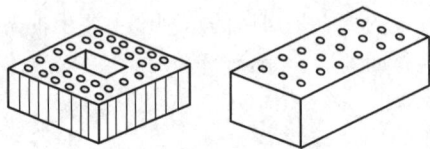

图 3-5 烧结多孔砖的外形

烧结普通砖既具有一定的强度和耐久性，又具有良好的保温隔热性能。但其中的实心黏土砖由于生产时毁田取土量大、能耗高、自重大，属墙体材料革新中的淘汰产品。

砖的强度等级是根据其抗压强度和抗弯强度综合确定的，分为 MU30、MU25、MU20、MU15、MU10、MU7.5 六个等级。

（二）砌块

砌块是形体较大的人造石材。按形态分为实心砌块和空心砌块；按产品规格分为大型（高度大于 980mm）砌块、中型（高度为 380~980mm）砌块和小型（高度为 115~380mm）砌块；按生产工艺分为烧结砌块和蒸氧蒸压砌块；按主要材料分为普通混凝土砌块、轻骨料混凝土砌块、硅酸盐砌块、石膏砌块等。

建筑砌块是一种新型的墙体材料，它不仅具有生产工艺简单、生产周期短、砌筑效率高、适应性强等特点，而且可以充分地利用地方资源和工业废渣，以节省黏土资源和改善环境。同时，通过空心化还可改善墙体的保温隔热性能，以利节能。因此，建筑砌块是当前大力推广的墙体材料之一。

（三）钢筋混凝土

随着房屋层数和高度的进一步增加，水平荷载对房屋的影响增大。此时，采用钢筋混凝土墙体，为整个房屋提供很大的抗剪强度和刚度，一般称这种墙体为"抗震墙"或"剪力墙"。

（四）板材

随着建筑结构体系的改革和大开间多功能框架结构的发展，各种轻质和复合多功能墙用板材也蓬勃兴起。目前可用于墙体的板材品种很多，按墙板的功能分为外墙板、内墙板和隔墙板；按墙板的规格分为大型墙板、条板拼装的大板和小张的轻型板；按墙板的结构分为实心板、空心板和多功能复合墙板。

以建筑板材为围护结构的建筑体系，具有质轻、节能、施工方便快捷、使用面积大、开间布置灵活等特点。因此，具有良好的发展前景。

（五）砌筑砂浆

将砖、石、砌块等黏结成整体的砂浆称为砌筑砂浆。它起着黏结砖、石及砌块，传递荷载，协调变形的作用。同时砂浆具有嵌缝，提高墙体的防寒、隔热和隔声的能力。砌筑砂浆要求有一定的强度，以保证墙体的承载能力，同时还要求有适当的流动性和保水性，即具有良好的和易性，方便施工。

砌筑砂浆通常使用的有水泥砂浆、石灰砂浆及混合砂浆三种。

（1）水泥砂浆：由水泥、砂加水拌和而成，它属于水硬性材料，强度高，防潮性能好，较适合于砌筑潮湿环境的墙体。

（2）石灰砂浆：由石灰膏、砂加水拌和而成，它属于气硬性材料，强度不高，常用于砌筑一般、次要的民用建筑中地面以上的墙体。

（3）混合砂浆：由水泥、石灰膏、砂加水拌和而成，这种砂浆强度较高，和易性和保水性较好，常用以砌筑工业与民用建筑中地面以上的墙体。

砂浆的强度等级分为六级，即 M20、M15、M10、M7.5、M5.0 及 M2.5。常用的砌筑砂浆是 M5.0、M10。

二、 墙体的组砌方式

组砌是指砖、砌块在墙体中的排列方式。墙体在组砌时应遵循"内外搭接、上下错缝"的原则，使砖、砌块在墙体中能相互咬合，以增加墙体的整体性，保证墙体不出现连续的垂直通缝，确保墙体的强度。砖之间搭接和错缝的距离一般不小于 60mm；砌块之间搭接长度不宜小于砌块长度的 1/3。

（一）砖墙的组砌方式

图 3-6 为非黏土烧结普通砖墙的组砌名称及错缝示例。当墙面不抹灰做清水时，

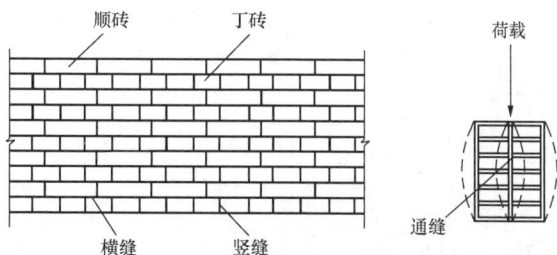

图 3-6　普通砖墙组砌名称及错缝示例

组砌还应考虑墙面图案美观。

在砖墙的组砌中，把砖的长方向垂直于墙面砌筑的砖称为丁砖，把砖的长方向平行于墙面砌筑的砖称为顺砖。上下皮之间的水平灰缝称为横缝，左右两砖之间的垂直缝称为竖缝。要求丁砖和顺砖交替砌筑，灰浆饱满，横平竖直（图3-6）。常见的砖墙体有以下几种砌筑方式。

1. 实体墙

实体墙的组砌方式如图3-7所示。

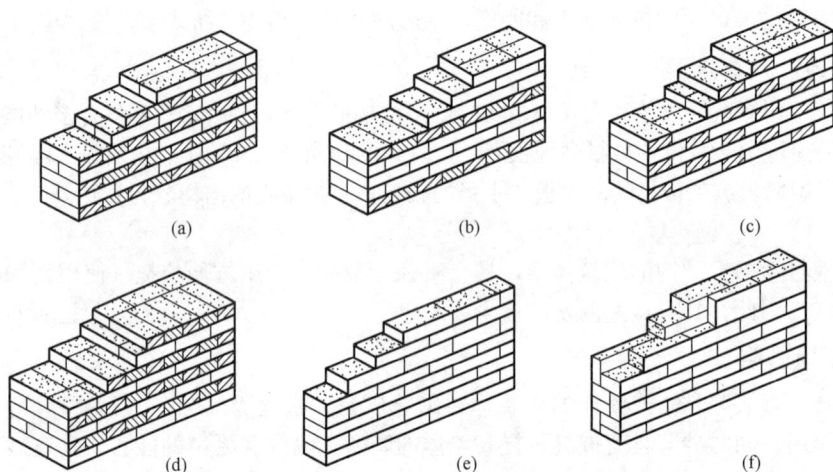

图3-7　实体墙的组砌方式

（a）一顺一丁；（b）多顺一丁；（c）丁顺相间；（d）370mm墙；（e）120mm墙；（f）180mm墙

2. 空斗墙

侧立砌筑的砖称斗砖，内外皮斗砖之间离开较大空隙或填入松散材料而形成的墙称空斗墙。内外皮斗砖之间需用通砖拉结，拉结砖可用丁斗砖，也可用卧砌丁砖（眠砖）。用眠砖拉结的称有眠空斗墙；用丁斗砖拉结的称无眠空斗墙，如图3-8所示。

空斗墙用料省、自重轻、保温隔热好，适用于炎热、非震区低层民用建筑。

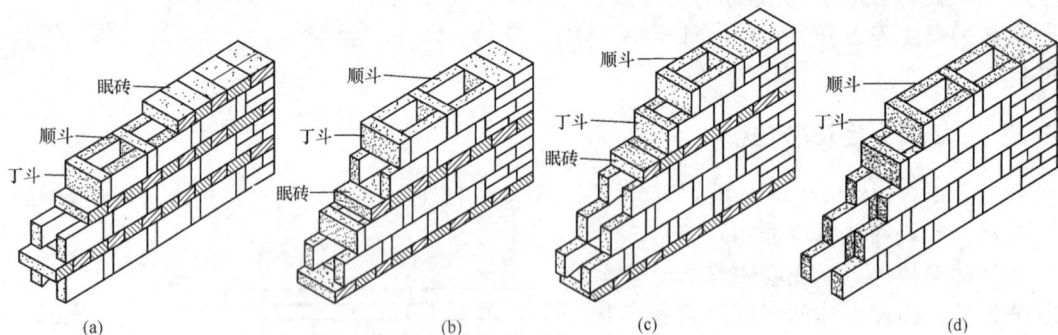

图3-8　有眠空斗墙与无眠空斗墙

（a）一眠一斗；（b）一眠二斗；（c）一眠三斗；（d）无眠空斗

3. 空心墙

用空心砖、多孔砖砌筑墙体时，根据墙厚设计要求可顺砌或丁砌，上下皮搭接1/2砖，这种砖一般均有整砖与半砖两种规格。因此，在墙的端头、转角、内外墙交接、壁柱、独立柱等处均不必砍砖，必要时也可用普通砖镶砌，如图 3-9 所示。

图 3-9 空心墙的构造

（a）五孔砖墙；（b）矿渣空心砖墙；（c）陶土空心砖墙

4. 组合墙

为改善墙体的热工性能，外墙可采用砖与其他保温材料结合而成的组合墙。组合墙一般有内贴保温材料、中间填保温材料以及在墙体中间留空气间层等构造做法，如图 3-10 所示。

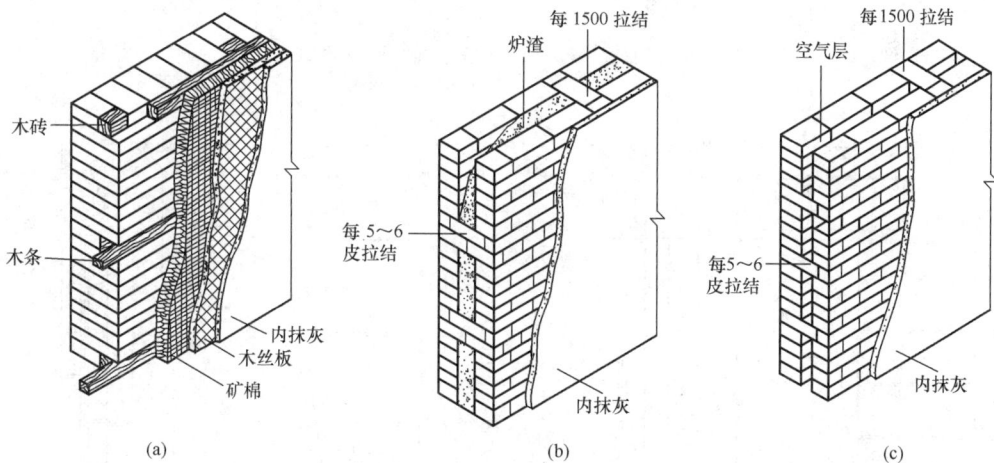

图 3-10 组合墙的构造

（a）单面贴保温材料；（b）墙中填保温材料；（c）墙中留空气层

（二）砌块的组砌方式

图 3-11 为加气混凝土砌块墙平面组砌示例；图 3-12 为加气混凝土砌块墙立、剖面组砌示例。

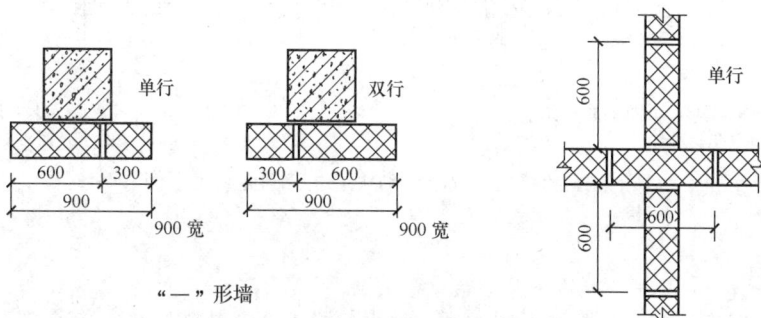

图 3-11 加气混凝土砌块墙平面组砌示例

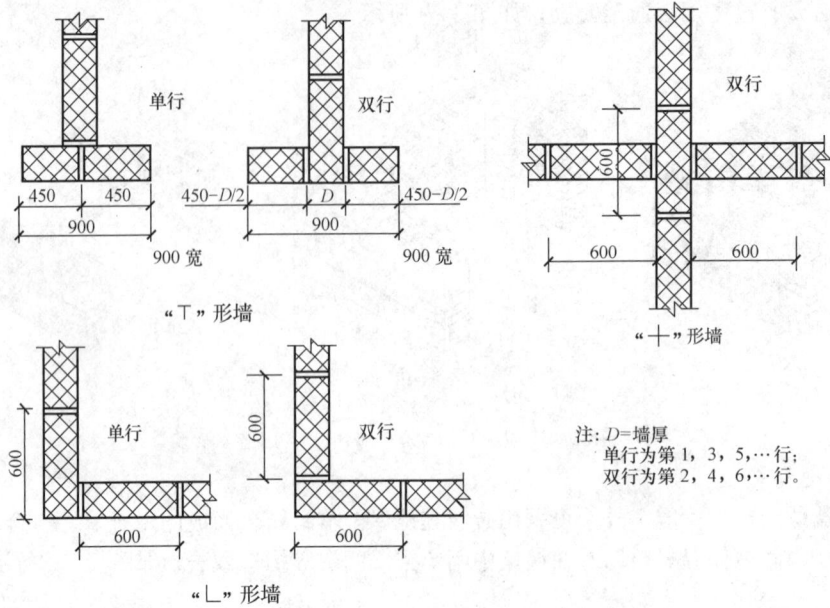

图 3-11 加气混凝土砌块墙平面组砌示例（一）

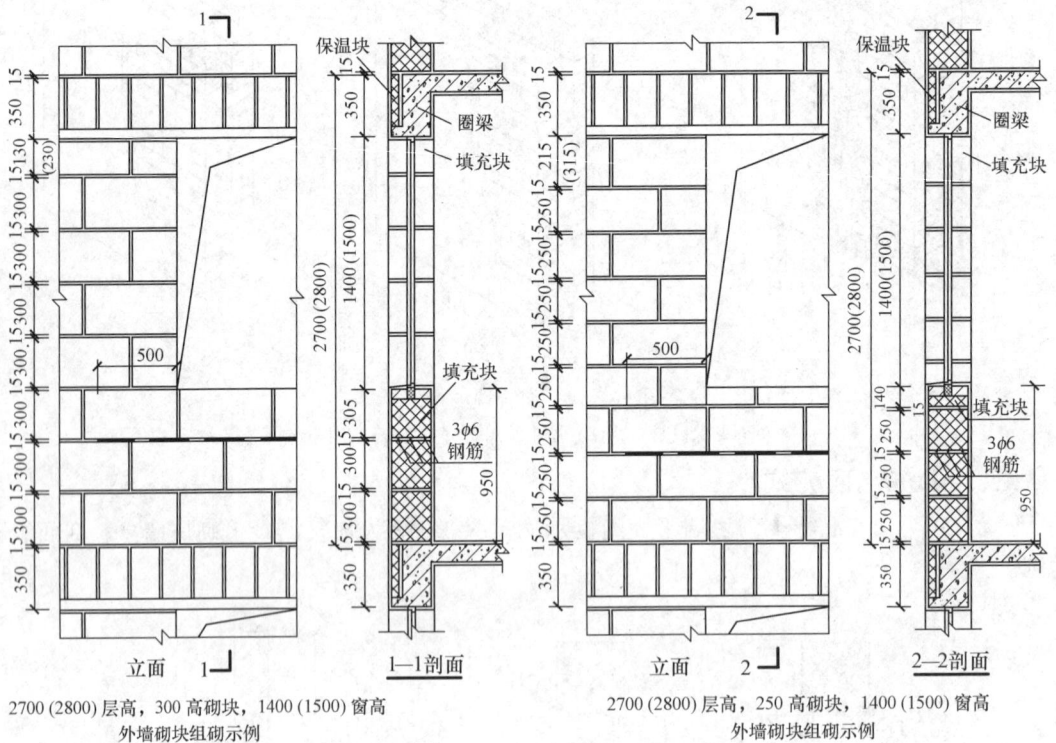

2700（2800）层高，300 高砌块，1400（1500）窗高
外墙砌块组砌示例

2700（2800）层高，250 高砌块，1400（1500）窗高
外墙砌块组砌示例

图 3-12 加气混凝土砌块墙立、剖面组砌示例

课堂总结

本节主要内容有墙体的分类和不同类型，常用的墙体砌筑材料和砌筑方式。

◎ 技能单元

一、填空题

1. 沿建筑物短轴方向布置的墙称为（　　），（　　）通常称为山墙。

2. 墙体按受力情况的不同，可分为（　　）和（　　）。

3. 大量性民用建筑的结构布置方案，通常有（　　）方案、（　　）方案、（　　）方案及（　　）方案等。

4. 目前常用的墙体材料有（　　）、（　　）、（　　）及砌筑砂浆。

5. 烧结普通砖的规格为（　　）。

6. 常用的砌筑砂浆有（　　）、（　　）和（　　）。

7. 在砖墙的组砌中，把砖的长方向垂直于墙面砌筑的砖称（　　）；把砖的长方向平行于墙面砌筑的砖称（　　）；侧立砌筑的砖称（　　）。

二、选择题

1. 关于加气混凝土砌块墙的使用条件，下列哪条是错误的？（　　）

A. 一般用于非承重墙体

B. 不宜在厕、浴等易受水浸及干湿交替的部位使用

C. 不可用作女儿墙

D. 用于外墙应采用配套砂浆砌筑、配套砂浆抹面或加钢丝网抹面

2. 下列有关轻集料混凝土空心砌块墙体的构造要点，正确的是？（　　）

A. 主要用于建筑物内隔墙和框架填充外墙

B. 应采用水泥砂浆抹面

C. 砌块墙体上可直接挂贴石材

D. 用于内隔墙的砌块强度等级要高于填充外墙的砌块

三、简答题

1. 简述墙体的类型及设计要求。

2. 墙体的承重方案有几种？各有什么特点？

笔记页

思政单元

【案例呈现】

"三天一层楼"的深圳速度

国贸大厦是深圳接待国内外游客的重要景点，它是"深圳经济特区的窗口"，也是"中国改革开放的象征"。

1982 年，深圳市政府提出要建一座在全国乃至亚洲都数得上的标志性建筑，向全世界展示中国改革的决心。这个建筑就是 53 层（其中地下三层）的深圳国贸大厦，设计高度 160.5m，建筑面积约 10 万 m²，它将是中国第一高楼。

为了确保工程质量，深圳市首次实行公开招标。1983 年 1 月 22 日，一个消息传来，中建三局中标深圳国贸主体工程！中建三局一公司在标书中明确提出要使用当时在国内超高层建筑上并无使用记录的滑模技术，在如此巨大的单层面积上使用该技术，国际尚无先例。此前，因滑模失败，丹麦一个项目死伤了 30 多人。国贸大厦的建设事宜关乎国家形象，因此，深圳市领导对此项技术格外重视，亲自来工地蹲守，绝对不容有差。

"四顶红帽子"

图片来源：搜狐网【壹周读】礼赞"深圳速度"

当时，工地上有四个年轻人，36 岁施工指挥王毓刚、39 岁副指挥厉复兴、40 岁总工程师俞飞熊、26 岁滑模主管罗君东。由于这四人总戴着红色安全帽，故被亲切地称为"四顶红帽子"。大家在一起日夜攻关，个个眼含血丝。

第一次试滑失败了。因为滑模起提速度太慢，正在凝固成型的墙体被严重拉裂……第二次、第三次均以失败告终。一时间，批评、谩骂声铺天盖地，很多外电记者蹲点等着报道国贸大厦坍塌，业主方有代表直言，国贸大厦耗资 1.2 亿元，弄砸了，你们赔得起吗？

但"四顶红帽子"没有畏缩，一头扎进工地，做实验、测数据，最后终于找到失败原因，即混凝土需达到最佳强度系数；浇灌时速度必须保持一个最佳值。

公司经理张恩沛去找深圳市领导，要求再次试滑，并立下军令状："若再不成功，我们加倍赔偿损失；组织上怎么处理我都可以，甚至法办，我也毫无怨言。"

见张恩沛态度如此坚决，经多方论证后，深圳市副市长罗昌仁表态："国内首次把滑模技术运用到高层建筑中，失败在所难免，如果又回到过去的老路上，我们还有什么进步可言？这与中央设立特区的精神是相悖的。因此，我建议再给三局一次机会！"

1983 年 9 月 18 日第四次试滑开始。工地上一片肃静。分布在 1530m² 操作面各个关键节点位置的 576 个油压千斤顶同时启动，"哒、哒"，576 个马达的声响清晰而惊心。

自重 280t、结构庞大的滑模，慢慢地被同步顶升起来，一厘米又一厘米。混凝土墙脱离了模板，稳稳地矗立在眼前！

随着滑模技术的逐渐成熟，国贸大厦的建造速度由 7 天一个结构层，提升到 6 天一层、5 天一层、4 天一层，到了 19 层之后，达到 3 天一层，最快时是 2 天半一层，而且质量完全合格。

1984 年 3 月 15 日，新华社向全世界发布一条消息：正在建设中的中国第一高楼深圳国际贸易大厦主体建设速度创造了"三天一层楼"的新纪录，这是中国超高层建筑史上的奇迹，标志着我国超高层建筑工艺达到世界先进水平。

从此，"三天一层楼"的深圳速度成为改革开放迅猛发展的代名词，载入了特区建设、中国建设的史册。

【案例点评】

深圳国贸大厦之所以能创造出"三天一层楼"的深圳速度，是由于中建三局敢闯、敢试、敢干，使用了当时世界上比较先进的滑模技术，在管理中又打破"大锅饭"体制，鼓舞了工人们的干劲。国贸大厦创下了中国的数个"第一"：中国建筑史上第一栋超高层建筑、中国最早实行招标的建筑工程、在国内率先大面积运用滑模施工，创下了举世闻名的深圳速度。

国贸大厦是我国改革开放的见证。1992 年初，邓小平同志来到深圳登上了国贸大厦顶层的旋转餐厅，他明确提出："不坚持社会主义，不改革开放，不发展经济，不改善人民生活，只能是死路一条。基本路线要管一百年，动摇不得。"小平同志南方谈话吹响了中国新一轮改革开放的号角，开辟了中国特色社会主义新境界。

教学评价

1. 本课自查表

教学目标	知识目标	□清晰 □模糊 □一般 □混淆
	能力目标	□掌握 □熟悉 □了解
	思政目标	□有　 □无
授课情况	概念清晰度	□清晰 □模糊 □一般 □混淆
	讲课语速	□快　 □慢　 □适当 □听不清
	课堂节奏	□快　 □慢　 □适当 □无
	课堂氛围	□激情 □饱满 □互动 □压抑
	授课方式	□接受 □抵触 □死板 □改进 □灵活
	板书或 PPT	□工整 □潦草 □太少 □字迹模糊
学习情况	概念	□难懂 □理解 □易忘 □抽象 □简单 □太多
	学习方法	□听讲 □自学 □实验 □讨论 □笔记
	学习兴趣	□浓厚 □一般 □淡薄 □厌倦 □无
	学习态度	□端正 □一般 □被迫 □主动
	课前课后	□预习 □复习 □无　 □没时间
	课后作业	□太少 □太多 □无
意见建议		

2. 小组评价表

讨论问题					
小组成员					
为我打分					

笔记页

课程名称	3.2　墙体构造（二）		
教学内容	3.2　墙体构造（二） 三、墙体的细部构造 （一）墙脚构造 （二）踢脚与墙裙构造 （三）门窗洞口构造 （四）墙身加固构造		
学时安排	3 学时 （135 分钟）	知识单元	75 分钟
		技能单元	45 分钟
		思政单元	15 分钟
教学重点 及难点	墙脚构造、门窗过梁、圈梁和构造柱的设置		
教学目标	知识目标	1. 掌握墙脚（勒脚、散水与明沟、防潮层）的构造。 2. 掌握门窗过梁的构造。 3. 掌握墙身加固构造（圈梁、构造柱和芯柱）的设置原则和构造做法	
	能力目标	1. 能够准确绘制散水的构造。 2. 能够分辨不同情况下防潮层的位置。 3. 能够描述圈梁构造柱的设置原则	
	思政目标	1. 通过本案例使学生认识到什么是精益求精的工匠精神，认识到一个人只要干一行、爱一行、钻一行，对所从事的职业精雕细琢、精益求精，以及具有对职业的认同感、责任感，就一定能实现出彩的人生。 2. 使学生明白要实现由制造大国到制造强国的转变，由中国制造到中国创造的跨越，在国际竞争中取胜，提高中国制造的产品质量，需要继承和发扬精益求精的工匠精神	
思政元素 融入方法	1. 课前布置课程思政故事自学和思考题。 2. 课中教师简述课程思政案例，并组织同学展开思考讨论。 3. 通过思政故事导入课程的讲解		

知识单元

教学环节	教学内容安排
课前导入	课程思政案例：拿砖砌墙也是一种美——许纪平 思考讨论：墙体在建筑物中的重要作用是什么？许继平由工地砌筑工向高级教练员的华丽蜕变体现了什么工匠精神？

3.2 墙体构造 （二）

三、 墙体的细部构造

为了保证墙体的耐久性和墙体与其他构件的连接，应在其相应的位置进行构造处理。墙体的细部构造包括墙脚、踢脚与墙裙、门窗洞口、墙身加固措施等。

（一）墙脚构造

墙脚包括勒脚、散水与明沟、防潮层等部分。

1. 勒脚

勒脚是外墙接近室外地面处的表面部分，其主要作用：一是保护近地墙身不因外界雨、雪的侵袭而受潮、受冻以致破坏；二是加固墙身，以防因外界机械性碰撞而使墙身受损；三是对建筑物立面处理产生一定的效果。

勒脚的常见做法有以下几种：

（1）勒脚表面抹灰：在勒脚部位抹灰 20～30mm 厚，如 1∶2.5 水泥砂浆等 ［图 3 - 13（a）］。

（2）勒脚贴面：在勒脚部位用天然石材或人工石材贴面，如花岗石、面砖等 ［图 3 - 13（b）］。

（3）在勒脚部位增加墙体的厚度，再做饰面 ［图 3 - 13（c）］。

（4）用石材代替普通砖砌筑勒脚，如毛石等 ［图 3 - 13（d）］。

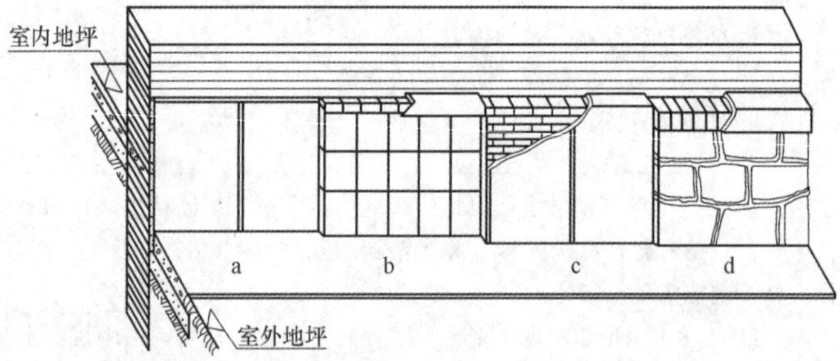

图 3 - 13 常用勒脚构造
（a）表面抹灰；（b）贴面；（c）加厚墙做饰面；（d）毛石

勒脚的高度主要取决于防止地面水上溅的影响，一般应距室外地坪 500mm 以上，同时还应兼顾建筑的立面效果，可以做到窗台或更高些。

2. 散水与明沟

为了防止雨水和室外地面水沿建筑物渗入，危害基础，需在建筑物四周设置散水或明沟，将勒脚附近的地面水导至建筑范围以外。

（1）散水。散水是沿建筑物外墙四周设置的向外倾斜的坡面。其作用是把屋面下落的雨水排到远处，进而保护墙基不受雨水等侵蚀。散水适用于年降水量较少，或建筑四周易于排除地面水的情况，否则应采用明沟散水。

散水的宽度一般为 600～1000mm。为保证屋面雨水能够落在散水上，当屋面采用无组织排水方式时，散水的宽度应比屋檐的挑出宽度大 200mm 左右；为了加快雨水的流速，散水表面应向外侧倾斜，坡度一般为 3％～5％，外边缘比室外地面高出 20～30mm 为宜；散水每隔 6m 需设伸缩缝一道，缝宽 20mm，散水与外墙间设通长缝，缝宽 10mm，缝内填沥青胶泥；散水下如设防冻层，做法为加铺 300 厚中砂。散水所用材料有砖、混凝土、水泥砂浆及石材等，图 3-14 为散水构造做法示例。

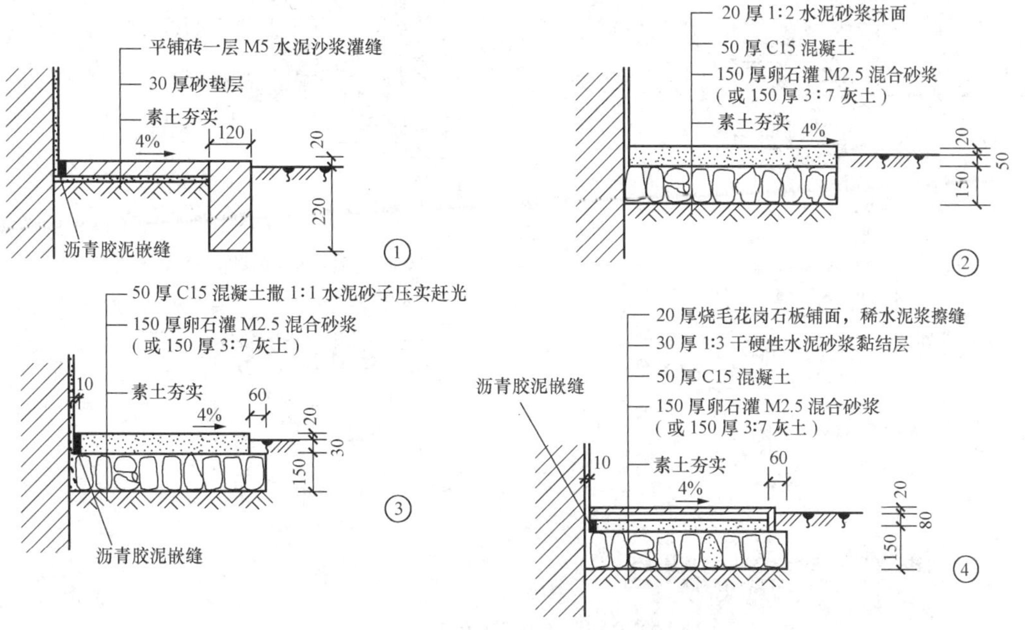

图 3-14 散水构造

（2）明沟。明沟又称阳沟、排水沟，位于建筑物的四周。其作用是把屋面下落的雨水有组织地导向地下排水集井（又称集水口）而流入下水道。明沟面层为 5 厚 1:2.5 水泥砂浆抹面（内掺 5％防水粉）；沟底应有不小于 1％的纵向坡度；混凝土明沟沿长度方向每隔 6m 需设伸缩缝。明沟一般在降雨量较大的地区采用。明沟通常采用混凝土浇筑，图 3-15 为明沟构造做法示例。

3. 防潮层

墙身防潮的方法是在墙脚铺设防潮层，防止土壤和地面水渗入墙体。

（1）防潮层的位置。当室内地面垫层为混凝土等密实材料时，防潮层的位置应设在垫层范围内，低于室内地面 60mm 处，同时还应至少高于室外地面 50mm；当室内地面垫层为透水材料时（如炉渣、碎石等），其位置可与室内地面平齐或高于室内地面 60mm；当内墙两侧地面出现高差时，应在墙身内设高低两道水平防潮层，并在土壤一侧设垂直防潮层。墙身防潮层的位置如图 3-16 所示。

（2）防潮层的做法。墙身防潮层的做法通常有以下三种：

1）防水砂浆防潮层：采用 20 厚 1:2.5 水泥砂浆（掺水泥重量 3％～5％的防水剂）。适用于砌体墙的水平或垂直防潮。此种做法构造简单，但砂浆开裂或不饱满时，影响防潮效果。

2）钢筋混凝土防潮层：采用 60 厚的 C15 细石混凝土带，内配 2φ6。适用于砌体墙的水平防潮，其防潮性能好。

3）涂料防潮层：采用 20 厚 1:2.5 水泥砂浆找平层；涂刷聚氯乙烯防水涂料两道（每道用料约 1kg/m²）。适用于砌体墙的垂直防潮，防潮效果好。施工时，应在找平层干燥后涂刷防水涂料，待前一道干燥后再涂第二道，且两道的涂刷方向应相互垂直。

如果墙脚采用不透水的材料（如石材或混凝土等），或设有钢筋混凝土地圈梁时，可以不设

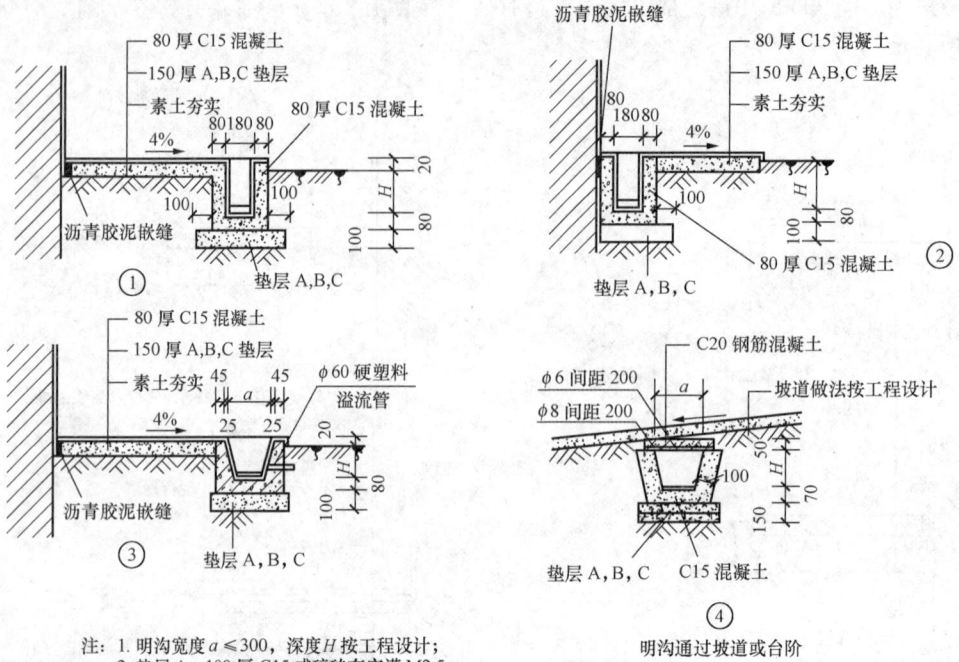

注：1. 明沟宽度 $a \leqslant 300$，深度 H 按工程设计；
　　2. 垫层 A：100 厚 C15 或碎砖夯实灌 M2.5；
　　3. 混合砂浆，简称"碎石垫层"；
　　4. 垫层 B：150 厚卵石灌 M2.5 混合砂浆，简称"卵石垫层"；
　　5. 垫层 C：150 厚 3:7 灰土，简称"灰土垫层"。

图 3-15　明沟构造

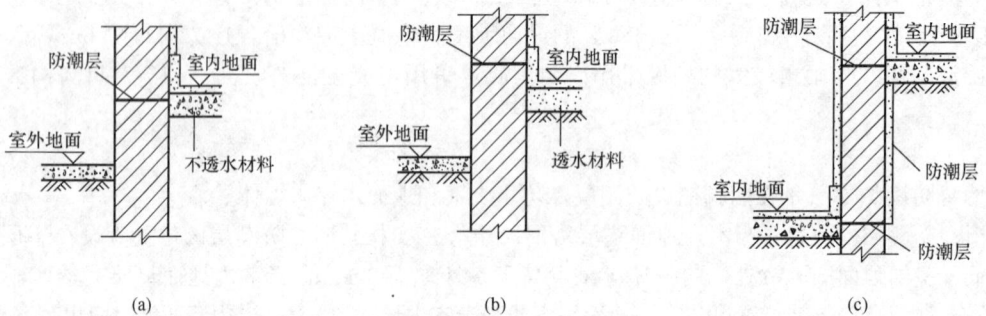

图 3-16　墙身防潮层的位置

（a）地面垫层为密实材料；（b）地面垫层为透水材料；（c）室内地面有高差

防潮层。

图 3-17 为加气混凝土砌块墙防潮做法示例。

（二）踢脚与墙裙构造

1. 踢脚

踢脚是室内楼地面与墙面相交处的构造处理。它的作用是保护墙的根部，使人们清洗楼地面时不致污染墙身。踢脚面层宜用强度高、光滑耐磨、耐脏的材料做成。通常应与楼地面面层所用材料一致。踢脚凸出墙面抹灰面或装饰面宜为 3～8mm。踢脚块材厚度大于 10mm 时，其上端宜做坡线脚处理。复合地板踢脚板厚度不应小于 12mm；踢脚高度一般为 100～150mm。常用的踢

注：1. ① 适用于加气混凝土主体墙厚 $D \leqslant 250$；
　　② 适用于加气混凝土主体墙厚 $250 < D \leqslant 350$；
　　③ 适用于严寒地区（加气混凝土主体墙厚为 400）。
　2. 防水砂浆配比为 1:3，水泥砂浆中加入 3%～5% 防水粉。
　3. 外饰面做法按工程设计。

图 3-17　加气混凝土砌块墙身防潮做法

脚有水泥砂浆踢脚、塑料地板踢脚、水磨石踢脚、石质板材踢脚、硬木踢脚等（图 3-18）。

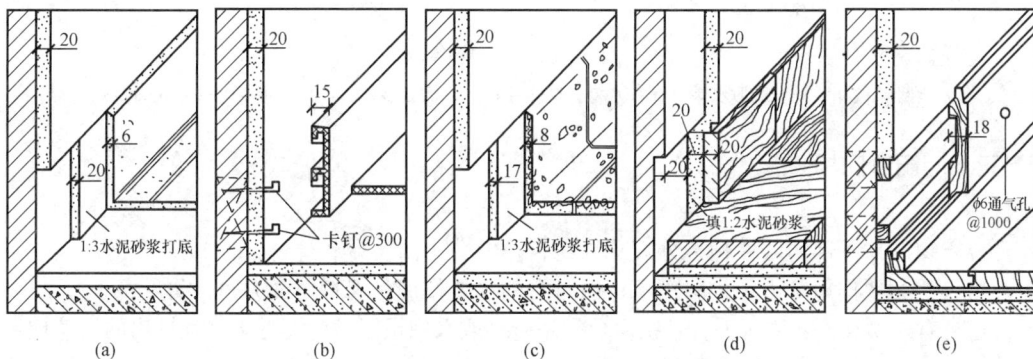

图 3-18　踢脚构造
（a）水泥砂浆踢脚；（b）塑料地板踢脚；（c）水磨石踢脚；（d）大理石（花岗石）踢脚；（e）硬木踢脚

2. 墙裙

墙裙是踢脚的延伸，高度一般为 1200～1800mm。卫生间、厨房墙裙的作用是防水和便于清洗，多用于水泥砂浆墙裙、乳胶漆墙裙、瓷砖墙裙、水磨石墙裙、石质板材墙裙等（图 3-19）；一般居室内墙裙主要做装饰，常用纸面石膏板贴面墙裙、塑料条形和板墙裙、胶合板（或实木板）墙裙等，图 3-20 为木墙裙构造做法示例。

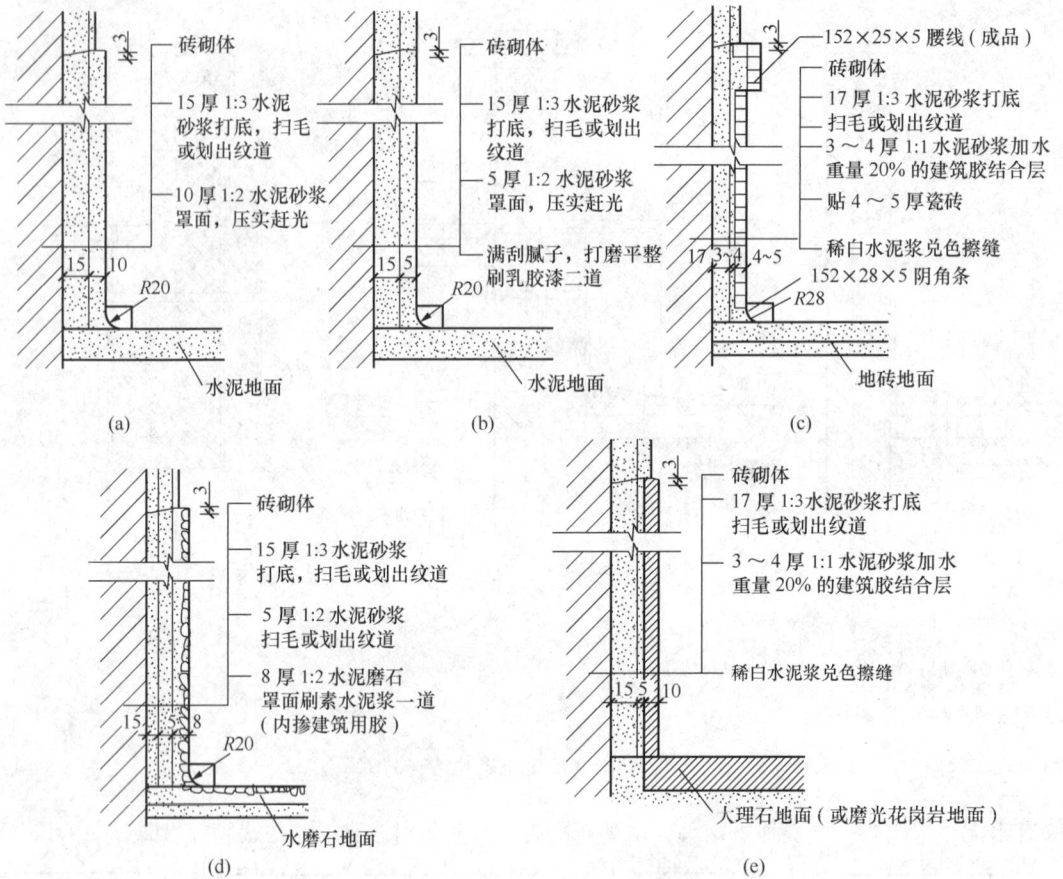

图 3-19　墙裙构造

（a）水泥砂浆墙裙；（b）乳胶漆墙裙；（c）瓷砖墙裙；（d）水磨石墙裙；（e）大理石（磨光花岗石）墙裙

（三）门窗洞口构造

1. 窗台

凡位于窗洞口下部的墙体构造处理称为窗台，它分为内窗台和外窗台。

外窗台的主要作用是为了排除雨水；内窗台的主要作用是保护墙面并可放置物品。

外窗台有悬挑和不悬挑两种。悬挑窗台常用砖砌或采用预制钢筋混凝土，其挑出的尺寸应不小于 60mm，且必须抹出滴水槽或鹰嘴线（图 3-21、图 3-22），以免排水时雨水沿窗台底面流至下部墙体；对于不悬挑的窗台，宜采用光洁度较好的外装修材料，如面砖、天然石材等（图 3-23），以减轻对墙面的水迹污染。

外窗台面一般应低于内窗台面，且应抹成外倾坡以利排水，防止雨水流入室内。设计窗台的标高以内窗台为准。内窗台可用预制水磨石窗台板、大理石（花岗石）窗台板及木制窗台板等做法（图 3-24）。

2. 门窗过梁

为了支撑门窗洞口上传来的荷载，并把这些荷载传递给洞口两侧的墙体，常在门窗洞顶上设置一根横梁，这根横梁称为过梁。根据材料和构造方式不同，过梁有钢筋混凝土过梁、砖拱过梁及钢筋砖（砌块配筋）过梁三种做法。

根据抹灰厚度定
木压条用胶粘剂与方木粘牢
R=3
30
5
24×30 方木中距 450
φ6 通气孔
满刷防水涂料一遍
Ⓐ Ⓑ
≥5　胶合板
φ6 通气孔
24×30 方木中距 450
25
25×25 垫木　木地板
①

根据抹灰厚度定
木压条
20×30 方木
15
5
φ6 通气孔
满刷防水涂料一遍
Ⓐ Ⓑ
≥5　胶合板
φ6 通气孔
30×40 方木中距 450
10
10×30 垫木　木地板
②

根据抹灰厚度定
水曲柳硬木条用专用建筑胶粘剂与方木粘牢
30 5
8
6
15×24 方木
φ6 通气孔
Ⓐ Ⓑ
水曲柳切片 10 厚胶合板
φ6 通气孔
30×40 方木中距 450
8 20
硬木踢脚板
5 13
φ12 通气孔
20
地毯
18×30 方木中距 450
③ 可改用石膏板、七（九）合板

6 6
Ⓐ

6 6
Ⓑ

图 3-20　木墙裙构造

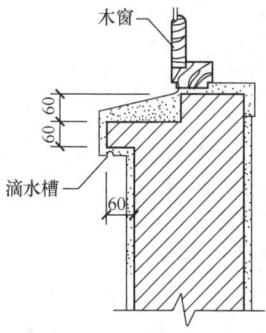

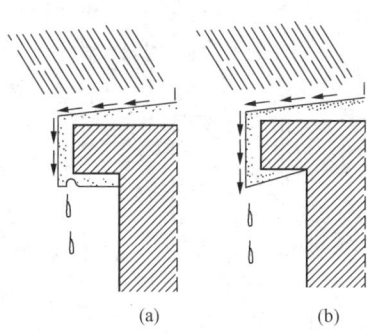

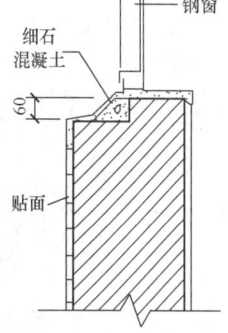

图 3-21　悬挑窗台构造

图 3-22　滴水槽与鹰嘴线
（a）滴水槽；（b）鹰嘴线

图 3-23　悬挑窗台构造

（1）钢筋混凝土过梁。钢筋混凝土过梁承载能力强，适应性强，可用于较宽的门窗洞口。按照施工方法不同，钢筋混凝土过梁可分为现浇和预制两种。其中预制钢筋混凝土过梁施工速度快，是最常用的一种。图 3-25 为钢筋混凝土过梁的几种形式。

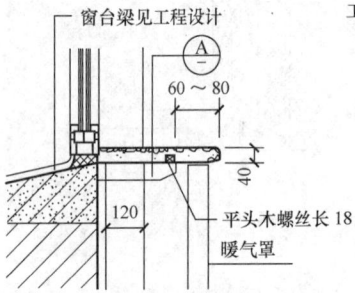

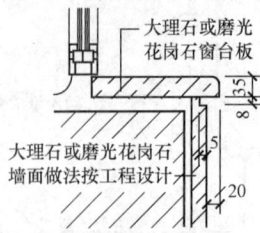

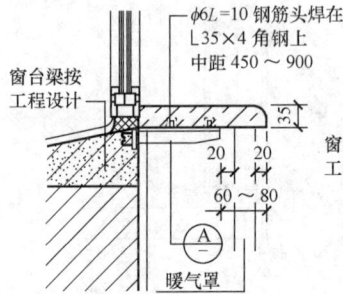

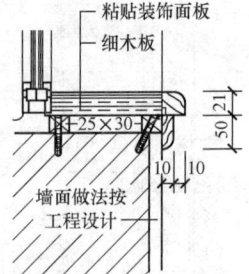

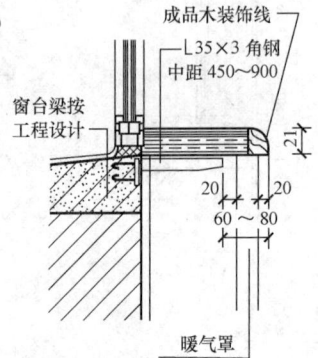

① 预制水磨石窗台板

② 预制水磨石窗台板

③ 大理石（花岗石）窗台板

④ 大理石（花岗石）窗台板

⑤ 木制窗台板

⑥ 木制窗台板

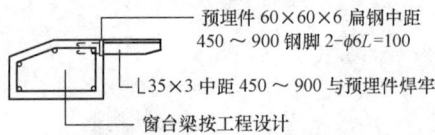

Ⓐ

图 3-24　内窗台构造

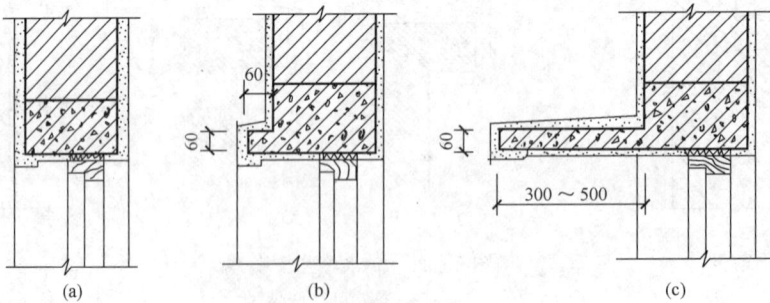

(a)　　　　　(b)　　　　　(c)

图 3-25　钢筋混凝土过梁

(a) 平墙过梁；(b) 带窗套过梁；(c) 带窗帽过梁

平墙过梁（矩形截面过梁）施工制作方便，是常用的形式，见图 3-25（a）。过梁宽度一般同墙厚，高度按结构计算确定，但应配合砖（砌块）的规格。过梁两端伸进墙体内的支撑长度不小于 240mm。在立面中往往有不同形式的窗，过梁的形式应配合处理。如有窗套的窗，过梁截面为 L 形，挑出 60mm，厚 60mm，见图 3-25（b）。又如带窗帽板的窗，可按设计要求出挑，一般可挑 300～500mm，厚度 60mm，见图 3-25（c）。

（2）砖拱过梁。砖拱过梁是我国的一种传统做法，形式有平拱、弧拱两种（图 3-26）。其中平拱在建筑中采用较多。平拱砖过梁是将砖侧砌而成，灰缝上宽下窄，使侧砖向两边倾斜，相互挤压形成拱的作用，两端下部伸入墙内 20～30mm，中部的起拱高度为跨度的 1/50～1/100。

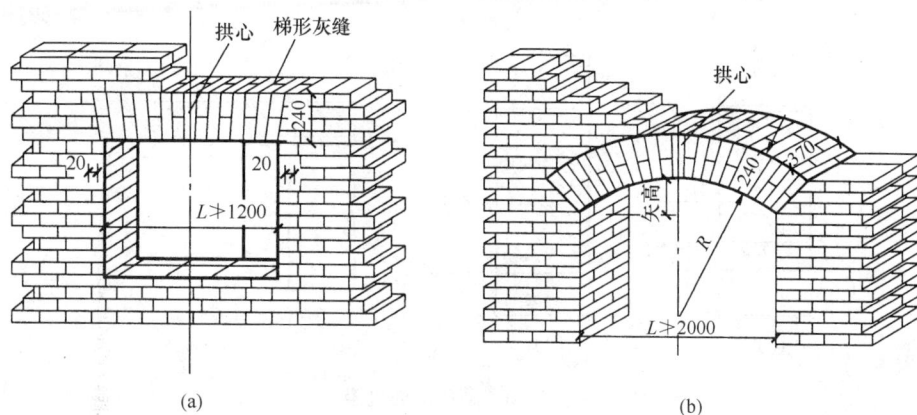

图 3-26　砖拱的形式
（a）平拱（平碳）；（b）弧拱

平拱砖过梁的优点是钢筋、水泥用量少，缺点是施工速度慢。用于非承重墙上的门窗，洞口宽度应小于 1.2m。有集中荷载或半砖墙不宜使用。

（3）钢筋砖（砌块配筋）过梁。钢筋砖（砌块配筋）过梁是在砖（砌砖）缝中配置钢筋，形成能承受弯矩的加筋砌体。由于钢筋砖（砌块）施工比较简单，因此目前应用比较广泛。

钢筋砖过梁中砖的强度等级不小于 MU7.5，砌筑砂浆等级不小于 M5。这部分砖砌体厚度应在 4 皮砖以上，且不小于洞口宽度的 1/5。在砖砌体下部设置钢筋，钢筋两端伸入墙内 250mm，并做弯钩，钢筋的根数不少于 2 根，同时，不少于每 1/2 砖 1 根。为了使钢筋与上部砖砌体共同工作，底面砂浆的厚度应不小于 30mm，如图 3-27 所示。

砌块配筋过梁构造，如图 3-28 所示。

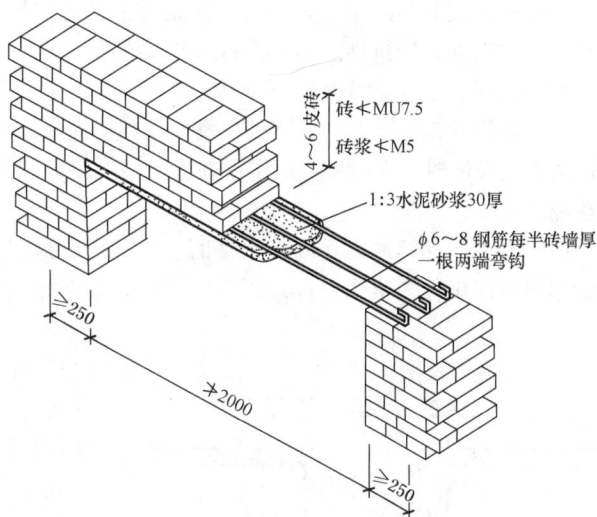

图 3-27　钢筋砖过梁构造

图 3-28　砌块配筋过梁

（四）墙身加固构造

1. 圈梁

圈梁也称腰箍，是沿建筑物四周外墙及部分内墙在同一水平面上设置。图 3-27 所示钢筋砖过梁构造的连续封闭的梁，其主要作用是增强构造房屋的整体刚度和稳定性，减轻地基不均匀沉降对房屋的破坏，抵抗地震力的影响。圈梁的数量和位置应按 GB 50011—2010《建筑抗震设计规范》的相关规定设置，且具有下列构造要求。

（1）圈梁通常设置在基础墙处、檐口处和楼板处。当屋面板、楼板与窗洞口间距较小，而且抗震设防等级较低时，也可以把圈梁设在窗洞口上皮，兼做过梁使用，过梁部分的钢筋应按计算用量单独配置。

（2）圈梁应连续地设在同一水平面上，并形成封闭状。当不能在同一水平面上闭合时，应增设附加圈梁以确保圈梁为一连续封闭的整体，如图 3-29 所示。

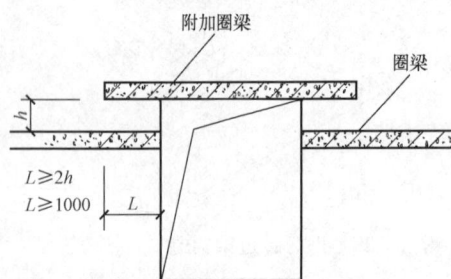

（3）圈梁有钢筋混凝土和钢筋砖两种做法，其中钢筋混凝土圈梁应用最为广泛。钢筋混凝土圈梁的截面宽度宜与墙体厚度相同，且不小于 240mm。高度宜为砖（砌块）高的倍数，且不宜小于 120mm（200mm）。圈梁一般均按构造配置钢筋，纵向钢筋不应小于 $4\phi10$，箍筋间距不大于 250mm。

图 3-29　附加圈梁

2. 构造柱

构造柱是沿墙体上下贯通的钢筋混凝土柱。其主要作用是与各层圈梁连接，形成空间骨架，以增强建筑的整体刚度，提高墙体抗变形的能力。

对于砖墙建筑，构造柱应符合下列构造要求。

（1）在房屋四角及内外墙交接处、楼梯间等部位设置构造柱。设置要求见表 3-1。

表 3-1　　　　　　　　　　　　　　多层砖砌体房屋构造柱设置要求

房屋层数				设置部位	
6 度	7 度	8 度	9 度		
四、五	三、四	二、三		楼、电梯间四角，楼梯斜梯段上下端对应的墙体处；	隔 12m 或单元横墙与外纵墙交接处；楼梯间对应的另一侧内横墙与外纵墙交接处
六	五	四	二	外墙四角和对应转角；错层部位横墙与外纵墙交接处；	隔开间横墙（轴线）与外墙交接处；山墙与内纵墙交接处
七	≥六	≥五	≥三	大房间内外墙交接处；较大洞口两侧	内墙（轴线）与外墙交接处；内墙的局部较小墙垛处；内纵墙与横墙（轴线）交接处

注　较大洞口，内墙指不小于 2.1m 的洞口；外墙在内外墙交接处已设置构造柱时应允许适当放宽，但洞侧墙体应加强。

（2）构造柱下端应锚固于地梁内，无地梁时应伸入室外地坪下 500mm 处。上部与楼板层圈梁连接，如圈梁为隔层设置时，应在无圈梁的楼板层设置配筋砖带。构造柱的截面尺寸不应小于 180mm×240mm，内配 4φ12 主筋，箍筋 φ6，间距 250mm。混凝土强度等级不应低于 C20。在施工时，应先砌墙，后浇筑钢筋混凝土柱，并应沿墙高每 500mm 设 2φ6 拉结钢筋，每边伸入墙内不宜小于 1m，如图 3-30 所示。

对于砌块墙建筑，构造柱应符合下列构造要求。

（1）构造柱应在所有纵横墙交接处，较大洞口的两侧设置。对单排孔砌块墙在纵横墙交接处、较大洞口的两侧等部分设置构造柱时，应考虑墙体收缩、温度应力作用和地震作用等因素，在墙体中增设分布构造柱。

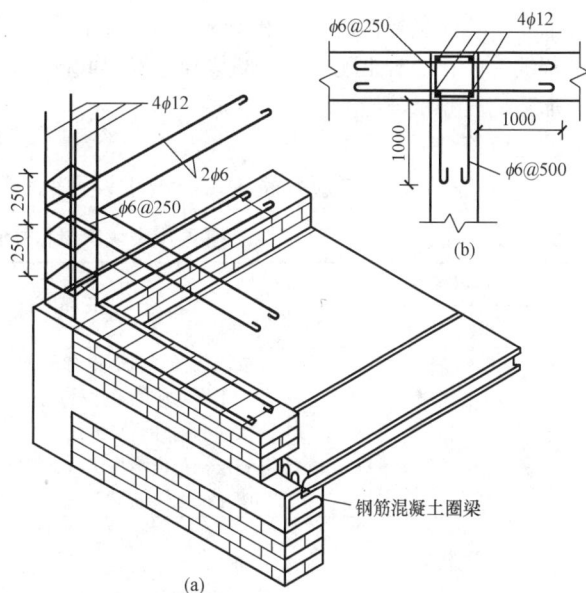

图 3-30　砖墙建筑的构造柱设置
（a）外墙转角构造柱；（b）内外墙构造柱

（2）构造柱应与基础梁和楼层圈梁锚固。构造柱的截面尺寸不应小于 190mm×200mm，纵筋不应少于 4φ12，混凝土强度等级不应低于 C25；设计烈度为 7 度、8 度的砌块墙建筑，除满足一般构造要求外，尚应采取抗震构造措施，加设钢筋混凝土构造柱后，其高度限值可增加 3m。构造柱间距不大于 8m。构造柱的截面尺寸不应小于 240mm×180mm，主筋不小于 4φ12，箍筋间距不宜大于 250mm。墙与构造柱之间应沿墙高度在每皮水平灰缝中设 2φ6 钢筋联结，钢筋伸入墙内不应小于 1m，如图 3-31 所示。

（3）砌块墙在与构造柱相连接的部位应预留马牙槎，马牙槎的长度宜为 90mm。

3. 芯柱

芯柱是在单排孔砌块墙体内贯通上下砌块孔洞的现浇钢筋混凝土柱。芯柱内设置一根主筋，

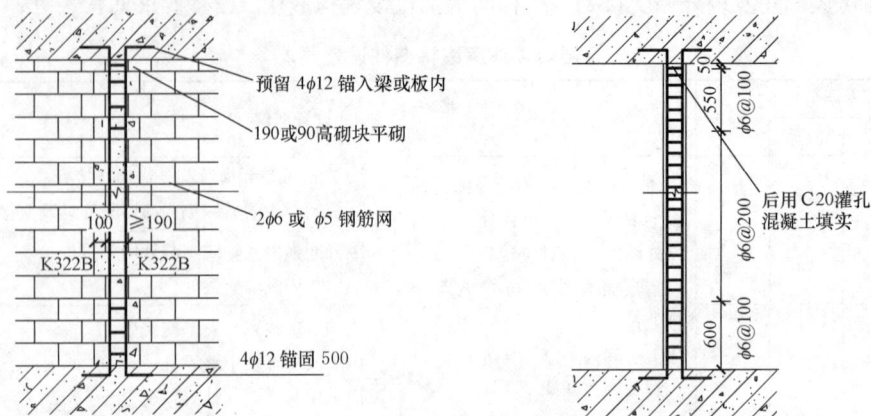

图 3-31　砌块建筑的构造柱设置

不设箍筋。芯柱主要在墙体转角和内外墙交叉部位、门窗洞口两侧以及在墙体内分布设置，它与水平灰缝钢筋、混凝土配筋带、圈梁和过梁等共同工作，对墙体进行约束，以提高墙体的整体性能，加强抗震和承载能力。

芯柱应符合下列构造要求。

（1）多层小砌块房屋应按表3-2的要求设置钢筋混凝土芯柱。

表 3-2　　　　　　　　　　　多层小砌块房屋芯柱设置要求

房屋层数				设置部位	设置数量
6 度	7 度	8 度	9 度		
四、五	三、四	二、三		外墙转角、楼、电梯间四角，楼梯斜梯段上下端对应的墙体处； 大房间内外墙交接处； 错层部位横墙与外纵墙交接处； 隔12m或单元横墙与外纵墙交接处	外墙转角，灌实 3 个孔； 内外墙交接处，灌实 4 个孔； 楼梯斜段上下端对应的墙体处，灌实 2 个孔
六	五	四		同上； 隔开间横墙（轴线）与外纵墙交接处	
七	六	五	二	同上； 各内墙（轴线）与外纵墙交接处； 内纵墙与横墙（轴线）交接处和洞口两侧	外墙转角，灌实 5 个孔； 内外墙交接处，灌实 4 个孔； 内墙交接处，灌实 4～5 个孔； 洞口两侧各灌实 1 个孔
	七	≥六	≥三	同上； 横墙内芯柱间距不大于 2m	外墙转角，灌实 7 个孔； 内外墙交接处，灌实 5 个孔； 内墙交接处，灌实 4～5 个孔； 洞口两侧各灌实 1 个孔

注　外墙转角、内外墙交接处、楼电梯间四角等部位，应允许采用钢筋混凝土构造柱替代部分芯柱。

（2）对采用构造柱的单排孔砌块建筑，应考虑墙体收缩、温度应力作用和地震作用等因素，在墙体内均匀设置分布芯柱。

（3）芯柱应在设计楼层范围内贯通墙身与楼板，并与上下圈梁整体现浇；芯柱的截面尺寸不宜小于 120mm×120mm 或 145mm×100mm，宜用不低于 C20 的灌孔混凝土浇筑。

（4）每根芯柱内插 1 根不小于 φ12 的竖向钢筋；8 度设防的 6 层房屋芯柱钢筋应不小于 1φ14mm。钢筋在芯柱底部与楼层圈梁和基础梁锚固，顶部与屋盖圈梁锚固。

（5）在钢筋混凝土芯柱处，沿墙高每隔 600mm 应设 φ4 钢筋网片拉结，每边伸入墙体不宜小于 1m。7 度设防地区 7 层、8 度设防地区 6 层的房屋应沿墙高每隔 400mm 设一道。芯柱构造如图 3-32 所示。

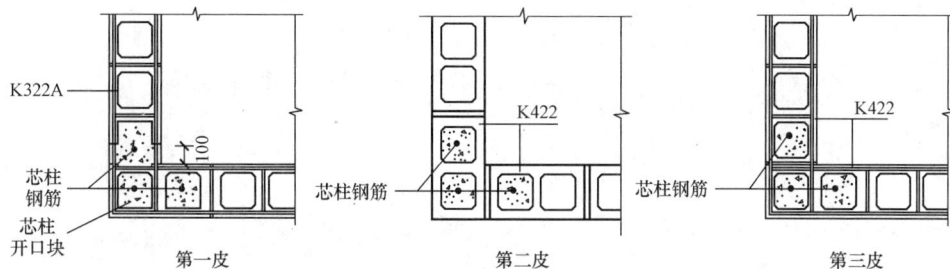

图 3-32　芯柱构造

课堂总结

本节主要内容是墙体的细部构造。有墙脚构造：勒脚、散水、明沟和防潮层；有踢脚与墙裙构造；有门窗洞口构造：窗台、门窗过梁；有墙身加固构造：圈梁、构造柱和芯柱。

笔记页

⊚ 技能单元

一、名词解释

1. 过梁

2. 散水

3. 勒脚

4. 圈梁

5. 构造柱

6. 芯柱

二、填空题

1. 根据材料和构造方式不同，过梁有（　　）、（　　）和（　　）。
2. 钢筋混凝土过梁，按照施工方法不同，可分为（　　）和（　　）两种。
3. 常用的过梁形式有（　　）、（　　）等。

三、简答题

1. 勒脚的作用是什么？常见的做法有哪些？

2. 墙身防潮层的作用是什么？常用的做法有哪几种？水平防潮层的位置应如何设置？

3. 过梁主要有哪几种？构造如何？

4. 圈梁的作用是什么？构造如何？一般设置在什么位置？

5. 简述构造柱的作用及构造。

四、作图题（习题课）

1. 绘制墙脚构造图。

2. 绘制附加圈梁的构造图。

思政单元

【案例呈现】

许纪平：拿砖砌墙也是一种美

从 18 岁初入建筑行业时的"一张白纸"，到 30 岁成为技压群雄的全国职业技能大赛总冠军，13 年间，来自重庆开州的农民工许纪平在中原大地上演绎了人生的"逆袭"。

许继平在工作中　　　图片来源：工人日报

13 年来，中建七局总承包公司砌筑工许纪平先后参与过 34 个项目建设，总砌筑量超万方，其中有 6 个项目获得国优、鲁班奖，15 个项目获得省级优秀。从小工到大工，从所在项目开办的农民工夜校学生，变成了为同行讲授砌筑专业知识的"老师"，最终成为全国性职业技能大赛冠军，他在成为优秀砌筑工匠的路上不断前进。

"从来没有想过，我一个泥瓦工能站上国家级的领奖台"许纪平说，操起瓦刀那种游刃有余的感觉，让自己很踏实，"平生只想精于这一行"。

许纪平在工友眼中算得上资质优异。"从小工干成大工，他只用了 18 天"当初带他的师傅说，这小伙子有股冲劲，干活舍得下苦力，眼快手快脑子活，对砌筑也有想法。

而许纪平自己清楚，当年正式入行学艺的 18 天，也是"炼狱"般的 18 天。白天跟着师傅学要领，晚上别人都睡了，他拎着瓦刀拆了砌，砌了拆，反复练习，光抹灰一项他就练习了不止数百遍，直到蹭、挤、揉、刮、甩……整个过程能挥洒自如，一气呵成。

许纪平说："在外人眼里，建筑工的确又苦又累。但苦活累活，总得有人干！干一行就得爱一行、钻一行。"

靠着勤奋和韧劲，顺利成为大工后，许纪平的成才之路只是刚刚起步。

一次，许纪平所在的项目工地总工在工地巡查时发现，这个精瘦的小伙子虽然手脚麻利，但因为催工期，所以活儿干得有些毛糙，于是当场让他将刚砌好的墙推倒重来。

这种当场"打脸"的举动，让许纪平有些难堪，也让他暗下决心：只怪自己学艺不精，接下来要更加努力。

自此，许纪平开始了一个砌筑工匠真正的"修炼"之路。13 年过去了，从渭南到西安，从延安到庆阳，从甘肃到河南，中建七局的工地在哪里，他就到哪里。无数次的磨炼和锤打，让许纪平的技术越来越娴熟。

如今，许纪平已经从只能砌一般墙体的普通泥瓦工变成了能砌各种造型、甚至能从事仿古建筑砌筑的多面手，并练成了"一刀准"，挥舞起瓦刀来，无论是砍、削、砸，还是捣、抹、切，都能准确到位，几乎没有误差。他的砌砖速度也突飞猛进，最多一天能砌4000多块砖。

左手拿砖，右手抹泥，眼睛瞄准位置，将砖紧贴标线精准放上，用手小心护住砖块边缘，轻压一下，再用铲子轻敲，让砖块和水泥间的空气尽可能排出，最后用铲子小心地将边缘多余的水泥铲掉……过程干净利落，手起砖落，一气呵成，整个砌筑过程让人感觉拿砖砌墙也有一种美感。凭借这种娴熟和美感，许纪平开始在各级职业技能大赛中大放异彩。

2018年5月，为了选拔全国职工职业技能大赛首届砌筑工大赛选手，河南省举办砌筑工省赛，砌筑技术高超的许纪平一举夺魁，获得了全国赛的参赛资格。为了在全国赛中争取一个好成绩，许纪平全身心投入备战。当时正是炎夏，烈日下的郑州，被热气包裹着几乎透不过气。许纪平每天要在高温热浪的冲击下练习10多个小时，为达到零误差，他不断地重复，白天练技术，晚上学理论，日复一日……

两个月后，全国职业技能大赛开幕。比赛中，向来以"快"制胜的许纪平却放慢了比赛节奏。每砌一层砖，他都要仔细测量，最后仅提前10分钟完工。他所砌的墙，零误差、高颜值，得到了裁判组的充分肯定，以总分88分的成绩夺得全国冠军。

目前，许纪平所在中建七局总承包公司为他专门成立了创新工作室，这位砌筑工也实现了由一名工地砌筑工向高级教练员的华丽蜕变。

（资料来源：央视网 人物）

【案例点评】

墙体是组成建筑空间的竖向构件，它下接基础，中隔楼板，上连屋顶，是建筑物的重要组成部分，墙体是否坚固，对于建筑物的质量起着非常重要的作用。因此，墙体在组砌时应遵循"内外搭接、上下错缝"的原则，使砖、砌块在墙体中能够巧合，以增强墙体的整体性，保证墙体不出现连续的垂直通缝，确保墙体的强度。

农民工许继平由砌筑工向高级教练员的华丽蜕变，在中原大地上演绎了人生的逆袭，说明一个人只要干一行、爱一行、钻一行，对所从事的职业精雕细琢、精益求精，以及具有对职业的认同感、责任感，就一定能实现出彩的人生。

当前我们仍然处于经济发展方式转型和产业结构升级的重要时期，要实现由制造大国到制造强国的转变，由中国制造到中国创造的跨越，在国际竞争中取胜，提高中国制造的产品质量，需要继承和发扬精益求精的工匠精神。

教学评价

1. 本课自查表

教学目标	知识目标	□清晰 □模糊 □一般 □混淆
	能力目标	□掌握 □熟悉 □了解
	思政目标	□有　□无
授课情况	概念清晰度	□清晰 □模糊 □一般 □混淆
	讲课语速	□快　□慢　□适当 □听不清
	课堂节奏	□快　□慢　□适当 □无
	课堂氛围	□激情 □饱满 □互动 □压抑
	授课方式	□接受 □抵触 □死板 □改进 □灵活
	板书或PPT	□工整 □潦草 □太少 □字迹模糊
学习情况	概念	□难懂 □理解 □易忘 □抽象 □简单 □太多
	学习方法	□听讲 □自学 □实验 □讨论 □笔记
	学习兴趣	□浓厚 □一般 □淡薄 □厌倦 □无
	学习态度	□端正 □一般 □被迫 □主动
	课前课后	□预习 □复习 □无　□没时间
	课后作业	□太少 □太多 □无
意见建议		

2. 小组评价表

讨论问题					
小组成员					
为我打分					

笔记页

课程名称	3.2　墙体构造（三） 3.3　隔墙构造			
教学内容	3.2　墙体构造（三） 三、墙体的细部构造 （五）变形缝构造 3.3　隔墙构造 一、块材隔墙 二、立筋隔墙 三、板材隔墙			
学时安排	2 学时 （90 分钟）	知识单元		65 分钟
		技能单元		10 分钟
		思政单元		15 分钟
教学重点 及难点	墙体变形缝设置和构造			
教学目标	知识目标	1. 了解变形缝设置原则。 2. 熟悉变形缝的构造详图。 3. 掌握变形缝的设置宽度		
	能力目标	1. 能够准确描述变形缝的设置。 2. 能够分辨不同变形缝的设置场合和构造要求。 3. 能够绘制隔墙的构造		
	思政目标	1. 使学生明白建筑工程质量关系到人民的生命财产安全，为了保证建设工程质量，保护人民生命财产安全，在建筑工程的设计、施工中必须依据建筑法律法规办事。 2. 腐败是影响工程质量的重要原因，它扰乱了正常的经济秩序，侵害了党的肌体，给人民的生命财产安全带来严重危害。因此，习近平总书记强调要"以零容忍态度惩治腐败"		
思政元素 融入方法	1. 课前布置课程思政故事自学和思考题。 2. 课中教师简述课程思政案例，并组织同学展开思考讨论。 3. 通过案例导入教学内容，通过讨论对学生进行思政教育			

知识单元				

教学环节	教学内容安排			
课前导入	课程思政案例：泉州酒店坍塌致 29 人死亡 思考讨论：1. 电视剧"理想之城"中有一句台词："造价表就是关系表"，你认同这个观点吗？2. 泉州酒店倒塌的主要原因是什么？谈谈工程建设中守法的重要性			

3.2 墙体构造（三）

三、墙体的细部构造

（五）变形缝构造

由于温度变化、地基不均匀沉降和地震因素的影响，使建筑物发生裂缝或破坏，故在设计时，事先将房屋划分成若干个独立的部分，使各部分能自由地变化。这种将建筑物垂直分开的预留缝称为变形缝。变形缝包括伸缩缝、沉降缝和防震缝三种。

1. 变形缝的设置

变形缝设置应按设缝的性质和条件设计，使其在产生位移或变形时不受阻，不被破坏，并不破坏建筑物。

（1）伸缩缝。为防止建筑构件因温度变化，热胀冷缩使房屋出现裂缝或破坏，在沿建筑物长度方向，相隔一定距离预留垂直缝隙。这种因温度变化而设置的缝称为伸缩缝或温度缝。伸缩缝是从基础顶面开始，将墙体、楼板、屋顶全部构件断开，因为基础埋于地下，受气温影响较小，不必断开。伸缩缝的宽度一般为 20～30mm。

伸缩缝的间距主要与结构类型、材料和当地温度变化情况有关，砌体房屋伸缩缝的最大间距见表 3-3；钢筋混凝土结构伸缩缝的最大间距见表 3-4。

表 3-3　　　　　　　　　　　砌体房屋伸缩缝的最大间距　　　　　　　　　　　m

砌体类别	屋面或楼面的类别		间距
各种砌体	整体式或装配整体式钢筋混凝土结构	有保温层或隔热层的屋面	50
		楼面无保温层或隔热层的屋面	40
	装配式无檩体系钢筋混凝土结构	有保温层或隔热层的屋面	60
		无保温层或隔热层的屋面	50
	装配式有檩体系钢筋混凝土结构	有保温层或隔热层的屋面	75
		无保温层或隔热层的屋面	60
烧结普通砖空心砖砌体	黏土瓦或石棉水泥瓦屋面		100
石砌体	木屋面或楼面		80
硅酸盐、硅酸盐砌块和混凝土砌块砌体	砖石屋面或楼面		75

注　1. 层高大于 5m 的混合结构单层房屋，其伸缩缝间距可按表中数值乘以 1.3 采用，但当墙体采用硅酸砖、硅酸盐砌块和混凝土砌块砌筑时，不得大于 75m；

　　2. 温差较大且变化频繁地区和严寒地区不采暖的房屋及构筑物墙体的伸缩缝最大间距，应按表中数值予以适当减少。

表 3-4　　　　　　　　　　钢筋混凝土结构伸缩缝最大间距　　　　　　　　　　m

序号	结构类型		室内或土中	露天
1	排架结构	装配式	100	70
2	框架结构	装配式	75	50
		现浇式	55	35

续表

序号	结构类型		室内或土中	露天
3	剪力墙结构	装配式	65	40
		现浇式	45	30
4	挡土墙及地下室墙壁等结构	装配式	40	30
		现浇式	30	20

注　1. 如有充分依据或可靠措施，表中数值可以增减；

2. 当屋面板上部无保温或隔热措施时，框架、剪力墙结构的伸缩缝间距，可按表中露天一栏的数值选用，排架结构可按适当低于室内一栏的数值选用；

3. 排架结构的柱顶面（从基础顶面算起）低于 8m 时，宜适当减少伸缩缝间距；

4. 外墙装配内墙现浇的剪力墙结构，其伸缩最大间距按现浇式一栏的数值选用。滑模施工的剪力墙结构，宜适当减小伸缩缝间距。现浇墙体在施工中应采取措施减少混凝土收缩应力。

（2）沉降缝。为防止建筑物各部分由于地基不均匀沉降引起房屋破坏所设置的垂直缝称为沉降缝。沉降缝将房屋从基础到屋顶全部构件断开，使两侧各为独立的单元，可以垂直自由沉降。沉降缝在建筑中应设置的部位如图 3-33 所示。

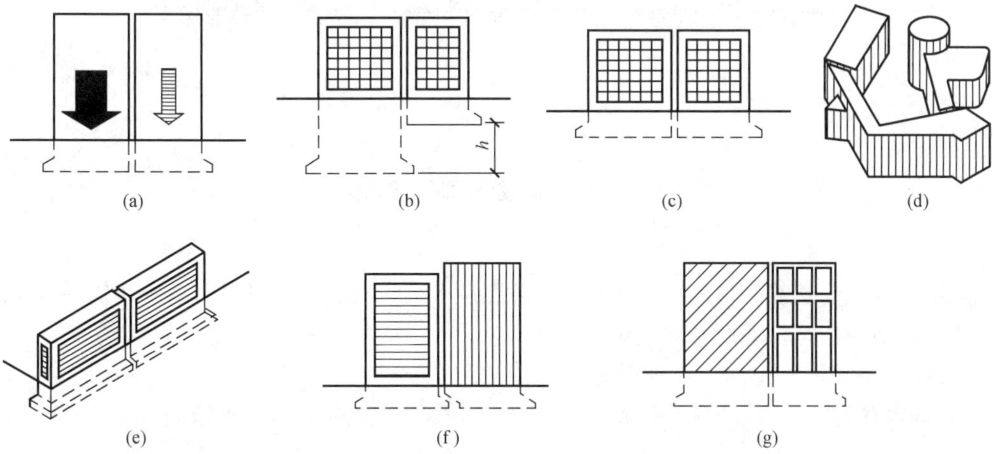

图 3-33　沉降缝的设置部位

（a）荷载相差悬殊；（b）埋深相差悬殊；（c）地基承载力相差较大；

（d）建筑物体形较复杂；（e）建筑物长度较大；（f）与旧建筑物毗连；（g）结构类型不同

沉降缝的宽度与地基情况及建筑物的高度有关，地基越软弱，建筑物高度越大，缝宽也就越大，其宽度见表 3-5。

表 3-5　　　　　　　　　　　　　　　沉降缝的宽度

地基情况	建筑物高度	沉降缝宽度（mm）
一般地基	$H < 5m$	30
	$H = 5 \sim 10m$	50
	$H = 10 \sim 15m$	70

地基情况	建筑物高度	沉降缝宽度（mm）
软弱地基	2～3 层	50～80
	4～5 层	80～120
	5 层以上	＞120
湿陷性黄土地基		≥30～70

（3）防震缝。为防止建筑物的各部分在地震时相互撞击，造成变形和破坏而设置的缝称为防震缝。在设防烈度为 7～9 度的地区内，应设置防震缝。一般情况下，防震缝仅在基础以上设置，但防震缝应同伸缩缝和沉降缝协调布置，做到一缝多用。当防震缝与沉降缝结合设置时，基础也应断开。防震缝在建筑中应设置的部位如图 3 - 34 所示。

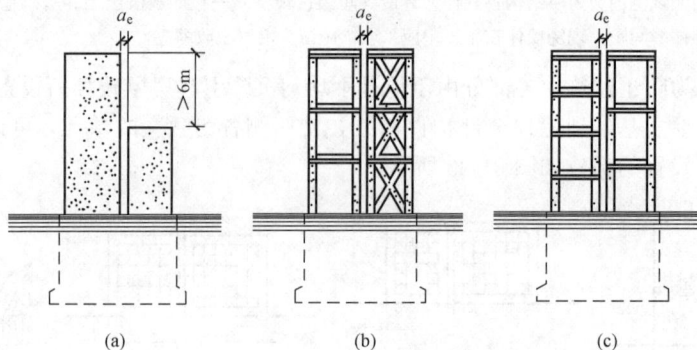

图 3 - 34　防震缝的设置部位

（a）高差大于 6m；（b）结构刚度差异大；（c）有错层

防震缝的宽度与建筑的结构形式和地震设防烈度等因素有关。对多层和高层钢筋混凝土结构房屋，其最小宽度应符合下列要求：

1）当高度不超过 15m 时，可采用 70mm；

2）当高度超过 15m 时，按设防烈度为 7 度、8 度、9 度相应建筑每增高 4m、3m、2m 时，缝宽在 70mm 基础上增加 20mm。

防震缝应沿建筑物全高设置，缝的两侧通常做成双墙或双柱，以使各部分结构都有较好的刚度。

2. 墙体变形缝的构造

变形缝的构造和材料应根据其部位需要分别采取防排水、防火、保温、防老化、防腐蚀、防虫害和防脱落等措施。

伸缩缝应保证建筑构件在水平方向自由变形；沉降缝应满足构件在垂直方向自由沉降变形；防震缝主要是防地震水平波的影响。但三种缝的构造基本相同。墙体变形缝的构造处理，要求既要保证在变形缝两侧墙体的自由伸缩、沉降与摆动，又要密封严实，以满足防风沙、防飘雨、保温隔热和外形美观的要求。砖混结构变形缝处，可采用单墙或双墙承重方案，框架结构可采用悬挑方案。

墙体变形缝的构造，在外墙与内墙处理中，由于位置不同而各有侧重。缝的宽度不同，构造处理不同。

（1）外墙变形缝。为保证外墙自由变形，并防止风雨影响室内，缝口可采用镀锌薄钢板或铝板等盖缝调节。图 3-35 为外墙变形缝构造示例。

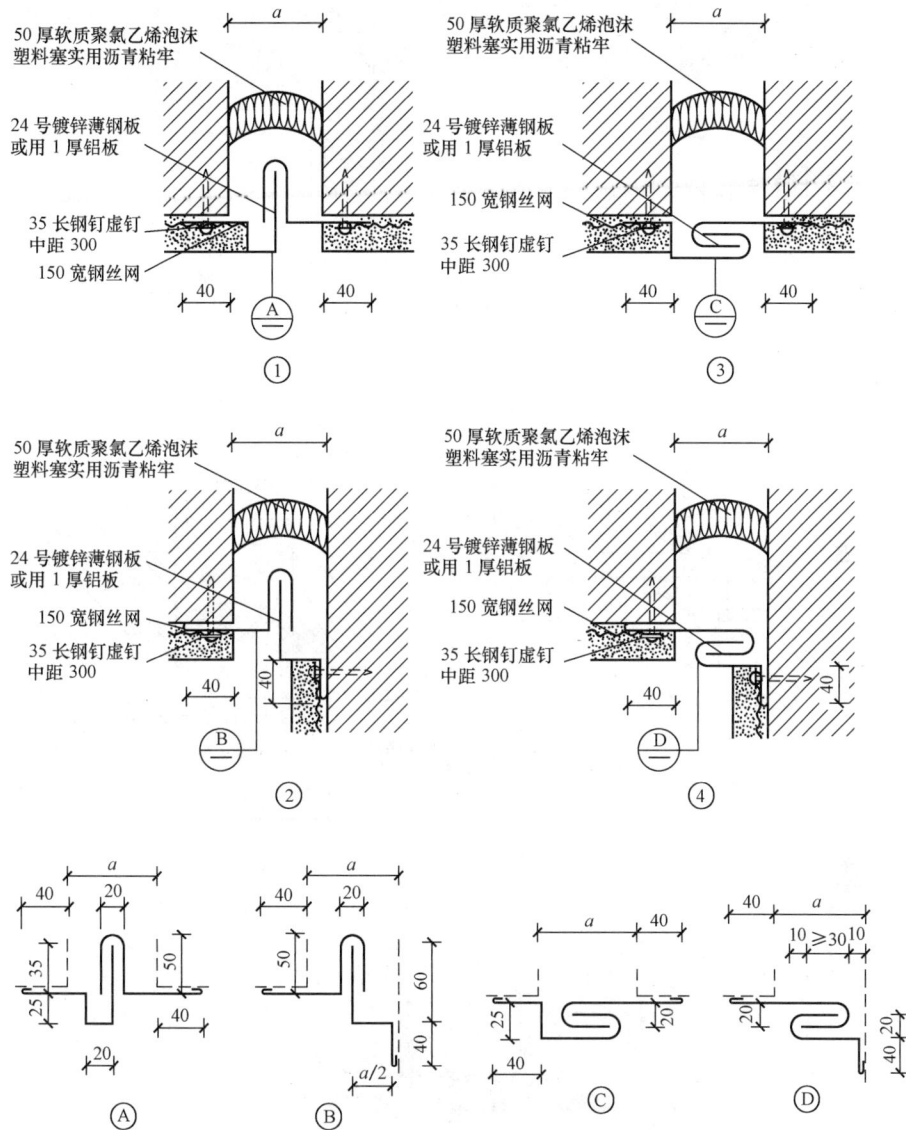

图 3-35 外墙变形缝构造

（2）内墙变形缝。内墙变形缝着重表面处理，可采用木板或金属板盖缝。图 3-36 为内墙变形缝构造示例。

图 3-37 为加气混凝土砌块墙变形缝构造示例（适用于内外墙）。

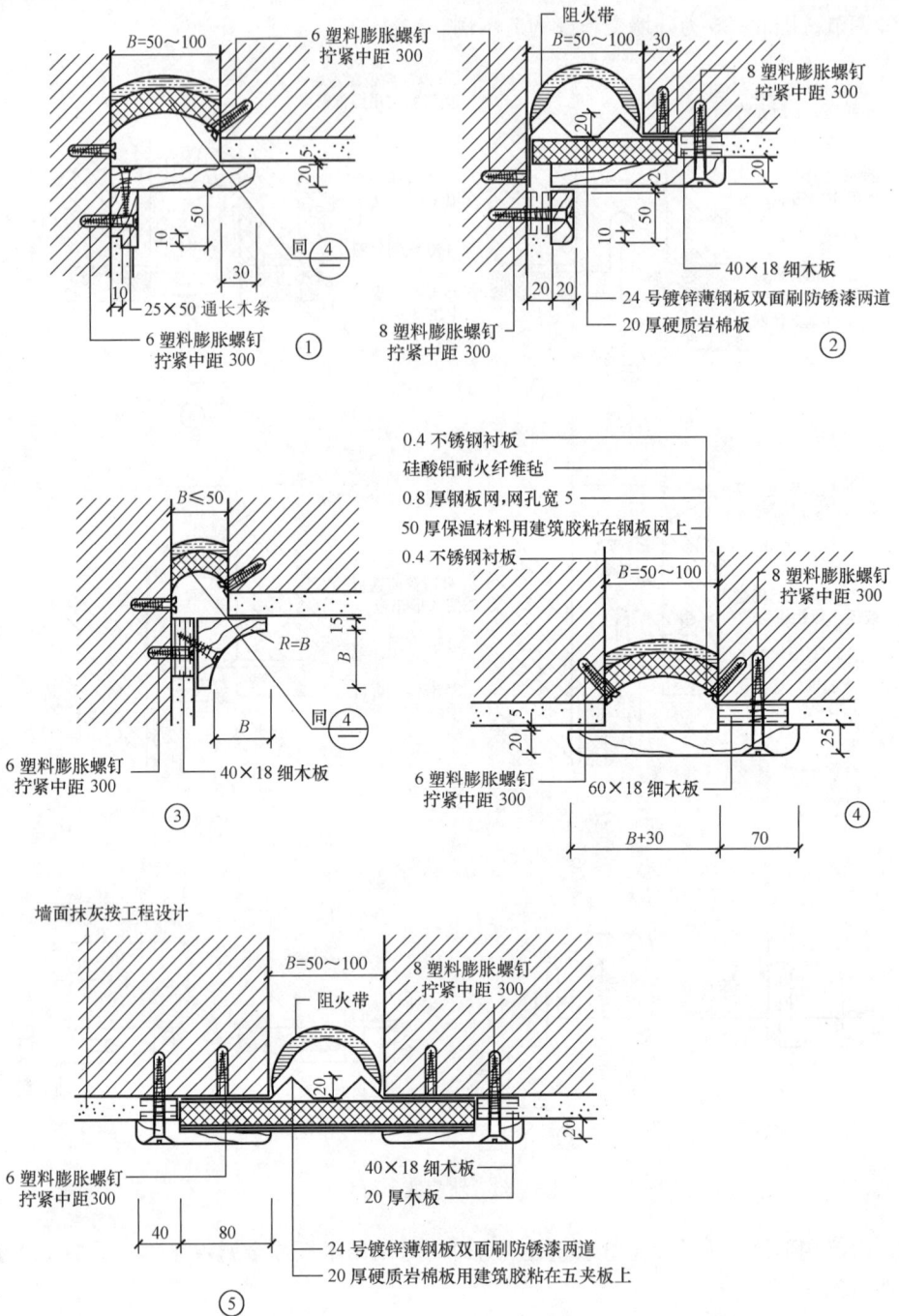

图 3-36　内墙变形缝构造

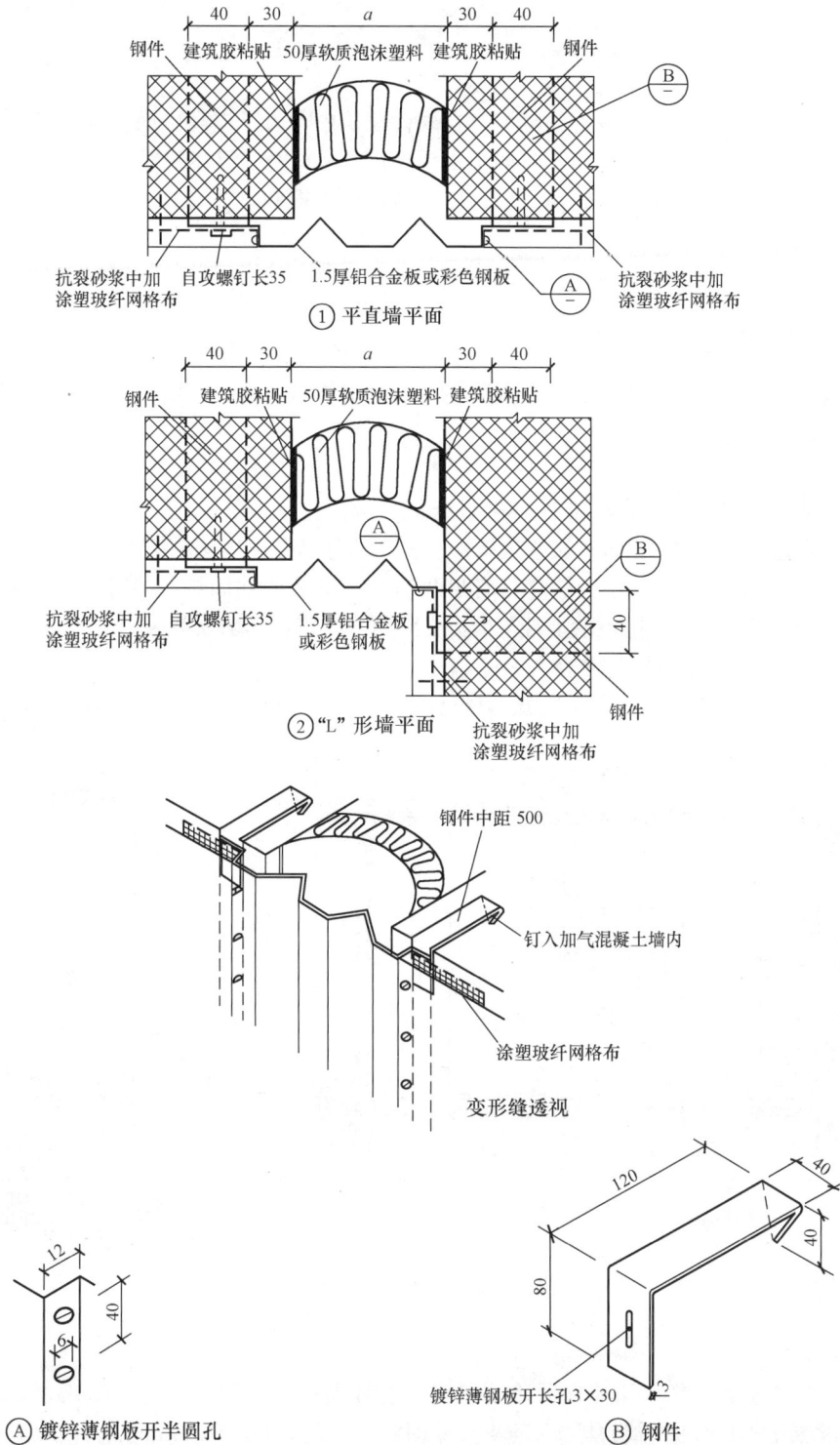

① 平直墙平面

② "L" 形墙平面

变形缝透视

Ⓐ 镀锌薄钢板开半圆孔

Ⓑ 钢件

图 3-37　加气混凝土砌块墙变形缝构造

3.3 隔墙构造

建筑物内分隔房间的非承重墙称为隔墙。在现代建筑中，为了提高平面布局的灵活性，大量采用隔墙以适应建筑功能的变化。由于隔墙不承受任何外来荷载，且本身的重量还要由楼板或小梁来承受，因此对隔墙的基本要求是自重轻、厚度薄、便于拆卸，并具有一定的隔声、防火、防潮和耐腐蚀等性能。

隔墙按构造方式可分为块材隔墙、立筋隔墙和板材隔墙三类。

一、块材隔墙

块材隔墙是用普通砖、空心砖、加气混凝土等块材砌筑而成的，常用的有普通砖隔墙和砌块隔墙。

1. 普通砖隔墙

普通砖隔墙有半砖（120mm）和1/4砖（60mm）两种。

半砖隔墙用普通砖顺砌，砌筑砂浆强度等级一般不低于M5。当隔墙高度大于3m或墙长大于5m时，应采取加强措施。具体方法是使隔墙与两端的承重墙或柱固结，同时在墙内每隔500～800mm设2ϕ6拉结钢筋。为使隔墙的上端与楼板之间结合紧密，隔墙顶部采用斜砌立砖或每隔1m用木模打紧，图3-38为半砖隔墙构造。

1/4砖隔墙是由普通砖侧砌而成，由于其操作复杂，稳定性差，对抗震不利，不宜提倡。

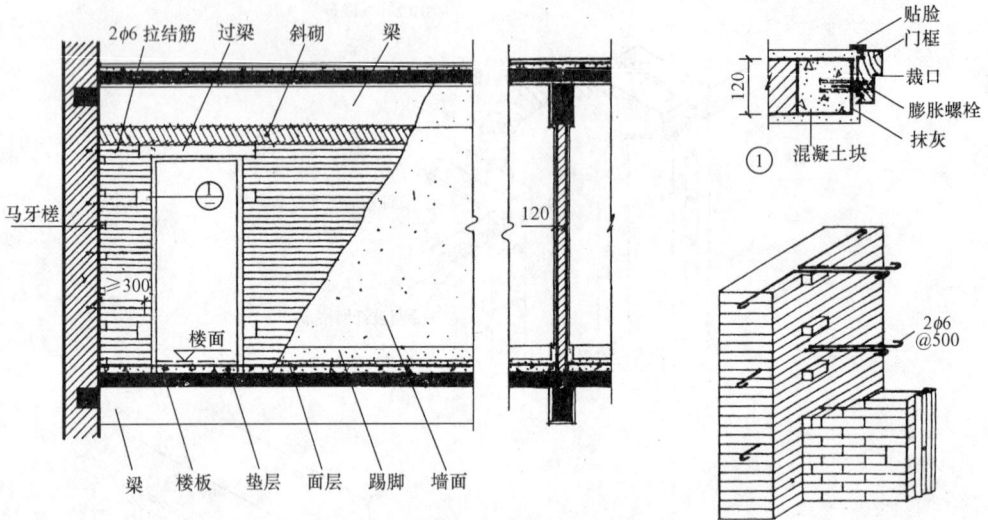

图3-38 半砖隔墙构造

2. 砌块隔墙

为了减轻隔墙重量，常采用比普通砖大而轻的各种砌块，如加气混凝土砌块、炉渣混凝土砌块、陶粒混凝土砌块等。隔墙厚度由砌块尺寸而定，一般为90～120mm厚。砌块大多具有质轻、孔隙率大、隔热性能好等优点，但吸水性强。因此，砌筑时应在墙下先砌3～5皮烧结普通砖。

砌块隔墙厚度较薄，也需采取加强稳定性措施，其方法与砖隔墙类似。图3-39为加气混凝土砌块隔墙构造。

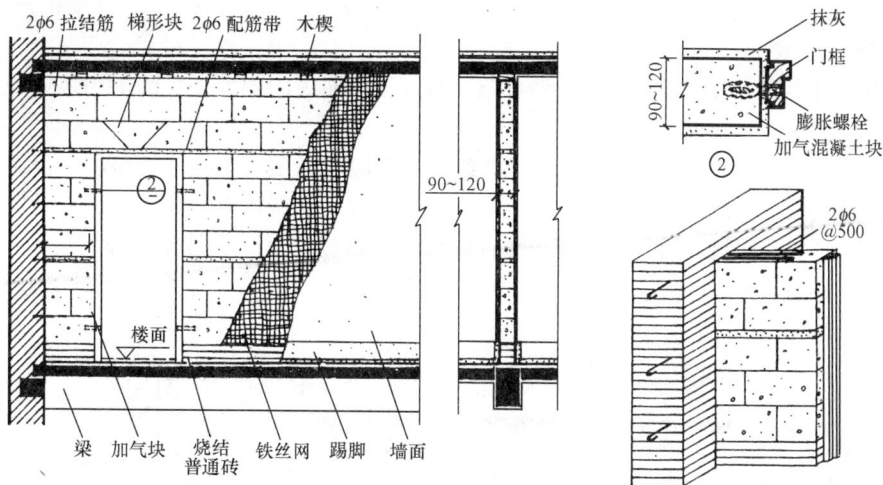

图 3-39 加气混凝土砌块隔墙构造

二、立筋隔墙

立筋隔墙也称立柱隔墙或龙骨隔墙，是由木骨架或金属骨架及墙面材料两部分组成。根据墙面材料的不同，立筋隔墙分为有板条抹灰墙、石膏板墙等。这类隔墙自重轻，一般可直接设在楼板上，板下可不设梁。又因墙中有空气夹层，隔声效果较好。但这类隔墙防水、防潮能力较差，不宜用在潮湿房间。

1. 板条抹灰隔墙

板条抹灰隔墙简称板条墙。它是在由上槛、下槛、立龙骨、斜撑等构件组成骨架上钉灰板条，然后抹灰而成。灰板条尺寸一般为 1200mm×24mm×6mm。板条间留出 6～10mm 的空隙，使灰浆能挤到板条缝的背面，咬住板条。图 3-40 为木骨架板条抹灰隔墙构造。

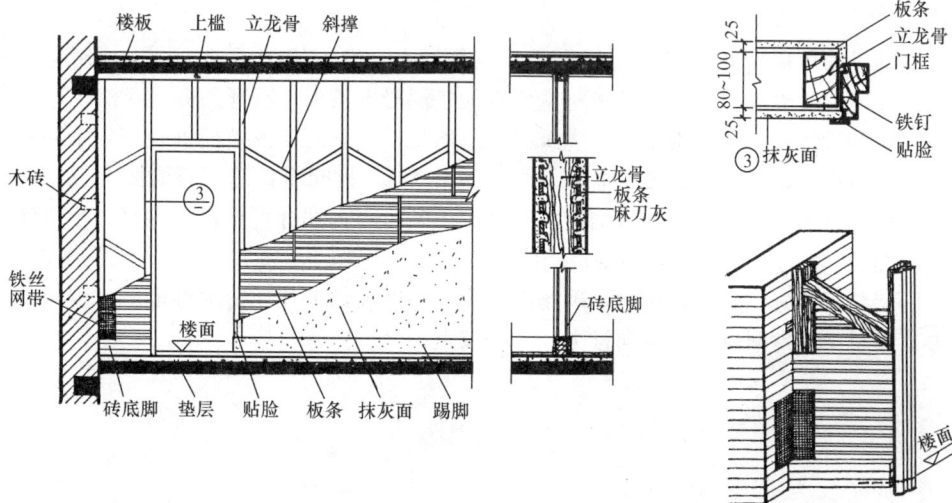

图 3-40 木骨架板条抹灰隔墙构造

板条抹灰隔墙耗费木材多，施工复杂，湿作业多，难以适应建筑工业化的要求，目前已很少采用。

2. 石膏板隔墙

它是用薄壁型钢、石膏板条等材料做骨架，石膏板作面板的隔墙。目前采用薄壁型钢骨架的较多，称为轻钢龙骨石膏板。

轻钢骨架由上槛、下槛、横龙骨、竖龙骨组成。其隔墙做法是，在楼板垫层上浇筑混凝土墙垫，用射钉将下槛、上槛和边龙骨分别固定在墙垫、楼板底和砖墙上，安装中间龙骨及横撑，用自攻螺丝安装底板及面板，用50mm宽玻璃纤维带粘贴板缝、壁纸或其他装饰面料。图3-41为轻钢龙骨石膏板隔墙构造。

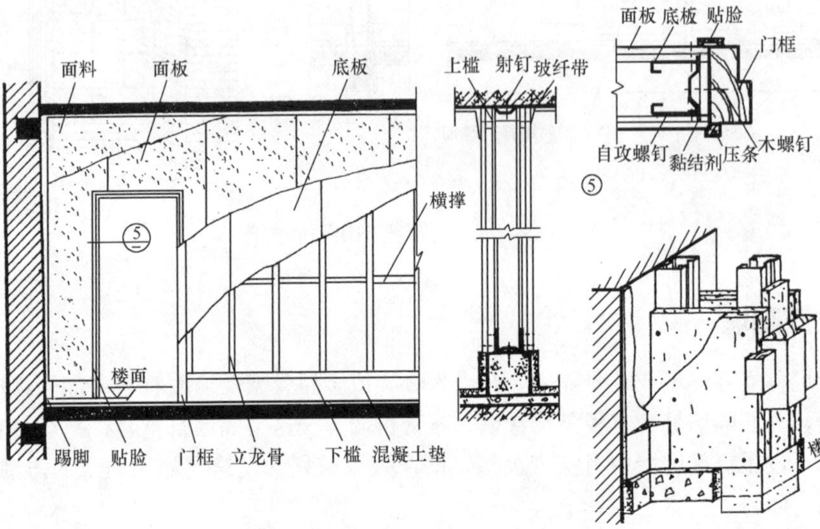

图3-41 轻钢龙骨石膏板隔墙构造

轻钢龙骨石膏板隔墙具有刚度好、耐火、防水、隔声等特点，是目前在建筑中使用较多的一种隔墙。

三、 板材隔墙

板材隔墙是指单板高度相当于房间净高，面积较大，且不依赖骨架，由工厂制作为成品板材，现场组装而成的隔墙。目前成品板材主要有加气混凝土条板、石膏条板、泰柏板等。

板材隔墙的做法是，在楼板垫层上浇筑混凝土墙垫，门洞两侧安装门框板（板上附有木砖），依此安装整块条板，端部不足处安装补板（按尺寸锯割）。板间企口缝用石膏胶泥黏结，门框与门框板连接处用木螺丝固定，粘贴装饰面料后钉木压条。踢脚部分可抹水泥砂浆，也可镶贴水磨石踢脚板。图3-42为增强石膏空心条板隔墙构造。

板材隔墙装配性好，施工速度快，现场湿作业少，拆迁较方便，防火性能好；但也存在隔声效果较差，取材受条件限制，抗侧向推力较差等缺点。

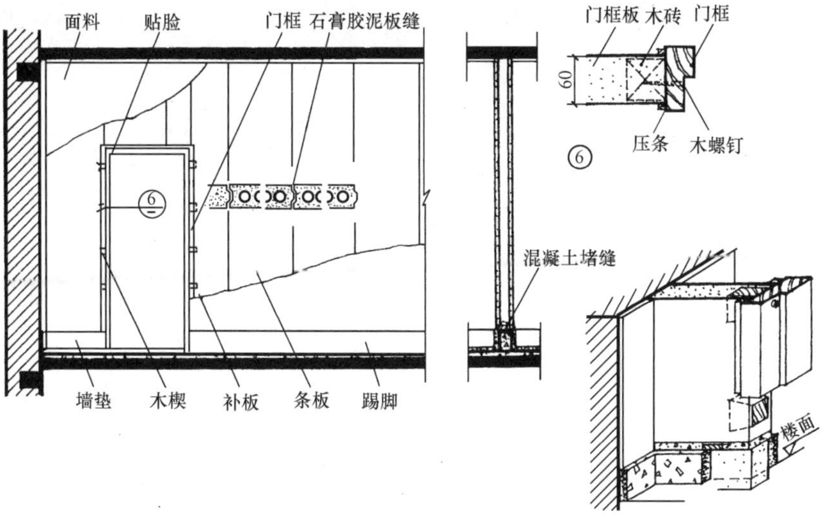

图 3 - 42　增强石膏空心条板隔墙构造

📑 课堂总结

　　本节主要内容是墙体的细部构造中的变形缝构造；隔墙构造中的块材隔墙、立筋隔墙和板材隔墙。

笔记页

◎ 技能单元

一、名词解释

1. 变形缝

2. 伸缩缝

3. 沉降缝

4. 防震缝

二、填空题

1. 变形缝包括（　　）、（　　）和（　　）。

2. 隔墙按构造方式不同可以分为（　　）、（　　）和（　　）。

三、简答题

1. 伸缩缝的间距主要受什么因素的影响？

2. 简述各类变形缝的设置原则。

3. 伸缩缝、沉降缝、防震缝是否可以相互代替？为什么？

4. 隔墙的种类和构造要求有哪些？

笔记页

思政单元

【案例呈现】

泉州酒店坍塌致 29 人死亡

　　2020 年 3 月 7 日，泉州欣佳酒店发生坍塌，事发时楼内共有 71 人被困，经过救援，42 人得以生还，另外 29 人不幸遇难。国务院事故调查组的调查结论表明，这是一起主要因违法违规建设、改建和加固施工导致建筑物坍塌的重大生产安全责任事故。

图片来源：澎湃新闻

　　每栋建筑物都有自己的设计承重荷载，也就是建筑物理论上的承重最大值。如果设计房屋时没考虑到后续可能会被改建成酒店，那么经过加层、隔墙改造后，房屋的实际荷载可能远远超出设计荷载。欣佳酒店新增的五层楼板总重约 1250 吨，新增隔墙重量至少为 1247 吨。也就是说，即使不计入酒店卫生间及其他装修、家具、电器、水电管网等，改造后的建筑内部新增重量已超过 3000 吨。同时，建筑本身的钢结构工程牵扯荷载和防护，涉及改造加固就一定需要联系房屋鉴定部门做好原建筑诊断和评估，但该酒店在改造过程中未经过正规设计或者当时设计者并非专业人员，在 2018 年二次改造后增加 2～6 层楼板及隔墙用作酒店房间，酒店随意排布房型，间隔墙体没有设在梁上，建筑荷载不均匀导致局部先破坏，引发结构连续倒塌。

　　进一步调查显示，坍塌的欣佳酒店，从 2012 年地基开挖的第一天起，就是一栋违章建筑，一些党员干部、公职人员搞形式、走过场，失职渎职，没有守住安全底线，最终酿成惨烈事故。

　　杨金锵是欣佳酒店建筑的业主，事故的直接责任人，为了省钱省事，他没有办理任何法定手续，将工程包给无资质人员就直接开工了；2016 年，杨金锵又私自违法改建，在建筑内部增加夹层，从四层改为七层，隔出了多个房间，埋下了最终导致建筑坍塌的重大隐患。另外，通过贿赂消防干部拿到消防安全检查合格证、申报材料造假、缺失，当地公安局把关不力层层失守也是造成事故的主要原因。

　　2020 年 1 月 10 日，杨金锵对建筑局部重新装修时，发现有三根钢柱严重变形，杨金锵却要求工人不要声张。2020 年 3 月 7 日，由于这栋建筑的结构长期严重超荷载，早已不堪重负，不专业的焊接加固作业的扰动，最终打破了处于临界点的脆弱平衡，引发连续坍塌，29 个鲜活的生命随之骤然而逝。

　　围绕这起事故，纪检监察机关对 49 名公职人员进行了追责问责，其中 7 人涉嫌严重违纪违法，被移送司法机关追究刑事责任，41 人受到党纪政务处分，1 人受到诫勉。

　　来源：央视新闻

【案例点评】

泉州酒店倒塌的主要原因是由于酒店业主违规改造房屋结构，未经批准增加楼层及隔墙，使房屋的实际荷载远远超出设计荷载，建筑荷载不均匀导致局部先破坏，引发结构连续倒塌所造成的。

建筑工程质量关系到人民的生命财产安全，为了保证建设工程质量，保护人民生命财产安全，设计、施工单位必须依据建筑法律法规办事。建筑工程中的腐败，不仅违法违规，影响工程质量，扰乱正常的经济秩序，而且侵害党的肌体，给人民的生命财产安全带来严重危害。

🎓 教学评价

		1. 本课自查表
教学目标	知识目标	□清晰 □模糊 □一般 □混淆
	能力目标	□掌握 □熟悉 □了解
	思政目标	□有　□无
授课情况	概念清晰度	□清晰 □模糊 □一般 □混淆
	讲课语速	□快　□慢　□适当 □听不清
	课堂节奏	□快　□慢　□适当 □无
	课堂氛围	□激情 □饱满 □互动 □压抑
	授课方式	□接受 □抵触 □死板 □改进 □灵活
	板书或PPT	□工整 □潦草 □太少 □字迹模糊
学习情况	概念	□难懂 □理解 □易忘 □抽象 □简单 □太多
	学习方法	□听讲 □自学 □实验 □讨论 □笔记
	学习兴趣	□浓厚 □一般 □淡薄 □厌倦 □无
	学习态度	□端正 □一般 □被迫 □主动
	课前课后	□预习 □复习 □无　□没时间
	课后作业	□太少 □太多 □无
意见建议		

	2. 小组评价表				
讨论问题					
小组成员					
为我打分					

笔记页

教学模块4 楼 地 面

课程名称	4.1 概述 4.2 钢筋混凝土楼板（一）		
教学内容	4.1 概述 一、楼面的基本组成 二、楼面的设计要求 三、楼板的类型 4.2 钢筋混凝土楼板（一） 一、现浇钢筋混凝土楼板 （一）板式楼板 （二）梁板式楼板 （三）无梁楼板		
学时安排	2 学时 （90 分钟）	知识单元	65 分钟
		技能单元	10 分钟
		思政单元	15 分钟
教学重点 及难点	楼面的组成和钢筋混凝土楼板的类型		
教学目标	知识目标	1. 了解楼面的类型。 2. 熟悉楼面的基本组成和设计要求。 3. 掌握钢筋混凝土楼板的类型和布置原则	
	能力目标	1. 能够准确判断墙体的类型。 2. 能够分辨不同材质墙体的特性。 3. 能够熟悉钢筋混凝土楼板的类型	
	思政目标	百年大计，质量第一。建筑工程的质量和安全问题，不仅是建设问题，也是经济问题、社会问题、民生问题和政治问题，直接关系到人民群众的生命财产安全，关系到经济社会的健康发展。建筑类大学生应该增强法治观念，学习建筑法相关知识，增强法治素养，避免因工程质量事故给人民生命财产带来的损害，切实保障人民生命财产安全	
思政元素 融入方法	1. 课前布置课程思政故事自学和思考题。 2. 课中教师简述课程思政案例，并组织同学展开思考讨论。 3. 通过案例导入教学内容，通过讨论对学生进行思政教育		
知识单元			
教学环节	教学内容安排		
课前导入	课程思政案例：谁为失去的 29 条鲜活生命买单？——山西襄汾 "8.29" 饭店倒塌事件 思考讨论：襄汾聚仙饭店倒塌的主要原因是什么？我们应该从中汲取哪些教训？		

4.1 概　　述

楼地面是楼房建筑中水平方向的承重构件，包括楼层地面（楼面）和底层地面（地面）。楼面分隔上下楼层空间，地面直接与土壤相连。由于它们均是供人们在上面活动的，因而具有相同的面层；但由于它们所处的位置不同、受力不同，因而结构层有所不同。楼面的结构层为楼板，楼板将所承受的上部荷载及自重传递给墙或柱，再由墙、柱传给基础，楼板有隔声等功能要求。地面的结构层为垫层，垫层将所承受的地面荷载及自重均匀地传给夯实的地基，对地面有防潮等要求。

一、 楼面的基本组成

为了满足使用要求，楼面通常由面层、结构层（楼板）、顶棚层三部分组成。必要时，对某些有特殊要求的房间加设附加层，如防水层、隔声层和隔热层等。图 4-1 为楼面的基本组成。

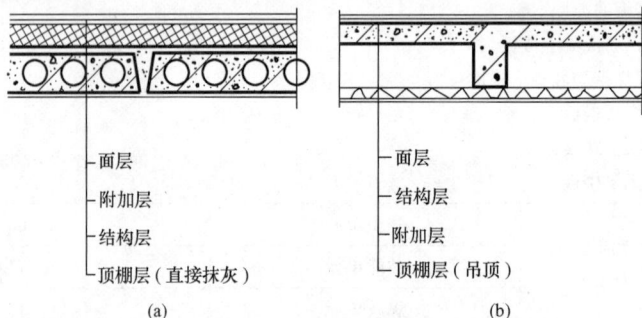

图 4-1　楼面的基本组成

（a）预制钢筋混凝土楼板；（b）现浇钢筋混凝土楼板

1. 面层

它是指人们进行各种活动与其接触的楼面表面层。面层起着保护楼板、分布荷载、室内装饰等作用。楼面的名称是以面层所用材料而命名的，如面层为水泥砂浆则称为水泥砂浆楼面。

2. 结构层

结构层又称楼板，由梁或拱、板等构件组成。它承受整个楼面的荷载，并将这些荷载传给墙或柱，同时还对墙身起水平支撑作用。

3. 顶棚层

顶棚层是楼面的下面部分。根据不同建筑物的要求，在构造上有直接抹灰顶棚、粘贴类顶棚和吊顶棚等多种形式。

二、 楼面的设计要求

为保证楼面的结构安全和正常使用，对楼面设计有以下三方面要求。

1. 应具有足够的强度和刚度

楼板作为承重构件，应有足够的强度，在承受自重和使用荷载下不会破坏；为保证正常使用，楼面必须具有足够的刚度，在荷载作用下，构件弯曲挠度不会超过许可值。

2. 满足隔声、防火、热工方面的要求

为防止噪声通过上下相邻的房间，影响其使用，楼面应具有一定的隔声能力；楼面应根据建

筑物的等级和防火要求进行设计，以避免和减少火灾发生对建筑物的破坏作用；对于有一定的温度、湿度要求的房间，常在楼面中设置保温层，以减少通过楼面的热交换作用。

此外，一些房间，如厨房、厕所、卫生间等，楼面潮湿、易积水，应注意处理好楼面的防渗漏问题；对楼面变形缝也应进行合理的构造处理。楼面变形缝应结合建筑物的结构（墙、柱）变形缝位置而设置，变形缝应贯通楼面各层。其构造做法如图 4-2 所示。

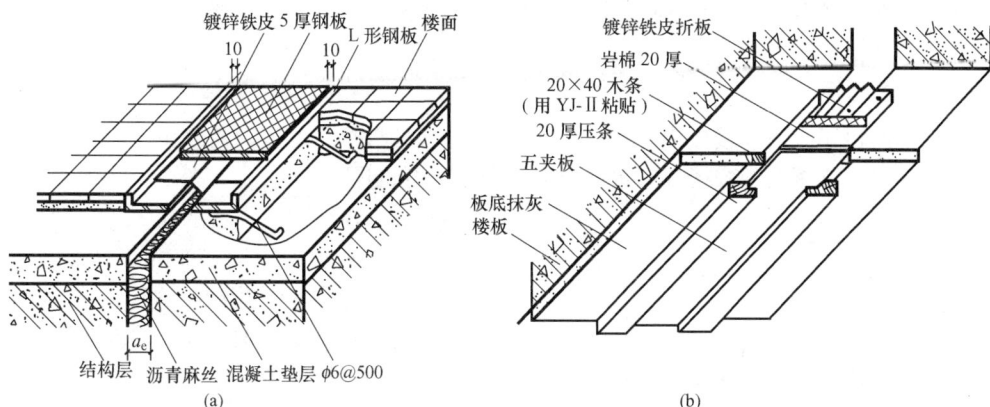

图 4-2 楼面变形缝的构造
（a）面层变形缝；（b）顶棚变形缝

3. 满足建筑经济的要求

一般情况下，多层房屋楼板的造价占土建造价的 20%～30%。因此，应注意结合建筑物的质量标准、使用要求及施工技术条件等因素，选择经济合理的结构形式和构造方案，尽量为工业化施工创造条件，加快施工速度，并降低工程造价。

三、 楼板的类型

楼面根据其结构层使用的材料不同，可分为木楼板、砖拱楼板、钢楼板、压型钢板组合楼板及钢筋混凝土楼板等。

（1）木楼板具有自重轻、构造简单等优点。但由于它不防火，耐久性差且耗木材量大，现已极少采用。

（2）砖拱楼板可以节约钢材、水泥、木材，但由于它自重大，承载力及抗震性能较差，施工较复杂，目前一般也不采用。

（3）钢楼板由于钢材价格昂贵，耗钢量大，应慎重采用。

（4）压型钢板组合楼板具有刚度大，整体性好且有利于施工等优点，但由于用钢量大，造价高，目前主要用于钢框架结构中。

（5）钢筋混凝土楼板强度高、刚度大，耐久性和耐火性好，混凝土可塑性大，可浇灌成各种形状和尺寸的构件，因而比较经济合理，被广泛采用。

4.2 钢筋混凝土楼板 （一）

钢筋混凝土楼板按其施工方式不同，可分为现浇式、预制装配式和装配整体式三种。

一、 现浇钢筋混凝土楼板

现浇式钢筋混凝土楼板是经在施工现场支模板、绑扎钢筋、浇捣混凝土及养护等工序而成的楼板。这种楼板整体性好，抗震性强，能适应各种建筑平面构件形状的变化。它模板用量多，现场湿作业量大，工期长，且施工受季节影响较大。

现浇式钢筋混凝土楼板，根据受力和传力情况的不同，可分为板式楼板、梁板式楼板和无梁楼板等。

（一）板式楼板

当房间的跨度不大时，楼板内不设梁，板直接支撑在四周的墙上，荷载由板直接传给墙体，这种楼板称为板式楼板。板式楼板有单向板与双向板之分（图 4-3）。

1. 单向板

当板的长边与短边之比大于 2 时，板基本上沿短边单方向承受荷载，这种板称为单向板。通常把单向板的受力钢筋沿短边方向布置。

2. 双向板

当板的长边与短边之比小于或等于 2 时，板上的荷载沿双向传递，在两个方向产生弯曲，这种板称为双向板。在双向板中受力钢筋沿双向布置。它较单向板刚度好，且可节约材料，充分发挥钢筋的受力作用。

板式楼板底面平整、美观、施工方便，适用于小跨度房间，如走廊、厕所和厨房等。

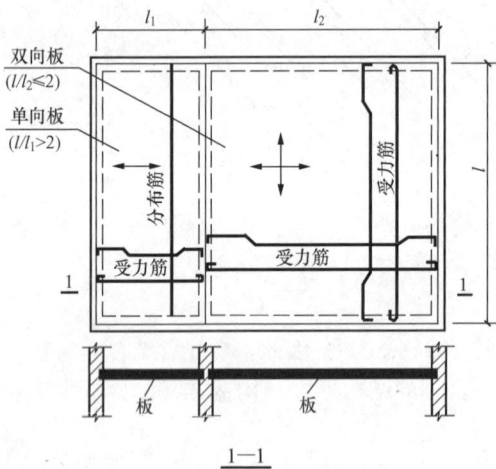

图 4-3 板式楼板

（二）梁板式楼板

当房间的跨度较大时，板的厚度和板内配筋均会增大。为使板的结构更经济合理，常在板下设梁以控制板的跨度。这样楼板上的荷载就先由板传给梁，再由梁传给墙或柱。这种楼板称为梁板式楼板（又称肋形楼板）。根据梁的构造情况又可分为单梁式、复梁式和井梁式楼板。

1. 单梁式楼板

当房间平面尺寸不大时，可以仅在一个方向设梁，梁可以直接支撑在承重墙上，这种楼板称为单梁式楼板，见图 4-4。

2. 复梁式楼板

当房间平面尺寸任何一个方向均大于 6m 时，则应在两个方向设梁，甚至还应设柱。梁有主梁和次梁之分。次梁与主梁一般是垂直相交，板搁置在次梁上，次梁搁置在主梁上，主梁搁置在墙或柱上。这种楼板称为复梁式楼板，见图 4-5。主梁跨度一般为 5～8m，次梁跨度一般为 4～6m。板跨一般为 1.7～2.7m，板的厚度一般为 60～80mm。

复梁式楼板适用于面积较大的房间，构造简单而刚度大，可埋设管道，施工方便，比较经济，因而被广泛用于公共建筑、居住建筑和多层工业建筑中。

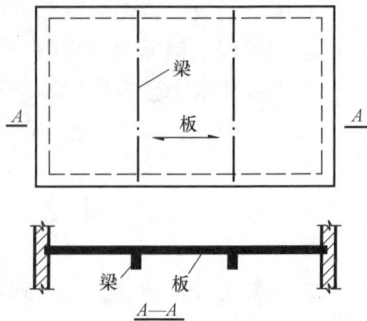

图 4-4 单梁式楼板

图 4-5　复梁式楼板

（a）纵向主梁方案；（b）横向主梁方案

3. 井梁式楼板

当房间尺寸较大，并接近正方形时，常沿两个方向布置等距离、等截面的梁（不分主次梁），从而形成井格式结构，这种结构通常称为井梁式楼板结构（图 4-6）。这种结构中部不设柱，梁跨可达 30m，板跨一般为 3m 左右。为了美化楼板下部的图案，梁格可布置成正井式 ［图 4-6（a）］ 和斜井式 ［图 4-6（b）］。井梁式楼板一般可用于门厅或需较大空间的大厅。

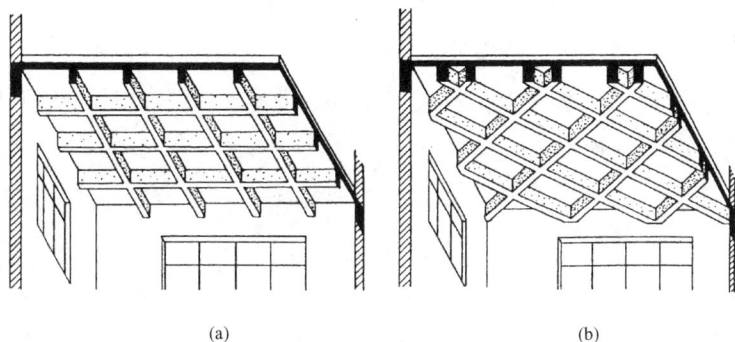

图 4-6　井梁式楼板

（a）正井式；（b）斜井式

（三）无梁楼板

直接支撑在柱上，而不设主梁和次梁的楼板称为无梁楼板，见图 4-7。为增加柱的支撑面积，减小板跨，改善板的受力条件，一般可在柱顶上加设柱帽或托板，见图 4-8。无梁楼板柱网一般为正方形，有时也可为矩形。柱距一般为 6m 左右较为经济，板的最小厚度通常为 120mm。

无梁楼板顶棚平整，室内净空大，采光通风效果好，且施工较简单，多用于楼层荷载较大的商场、展览馆和仓库等建筑中。

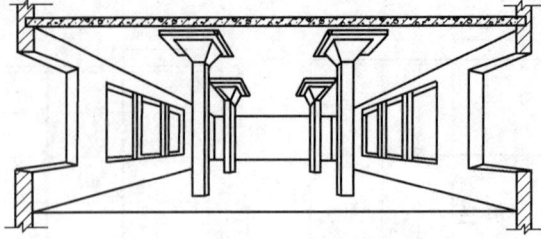

图 4-7　无梁楼板

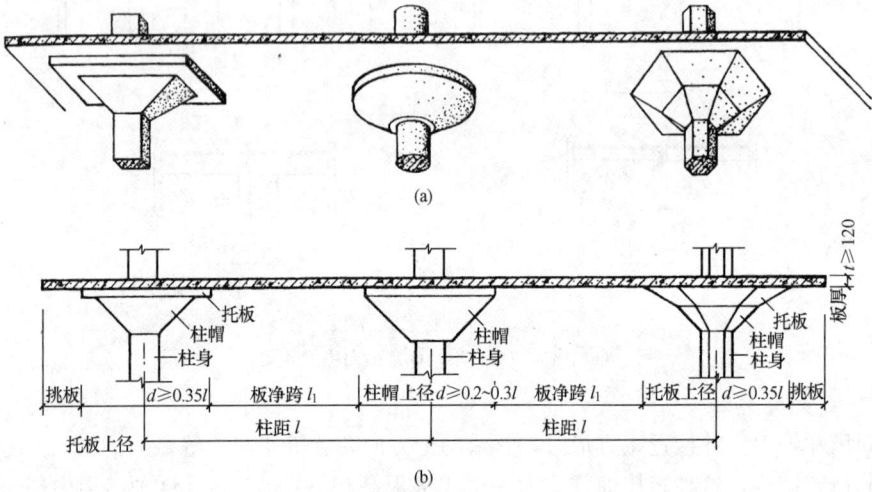

(a)

(b)

图 4-8　无梁楼板的柱帽形式
（a）仰视图；（b）正视图

课堂总结

本节主要内容是楼面的基本组成、设计要求，楼板的类型和三种现浇钢筋混凝土楼板：板式楼板、梁板式楼板、无梁楼板。

◎ 技能单元

一、名词解释

1. 现浇钢筋混凝土楼板

2. 梁板式楼板

3. 无梁楼板

二、填空题

1. 楼地面包括（　　　）和（　　　），其中（　　　）由（　　　）、结构层和（　　　）组成；（　　　）由（　　　）、（　　　）和地基组成。必要时，对某些有特殊要求的房间加设（　　　），如防水层、隔声层等。

2. 钢筋混凝土楼板按其施工方式不同，可分为（　　　）、（　　　）和（　　　）三种。

3. 现浇钢筋混凝土楼板，根据受力和传力情况的不同，可分为（　　　）、（　　　）和（　　　）等。

三、简答题

1. 楼地面包括哪两部分？它们有什么样的联系和区别？

2. 楼层地面的设计要求有哪些？

3. 现浇钢筋混凝土楼板中，何谓单向板？何谓双向板？

笔记页

思政单元

【案例呈现】

谁为失去的 29 条鲜活生命买单？
——山西襄汾 "8.29" 饭店倒塌事件

2020 年 8 月 29 日 9 时 40 分许，山西省临汾市襄汾县发生饭店坍塌事故，造成 29 人死亡、28 人受伤，直接经济损失 1164.35 万元。

事故发生于襄汾县陶寺乡陈庄村的一家名为 "聚仙饭店" 的乡村酒家，该饭店平日承接本村和邻村的各种酒席宴会，已经营十多年。事故发生时现场正在为 80 岁的老人李大爷举办寿宴，现场亲朋大多来自邻村安里村。上午 9 点 40 分左右，饭店二层的预制板突然倒塌，将下面的宴会厅直接掩埋。

图片来源：百家号

事故发生后，共 840 余人组成的重大事故抢险救援组迅速驰援，最终，现场共搜救 57 名被埋人员，其中 29 人遇难，7 人重伤，21 人轻伤。

经调查认定，该起事故是一起因违法违规占地建设，且在无专业设计、无资质施工的情形下，多次盲目改造扩建，建筑物工程质量存在严重缺陷，导致在经营活动中部分建筑物坍塌的生产安全责任事故。

事故的直接原因是，聚仙饭店建筑结构整体性差，经多次违规加建后，承重砖柱及北楼二层屋面荷载严重超载，同时不排除强降雨影响，最终导致整体坍塌。

同时认定，临汾市和襄汾县地方党委政府以及村 "两委" 和土地管理部门、住房城乡建设部门、原工商行政管理部门未认真履行工作职责及安全监管责任，对长期存在的违法违规建设未有效监督、制止和查处，对无证经营行为查处打击不力，农村住房安全隐患排查整治工作不严不实不细。

【案例点评】

楼板作为承重构件，应有足够的强度，才能承受自重和使用荷载下不会破坏；为保证建筑正常使用，楼面必须具有足够的刚度，在荷载作用下，构件弯曲挠度不应超过许可值，聚仙饭店建筑结构整体性差，经多次违规加建后，承重砖柱及北楼二层屋面荷载严重超载等多种原因最终导致整体坍塌。

本次襄汾饭店坍塌事故距离泉州酒店坍塌事故的发生不到半年，再次暴露了我国当下社会生活中存在的违法改建、监管和保障不力等现象。令人惨痛的坍塌事故再次为全社会敲响警钟，全面整治违法建筑，消除建筑安全隐患工作已经刻不容缓。建筑类大学生应该学习建筑法相关知识，增强法制相关素养和认知，减少和避免类似事故的发生，切实保障人民生命财产安全。

笔记页

教学评价

1. 本课自查表

教学目标	知识目标	□清晰 □模糊 □一般 □混淆	
	能力目标	□掌握 □熟悉 □了解	
	思政目标	□有　 □无	
授课情况	概念清晰度	□清晰 □模糊 □一般 □混淆	
	讲课语速	□快　 □慢　 □适当 □听不清	
	课堂节奏	□快　 □慢　 □适当 □无	
	课堂氛围	□激情 □饱满 □互动 □压抑	
	授课方式	□接受 □抵触 □死板 □改进 □灵活	
	板书或 PPT	□工整 □潦草 □太少 □字迹模糊	
学习情况	概念	□难懂 □理解 □易忘 □抽象 □简单 □太多	
	学习方法	□听讲 □自学 □实验 □讨论 □笔记	
	学习兴趣	□浓厚 □一般 □淡薄 □厌倦 □无	
	学习态度	□端正 □一般 □被迫 □主动	
	课前课后	□预习 □复习 □无　 □没时间	
	课后作业	□太少 □太多 □无	
意见建议			

2. 小组评价表

讨论问题					
小组成员					
为我打分					

笔记页

课程名称	4.2 钢筋混凝土楼板（二）		
教学内容	4.2 钢筋混凝土楼板（二） 二、预制装配式钢筋混凝土楼板 （一）板的类型 （二）板的布置方式 （三）梁的截面形式 （四）板的细部构造 二、装配整体式钢筋混凝土楼板 （一）密肋填充块楼板 （二）叠合式楼板		
学时安排	2 学时 （90 分钟）	知识单元	65 分钟
		技能单元	10 分钟
		思政单元	15 分钟
教学重点 及难点	装配整体式楼板的形式及构造是教学的重点，预制装配式楼板的构造措施是难点		
教学目标	知识目标	1. 了解装配整体式楼板的形成。 2. 熟悉预制装配式楼板的构造措施。 3. 掌握预制装配式钢筋混凝土楼板中板的类型和布置方式	
	能力目标	1. 能够判断常用的钢筋混凝土梁的截面形式。 2. 能够描述叠合式楼板的优缺点。 3. 能够分辨板的接缝和板端缝的处理	
	思政目标	1. 使学生认识到雷神山、火神山医院的建设体现了中国特色社会主义制度的优势，坚定制度自信。 2. 了解装配式建筑在雷神山、火神山医院建设中的作用，鼓励学生不断创新，大胆使用新技术，为实现"碳达峰""碳中和"和绿色建筑做贡献	
思政元素 融入方法	1. 课前布置课程思政故事自学和思考题。 2. 课中教师简述课程思政案例，并组织同学展开思考讨论。 3. 通过案例导入教学内容，通过讨论对学生进行思政教育		

知识单元	
教学环节	教学内容安排
课前导入	课程思政案例：中国速度背后的秘密 思考讨论：结合实际谈谈"雷神山、火神山医院"为什么能在如此短的时间内完工并交付使用？

4.2 钢筋混凝土楼板 （二）

二、预制装配式钢筋混凝土楼板

预制装配式钢筋混凝土楼板是指把预制构件厂生产或现场制作的钢筋混凝土板安装拼合而成的楼板。这种楼板可提高建筑工业化施工水平，节约模板，缩短工期，且施工不受季节限制；但其整体性较差，在有较高抗震设防要求的地区应当慎用。

（一）板的类型

常用的预制钢筋混凝土板，根据其截面形式，一般有实心平板、槽形板和空心板三种类型。其构件特点、优缺点与适用范围见表 4-1。

表 4-1　　　　　　　　　　　　常用的钢筋混凝土板

构件名称	图示	构件特点	优缺点与适用范围
实心平板		经济跨度≤2.5m。板厚可取跨度的 1/30，一般为 60～100mm，板的宽度为 400～900mm	上下表面平整，制作简单，安装方便。宜用在荷载不大、小跨度的走道、管沟盖板等处
槽形板（正槽）		槽形板可分正槽形板与倒槽形板两种。槽形板板跨 L 为 3～6m，板宽为 500～1200mm，肋高 h 为 150～300mm	自重轻，节省材料，受力性能好，便于开洞。板面较薄，隔声隔热性能较差，可通过吊顶棚、填充轻质材料等措施解决
槽形板（倒槽）	倒槽板	槽形板需在纵肋之间增加横肋。板端伸入砖墙部分应用砖块填实或从端肋封闭	槽形板大量应用于屋面板，厕所、厨房的楼板及具有高级装修的楼面
空心板	方孔板 圆孔板	短向板长度为 2.1～4.2m，非预应力板厚150mm，预应力板厚120mm。预应力板可制成 4.5～6m 的长向板，板厚 180～240mm。为节约材料应优先选用预应力板。板端孔洞须用混凝土块堵严抹平	上下板面平整。自重较轻，用料省，受力合理，刚度较大。隔热隔声效果好。板面不能随便开洞。一般适用于工业与民用建筑的楼面和屋面，是用量最多的构件

（二）板的布置方式

在进行板的布置时，首先应根据房间的开间、进深尺寸确定板的支撑方式，然后根据板的规格进行布置。板的支撑方式有板式和梁板式两种。预制板直接搁置在墙上的称为板式布置，见图4-9（a）；若预制板支撑在梁上，梁再搁置在墙上的称为梁板式布置，见图4-9（b）。

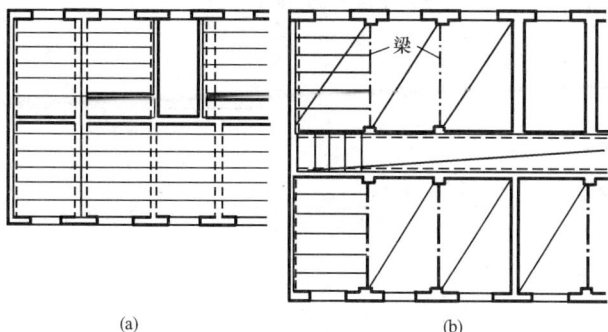

图4-9　预制楼板结构布置

（a）板式结构布置；（b）梁板式结构布置

在确定板的规格时，应首先以房间的短边为板跨进行，一般要求板的规格、类型越少越好，以简化板的制作与安装。同时应避免出现三面支撑情况，即楼板的纵边不得搁置在梁上或砖墙内，否则在荷载作用下，板会产生裂缝。

（三）梁的截面形式

梁的截面形式有矩形、T形、十字形、花篮形等，其构造特点、优缺点与适用范围见表4-2。

表4-2　　　　　　　　　　　　　　　常用的钢筋混凝土梁

构件名称	图示	构件特点	优缺点与适用范围
矩形梁		预应力钢筋混凝土梁跨度一般在7m以内。构件的制作长度一般比跨度小20~50mm。梁高 h 一般取（1/14－1/8）L（L 为梁的跨度）	外形简单，制作方便，应用广泛
T形梁		受拉区混凝土截面减小，但梁端支撑处应将截面做成矩形	用料省，自重较轻，受力合理。制作较复杂，仰视时梁底不太美观
倒T形梁		将板搁置在梁底台影处，台影为悬挑结构	梁面与板面平，可增大房屋净空。板端较复杂，制作不便

续表

构件名称	图示	构件特点	优缺点与适用范围
十字梁		将板搁置在梁上侧台影处，板与梁顶平齐	可增大房屋净高，梁截面复杂，制作不便
花篮梁		将板搁置在梁上侧台影处，板与梁顶平齐	可增大房屋净高，梁截面复杂，制作不便
缺口梁		将板搁置在梁顶端缺口处	可增大房屋净高，梁截面复杂，制作不便
L 形梁		同倒 T 形梁	适用于装配式楼梯

（四）板的细部构造

1. 板的搁置及锚固

预制板搁置在墙上或梁上时，均应有足够的搁置长度。一般在砖墙上的搁置长度不宜小于100mm；在梁上的搁置长度应不小于80mm。地震地区板端深入外墙、内墙和梁的长度分别应不小于120、100mm 和 80mm。并且在搁置时，还应采用 M5 水泥砂浆坐浆 20mm 厚，以利于二者的连接。

为了增强楼板的整体刚度，特别是在地基条件较差地区或地震区，应在板与墙以及板端与板端连接处设置锚固钢筋，见图 4-10。

2. 板缝的处理

安装预制板时，为使板缝灌浆密实，要求板块之间离开一定的缝隙，以便填入水泥砂浆或细石混凝土。

板的接缝有端缝和侧缝两种。板的端缝一般需在板缝内灌注细石混凝土，以加强连接；板的侧缝一般有三种形式：V 形、U 形和凹形，如图 4-11 所示。其中凹形缝有利于加强楼板的整体刚度。

板的排列受到板宽规格的限制，在具体布置房间楼板时，经常出现小于一块板宽度的缝隙。遇到这种情况，可视缝隙大小采取如下措施，见图 4-12。

（1）当板缝为 10～20mm 宽时，应以细石混凝土灌缝，见图 4-12（b）。

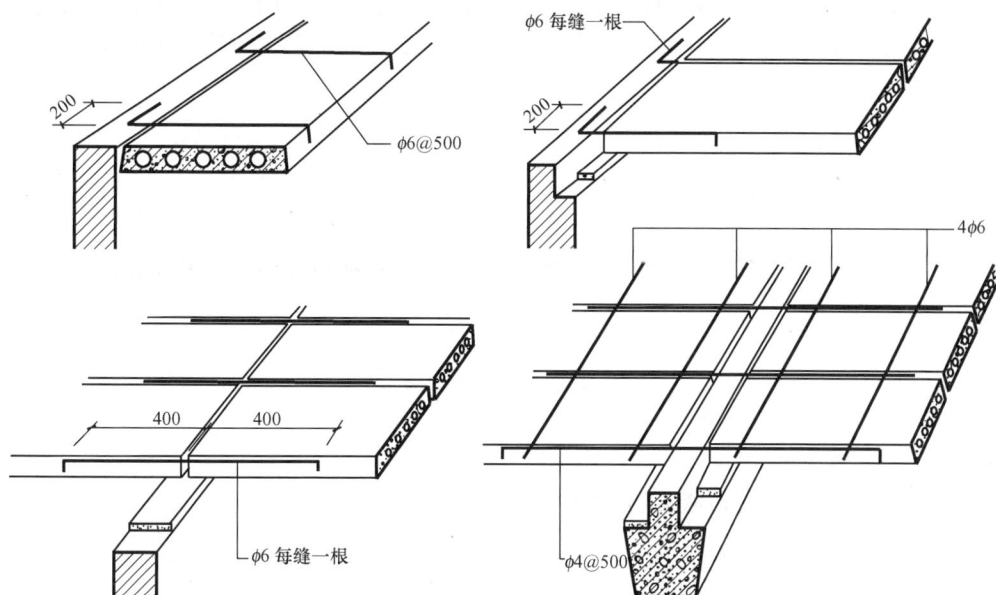

图 4 - 10　板的锚固

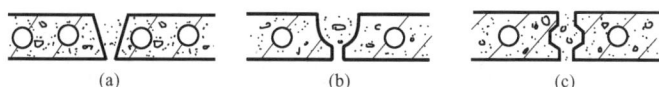

图 4 - 11　板缝的形式

（a）V 形缝；（b）U 形缝；（c）凹形缝

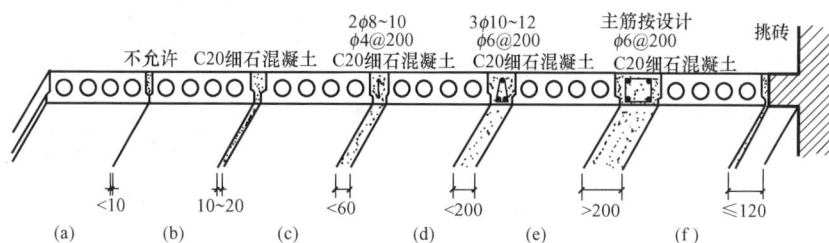

图 4 - 12　板缝处理措施

（2）当板缝小于 60mm 时，应加设 2ϕ8～10 钢筋，用细石混凝土灌缝，见图 4 - 12（c）。

（3）当板缝小于 200mm 时，应加设 3ϕ10～12 钢筋，用细石混凝土灌缝，见图 4 - 12（d）。

（4）当板缝大于 200mm 时，应按设计计算配置钢筋骨架，用细石混凝土灌缝，见图 4 - 12（e）。

（5）当邻近墙体的距离不大于 120mm 时，可采用挑砖做法，见图 4 - 12（f）。规范要求，板缝不得小于 10mm，有利于板间连接，见图 4 - 12（a）。

3. 隔墙与楼板的关系

在预制楼板上，采用轻质材料作隔墙时，可将隔墙直接设置在楼板上；若采用自重较大的材料，如烧结普通砖作隔墙，则不宜将隔墙直接搁置在楼板上，特别应避免将隔墙的荷载集中在一块板上。通常将隔墙设置在两块板的接缝处。采用实心平板和空心板的楼板，在隔墙下的板缝处设梁或现浇钢筋混凝土板带来支撑隔墙，见图4-13 (a)、(c)；若采用槽形板的楼板，隔墙可直接搁置在板的纵肋上，见图4-13 (b)。

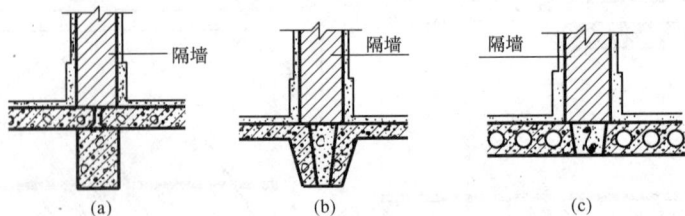

图4-13　隔墙与楼板的关系
(a) 隔墙支撑在梁上；(b) 隔墙支撑在纵肋上；(c) 板缝配筋

三、 装配整体式钢筋混凝土楼板

装配整体式钢筋混凝土楼板是采用部分预制构件，经现场安装，再整体浇筑混凝土面层所形成的楼板。这种楼板具有整体性强和节约模板的优点。按结构及构造方式的不同，这种楼板有密肋填充块楼板和叠合式楼板等做法。

(一) 密肋填充块楼板

密肋填充块楼板由密肋楼板和填充块叠合而成，如图4-14所示。密肋楼板有现浇密肋楼板[图4-14 (a)]、预制小梁现浇楼板[图4-14 (b)]等。密肋楼板间填充块，常用陶土空心砖、矿渣混凝土空心砖、加气混凝土块等。

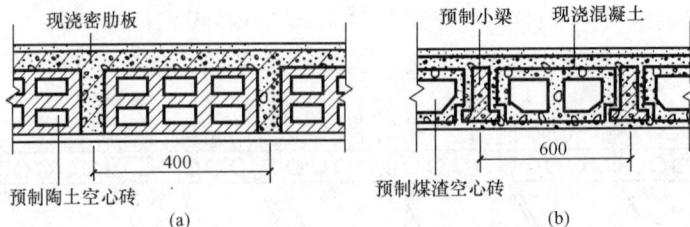

图4-14　密肋填充块楼板
(a) 现浇密肋填充块楼板；(b) 预制小梁填充块楼板

密肋填充块楼板由于肋间距小，肋的截面尺寸不大，使楼板结构所占的空间较小。此种楼板常用于学校、住宅、医院等建筑中。

(二) 叠合式楼板

叠合式楼板是由预制板和现浇钢筋混凝土层叠合而成的装配整体式楼板。这种楼板节约模板，整体性较好，但施工较麻烦，如图4-15所示。

叠合式楼板的预制钢筋混凝土薄板既是永久性模板，又能与上部的现浇层共同工作。预制板底平整，可直接做各种顶棚装修。因此，薄板具有结构、模板、装修三方面的功能。目前这种楼板已在住宅、学校、办公楼、仓库等建筑中应用。

现浇叠合层的厚度一般为100～120mm，混凝土的强度等级不低于C20。为保证预制薄板与叠合层有较好的连接，薄板上表面需刻槽处理，如图4-15 (a) 所示；也可在薄板上表面露出较规则的三角形结合钢筋，如图 4 - 15（b）所示。

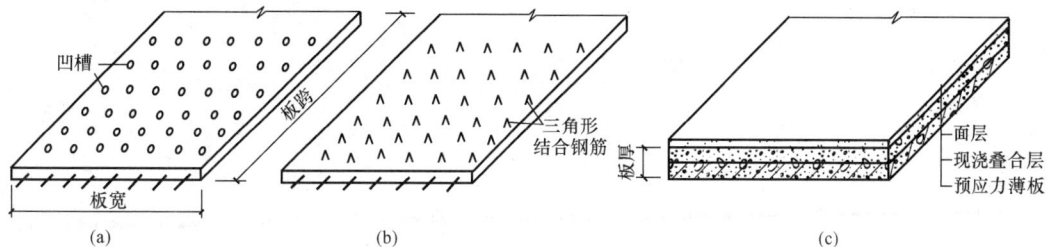

图 4 - 15　叠合楼板
（a）薄板面刻凹槽；（b）薄板面外露三角形结合钢筋；（c）叠合组合板

📝 课堂总结

　　本节课内容有预制装配式钢筋混凝土楼板相关的板的类型、布置方式、梁的截面形式和板的细部构造。装配整体式钢筋混凝土楼板中的密肋填充块楼板和叠合式楼板。

笔记页

⊚ 技能单元

一、名词解释

1. 预制装配式钢筋混凝土楼板

2. 装配整体式钢筋混凝土楼板

二、填空题

1. 常用的预制钢筋混凝土板，根据其截面形式，一般有（　　　）、（　　　）和（　　　）三种类型。

2. 板的侧缝一般有（　　　）、（　　　）和（　　　）三种形式。

3. 装配整体式钢筋混凝土楼板，按结构及构造方式的不同，有（　　　）和（　　　）等做法。

三、简答题

1. 调整预制板缝的方法有哪些？

2. 装配式楼板与装配整体式楼板有何区别？叠合式楼板有何优越性？

笔记页

🤲 思政单元

【案例呈现】

<h1 style="text-align:center">中国速度背后的秘密</h1>

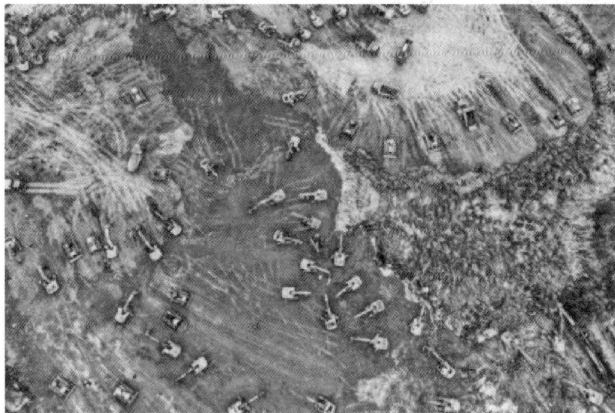

图片来源：求实网

2020 年初，突如其来的新冠肺炎打破了中国新年的祥和宁静，武汉疫情十万火急。中建集团临危受命，用 10 天建成武汉火神山医院、12 天建成雷神山医院，在大战大考中经受了严峻的考验，创造了中国奇迹和中国速度，背后的秘密是什么？

首先，建设火神山、雷神山医院，彰显了党中央、国务院对人民负责、对生命负责的鲜明态度，体现了党和国家战胜疫情的坚定决心。

生命高于一切，疫情就是命令。集团党组第一时间向全系统发出动员令，集团总部实行 24 小时应急值守，地处武汉抗疫一线的子企业中建三局当即投入医院建设，中建一局、二局、四局、五局、七局、八局、中建装饰、中建科工、中建安装、中建西部建设、中建科技等 11 家子企业，从全国各地昼夜兼程驰援武汉。广大建设者与时间赛跑，与死神竞速，千方百计克服一切困难，竭尽全力完成每一项任务，快点、更快点，用最快的速度高质量建成医院，在最短时间让患者得到救治。

一方有难，八方支援，有力彰显中国共产党领导和社会主义制度的政治优势。

疫情发生后，全国上下紧急行动，依托强大的综合国力，开展全方位的人力组织战、物资保障战、科技突击战、资源运动战，全力支援湖北省和武汉市抗击疫情。当时，正值武汉疫情最严峻时期和春节假期，工人休假、工厂停工、武汉封城，给人员组织、物资采购、设施设备调配带来极大困难。中建集团党组强化组织领导和统筹协调，充分发挥长期以来形成的产业链齐全、"大兵团作战"优势，举全集团之力，调集一切力量推动项目尽快开工，第一时间拨付专项资金，组织承担过北京小汤山医院建设任务的技术人员提供专业支持，统筹最优秀的设计、土建、安装、装饰等专业管理队伍，调配最优质的劳务、材料、设施设备等施工资源，以最快速度向项目现场集中。参与医院建设的集团各单位党组织，坚决服从统一指挥，不讲条件、尽锐出战，自带队伍、自带材料、自带设备，自行安排后勤保障，主动融入项目建设。2500 余台大型设备及运输车辆、4900 余个箱式板房、20 万平方米防渗膜，以及大量电缆电线、配电箱柜、卫生洁具等物资，短短几天就集结武汉，为医院建设的全面提速提供了有力支撑。

　　国务院国资委紧急动员，中央企业纷纷响应，国家电网、中国电信、中国石油等央企披星戴月确保施工现场电、网、油、气等供应。北京中元国际工程设计研究院 78 分钟就整理出 17 年前北京小汤山医院的建设图纸，中信武汉设计院 1 天内就拿出设计方案。湖北省、武汉市高度重视，强化支持保障，调集专门力量，开通绿色通道，保证运输畅通，帮助解决项目建设各类难题。武汉建工、武汉市政、汉阳市政等当地国企和众多民营企业共同参与项目建设。

　　中建集团各级党组织齐心协力、迅速动员，4 万名建设者踊跃报名、逆行出征。有的一门三将齐上阵，有的夫妻双双上前线，有的推迟婚期为战疫。全国各地 1608 家供应商、952 家分包商积极参与医院建设，提供了充沛的人力和物力保障。社会各界倾力援助，不求回报，他们只想在国家危难时刻尽一份力量、做一份贡献。火神山、雷神山医院建设牵动着全国人民的心，上亿"云监工"24 小时在线，为项目建设加油鼓劲。全国人民成为医院建设的坚实后盾。

　　"中国速度"是中国综合国力的体现。

　　火神山、雷神山医院建设广泛应用了自主研发的装配式建筑医院系列，精准契合医院建设需求，实现了极短工期下的建成即交付、交付即使用。创造性应用自主研发的 BIM 平台，让设计产生的 BIM 模型通过互联网服务于工厂制造、工地施工和全程运维，提前对 36 万米各类管线、6000 多个信息点位进行模拟铺搭，确保现场安装一次到位。集成应用智能化技术，借助 5G、AI、云计算、大数据等现代信息技术，研发出智能化运维管理平台，链接医院 5 大类 17 个信息系统，实现了智慧安防、智慧物流、"零接触"运维，以及火神山医院与北京 301 医院的远程会诊。

　　"中国速度""世界奇迹"的背后，是中国共产党领导、社会主义制度和中国综合国力提升的体现，凝聚着"听党召唤、不畏艰险、团结奋斗、使命必达"的"火雷精神"。

　　【案例点评】

　　创新是一个国家和民族发展的动力。在新形势下，发展装配式建筑从根本上改变传统建造方式，通过设计、生产、施工、装修等环节建筑产业链的高度协同，发展现代化工业、促进建造方式、建筑产业的转型升级。仅用 10 天建成占地面积 7 万平方米、建筑面积 3.4 万平方米、床位 1000 张的火神山医院，仅用 12 天建成占地面积 22 万平方米、建筑面积 7.99 万平方米、床位 1600 张的雷神山医院，采用了全装配式技术，大大缩短了建设工期，为控制武汉疫情争取了宝贵时间，堪称"世界奇迹"。雷神山、火神山医院充分彰显了中国共产党领导和我国社会主义制度的巨大政治优势，也是中国实力和新时代爱岗敬业、协作共进的"工匠精神"的体现。

📖 教学评价

<table>
<tr><td colspan="3" align="center">1. 本课自查表</td></tr>
<tr><td rowspan="3">教学目标</td><td>知识目标</td><td>□清晰 □模糊 □一般 □混淆</td></tr>
<tr><td>能力目标</td><td>□掌握 □熟悉 □了解</td></tr>
<tr><td>思政目标</td><td>□有　□无</td></tr>
<tr><td rowspan="6">授课情况</td><td>概念清晰度</td><td>□清晰 □模糊 □一般 □混淆</td></tr>
<tr><td>讲课语速</td><td>□快　□慢　□适当 □听不清</td></tr>
<tr><td>课堂节奏</td><td>□快　□慢　□适当 □无</td></tr>
<tr><td>课堂氛围</td><td>□激情 □饱满 □互动 □压抑</td></tr>
<tr><td>授课方式</td><td>□接受 □抵触 □死板 □改进 □灵活</td></tr>
<tr><td>板书或 PPT</td><td>□工整 □潦草 □太少 □字迹模糊</td></tr>
<tr><td rowspan="6">学习情况</td><td>概念</td><td>□难懂 □理解 □易忘 □抽象 □简单 □太多</td></tr>
<tr><td>学习方法</td><td>□听讲 □自学 □实验 □讨论 □笔记</td></tr>
<tr><td>学习兴趣</td><td>□浓厚 □一般 □淡薄 □厌倦 □无</td></tr>
<tr><td>学习态度</td><td>□端正 □一般 □被迫 □主动</td></tr>
<tr><td>课前课后</td><td>□预习 □复习 □无　□没时间</td></tr>
<tr><td>课后作业</td><td>□太少 □太多 □无</td></tr>
<tr><td>意见建议</td><td colspan="2"></td></tr>
<tr><td colspan="3" align="center">2. 小组评价表</td></tr>
<tr><td>讨论问题</td><td colspan="2"></td></tr>
<tr><td>小组成员</td><td colspan="2"></td></tr>
<tr><td>为我打分</td><td colspan="2"></td></tr>
</table>

笔记页

课程名称	4.3　地面构造 4.4　雨篷与阳台		
教学内容	4.3　地面构造 一、基层 二、垫层 三、面层 4.4　雨篷与阳台 一、雨篷 二、阳台 （一）阳台的形式 （二）阳台承重结构的布置 （三）阳台的细部构造		
学时安排	3 学时 （135 分钟）	知识单元	75 分钟
		技能单元	45 分钟
		思政单元	15 分钟
教学重点 及难点	雨篷与阳台的构造组成		
教学目标	知识目标	1. 了解阳台的排水处理方式。 2. 熟悉地面构造组成。 3. 掌握雨篷与阳台的形式和细部构造	
	能力目标	1. 能够准确判断雨篷和阳台的形式。 2. 能够绘制地面的基本构造层。 3. 能够绘制地面变形缝的构造	
	思政目标	1. 富强、民主、文明、和谐、美丽的社会主义现代化强国是我们党的第二个百年奋斗目标，通过本案例使学生认识到工程质量对提高人民生活质量、邻里和谐的重要意义。 2. 使学生明白遵守工程规范的重要性，践行社会主义核心价值观，做一个懂法、知法、守法的好公民	
思政元素 融入方法	1. 课前布置课程思政故事自学和思考题。 2. 课中教师简述课程思政案例，并组织同学展开思考讨论。 3. 通过案例导入教学内容，通过讨论对学生进行思政教育		

知识单元

教学环节	教学内容安排
课前导入	课程思政案例：高质量楼板让邻里关系更和谐 思考讨论：谈谈楼板隔音的重要性。

4.3 地 面 构 造

地面是建筑物底层与土壤相接的部分，它承受着地面上的荷载，并将这些荷载均匀传给地基。

地面的基本构造层为面层、垫层和基层（地基）。为满足其他方面的要求，地面往往还增加相应的附加构造层，如找平层、结合层、防潮层、保温层、防水层等，如图 4-16 所示。

图 4-16 地面的基本构造层

- 面层
- 附加层
- 垫层
- 基层（地基）

一、基层

基层是位于地面垫层下的承重层，又称地基。当地面上荷载较小时，一般采用素土夯实；当地面上荷载较大时，可对基层进行加固处理，如采用换土或夯土碎砖、碎石等方法。

二、垫层

垫层是位于基层和面层之间的结构层，有刚性垫层和非刚性垫层之分。刚性垫层常用低强度等级混凝土，一般采用 C15 混凝土，其厚度应根据上部荷载的大小确定，常用的厚度为 60～100mm。非刚性垫层常采用砂、碎石、三合土及灰土等材料，其厚度根据材料和构造要求，通常为 60～120mm。

刚性垫层常用于整体面层和薄而脆的块材面层，如水磨石地面、锦砖地面、大理石地面等。

非刚性垫层常用于面层材料厚且强度较高的地坪中，如砖地面、混凝土地面等。

对某些室内荷载大且地基又较差并且有保温等特殊要求的，或面层装修标准较高的建筑，可在基层上先做非刚性垫层，再做一层刚性垫层，即复式垫层，如图 4-17 所示。

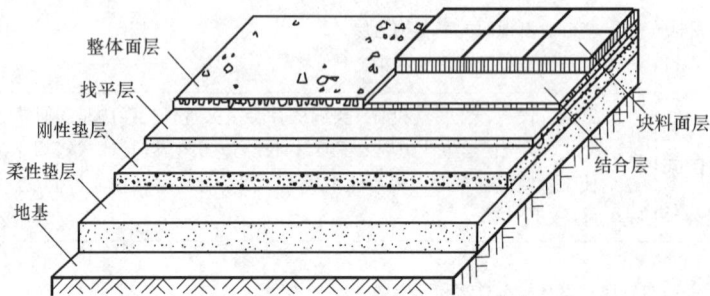

图 4-17 复式垫层地面、构造

三、面层

面层是指人们进行各种活动与其接触的地面表面层。根据房间使用功能的不同，面层应满足坚固、耐磨、平整、光洁、不起尘、易于清洁，有一定的弹性以及防水、防火等方面的要求。地面的名称是以面层所用材料而命名的，如面层为水泥砂浆则称为水泥砂浆地面；面层为木材则称为木地面等。

此外，当地面处设有变形缝时，应采取相应的构造措施，如图 4-18 所示。

通长 L40×30 与 6 铁爪焊牢

5 30 B≤50 30 5

填嵌缝膏
面层做法及厚度按工程设计

30

通长 L40×30 与 6 铁爪焊牢

5 30 B≤50 30 5

30

铁爪 6 长 150 中距 300

阻火带 　橡胶垫

面层为 5 厚钢板或铸铝板或塑胶硬板

聚氨酯改性塑料油膏

保温材料

24 号镀锌薄钢板固定在角铁上

①

阻火带

面层为地板砖、石材、复合木地板

1:1 水泥砂浆找平

5 厚钢板单边焊牢

聚氨酯改性塑料油膏

保温材料

24 号镀锌薄钢板固定在角铁上

铁爪 6 长 150 中距 300

②

B≤50

面层做法及厚度按工程设计

阻火带

建筑密封膏颜色同地面

保温材料

24 号镀锌薄钢板用 6 塑料膨胀螺钉固定

③

B≤50

建筑密封膏颜色同地面

面层做法及厚度按工程设计

阻火带

保温材料

24 号镀锌薄钢板用 6 塑料膨胀螺钉固定

④

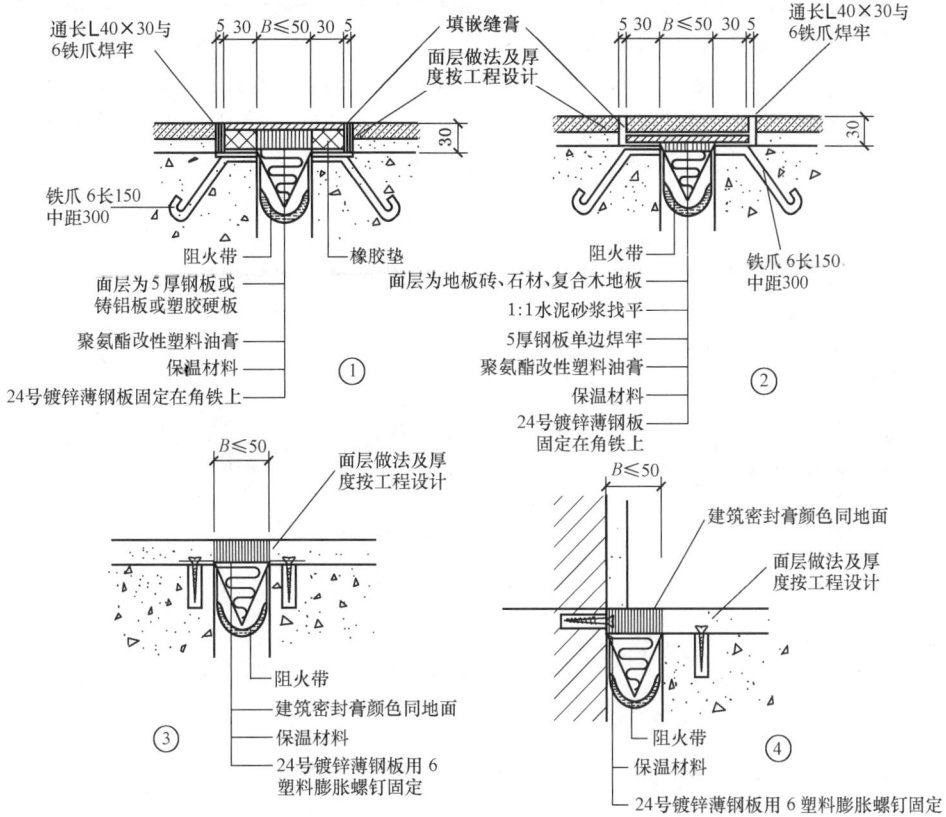

图 4-18　地面变形缝构造

4.4　雨篷与阳台

一、雨篷

在房屋入口处为了遮雨需设置雨篷。通常多采用钢筋混凝土悬挑式结构。其悬挑长度一般为 0.9~1.5m。大型雨篷下常加柱，形成门廊，见图 4-19。

图 4-19　加柱式大型雨篷

　　雨篷有板式和梁板式，见图 4 - 20。当采用现浇雨篷板时，板的厚度可渐变，端部厚度不小于 50mm，根部厚度一般不小于 1/8 板长，且不小于 70mm。为防止雨篷产生倾覆，常将雨篷与门上过梁（或圈梁）浇在一起，如图 4 - 20（a）所示。板式雨篷可采用无组织排水。

　　当挑出长度较大时，一般做成梁板式，梁从门过梁（或圈梁）挑出。通常为了底板平整，也为了防止周边滴水，常将周边梁向上翻起，形成反梁式，并采用有组织排水，如图 4 - 20（b）所示。

图 4 - 20　雨篷构造
(a) 板式雨篷；(b) 梁板式雨篷

雨篷顶面应采用防水砂浆抹面，厚度一般为 20mm，并在靠墙处做泛水。

二、阳台

阳台是在楼房中供人们室外活动的平台。阳台的设置对建筑物的立面造型起着重要的作用。

（一）阳台的形式

　　阳台按其与外墙的相对位置，可分为凸阳台、凹阳台和半凸半凹阳台，如图 4 - 21 所示；阳台按其在建筑平面上的位置，可分为中间阳台与转角阳台；阳台按施工方法可分为现浇阳台和预制阳台。

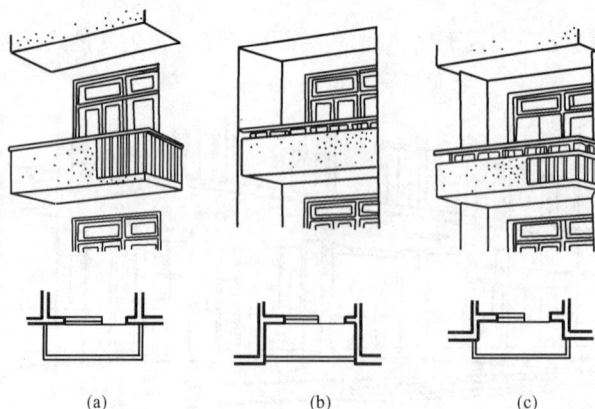

图 4 - 21　阳台的形式
(a) 凸阳台；(b) 凹阳台；(c) 半凸半凹阳台

（二）阳台承重结构的布置

阳台承重结构通常是楼板的一部分，因此，阳台承重结构应与楼板的结构布置统一考虑，主要采用钢筋混凝土阳台板。钢筋混凝土阳台板可采用现浇式、装配式或现浇与装配相结合的方式。

1. 凹阳台

凹阳台实为楼板层的一部分，所以它的承重结构布置可按楼板层的受力分析进行。

2. 凸阳台

凸阳台的受力构件为悬挑构件，按悬挑方式的不同，有挑板式和挑梁式两种。挑出长度在 1200mm 以内，可用挑板式；大于 1200mm 可用挑梁式。考虑到下层的采光，阳台进深不宜太大。

（1）挑板式，即阳台的承重结构是由楼板挑出的阳台板构成，见图 4-22。这种阳台板底平整、造型简洁，但结构构造及施工较麻烦。挑板式阳台板具体的悬挑方式有两种：一种是楼板悬挑阳台板，见图 4-22（a）；另一种是墙梁悬挑阳台板，见图 4-22（b）、（c）。

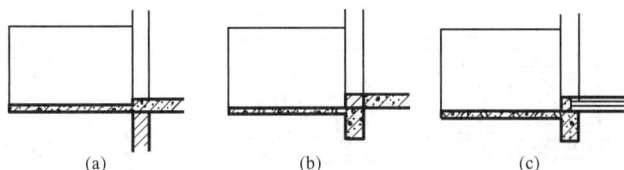

（a）　　　　　　　　（b）　　　　　　　　（c）

图 4-22　挑板式阳台

（a）楼板悬挑阳台板；（b）墙梁悬挑阳台板（墙不承重）；（c）墙梁悬挑阳台板（墙承重）

（2）挑梁式，即在阳台两端设置挑梁，挑梁上搁板，见图 4-23。此种阳台构造简单、施工方便，阳台板与楼板规格一致，是较常采用的一种方式。在处理挑梁与板的关系上有几种方式：一种是挑梁外露，见图 4-23（a）；第二种是在挑梁梁头设置边梁，见图 4-23（b）；第三种是设置 L 形挑梁，梁上搁置卡口板，见图 4-23（c）。

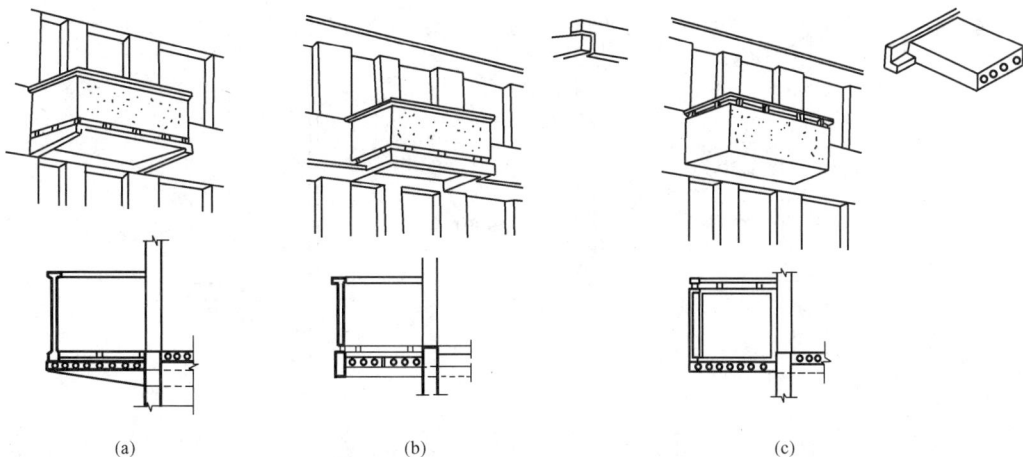

（a）　　　　　　　　（b）　　　　　　　　（c）

图 4-23　挑梁式阳台

（a）挑梁外露；（b）设置边梁；（c）L 形挑梁卡口板

（三）阳台的细部构造

1. 栏杆（栏板）的形式

阳台的栏杆（栏板）与扶手均是保证人们在阳台上活动安全而设置的，要求坚固可靠、舒适美观。扶手高度不应低于 1.05m，高层建筑不应低于 1.1m，镂空栏杆的垂直杆件间净距离不能大于 110mm。

栏杆（栏板）从材料上分，有金属、钢筋混凝土和砌体等；从外形上分，有镂空式和实心组合式等，如图 4 - 24 所示。阳台扶手按材料分，有砖砌体、钢筋混凝土及金属材料等。

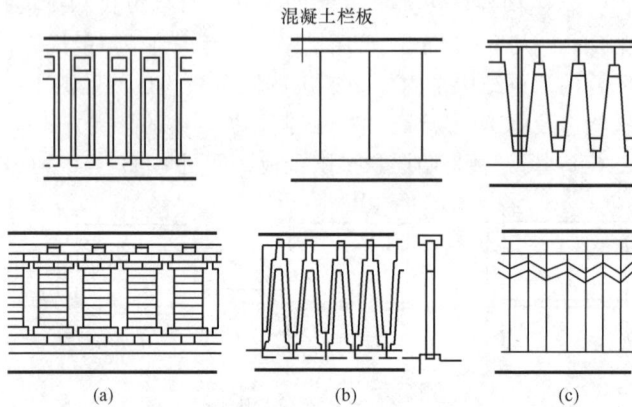

图 4 - 24　栏杆（栏板）的形式
（a）砖砌栏杆与栏板；（b）钢筋混凝土栏杆与栏板；（c）金属栏杆

2. 连接构造

根据阳台栏杆（栏板）及扶手材料和形式的不同，其连接构造方式有多种，如图 4 - 25 所示。

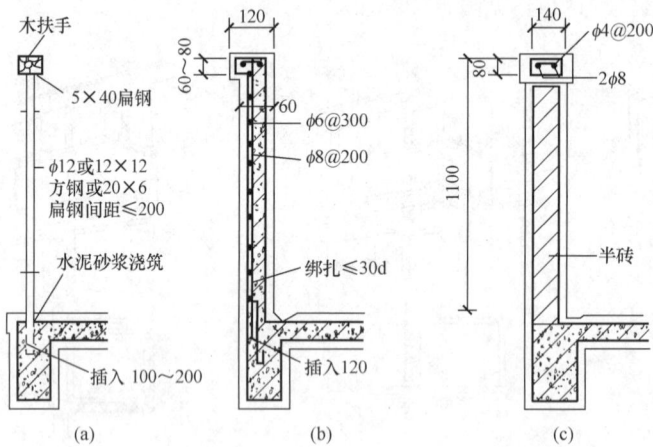

图 4 - 25　阳台栏杆（栏板）的构造
（a）金属栏杆；（b）现浇混凝土栏板；（c）砖砌栏板

3. 阳台的排水处理

为防止雨水流入室内，阳台地面的设计标高应较室内地面低 20～50mm，阳台的排水分为外排水和内排水。外排水适用于低层或多层建筑。此时，阳台地面应向排水口做 1%～2% 的坡度，

排水口处埋设 $\phi50$ 的镀锌钢管或塑料管水舌，水舌挑出长度至少为 80mm，以防落水溅到下面的阳台上，见图 4 - 26；内排水适用于高层建筑或某些有特殊要求的建筑，一般是在阳台内侧设置地漏，将积水引入雨水立管，见图 4 - 27。

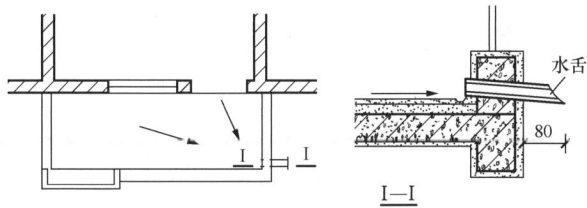

图 4 - 26　排水管排水

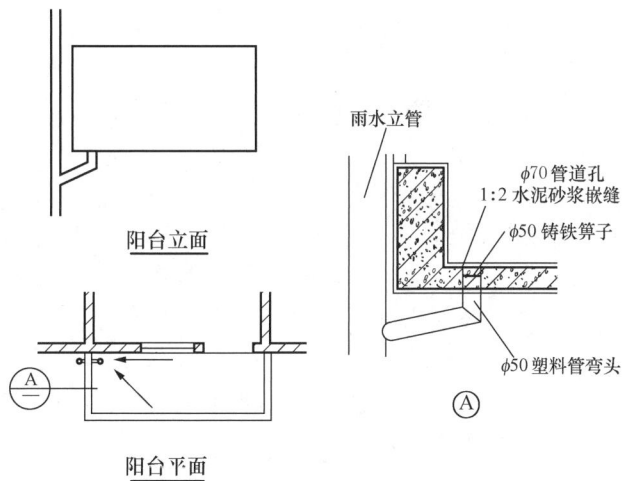

图 4 - 27　雨水管排水

课堂总结

本节主要内容是地面构造：基层、垫层和面层；以及雨篷和阳台的构造组成。

笔记页

◎ 技能单元

一、填空题

1. 雨篷通常多采用钢筋混凝土（　　）结构。

2. 阳台按其与外墙的相对位置，可分为（　　）、（　　）和（　　）。

二、简答题

雨篷的作用是什么？其构造要点有哪些？

三、作图题（习题课）

1. 绘制雨篷的构造。

2. 绘制地面变形缝的构造。

3. 绘制梁板布置图：

某房间由 2 个 3300mm 开间组成，进深 4200mm，四周墙厚均为 240mm。设横向梁一根，梁宽 250mm，梁高自选。铺设预制空心楼板，板厚 120mm，板宽 900mm。试绘制梁板平面布置图和纵、横剖面图。标注尺寸、标注梁高、楼板块数和现浇板带宽度，比例 1∶30。

笔记页

🫱 思政单元

【案例呈现】

高质量楼板让邻里关系更和谐

日常生活中，经常会遇到上下楼之间、邻里之间因为房屋隔音差影响生活的现象，从而导致邻里间产生不必要的矛盾。这种事情虽小，但如果经常存在，既影响正常休息也不利于社会和谐。随着生活质量的提高，一个安静而私密的居住环境，成为越来越多追求品质生活人群的需求。

但在我们现在的生活中，人们常常会被楼上楼下的噪声所困扰。

遇到这种问题，多数人都将楼上噪声问题归结于邻居的素质问题，但很少有人能够知道，楼板本身的撞击声隔音不达标才是根源，更不会因此去找开发商的麻烦。但接下来的一个案例，矛头却是直指开发商。

北京王女士，花 140 万元购买一套商品房，入住后受到楼上活动打扰，夜晚无法安睡，经医院检查，诊断为神经衰弱。王女士以楼板隔声不合格将该开发商告上法院，法院对楼板隔音调查取证，经清华大学建筑环境中心检测，该楼板的隔声值为 76 分贝，超过国家标准 1 分贝，判定开发商住宅质量不合格，负有对王女士的赔偿责任，包括医疗费、子女父母赡养费、精神损失费等 40 多万元。

开发商对法院申辩说，混凝土楼板是住宅最多采用的，北京市住宅有 99.9% 都是混凝土楼板，都不合格，因此该开发商认为非常冤枉和委屈。法官反驳说，民事诉讼遵循"民不举，官不纠"的原则，王女士状告了开发商，只要有法律依据，开发商必须赔偿。

住建部 2011 年发布的 GB 50118—2010《民用建筑隔声设计规范》第 4.2.1 条对住宅建筑的分户墙、分户楼板的空气声隔声性能作出规定，要求其计权隔声量与粉红噪声频谱修正量之和大于 45dB，旨在控制邻居之间噪声干扰，保障居家生活中声音的私密性；住建部发布的工程建设国家标准 GB 50368—2005《住宅建筑规范》第 7.1.2 条规定楼板的计权标准化撞击声压级不应大于 75dB，避免上层居住者的活动对下层居住者造成影响；住建部发布的工程建设国家标准 GB 50096—2011《住宅设计规范》第 7.3.1 条规定卧室内的等效连续 A 声级昼间不应大于 45dB、夜间不应大于 37dB；起居室（厅）的等效连续 A 声级不应大于 45dB，旨在为居住者提供一个安静的室内生活环境。目前《民用建筑隔声设计规范》正在进行修订，其中提高住宅建筑隔声标准已纳入修订范围。

【案例点评】

住房隔音效果不仅关系到邻居间的关系和人们的生活质量，而且是住建部对工程质量达标与否的一个判定指标。开发商在施工中要遵守工程规范，严格按照建筑规范的隔音标准施工，监督建筑公司按标准施工；同时要积极研发新的降噪隔音建筑材料，促进住宅建筑升级发展，为提高人民生活质量、社会和谐做贡献。

笔记页

📖 教学评价

1. 本课自查表

教学目标	知识目标	□清晰 □模糊 □一般 □混淆	
	能力目标	□掌握 □熟悉 □了解	
	思政目标	□有　□无	
授课情况	概念清晰度	□清晰 □模糊 □一般 □混淆	
	讲课语速	□快　□慢　□适当 □听不清	
	课堂节奏	□快　□慢　□适当 □无	
	课堂氛围	□激情 □饱满 □互动 □压抑	
	授课方式	□接受 □抵触 □死板 □改进 □灵活	
	板书或PPT	□工整 □潦草 □太少 □字迹模糊	
学习情况	概念	□难懂 □理解 □易忘 □抽象 □简单 □太多	
	学习方法	□听讲 □自学 □实验 □讨论 □笔记	
	学习兴趣	□浓厚 □一般 □淡薄 □厌倦 □无	
	学习态度	□端正 □一般 □被迫 □主动	
	课前课后	□预习 □复习 □无　□没时间	
	课后作业	□太少 □太多 □无	
意见建议			

2. 小组评价表

讨论问题					
小组成员					
为我打分					

笔记页

教学模块5　垂 直 交 通 设 施

课程名称	5.1　概述 5.2　楼梯（一）		
教学内容	5.1　概述 5.2　楼梯（一） 一、楼梯的组成 二、楼梯的类型 三、楼梯的尺度		
学时安排	2学时 （90分钟）	知识单元	65分钟
		技能单元	10分钟
		思政单元	15分钟
教学重点 及难点	楼梯的组成和尺度要求		
教学目标	知识目标	1. 了解楼梯的构造要求及尺度。 2. 熟悉垂直交通设施的类型、楼梯的类型。 3. 掌握各种垂直交通设施的坡度要求和楼梯的尺度	
	能力目标	1. 能够准确阐述楼梯的组成。 2. 能够分辨不同的楼梯形式。 3. 能够熟悉楼梯的尺度：坡度、踏步、梯段、平台宽度、梯井宽度、栏杆扶手高度和楼梯的净空高度	
	思政目标	1. 使学生认识到中国特色社会主义进入了新时代，随着我国经济和社会的发展，我国社会的主要矛盾已经转变为人民日益增长的美好生活需要和不平衡不充分的发展之间的矛盾，人们需要更舒适的居住环境。 2. 认识到中国共产党的初心是为人民服务，中国共产党的领导是中国特色社会主义最本质的特征	
思政元素 融入方法	1. 课前布置课程思政故事自学和思考题。 2. 课中教师简述课程思政案例，并组织同学展开思考讨论。 3. 通过案例导入教学内容，通过讨论对学生进行思政教育		
知识单元			
教学环节	教学内容安排		
课前导入	课程思政案例："梯"升幸福感！ 思考讨论：谈谈桃园二巷西社区加装电梯的意义是什么？		

5.1 概　　述

两层以上的房屋就需要有垂直交通设施，包括楼梯、电梯、自动扶梯、台阶、坡道、爬梯以及工作梯等。这些设施要求做到使用方便、结构可靠、防火安全、造型美观和施工方便。楼梯作为竖向交通和人员紧急疏散的主要设施，使用最为广泛；垂直升降电梯则用于高层建筑或使用要求较高的宾馆等多层建筑；自动扶梯仅用于人流量大且使用要求高的公共建筑，如商场、候车楼等；台阶用于室内外高差之间和室内局部高差之间的联系；坡道则由于其无障碍流线，常用于多层车库通行汽车和医疗建筑中通行担架车等，在其他建筑中，坡道也作为残疾人轮椅车的专用交通设施；爬梯专用于消防和检修等；工作梯是供工作人员工作用的交通设施。

垂直交通设施的选用，是由建筑本身及环境条件决定的，也就是按垂直方向尺寸（即高差）与水平方向尺寸所形成的坡度来选定，坡度可用角度或高长比值表示，见图 5-1。

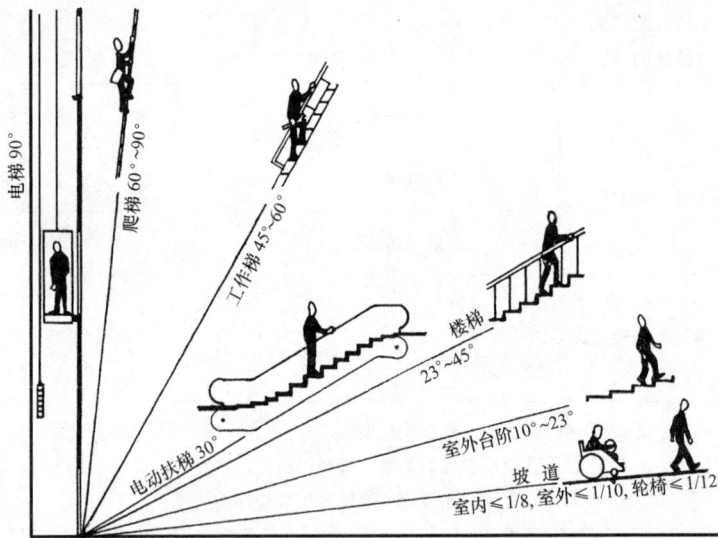

图 5-1　各种垂直交通设施的适用坡度

5.2　楼梯（一）

一、楼梯的组成

楼梯一般由楼梯段、平台、栏杆（栏板）扶手三部分组成，如图 5-2 所示。

1. 楼梯段

楼梯段是连系两个不同标高平台的倾斜构件，它由若干踏步和斜梁或板构成。为了消除疲劳，每一楼梯段的踏步数量一般不应超过 18 级，同时考虑人们行走的习惯性，楼梯段的踏步数量也不应少于 3 级。

2. 平台

平台是指两楼梯段之间的水平构件。根据所处的位置不同，有中间平台和楼层平台之分。位于两楼层之间的平台称为中间平台；与楼层地面标高一致的平台称为楼层平台。其主要作用是供人们行走时改变行进方向和缓解疲劳，故又称为休息平台。

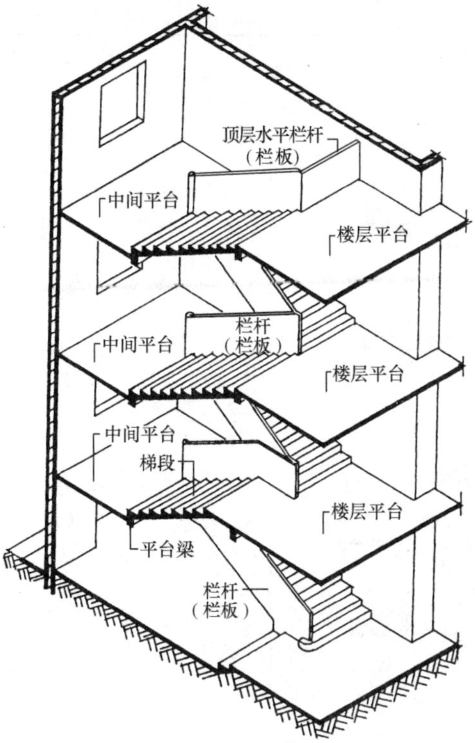

图 5-2　楼梯的组成

3. 栏杆（栏板）扶手

栏杆（栏板）扶手是设在楼梯段及平台边缘的安全防护设施。要求必须以坚固、耐久的材料制作，并能承受荷载规定的水平荷载。

二、楼梯的类型

（1）楼梯按结构材料的不同，有木楼梯、钢楼梯和钢筋混凝土楼梯等。其中钢筋混凝土楼梯具有坚固、耐久、防火等优点，使用最为广泛。

（2）楼梯按楼层间梯段数量和上下楼层方式的不同，可分为直跑梯、双跑梯、多跑梯、交叉梯、扇形梯、剪刀梯、弧形梯及螺旋梯等多种形式。选用的原则是根据楼梯间的平面形状与大小、楼层高低与层数、人流多少与缓急、使用功能、造型需要、投资限额和施工条件等因素来确定。各种不同的楼梯形式见表 5-1。

表 5-1　　　　　　　　　　　　　　**各种不同的楼梯形式**

名称	图示	构造特点	适用范围
直跑楼梯	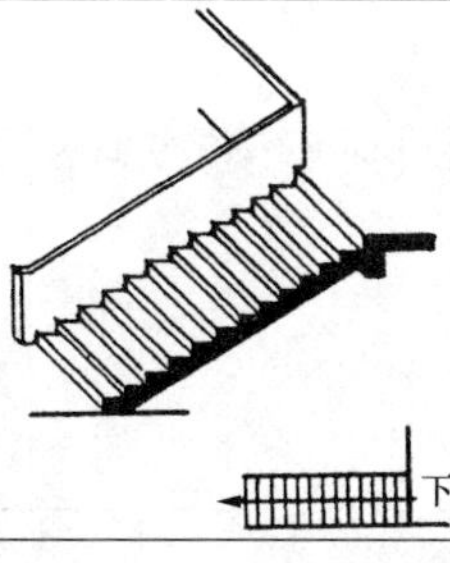	只有一个楼梯段，不设中间平台，所占宽度较小，但长度较大	层高较小的建筑，一般层高不超过 3m

名称	图示	构造特点	适用范围
双跑直楼梯	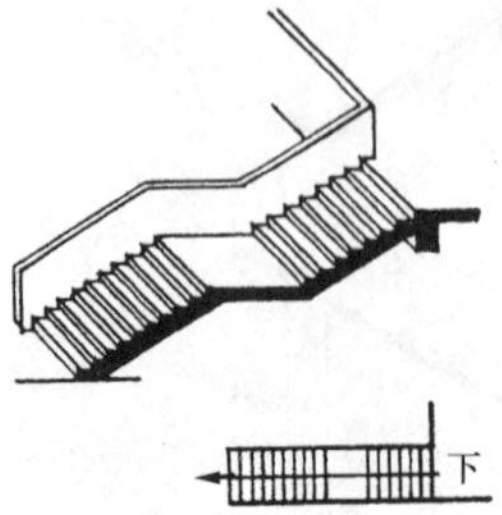	两个楼梯段间设一个中间平台，两梯段在一条直线上。占用宽度较小，但长度较大	楼梯间窄而长的建筑
双跑平行楼梯	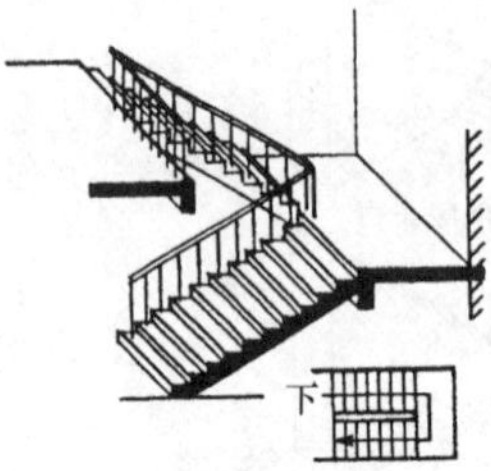	由两个楼梯段和一个中间平台组成，在休息平台处转向180°，占用长度较小，但宽度较大	用途最广，如用于住宅及公共建筑
双跑直角楼梯	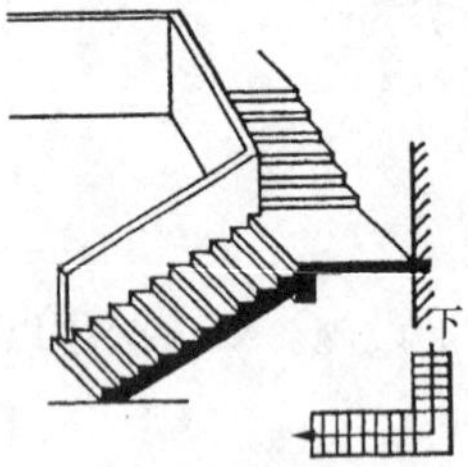	中间平台处转角90°，两梯段均可沿墙设置，充分利用空间	公共建筑大厅和窄小的跃层住宅
双合平行楼梯	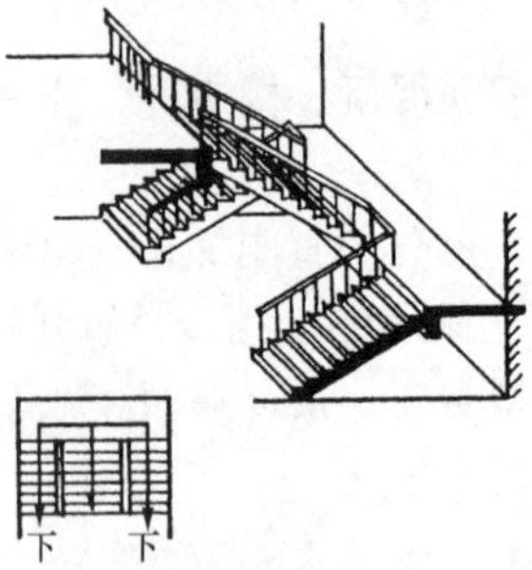	两个平行梯段到中间平台处合并为一个宽梯段	公共建筑的主要楼梯
双分平行楼梯	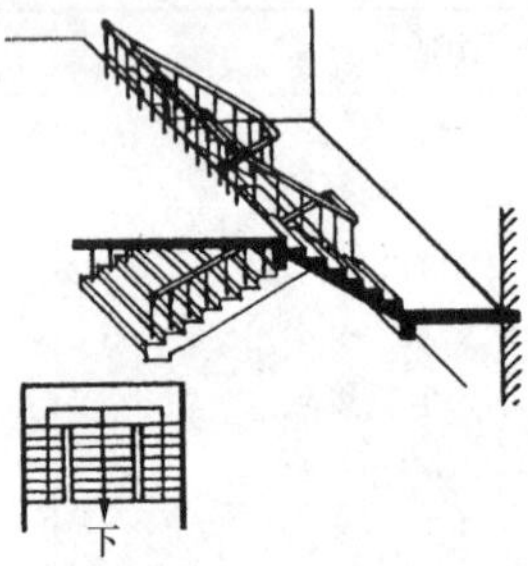	一个宽梯段到中间平台处分为两个窄梯段	公共建筑的主要楼梯

续表

名称	图示	构造特点	适用范围
三跑楼梯	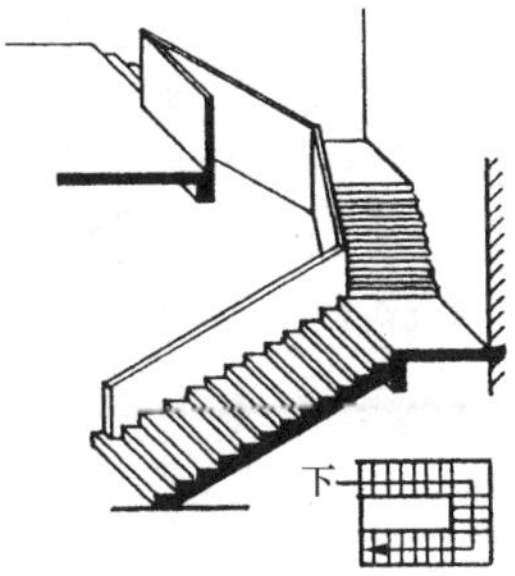	由三个梯段和两个中间平台组成，占用面积宽而短，梯井较宽	公共建筑
扇形楼梯	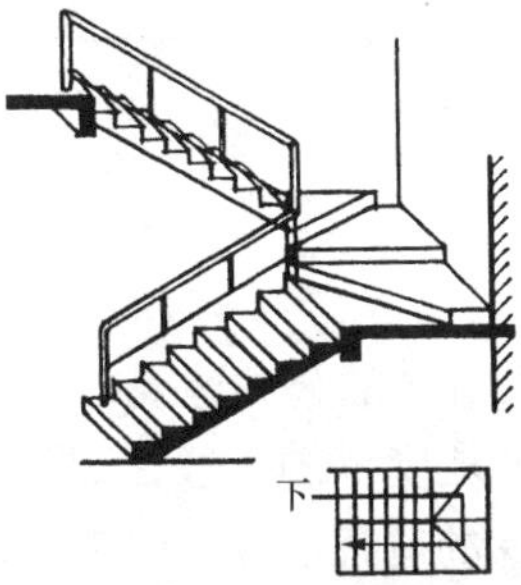	中间平台处由扇形踏步组成，转角处行走不便	次要及辅助楼梯，不宜作主要楼梯和疏散楼梯
剪刀式楼梯	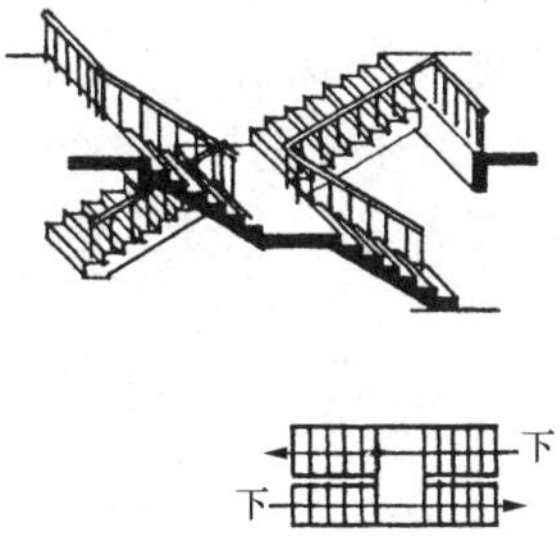	四个梯段用一个中间平台相连，占用面积较大，行走方便	人流较多的公共建筑
交叉楼梯	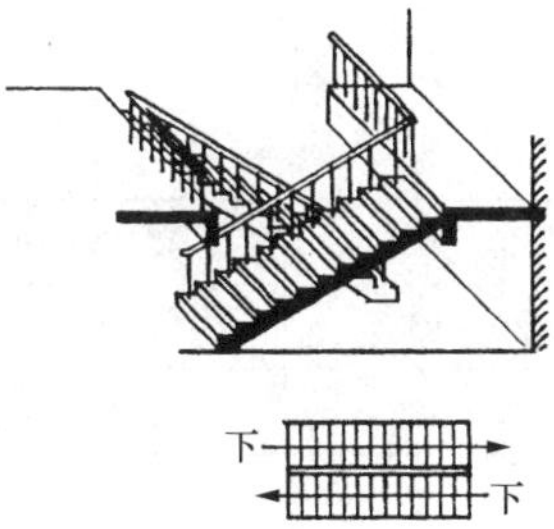	两个直跑楼梯交叉而不相连	人流较多的公共建筑
弧线形楼梯	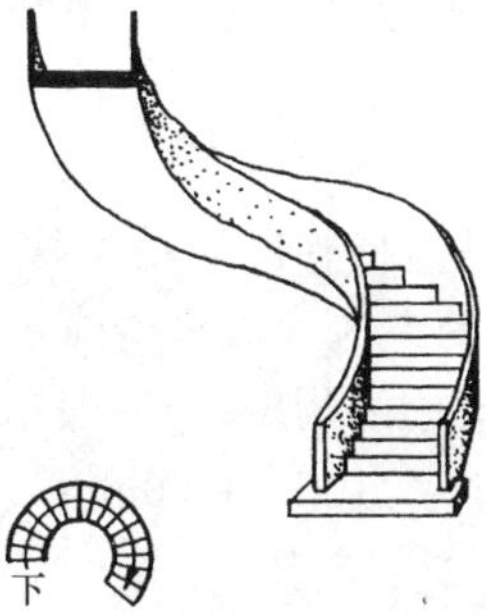	楼梯段为弧形，造型优美、构造复杂、施工不便	公共建筑门厅

续表

名称	图示	构造特点	适用范围
螺旋楼梯		楼梯踏步围绕一根中心柱布置，占用面积小，造型优美，但行走不便，施工困难	跃层式住宅和检修梯

三、 楼梯的尺度

1. 楼梯的坡度

楼梯的坡度视建筑的功能类型而定，一般情况下，人流多的公共建筑的楼梯应平缓；人流较少的住宅建筑的楼梯可稍陡；次要楼梯可更陡些。楼梯的坡度范围一般在 23°～45°之间。正常情况下应当把楼梯坡度控制在 38°以内，一般认为 30°是楼梯的适宜坡度，如图 5-1 所示。

2. 踏步尺度

踏步由踏面和踢面组成。楼梯踏步尺度是指踏步的宽度和踏步的高度。踏步的宽度应与成人的脚长相适应，踏步的高度应结合踏步宽度符合成人步距。踏步的宽与高必须有一个恰当的比例关系，才会使人行走时不会感到吃力和疲劳。踏步的宽度与高度可用下列经验公式求得

$$2r + g = s$$

式中 r——踏步高度；

g——踏步宽度；

s——人的平均步距，一般为 560～630mm；

民用建筑中，楼梯踏步尺寸应符合表 5-2 的规定。

表 5-2　　　　　　　　　　　　　常用适宜踏步尺寸

名称	住宅	学校、办公楼	剧院、食堂	医院（病人用）	幼儿园
踏步高（mm）	156～175	140～160	120～150	150	120～150
踏步宽（mm）	250～300	280～340	300～350	300	260～300

当受条件限制，踏步宽度较小时，可以在踏步的细部进行适当变化来增加踏面的尺寸，如采用加做踏步檐或使踢面倾斜，如图 5-3 所示。

3. 梯段尺度

楼梯梯段尺度包括梯段宽度和梯段长度。梯段宽度是指楼梯间墙面至扶手中心线或扶手中心线之间的水平距离。它应根据紧急疏散时，要求通过的人流股数多少确定。我国规定每股人流按 0.55m＋（0～0.15）m 计算，其中 0～0.15m 为人在行进中的摆幅。一般单股人流通行时，梯段宽度应不小于 900mm，见图 5-4（a）；双股人流通行时为 1100～1400mm，见图 5-4（b）；三股人流通行时为 1650～2100mm，见图 5-4（c）。

梯段长度（L）则是每一梯段的水平投影长度，其值为 $L＝（N-1）×g$，其中 g 为踏步水

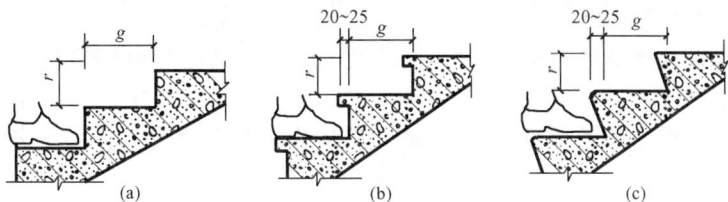

图 5 - 3　踏步尺寸与人脚的关系
(a) 正常处理的踏步；(b) 加做踏步檐；(c) 踢面倾斜

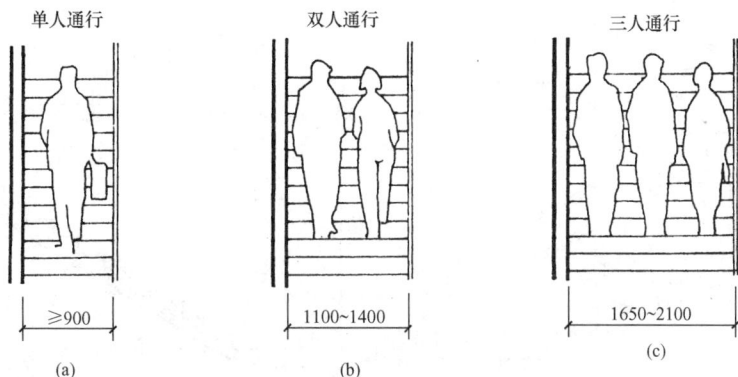

图 5 - 4　梯段宽度与人流股数的关系
(a) 单人通行；(b) 双人通行；(c) 三人通行

平投影步宽，N 为梯段踏步数。此处需注意踏步数为踢面步高数。

4. 平台宽度

平台宽度指楼梯间墙面至转角扶手中心线的水平距离，它分为中间平台宽度和楼层平台宽度。梯段改变方向时，扶手转向端处的平台最小宽度不应小于梯段宽度，并不得小于 1.20m，当有搬运大型物件需要时应适量加宽。以保持疏散宽度一致，并能使家具等大型物件通过，见图 5 - 5。

5. 梯井宽度

梯井是指梯段之间形成的空档，此空档从顶层到底层贯通。为了安全，其宽度应小些，以 60～200mm 为宜。

6. 栏杆（栏板）扶手的高度

梯段栏杆（栏板）扶手的高度是自踏步前缘线至扶手顶面的垂直距离。其高度根据人体重心高度和楼梯坡度大小等因素确定，一般为 0.9m 左右；靠楼梯井一侧水平扶手长度超过 0.5m 时，其高度不应小于 1.05m；供儿童使用的楼梯应在 0.5～0.6m 高度增设扶手，见图 5 - 6。

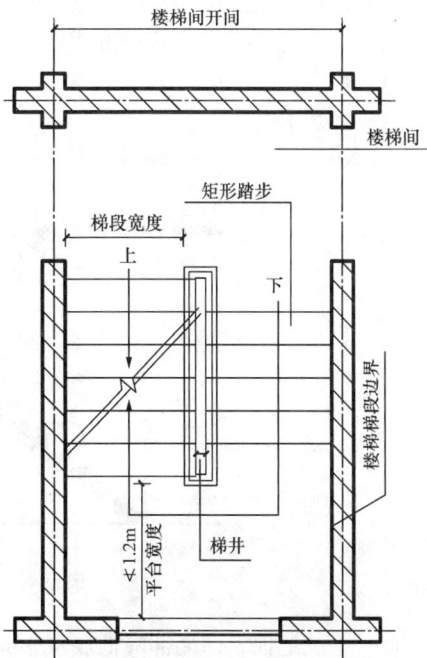

图 5 - 5　楼梯梯段、平台、梯井

7. 楼梯的净空高度

楼梯的净空高度是指平台下或梯段下通行人时，应具有的最低高度要求。规范规定，楼梯平台上部及下部过道处的净高不应小于 2m，梯段净高不宜小于 2.20m。梯段净高为自踏步前缘（包括最低和最高一级踏步前缘线以外 0.30m 范围内）量至上方突出物下缘间的垂直高度，见图 5-7。

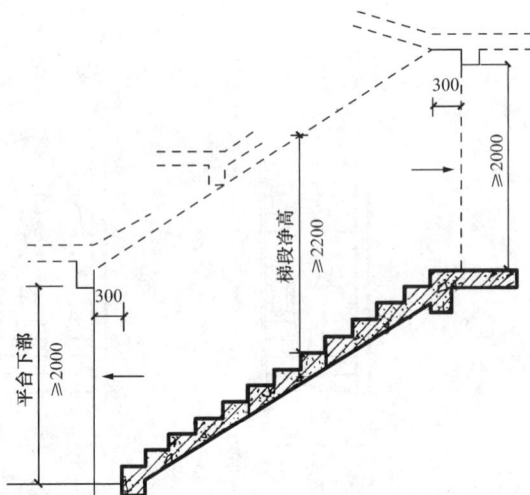

图 5-6　栏杆（栏板）扶手高度

图 5-7　楼梯的净空高度

当采用平行双跑楼梯且在底层中间休息平台下设置通道时，为保证平台下的净高，可采取以下方式解决：

（1）改用长短跑楼梯，即将底层的等跑梯段变为长短跑梯段。起步第一跑为长跑，以提高中间平台标高，见图 5-8。这种方式仅在楼梯间进深较大时采用，此时应注意保证平台上面的净空宽度和高度。

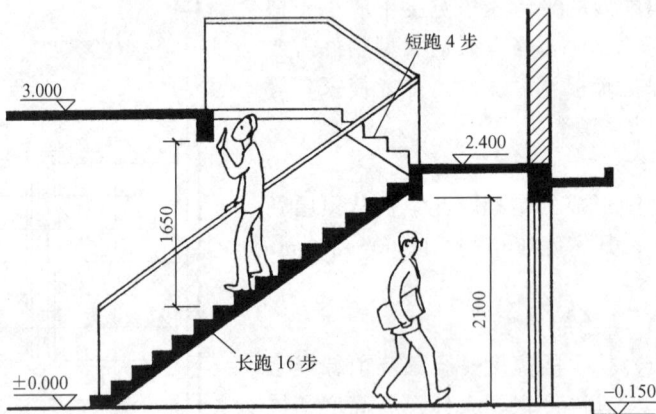

图 5-8　用长短梯段解决通行净高

（2）下沉地面，即局部降低底层中间平台下地坪标高，使其低于底层室内地坪标高±0.000，以满足净空高度要求，见图 5-9。这种处理方式可保持等跑梯段，使构件统一，但提高了整个建筑物的高度。此时应注意，降低后的中间平台下地坪标高仍应高于室外地坪标高，以免雨水内溢。

（3）综合法，即将长短跑法和下沉地面法综合一体解决通行净高问题（图 5 - 10）。这种处理方式可兼有前两种方式的优点，并减少其缺点。

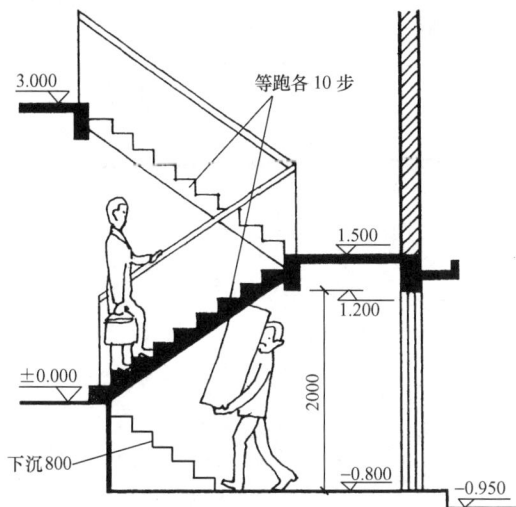

图 5 - 9 下沉地面解决通行净高　　　　图 5 - 10 用综合法解决通行净高

（4）不设置平台梁。平台梁高为其梁长的 1/12 左右，一般均在 300～400mm 之间。如果去掉平台梁，这个尺寸确实在解决通行净高时起着一定作用。不设平台梁是从结构上进行调整，即将上、下梯段和平台组成一个整体式的折板，将板端直接支承在承重墙体上，这样的变动可以解决 200～300mm 的净高问题，见图 5 - 11。

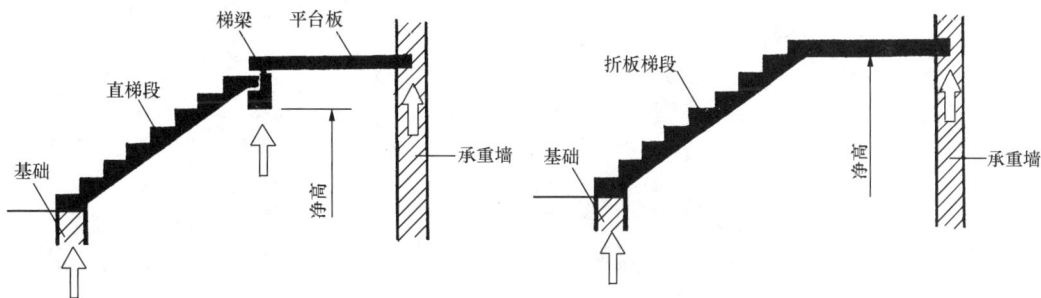

图 5 - 11 用折板提高通行净高

📑 课堂总结

本节主要内容是楼梯的组成、楼梯的类型和楼梯的尺度。

笔记页

◎ 技能单元

一、名词解释

1. 扶手的高度

2. 楼梯的净空高度

3. 梯井

二、填空题

1. 楼梯一般由（　　　）、（　　　）和（　　　）三部分组成。

2. 一个楼梯段的踏步数量一般不宜超过（　　　）级，同时也不宜少于（　　　）级。

3. 平台有（　　　）和（　　　）之分。

4. 踏步由（　　　）和（　　　）组成。

5. 扶手高度常采用（　　　）mm；靠楼梯井一侧水平扶手长度超过 0.5m 时，其高度不应小于（　　　）mm；儿童使用的扶手高度一般为（　　　）mm。

6. 梯井一般以（　　　）mm 为宜。

7. 楼梯段部位的净高不应小于（　　　）m，平台部位的净高不应小于（　　　）m。起止踏步前缘与顶部凸出物内边缘线的水平距离不应小于（　　　）m。

三、简答题

1. 建筑的垂直交通设施有哪些？各适用于什么建筑？

2. 楼梯、坡道各自适应的坡度范围是多少？楼梯的适宜坡度是多少？

3. 常见的楼梯形式有哪些？

4. 如何确定楼梯段宽度和平台宽度？

5. 简述楼梯踏步高与踏步宽和行人步距的关系。

6. 在保证坡度一定时，如何加大踏面宽度？（要求画出相应图示）。

7. 建筑物底层平台下做出入口时，为增加净高，常采用哪些措施？

笔记页

思政单元

【案例呈现】

"梯"升幸福感！

　　山西省太原市汾河一坝宿舍加装电梯，是桃园二巷西社区在 2022 年抓党建促基层治理能力提升专项行动开展以来，为居民群众办的一件民生实事。

　　在电梯加装开工仪式活动现场，业主代表左中联动情地说："加装电梯后，老人们再也不用辛苦地爬楼梯了，这一上一下，可是省了不少劲儿……"据悉，今年专项行动开展以来，三桥街道始终秉承"零距离、全方位"原则做好为民服务工作，致力于打通联系服务群众的"最后一公里"，力求推进社区干部和群众之间、物业和业主之间、邻里之间的情感融合。家住汾河一坝宿舍三号楼七层的赵友娥老人，今年 76 岁，她也参加了当天的动工仪式。赵友娥欣喜地说："我们上了年纪的老人，爬楼实在太辛苦了。我现在就在想，等电梯加装完毕，像我这样的老太太再也不用使劲儿爬楼梯了，这可真是一件好事。"汾河一坝宿舍加装电梯是一项惠民利民的民心工程，让老百姓真正体会到了政府的惠民政策，解决了居民上下楼难的问题。

　　（资料来源：根据太原新闻网 2022 - 05 - 27 改编）

【案例点评】

　　中国特色社会主义进入了新时代，我国社会主要矛盾已经转变为人民日益增长的美好生活需要和不平衡不充分的发展之间的矛盾。从居住条件来看，人民不仅满足有房住，而且要住得更舒服。

　　随着人民生活水平不断提高，功能修补和补齐基础设施功能短板将是今后城市发展的重点，而增设电梯属于老旧住宅改造中最为重要的项目。特别是随着老龄化社会的到来，对老旧住宅进行增设电梯，使之符合社区老龄居民居住、出行、就医等方面的现实生活需求，是一项便民利民的民生工程。它关系到人民群众最关心、最直接、最现实的利益。桃园二巷西社区为老小区加装电梯促进了住宅建设高质量发展，保障了居民基本住房条件和居住环境，提升了群众的获得感、安全感和幸福感。

笔记页

🎯 教学评价

1. 本课自查表

教学目标	知识目标	□清晰 □模糊 □一般 □混淆	
	能力目标	□掌握 □熟悉 □了解	
	思政目标	□有　□无	
授课情况	概念清晰度	□清晰 □模糊 □一般 □混淆	
	讲课语速	□快　□慢　□适当 □听不清	
	课堂节奏	□快　□慢　□适当 □无	
	课堂氛围	□激情 □饱满 □互动 □压抑	
	授课方式	□接受 □抵触 □死板 □改进 □灵活	
	板书或PPT	□工整 □潦草 □太少 □字迹模糊	
学习情况	概念	□难懂 □理解 □易忘 □抽象 □简单 □太多	
	学习方法	□听讲 □自学 □实验 □讨论 □笔记	
	学习兴趣	□浓厚 □一般 □淡薄 □厌倦 □无	
	学习态度	□端正 □一般 □被迫 □主动	
	课前课后	□预习 □复习 □无　□没时间	
	课后作业	□太少 □太多 □无	
意见建议			

2. 小组评价表

讨论问题					
小组成员					
为我打分					

笔记页

课程名称	5.2　楼梯（二）
教学内容	5.2　楼梯（二） 四、钢筋混凝土楼梯 （一）现浇钢筋混凝土楼梯 （二）装配式钢筋混凝土楼梯 五、楼梯的细部构造 （一）踏步面层及防滑处理 （二）栏杆（栏板）及扶手构造

学时安排	2 学时 （90 分钟）	知识单元	65 分钟
		技能单元	10 分钟
		思政单元	15 分钟

教学重点 及难点	装配式钢筋混凝土楼梯及楼梯的细部构造

教学目标	知识目标	1. 了解现浇钢筋混凝土楼梯的适用条件。 2. 熟悉楼梯的细部构造。 3. 掌握装配式钢筋混凝土楼梯的构造做法，对比现浇与预制楼梯的优缺点
	能力目标	1. 能够准确描述现浇钢筋混凝土板式和梁板式楼梯的区别。 2. 能够准确描述装配式钢筋混凝土板式和梁板式楼梯的区别。 3. 能够分辨不同形式的栏杆类型和构造。 4. 能够绘制栏杆与梯段、平台连接，扶手与墙面连接的构造做法
	思政目标	通过本案例使学生认识到遵守职业道德和法律的重要性，在未来的工作中守住自己的良心和道德底线，否则不仅自毁前程，也会对他人、国家、社会带来不可挽回的损失

思政元素 融入方法	1. 课前布置课程思政故事自学和思考题。 2. 课中教师简述课程思政案例，并组织同学展开思考讨论。 3. 通过案例导入教学内容，通过讨论对学生进行思政教育

知识单元	
教学环节	**教学内容安排**
课前导入	课程思政案例：不该发生的校园惨案 思考讨论：请分析三个校园惨案发生的原因，并谈谈规范楼梯构造的重要意义。

5.2 楼梯（二）

四、钢筋混凝土楼梯

钢筋混凝土楼梯按施工方式不同，可分为现浇式和预制装配式两类。

（一）现浇钢筋混凝土楼梯

现浇钢筋混凝土楼梯的整体性好，造型随意性强，但现场施工繁琐、湿作业多、工期长，多用于楼梯形式复杂或对抗震要求较高的建筑。现浇钢筋混凝土楼梯按受力特点及结构形式的不同，可分为板式楼梯和梁板式楼梯。

1. 板式楼梯

板式楼梯是将楼梯段作为一块板，板底平整，板面上做成踏步，梯段两端设置平台梁，楼梯段上的荷载通过平台梁传到墙上，见图5-12（a）；也可不设平台梁，将梯段板和平台板现浇为一体，楼梯段上的荷载直接传递到墙上，见图5-12（b）。这种楼梯构造简单，施工方便，但自重大，材料消耗多，适用于楼梯段跨度及荷载较小的楼梯。

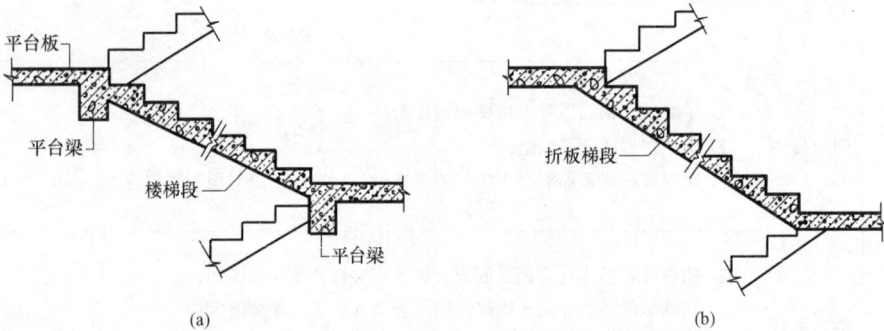

图5-12 现浇钢筋混凝土板式楼梯
（a）设平台梁的梯段；（b）不设平台梁的梯段

2. 梁板式楼梯

梁板式楼梯是指在梯段中设有斜梁的楼梯。踏步板的荷载通过梯段斜梁传至平台梁，再传到墙上。按斜梁位置的不同有明步和暗步之分。明步是将梁设置在踏步板之下，上面踏步露明，见图5-13（a）；暗步是使梁和踏步板的下表面取平，踏步包在梁内，见图5-13（b）。这种楼梯模板比较复杂，但受力较好，用料比较经济，适用于各种长度的楼梯。

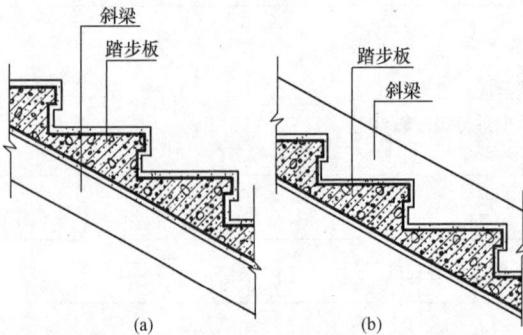

图5-13 现浇钢筋混凝土梁板式楼梯
（a）明步楼梯；（b）暗步楼梯

（二）装配式钢筋混凝土楼梯

装配式钢筋混凝土楼梯是将楼梯分隔成若干部分，在预制厂制作，到现场安装的楼梯。这种方式可加快施工速度，减少现场湿作业，有利于建筑工业化。但楼梯的造型和尺寸将受到局限，且应具有一定的吊装设备。

装配式钢筋混凝土楼梯按构件尺寸的不同，可分为小型构件装配式楼梯和大、中型构件装配式楼梯两类。

1. 小型构件装配式楼梯

小型构件装配式楼梯具有构件小而轻、容易制作、便于安装的优点，但由于构件数量多，现场湿作业也较多，施工速度较慢，通常用于施工机械化程度较低的房屋建筑中。小型构件装配式楼梯主要有墙承式和梁承式两种。

（1）墙承式楼梯。按支撑方式的不同有双墙支撑式和悬挑踏步式两种。

双墙支撑式楼梯是把预制的踏步板搁置在两侧的墙上，在砌筑墙体时，随砌随安放踏步板。这种楼梯两个梯段间设墙后，阻挡了视线、光线，感觉空间狭窄，在搬运大件家具设备时感到不方便。为了解决通视的问题，可以在墙体的适当部位开设观察孔，见图 5-14。双墙支撑式楼梯宜用于低标准的次要建筑。

悬挑踏步式楼梯是将踏步板的一端嵌固于楼梯间侧墙中，另一端悬挑并安装栏杆的楼梯，见图 5-15。这种形式仅适用于次要楼梯且悬挑尺寸不宜大于 900mm，地震区不宜采用。

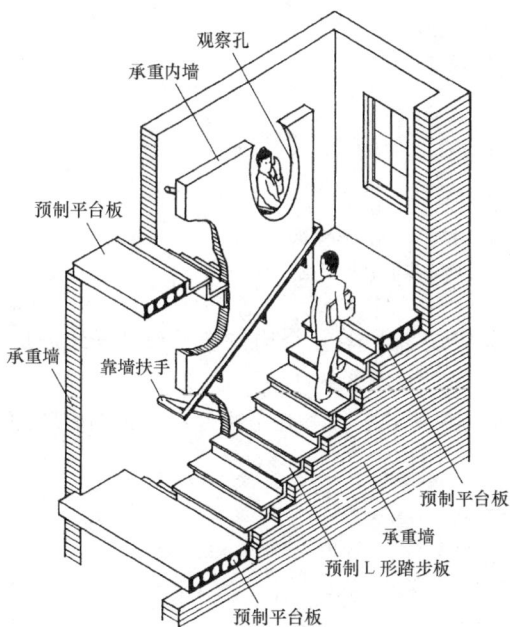

图 5-14　双墙支承式楼梯

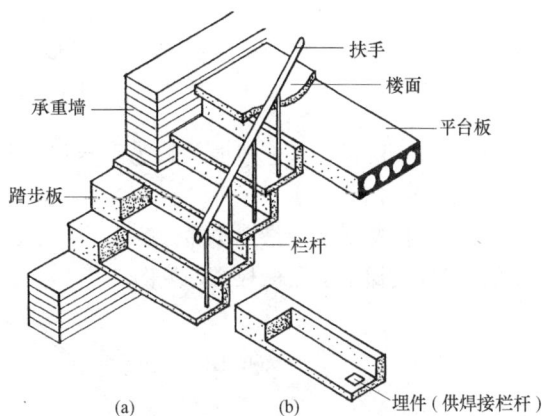

图 5-15　悬挑踏步式楼梯
（a）悬挑踏步式楼梯示意；（b）踏步构件

（2）梁承式楼梯。其梯段是由踏步板和斜梁组成。梯段斜梁通常做成锯齿形、矩形和 L 形。锯齿形斜梁用于支撑一字形和 L 形踏步板，见图 5-16（a）、（b）；矩形和 L 形斜梁用于支撑三角形踏步板，见图 5-16（c）、（d）。一字形和 L 形踏步板与斜梁之间用水泥砂浆找平，三角形踏步板与斜梁之间用水泥砂浆自下而上逐个叠砌。

2. 大、中型构件装配式楼梯

大、中型构件装配式楼梯可以减少预制构件的种类和数量，简化施工过程，减轻劳动强度，加快施工速度；但构件制作和运输较麻烦，施工现场需要有大型吊装设备，以满足安装要求。这种楼梯适用于在成片建设的大量性建筑中使用。

按楼梯段构造形式的不同，大、中型构件装配式楼梯主要有板式和梁板式两种。

图 5-16　梁承式楼梯

（a）一字形踏步板锯齿形斜梁；（b）L 形踏步板锯齿形斜梁；

（c）三角形踏步板矩形斜梁；（d）三角形踏步板 L 形斜梁

（1）板式楼梯，是把楼梯分解为平台梁、平台板和板式梯段等几个构件进行预制安装而成的，见图 5-17。

（2）梁板式楼梯，是把楼梯分解为平台梁、平台板和梁板式梯段等几个构件进行预制安装而成的。梁板式梯段多为槽板式，见图 5-18。

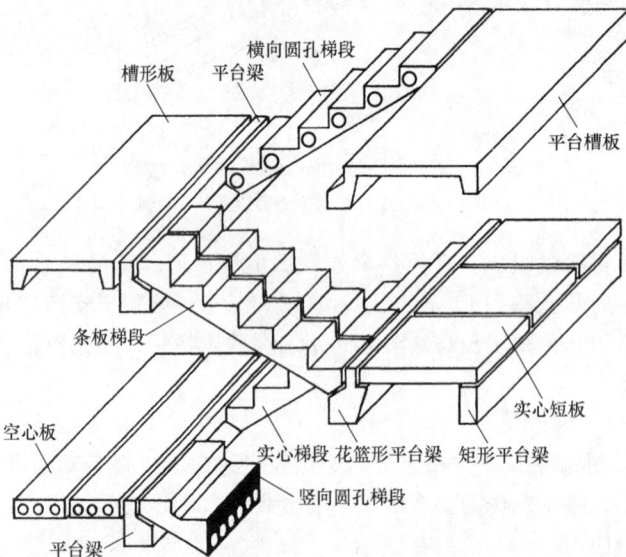

图 5-17　装配式板式楼梯构件组合示意图

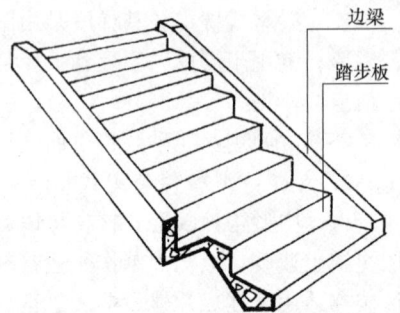

图 5-18　梁板式梯段

楼梯段安装时，应用水泥砂浆铺垫，还应在斜梁与平台梁结合处，用插筋套接或预埋钢板电焊的方法连接牢固，见图 5 - 19。

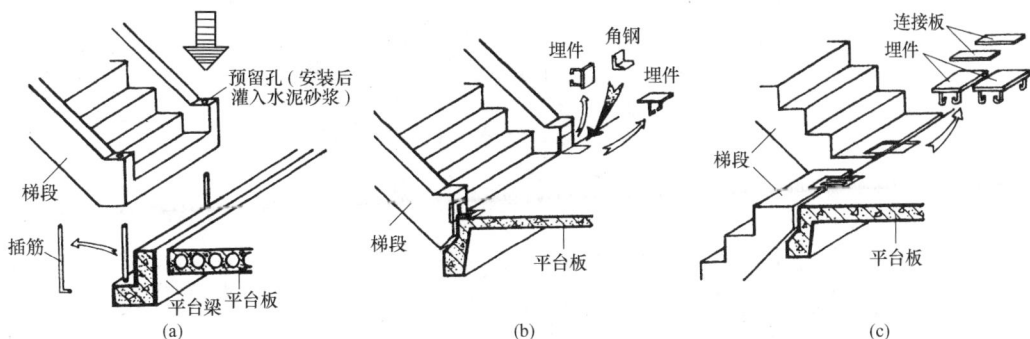

图 5 - 19　梯段与平台的连接
(a) 插筋连接；(b) 角钢连接；(c) 连接板焊接

位于建筑物底层的第一跑楼梯段下部应设基础，称为梯基。梯基的形式一般为条形，可选用砖、石等材料砌筑而成，见图 5 - 20 (a)；也可采用平台梁代替，见图 5 - 20 (b)。

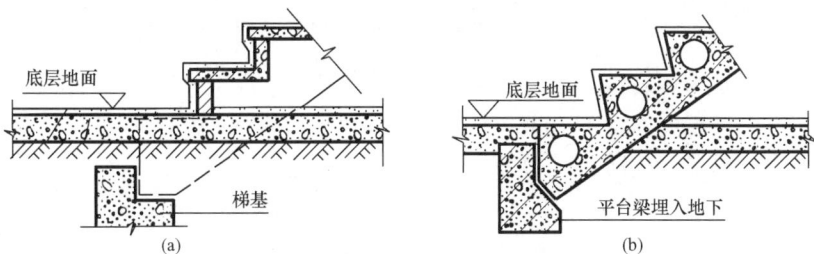

图 5 - 20　梯基构造示意图
(a) 梯段与梯基连接；(b) 平台梁代替梯基

五、 楼梯的细部构造

(一) 踏步面层及防滑处理

1. 踏步面层

楼梯踏步面层的做法与楼地面做法基本相同。选用的材料，应满足平整、耐磨、便于清洁、防滑和美观等方面的要求。根据造价和装修标准的不同，常采用水泥砂浆面、水磨石面、大理石面、地毯面等，如图 5 - 21 所示。

2. 防滑处理

对于人流量较大的楼梯，为避免行人滑倒，踏步表面应采取防滑措施。通常是在靠踏步阳角部位做防滑条，防滑条的两端应距墙面或栏杆（栏板）留出不小于 120mm 的空隙，以便清扫垃圾和冲洗。防滑条的材料应耐磨、美观、行走舒适，常用的有水泥铁屑、水泥金刚砂、铸铁、铜、铝合金、缸砖等，其具体做法如图 5 - 21 所示。

(二) 栏杆（栏板）及扶手构造

1. 栏杆（栏板）的形式与构造

栏杆（栏板）的形式可分为空花式、栏板式、混合式等类型。

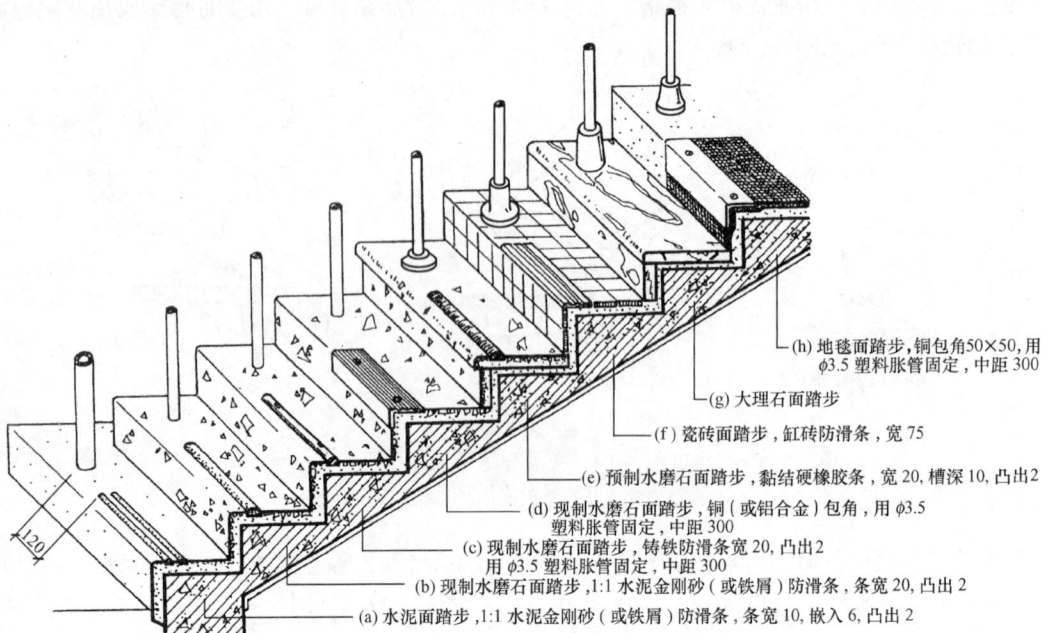

图 5-21　楼梯踏步面层及防滑处理

（h）地毯面踏步,铜包角50×50,用 ϕ3.5 塑料胀管固定,中距 300

（g）大理石面踏步

（f）瓷砖面踏步,缸砖防滑条,宽 75

（e）预制水磨石面踏步,黏结硬橡胶条,宽20,槽深10,凸出2

（d）现制水磨石面踏步,铜（或铝合金）包角,用 ϕ3.5 塑料胀管固定,中距 300

（c）现制水磨石面踏步,铸铁防滑条宽20,凸出2 用 ϕ3.5 塑料胀管固定,中距 300

（b）现制水磨石面踏步,1:1 水泥金刚砂（或铁屑）防滑条,条宽20,凸出2

（a）水泥面踏步,1:1 水泥金刚砂（或铁屑）防滑条,条宽10,嵌入6,凸出2

（1）空花式。一般采用扁钢、圆钢、方钢，也可采用木、铝合金等材料制作。其杆件形成的空花尺寸不宜过大，一般不大于 110mm。经常有儿童活动的建筑，栏杆的分格应设计成不易儿童攀登的形式，以确保安全，如图 5-22 所示。

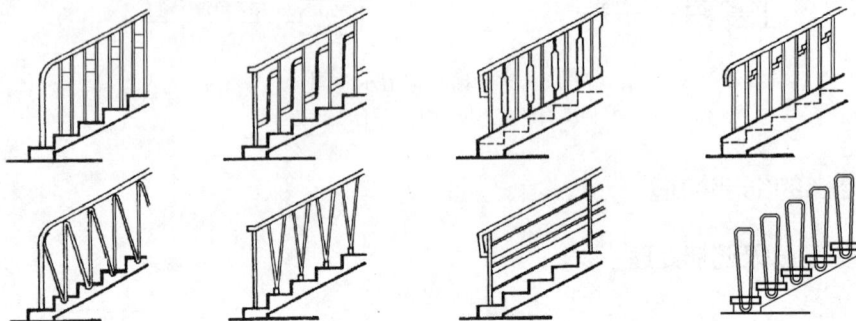

图 5-22　空花栏杆

（2）栏板式。一般采用砖、钢板网水泥、钢筋混凝土、有机玻璃及钢化玻璃等材料制作，如图 5-23 所示。

（3）混合式。混合式是指空花式和栏板式两种形式的组合，其栏杆竖杆常采用钢材或不锈钢等材料，其栏板部分常采用轻质美观材料制作，如木板、塑料贴面板、铝板、有机玻璃板和钢化玻璃板等。图 5-24 所示为混合式栏板的几种常见做法。

2. 扶手

楼梯扶手位于栏杆（栏板）顶面，供人们上下楼梯时依扶之用。扶手一般由硬木、钢管、铝合金管及塑料等材料做成。扶手断面形式多样，图 5-25 为几种常见扶手类型。

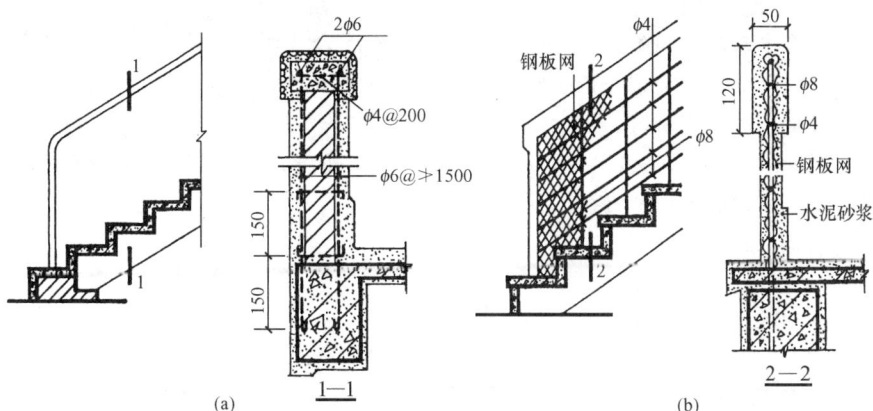

图 5-23 栏板

（a）1/4 砖砌栏板；（b）钢板网水泥栏板

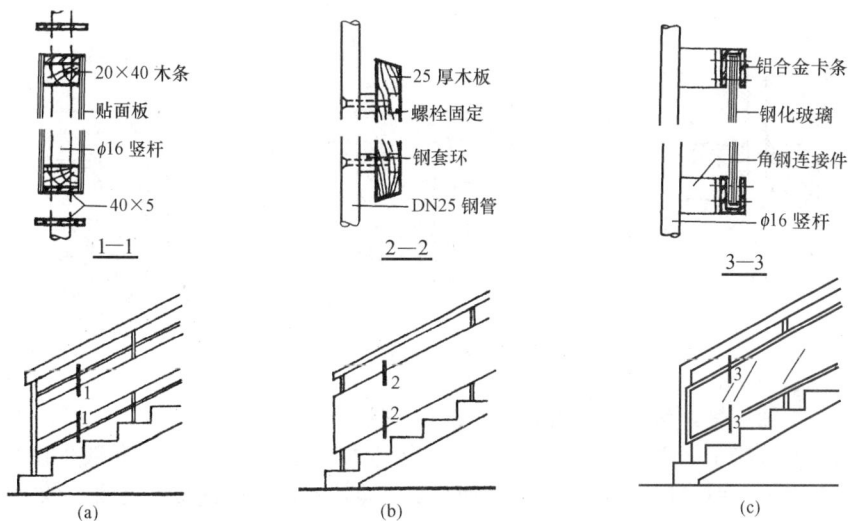

图 5-24 混合式栏杆

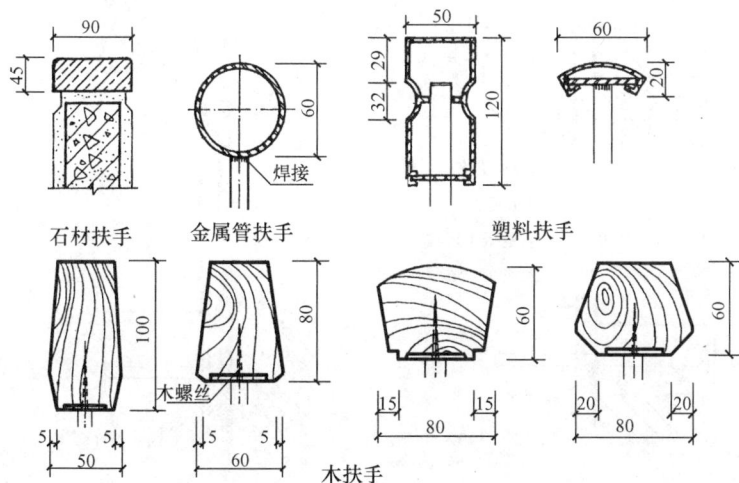

图 5-25 扶手类型

3. 栏杆、扶手连接构造

（1）栏杆与扶手连接，如图5-25所示。空花式和混合式栏杆，当采用木材或塑料扶手时，一般在栏杆竖杆顶部设通长扁钢与扶手底面或侧面槽口榫接，用木螺钉固定；金属管材扶手与栏杆竖杆连接一般采用焊接或铆接。

（2）栏杆与梯段、平台连接，见图5-26。一般是在梯段和平台上预埋钢板焊接或预留孔插接。为了保护栏杆和增加美观，可在栏杆下端增设套环。

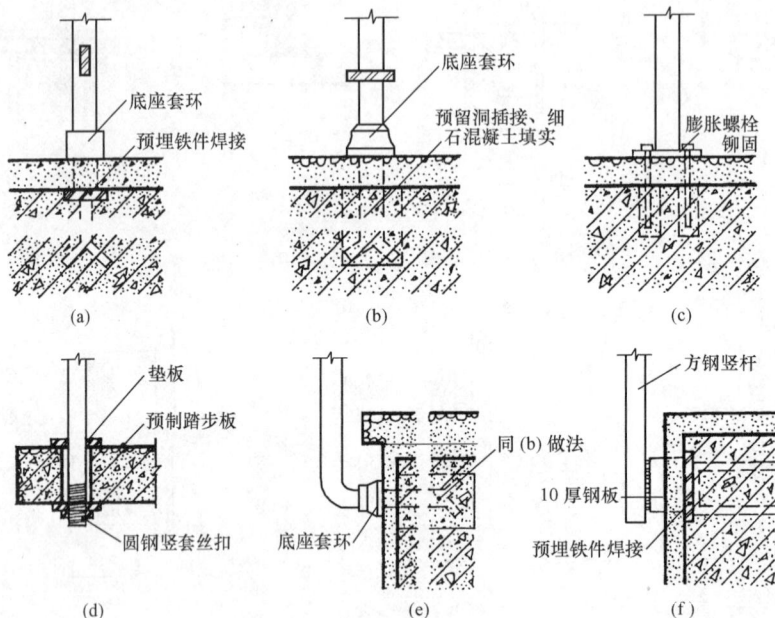

图5-26 栏杆与梯段、平台连接

（3）扶手与墙面连接。扶手与墙面应有可靠的连接，当墙体为砖墙时，可留洞，将扶手连接杆件伸入洞内，用混凝土嵌固，见图5-27（a）。当墙体为钢筋混凝土时，一般采用预埋钢板焊接，见图5-27（b）。在栏杆扶手结束处与墙面相交，也应有可靠的连接，见图5-27（c）（d）。

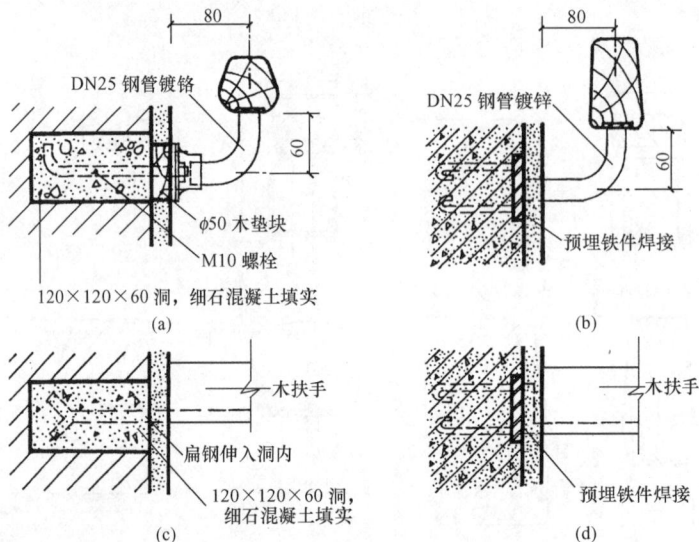

图5-27 扶手与墙面连接

（4）楼梯起步和梯段转折处的栏杆扶手处理。在底层第一跑梯段起步处，为增强栏杆刚度和美观，可以对第一级踏步和栏杆扶手进行特殊处理，如图 5-28 所示。

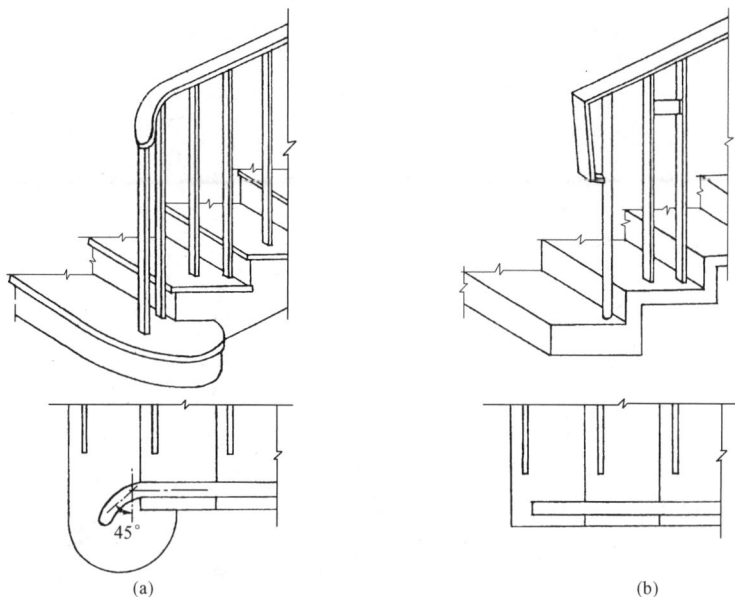

(a)　　　　　　　　　　　(b)

图 5-28　楼梯起步处理

在梯段转折处，由于梯段间的高差关系，为了保持栏杆高度一致和扶手的连续，需根据不同情况进行处理，如图 5-29 所示。

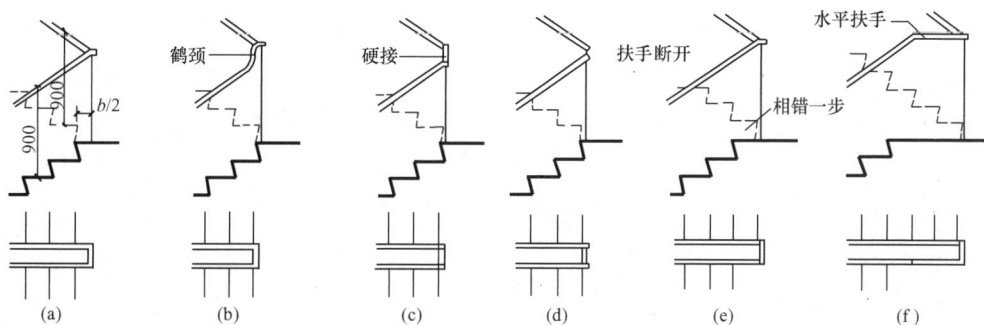

(a)　　(b)　　(c)　　(d)　　(e)　　(f)

图 5-29　梯段转折处的栏杆扶手处理

📝 课堂总结

本节主要内容是现浇钢筋混凝土楼梯、装配式钢筋混凝土楼梯和楼梯的细部构造。其中楼梯的细部构造包括踏步面层及防滑处理和栏杆、栏板的构造。

笔记页

◎ 技能单元

一、名词解释

1. 板式楼梯

2. 梁板式楼梯

二、填空题

1. 钢筋混凝土楼梯按施工方式不同，可分为（　　　）和（　　　）两类。

2. 现浇钢筋混凝土楼梯按受力特点及结构形式的不同，可分为（　　　）和（　　　）。

3. 装配式钢筋混凝土楼梯按构件尺寸的不同，可分为（　　　）装配式楼梯和（　　　）装配式楼梯等类型。

三、简答题

1. 现浇钢筋混凝土楼梯有哪几种？各自的特点是什么？

2. 明步楼梯和暗步楼梯各自具有什么特点？

四、作图题

1. 绘出楼梯踏面的防滑构造图。

2. 绘出栏杆与踏步的连接构造图。

3. 绘出扶手与栏杆的连接构造图。

笔记页

🖤 思政单元

【案例呈现】

不该发生的校园惨案

近年来，国内曾发生多起校园楼梯踩踏事故，给学生、家长、学校、社会带来极大的危害。发生学生踩踏事故的原因多种多样，但当时当地的楼梯条件不完善是导致踩踏的物理条件。

案例 1：内蒙古丰镇市二中是市属重点中学，有初中三个年级 19 个班，共 1563 名学生。2002 年 9 月 23 日，晚自习结束后，1500 多名学生从东西两个楼道口，在没有任何照明的条件下，蜂拥下楼。在西楼道接近一楼的最后四五个台阶处，楼梯护栏突然坍塌，前面的学生纷纷扑倒在地，后面的学生看不清，仍然纷纷往前拥挤，酿成事故。

案例 2：2009 年 12 月 7 日 21 时 30 分，天空下着大雨。湖南省湘乡市某中学学生晚自习下课后，很多学生为了不淋雨，从离宿舍和教学楼最近的一号楼梯口（仅有 1.5 米宽左右）通过，有几个调皮的男生将楼梯口堵住，楼上的学生没有意识到，继续向前走，导致事故的发生。事故共造成 8 人死亡，26 人受伤，8 人留院观察。此次事故的一个主要原因是楼道里没有安装应急灯与设置警示标志。

案例 3：2019 年 9 月 2 日，军训刚刚结束，四川某高中的两名高一学生，在楼道里打闹，造成走廊护栏断裂，一死一重伤；当天上午 12 点，一名学生将另一名学生从背后抱住，另一名学生有反抗蹬踢墙面动作，然后双双倒向钢筋护栏，随后两名学生和护栏一同坠楼。

【案例点评】

上述三个校园事故都和楼梯的设计、质量有关。

无规矩不成方圆。建筑设计规范对提高我国建筑质量，协调整个建筑市场的有效运转，促进建筑行业的健康发展、保护人民的生命财产、提高人们生活质量都有非常重要的意义。

近年来，作为建筑装饰一大亮点的建筑护栏也一改往日的单一形式而变得多种多样，已由过去传统的木质、型钢、铁艺栏杆发展到不锈钢、玻璃、PVC、尼龙钢芯结合等材质各异、造型优美的各式栏杆，但栏杆的千变万化首先都应以是否具有安全感为前提，故国家颁布的相关设计规范对其强度、高度、间距都有严格的要求。《民用建筑设计统一标准》规定：栏杆应以坚固、耐久的材料制作，并能承受荷载规范规定的水平荷载。因此，设计人员应慎重选择栏杆材质并详细注明构造做法，施工人员应该严格按照设计规范去施工，满足规范的强制性规定的要求。

楼梯的设计、构造有规范要求，做人也要守规矩，常怀敬畏之心，守住自己的良心和道德底线，否则不仅自毁前程，而且也会对他人、国家、社会带来不可挽回的损失。

笔记页

教学评价

1. 本课自查表		
教学目标	知识目标	□清晰 □模糊 □一般 □混淆
	能力目标	□掌握 □熟悉 □了解
	思政目标	□有　□无
授课情况	概念清晰度	□清晰 □模糊 □一般 □混淆
	讲课语速	□快　□慢　□适当 □听不清
	课堂节奏	□快　□慢　□适当 □无
	课堂氛围	□激情 □饱满 □互动 □压抑
	授课方式	□接受 □抵触 □死板 □改进 □灵活
	板书或PPT	□工整 □潦草 □太少 □字迹模糊
学习情况	概念	□难懂 □理解 □易忘 □抽象 □简单 □太多
	学习方法	□听讲 □自学 □实验 □讨论 □笔记
	学习兴趣	□浓厚 □一般 □淡薄 □厌倦 □无
	学习态度	□端正 □一般 □被迫 □主动
	课前课后	□预习 □复习 □无　□没时间
	课后作业	□太少 □太多 □无
意见建议		

2. 小组评价表				
讨论问题				
小组成员				
为我打分				

笔记页

课程名称	5.3　台阶与坡道 5.4　电梯与自动扶梯		
教学内容	5.3　台阶与坡道 一、台阶与坡道的形式 二、台阶构造 三、坡道构造 5.4　电梯与自动扶梯 一、电梯 （一）电梯的类型 （二）电梯的组成 二、自动扶梯		
学时安排	2 学时 （90 分钟）	知识单元	45 分钟
		技能单元	30 分钟
		思政单元	15 分钟
教学重点 及难点	台阶的构造做法		
教学目标	知识目标	1. 了解台阶的构造做法。 2. 熟悉楼电梯的组成部分。 3. 掌握台阶与坡道的形式	
	能力目标	1. 能够认知台阶和坡道的形式。 2. 能够绘制实铺台阶的构造。 3. 能够认知电梯的组成部分	
	思政目标	1. 人民大会堂的"人民"二字体现了毛泽东等老一辈中国共产党人以人民为中心、一心为民的情怀和初心使命。 2. 周恩来总理重视人民大会堂的坡道设计，体现了中国共产党人以人为本的思想	
思政元素 融入方法	1. 课前布置课程思政故事自学和思考题。 2. 课中教师简述课程思政案例，并组织同学展开思考讨论。 3. 通过案例导入教学内容，通过讨论对学生进行思政教育		
知识单元			
教学环节	教学内容安排		
课前导入	课程思政案例：人民大会堂——人民的会堂 思考讨论：周恩来总理为什么特别关注人民大会堂台阶的坡道设计？		

5.3 台阶与坡道

大部分台阶和坡道设在室外，是建筑入口与室外地面的过渡。一般建筑物为了防水、防潮等方面的要求，室内外地面应设有高差。民用建筑室内地面通常高于室外地面 300mm，单层工业厂房室内地面通常高于室外地面 150mm。在建筑物出入口处，应设置台阶或坡道，以满足室内外交通联系方便的要求。

一、台阶与坡道的形式

台阶由平台与踏步组成，其形式有三面踏步式及单面踏步式等；坡道多为单面坡式。在某些大型公共建筑中，为考虑汽车能在大门入口处通行，可采用台阶与坡道相结合的形式，如图 5-30 所示。公共建筑室内外台阶踏步宽度不宜小于 0.3m，踏步高度不宜大于 0.15m，并不宜小于 0.10m，踏步应防滑。室内台阶踏步数不应少于 2 级，当高差不足 2 级时，应按坡道设置室内坡道的坡度不宜大于 1:8，室外坡道的坡度不宜大于 1:10。坡道应采取防滑措施。

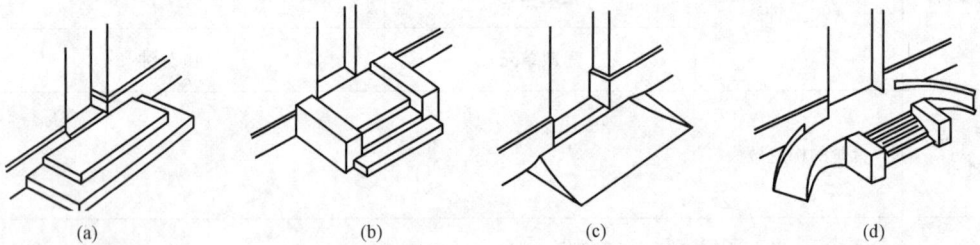

图 5-30 台阶与坡道的形式
（a）三面踏步式；（b）单面踏步式；（c）坡道式；（d）踏步与坡道结合式

二、台阶构造

台阶分实铺和架空两种构造形式，大多数台阶采用实铺。实铺台阶的构造与地面构造基本相同，由基层、垫层和面层组成。基层是素土夯实层；垫层多为卵石灌浆、混凝土或灰土等；面层有整体和铺贴两大类，如水泥砂浆、水磨石、石质板材等。在严寒地区，为保证台阶不受土壤冻胀的影响，应把台阶下部一定深度范围内的原土换掉，改设砂垫层。实铺台阶构造如图 5-31 所示。

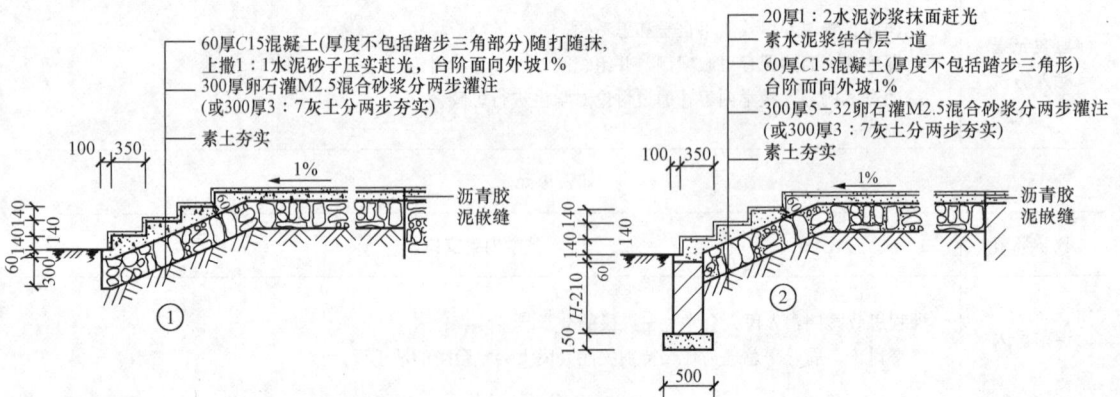

图 5-31 实铺台阶构造（一）

20~25厚石质板材踏步及踢脚板,水泥砂浆擦缝
30厚1:4下硬性水泥砂浆
素水泥浆结合层一道
60厚C15混凝土,台阶面向外坡1%
300厚卵石灌M2.5混合砂浆分两步灌注
(或300厚3:7灰土分两步夯实)
素土夯实

沥青胶泥嵌缝

③

10厚1:1.5水泥石子,用斧剁毛两遍成活
素水泥浆结合层一道
15厚1:3水泥砂浆找平层
素水泥浆结合层一道
60厚C15混凝土(厚度不包括踏步三角形)
台阶面向外坡1%
300厚卵石灌M2.5混合砂浆分两步灌注
(或300厚3:7灰土分两步夯实)
素土夯实

沥青胶泥嵌缝

④

注:1.严寒地区选用设基础的台阶;
　　2.台阶下如设防冻胀层,做法300厚中粗砂。

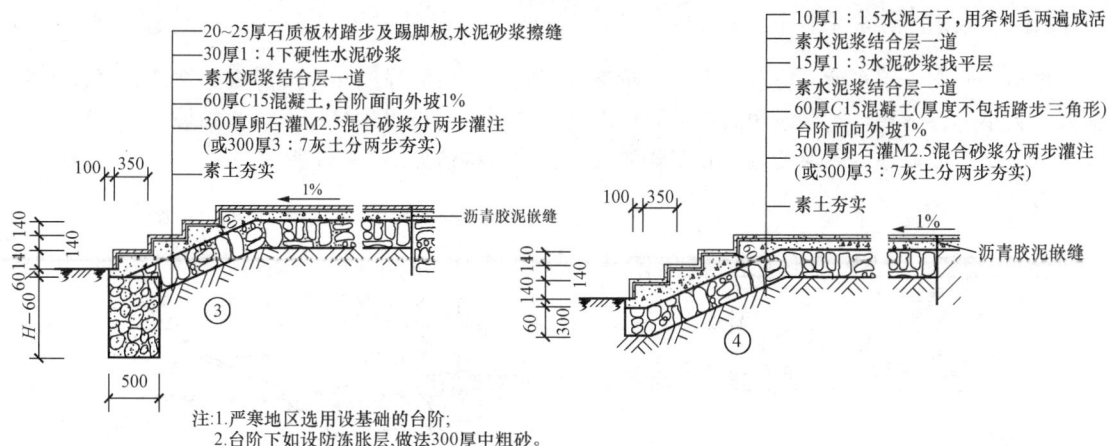

图 5-31　实铺台阶构造(二)

当台阶尺度较大或土壤冻胀严重时,为保证台阶不开裂,往往选用架空台阶。架空台阶的平台板和踏步板均为预制混凝土板,分别搁置在梁上或砖砌地垄墙上。架空台阶构造如图 5-32 所示。

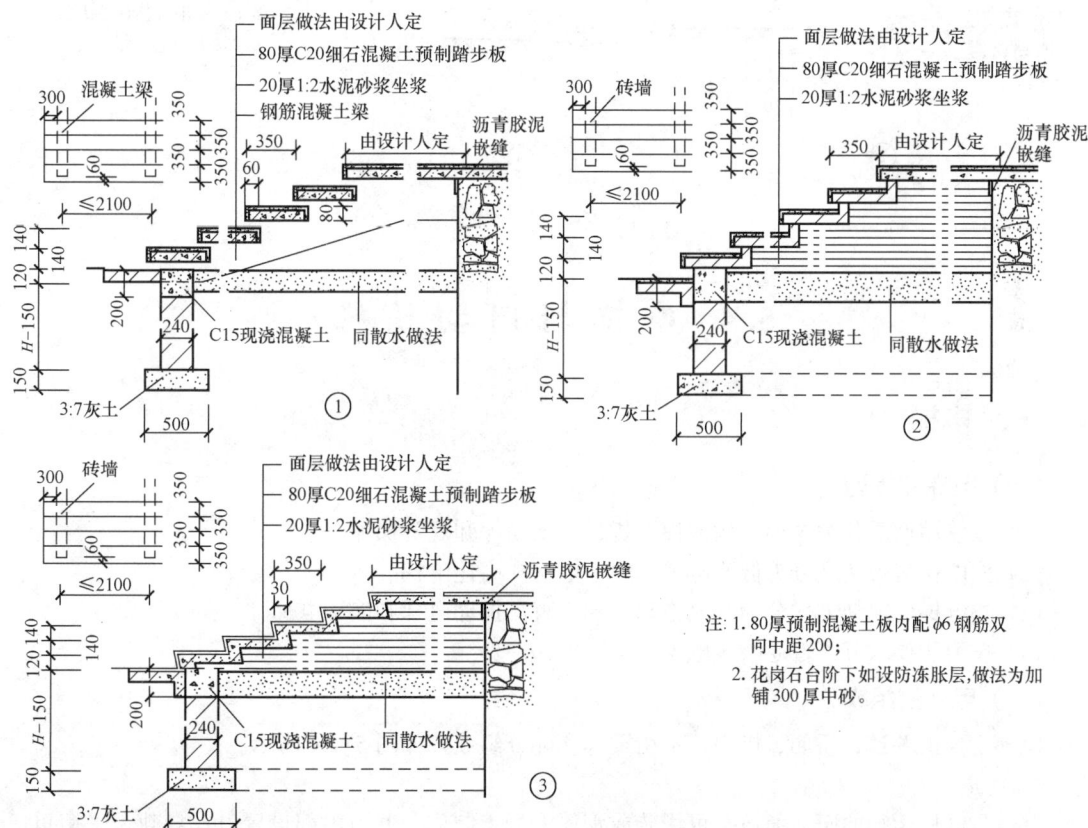

面层做法由设计人定
80厚C20细石混凝土预制踏步板
20厚1:2水泥砂浆坐浆
钢筋混凝土梁
混凝土梁
由设计人定
沥青胶泥嵌缝
C15现浇混凝土
同散水做法
3:7灰土
①

面层做法由设计人定
80厚C20细石混凝土预制踏步板
20厚1:2水泥砂浆坐浆
砖墙
由设计人定
沥青胶泥嵌缝
C15现浇混凝土
同散水做法
3:7灰土
②

面层做法由设计人定
80厚C20细石混凝土预制踏步板
20厚1:2水泥砂浆坐浆
砖墙
由设计人定
沥青胶泥嵌缝
C15现浇混凝土
同散水做法
3:7灰土
③

注:1.80厚预制混凝土板内配φ6钢筋双
　　向中距200;
　　2.花岗石台阶下如设防冻胀层,做法为加
　　铺300厚中砂。

图 5-32　架空台阶构造

三、坡道构造

坡道一般均采用实铺，构造要求与台阶基本相同。垫层的强度和厚度应根据坡道长度及上部荷载的大小进行选择，严寒地区的坡道同样需要在垫层下部设置砂垫层。坡道的坡度较大时，可在面层上做防滑处理，以保证行人和车辆的安全。坡道构造如图 5-33 所示。

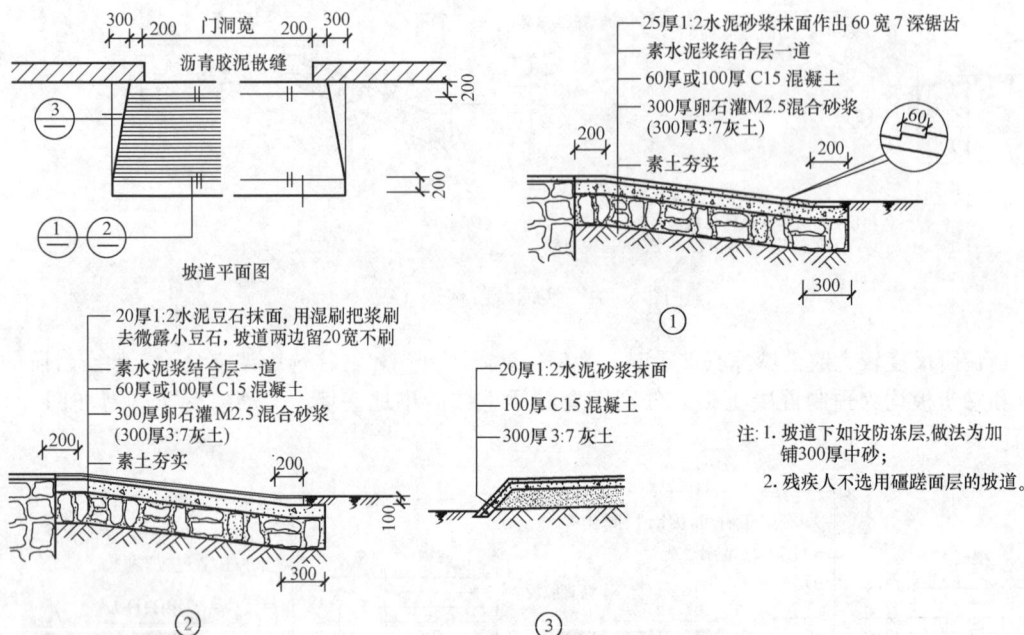

图 5-33 坡道构造

5.4 电梯与自动扶梯

一、电梯

（一）电梯的类型

（1）按使用性质分为客梯、病床梯、货梯、杂物梯和观赏梯等。

（2）按电梯运行速度分为低速电梯、中速电梯和高速电梯。

（3）按电梯的拖动方式分为交流拖动电梯、直流拖动电梯和液压电梯。

（4）按消防要求分为普通乘客电梯和消防电梯。

（二）电梯的组成

电梯主要由井道、轿厢、机房、平衡重等几部分组成，如图 5-34 所示。

1. 井道

井道是电梯运行的竖向通道，可用砖或钢筋混凝土制成。井道内部设置电梯导轨、平衡重等电梯运行配件。井道还应开设通风孔、排烟孔和检修孔。井道应只供电梯使用，不允许布置无关的管线。

2. 轿厢

轿厢是垂直交通和运输的主要容器，要求坚固、防火、通风、便于检修和疏散。轿厢门一般为推拉门，有一侧推拉和中分推拉两种。轿厢内应设置层数指示灯、运行控制器、排风扇、报警器等。

3. 机房

机房是安装电梯运行动力设施的房间，有顶层机房和底层机房两种，前者使用颇广。机房的平面和剖面尺寸均应满足布置机械和电控设备的需要，并留有足够的管理、维护空间。

由于电梯运行时，设备噪声较大，会对井道周边房间产生影响。为了减小噪声，有时在机房下部设置隔声层。

4. 平衡重

平衡重是由铸铁块叠合而成，用以平衡轿厢的自重和荷载，减少起重设备的功率消耗。

5. 厅门

电梯的出入口称为厅门。厅门的外装修称门套，用以突出其位置并设置指示灯和按钮。厅门构造如图 5-35 所示。

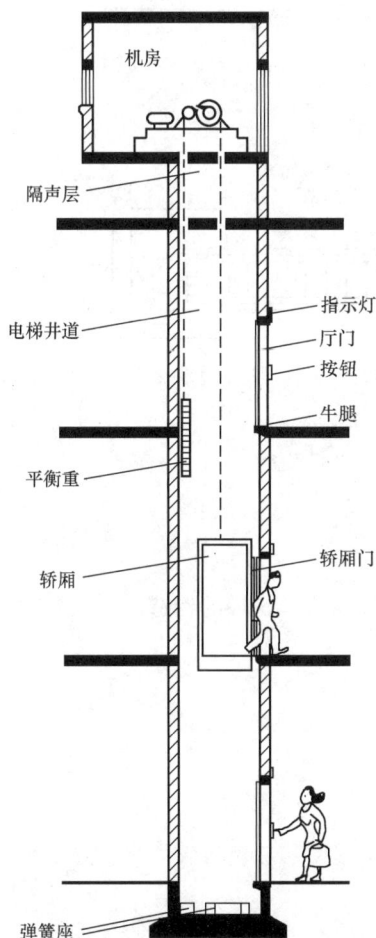

图 5-34　电梯的组成

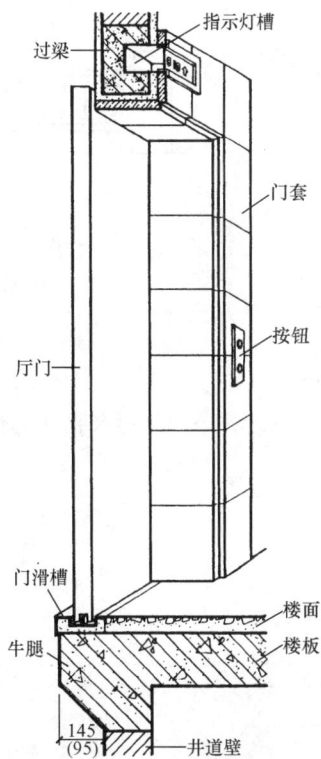

图 5-35　厅门构造

二、 自动扶梯

自动扶梯是一种连续运行的垂直交通设施，承载力较大，安全可靠，被广泛用于大量人流的建筑中，如火车站、商场、地铁车站等处。

自动扶梯由电动机械牵动，梯级踏步（坡道）连同扶手同步运行，机房设在楼板下面。自动扶梯可以正逆方向运行，既可提升又可下降，在机器停止运行时，可作为普通楼梯（坡道）使用，如图 5-36 所示。

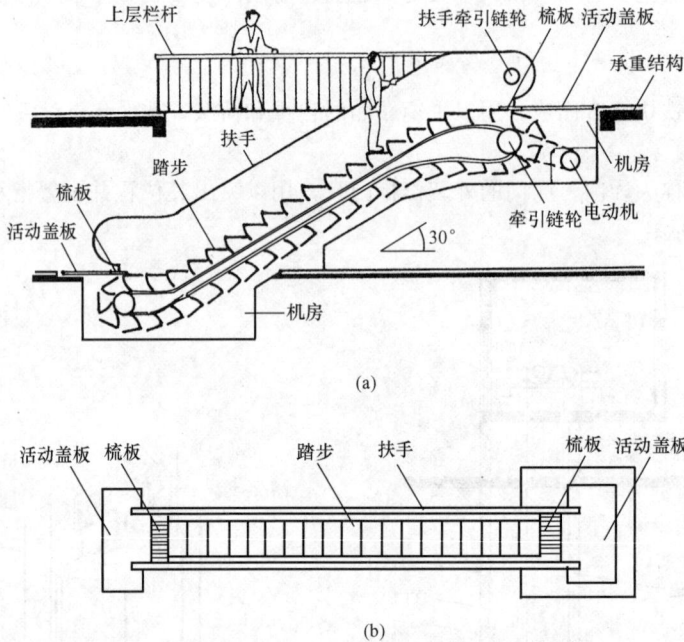

图 5-36　自动扶梯示意图
（a）剖面示意；（b）平面示意

📑 课堂总结

本节主要内容有台阶与坡道的形式和构造，电梯与自动扶梯的构造。

⊙ 技能单元

一、名词解释

1. 电梯

2. 自动扶梯

二、填空题

1. 台阶由（　　　）和（　　　）组成。

2. 台阶分（　　　）和（　　　）两种构造形式。

3. 电梯由（　　　）、（　　　）、（　　　）和（　　　）等几部分组成。

三、简答题

室外台阶的平面形式有哪几种？

四、作图题

1. 绘出一种室外台阶的构造图。

2. 绘出一种室外坡道的构造图。

笔记页

🫶 思政单元

【案例呈现】

人民大会堂——人民的会堂

图片来源：中国共产党新闻网

　　北京天安门广场上，矗立着在中国享有盛誉的建筑工程——人民大会堂。它为"献礼建国十周年、展现中国各方面成就"而生，凝聚了一代人的期许和智慧，也体现了中国共产党一心为民、以人为本的思想。

　　建大会堂是毛泽东的夙愿。1945 年在延安召开的中国共产党第七次全国代表大会上，毛泽东环视着杨家岭中央大礼堂这座只能容纳几百人的大礼堂说：将来革命胜利了，一定要建一座能够容纳一万人开会的大礼堂，使党的领导人能够和群众一起共商国家大事。

　　1958 年，为庆祝建国十周年，中央设想在北京建一批包括万人大礼堂在内的国庆重大建筑工程，这些重大建筑必须在 1959 年国庆节时投入使用。这些工程还有中国人民革命军事博物馆、民族文化宫、全国农业展览馆等。

　　万人大会堂从设计一直到完工，中央政治局的领导同志都非常关心工程的进展。毛泽东、刘少奇、周恩来、朱德、邓小平、彭真等都倾注大量心血。周恩来、彭真多次强调"人民是主人"的设计思想。

　　大会堂工程作为迎接建国十周年的"十大工程"之首，从 1958 年 10 月 28 日正式动工，在此期间，全国人民给予了巨大支援，先后有 18 个省、市、自治区选派了 7000 多名优秀工人和技术人员来京直接参加了工程建设；有 23 个省、市、自治区的 500 多家工厂克服各种困难，如期完成了定货，为大会堂赶制出了 5000 多项建设配件和设备。

　　在施工中，上万名建设人员昼夜苦干，开展了轰轰烈烈的劳动竞赛活动，其中张百发钢筋工青年突击队，300 多人奋战 9 昼夜，完成了过去一个半月的工作，工地上出现了"学百发、赶百发"竞赛活动；李瑞环木工青年突击队负责铺设大会堂宴会厅的品花地板，研究出新式"推车式"地板刨，使原来要 45 天工期完成的工作只用 8 天半时间就完成了。

9月9日，毛泽东在万里、齐燕铭等人的陪同下来到大会堂工地视察。

万里接着说：这个工程至今没有命名。周总理曾讲过，到时候要请毛主席命名。

毛泽东问：你们平时怎么叫呢？

万里说：工人们叫它大会堂工地，我们一般叫大会堂或人大会堂。有人提议叫人民宫。

毛泽东说："宫"嘛，有些封建。

万里又说：还有人建议叫全国人民代表大会堂。

毛泽东思考了一下说：太长了。打一个比方说：我们的总路线前面有主语，"全国人民团结起来，在中国共产党的领导下，鼓足干劲，力争上游，多快好省地建设社会主义。"但通常把它省略了，就是"鼓足干劲，力争上游，多快好省地建设社会主义"。人家要问老百姓，你到哪里去了？老百姓一定说：到人民大会堂去了。我看，就叫"人民大会堂"吧，因为它是属于人民的！从此，这座雄伟的建筑有了自己的名字——人民大会堂。

中华人民共和国成立十周年"十大建筑"的总建筑师其实就是周总理。在对人民大会堂的东西南北四个正门台阶的坡道设计中，周恩来总理审看设计图纸后，选择大楼梯现场进行步测，感受之后，再与设计的阶高、阶宽尺寸加以比较。最后，与总设计师张镈等人一起定下了坡度缓、分两段的设计方案。这样处理，登行的人中途可稍事休息，不会疲惫；又烘托出雍容大雅、隆重肃穆的气氛。

人民大会堂开会时，担任主席团的成员中有不少老年代表。周恩来总理考虑到他们进出上下要坐轮椅，提出在西大门的南北两侧庭院内，铺设可以直达入口的车道。

对5000座宴会厅，张镈原先设计的厅内中间高周边低，以此分出主次。周恩来总理说，这样不行，大家都是平等的，让每一个来参加宴会的人，没有主宾次宾的感觉。

人民大会堂肩负着时代的重托，担当着伟大的历史使命，成为我国政治、外交活动的重要场所，也是最高国家权力机关——全国人民代表大会举行会议的地方，党和国家在人民大会堂举行了各项政治和内外事活动。人民大会堂的设计体现了以人民为中心的思想。

（来源：《中国人大》杂志改编）

【案例点评】

周恩来总理对人民大会堂的坡道设计特别关注，他认为坡道设计既要登行的人中途可稍事休息，不会疲惫；又烘托出雍容大雅、隆重肃穆的气氛；体现了周恩来总理对人民代表的关心，也体现了中国共产党人以人为本、一心为民的情怀和初心使命。

❤ 教学评价

1. 本课自查表

教学目标	知识目标	□清晰 □模糊 □一般 □混淆	
	能力目标	□掌握 □熟悉 □了解	
	思政目标	□有　□无	
授课情况	概念清晰度	□清晰 □模糊 □一般 □混淆	
	讲课语速	□快　□慢　□适当 □听不清	
	课堂节奏	□快　□慢　□适当 □无	
	课堂氛围	□激情 □饱满 □互动 □压抑	
	授课方式	□接受 □抵触 □死板 □改进 □灵活	
	板书或PPT	□工整 □潦草 □太少 □字迹模糊	
学习情况	概念	□难懂 □理解 □易忘 □抽象 □简单 □太多	
	学习方法	□听讲 □自学 □实验 □讨论 □笔记	
	学习兴趣	□浓厚 □一般 □淡薄 □厌倦 □无	
	学习态度	□端正 □一般 □被迫 □主动	
	课前课后	□预习 □复习 □无　□没时间	
	课后作业	□太少 □太多 □无	
意见建议			

2. 小组评价表

讨论问题					
小组成员					
为我打分					

笔记页

教学模块6 屋 面

课程名称	6.1 概述 6.2 平屋面的构造（一）		
教学内容	6.1 概述 一、屋面工程的基本要求 二、屋面工程设计及施工原则 三、屋面的形式 （一）平屋面 （二）坡屋面 （三）其他形式屋面 四、屋面的基本组成 6.2 平屋面的构造（一） 一、平屋面的组成 二、平屋面的排水 （一）排水坡度的形成 （二）排水方式		
学时安排	2学时 （90分钟）	知识单元	65分钟
		技能单元	10分钟
		思政单元	15分钟
教学重点 及难点	屋面的基本组成和平屋面的排水		
教学目标	知识目标	1. 了解屋面要求和设计原则。 2. 熟悉屋面形式。 3. 掌握屋面的基本组成，平屋面的组成和排水	
	能力目标	1. 能够分辨不同的屋顶形式、屋面的基本组成及构造形式。 2. 能够熟悉平屋面排水坡度及排水坡度的形成。 3. 能够分辨材料找坡和结构找坡；有组织排水和无组织排水	
	思政目标	1. 使学生了解紫禁城屋顶的形式所体现的建筑美学思想，更好地弘扬中国传统文化，坚定文化自信。 2. 了解古建筑结构体现的中国传统哲学的对立统一思想，弘扬精益求精的工匠精神和劳动精神	
思政元素 融入方法	1. 课前布置课程思政故事自学和思考题。 2. 课中教师简述课程思政案例，并组织同学展开思考讨论。 3. 通过案例导入教学内容，通过讨论对学生进行思政教育		
知识单元			
教学环节	教学内容安排		
课前导入	课程思政案例：紫禁城的屋顶 思考讨论：紫禁城的建筑属于哪种屋面形式？为什么能够经受多次地震而屹立不倒？		

6.1 概　　述

一、 屋面工程的基本要求

(1) 具有良好的排水功能和阻止水侵入建筑物内的作用；

(2) 冬季保温减少建筑物的热损失和防止结露；

(3) 夏季隔热降低建筑物对太阳辐射热的吸收；

(4) 适应主体结构的受力变形和温差变形；

(5) 承受风、雪荷载的作用不产生破坏；

(6) 具有阻止火势蔓延的性能；

(7) 满足建筑外形美观和使用的要求。

二、 屋面工程设计及施工原则

(1) 屋面工程设计应遵照"保证功能、构造合理、防排结合、优选用材、美观耐用"的原则。

(2) 屋面工程施工应遵照"按图施工、材料检验、工序检查、过程控制、质量验收"的原则。

三、 屋面的形式

屋面按其所使用的材料，一般可分为钢筋混凝土屋面、瓦屋面、金属屋面、玻璃屋面等；按其外形一般可分为平屋面、坡屋面和其他形式屋面。

（一）平屋面

平屋面是指屋面坡度小于或等于5%的屋面，一般常用坡度为2%～3%。平屋面易于协调统一建筑与结构的关系，较为经济合理，因而被广泛采用，如图6-1所示。

(a)   (b)

图6-1　平屋面

（二）坡屋面

坡屋面是指屋面坡度在10%以上的屋面。它是我国传统的屋面形式，广泛应用于民居等建筑。现代的某些公共建筑考虑景观环境或建筑风格的要求也常采用坡屋面，如图6-2所示。

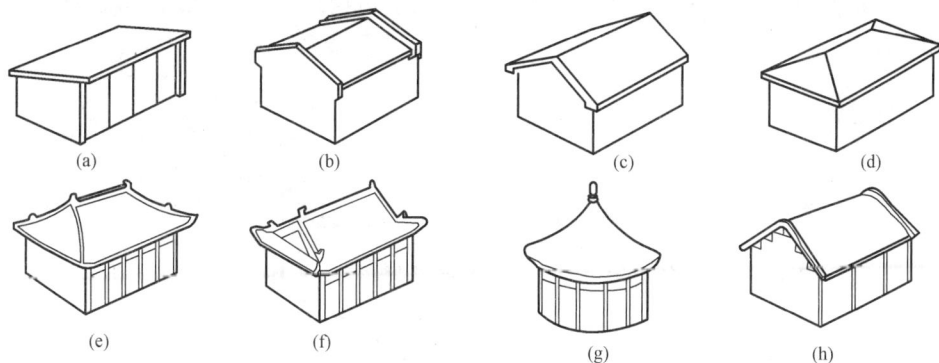

图 6-2　坡屋面
(a) 单坡；(b) 硬山；(c) 悬山；(d) 四坡；
(e) 庑殿；(f) 歇山；(g) 攒尖；(h) 卷棚

（三）其他形式屋面

随着科学技术的发展，出现了许多新型的屋面结构形式，如拱屋面、薄壳屋面、折板屋面、悬索屋面、网架屋面等。它们适用于大跨度、大空间和造型特殊的建筑屋面，如图 6-3 所示。

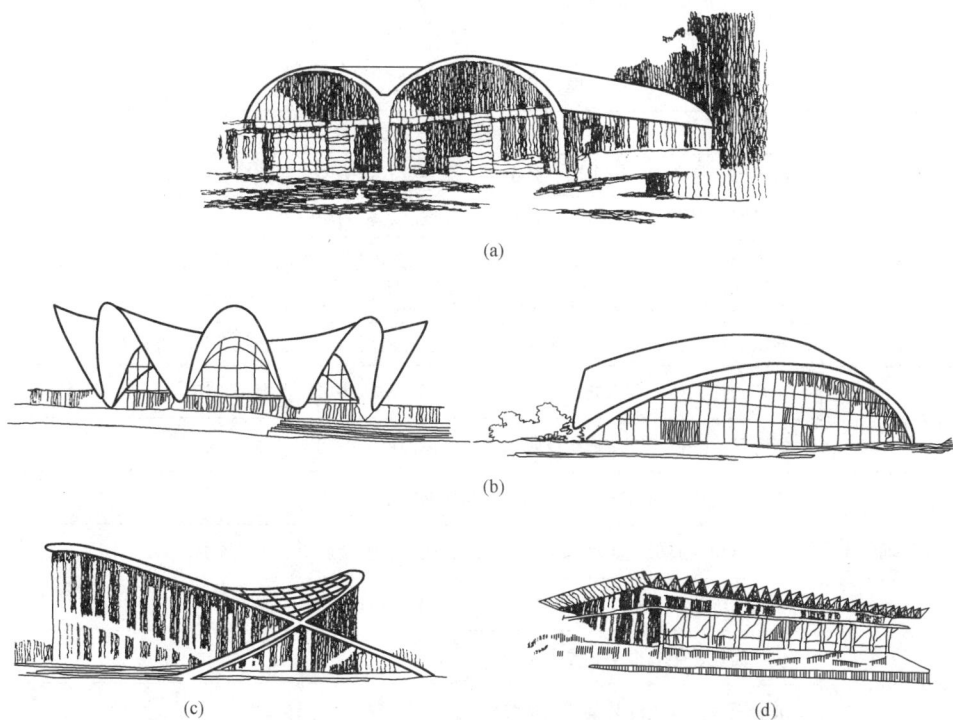

图 6-3　其他形式的屋面
(a) 拱屋面；(b) 薄壳屋面；(c) 悬索屋面；(d) 折板屋面

四、屋面的基本组成

屋面通常由四部分组成，即顶棚、结构层、附加层和面层，如图 6-4 所示；除顶棚外，屋面的基本构造层次宜符合表 6-1 的要求。设计人员可根据建筑物的性质、使用功能、气候条件等因素进行组合。

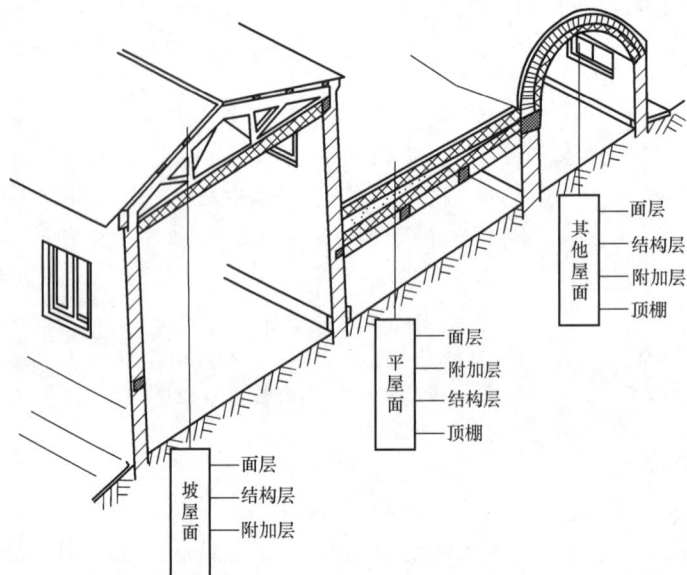

图 6-4　屋面组成

表 6-1　　　　　　　　　　　　　　　屋面的基本构造层次

屋面类型	基本构造层次（自上而下）
卷材、涂膜屋面	保护层、隔离层、防水层、找平层、保温层、找平层、找坡层、结构层
	保护层、保温层、防水层、找平层、找坡层、结构层
	种植隔热层、保护层、耐根穿刺防水层、防水层、找平层、保温层、找平层、找坡层、结构层
	架空隔热层、防水层、找平层、保温层、找平层、找坡层、结构层
	蓄水隔热层、隔离层、防水层、找平层、保温层、找平层、找坡层、结构层
瓦屋面	块瓦、挂瓦条、顺水条、持钉层、防水层或防水垫层、保温层、结构层
	沥青瓦、持钉层、防水层或防水垫层、保温层、结构层
金属板屋面	压型金属板、防水垫层、保温层、承托网、支承结构
	上层压型金属板、防水垫层、保温层、底层压型金属板、支承结构
	金属面绝热夹芯板、支承结构
玻璃采光顶	玻璃面板、金属框架、支承结构
	玻璃面板、点支承装置、支承结构

　注　1. 表中结构层包括混凝土基层和木基层；防水层包括卷材和涂膜防水层；保护层包括块体材料、水泥砂浆、细石混凝土保护层。

　　　2. 有隔汽要求的屋面，应在保温层与结构层之间设隔汽层。

（1）顶棚，是指房间的顶面，又称天棚。当承重结构采用梁板结构时，可在梁、板底面抹灰，形成抹灰顶棚。当装修要求较高时，可做吊顶处理；有些建筑可不设置顶棚（如坡屋面）。

（2）结构层。主要用于承受屋面上所有荷载及屋面自重等，并将这些荷载传递给支撑它的墙或柱。

（3）附加层。为满足其他方面的要求，屋面往往还增加相应的附加构造层，如隔汽层、找坡层、保温（或隔热）层、找平层、隔离层等。

（4）面层。面层暴露在外面，直接受自然界（风、雨、雪、日晒和空气中有害介质）的侵蚀和人为（上人和维修）的冲击与摩擦。因此，面层材料和做法要求具有一定的抗渗性能、抗摩擦性能和承载能力。

6.2 平屋面的构造 （一）

屋面坡度小于或等于 5% 的屋面称为平屋面。平屋面有较强的适应性，且构造简单，经济耐久，已被广泛采用。

一、 平屋面的组成

平屋面通常由顶棚、结构层、附加层及面层组成。

1. 顶棚

顶棚按表面与结构层的关系分，有直接式顶棚和悬吊式顶棚两类。吊顶不仅可美化房间，还有保温（或隔热）、隔声等作用。

2. 结构层

结构层多采用钢筋混凝土板，按施工方法有现浇板和预制板。

3. 附加层

平屋面的附加层由隔汽层、找坡层、保温（或隔热）层、找平层（包括其基层处理剂）、隔离层等组成。

（1）隔汽层。在纬度 40 度以北地区且室内空气湿度大于 75%，其他地区室内空气湿度常年大于 80% 时，若采用吸湿性保温材料做保温层时，应选用气密性、水密性好的防水卷材或防水涂料做隔汽层。

（2）找坡层。找坡层有结构找坡及轻质材料（如炉渣或保温材料等）找坡两种，坡度要求见表 6-1。

（3）保温（或隔热）层。我国北方地区，冬季室内需要采暖，为使室内热量不致散失过快，屋面需设保温层。保温材料种类较多（表 6-2），其选用与厚度由工程做法决定；而南方地区，夏季室外屋面温度高，会影响室内正常的工作和生活，因而屋面要进行隔热处理。

表 6-2 保温材料种类

编号	保温材料种类
1	建筑物隔热用硬质聚氨酯泡沫塑料
2	膨胀珍珠岩绝热制品
3	膨胀蛭石制品
4	泡沫玻璃绝热制品
5	绝热用模塑聚苯乙烯泡沫塑料
6	绝热用挤塑聚苯乙烯泡沫塑料（XPS）

编号	保温材料种类
7	水泥聚苯板
8	加气混凝土块
9	岩棉板（毡）
10	玻璃棉板（毡）

（4）找平层。找平层选用材料及做法见表 6-3。为了保证防水层与找平层能更好地黏结，当采用沥青为基材防水层施工时，应在找平层上，涂刷冷底子油一道（用汽油稀释沥青）作基层处理。用高分子防水层时，用专用基层处理剂。

表 6-3　　　　　　　　　找平层材料及做法

类别	基层种类	厚度	技术要求
水泥砂浆找平层	整体现浇混凝土	15～20	1：2.5～1：3（水泥：砂）体积比，宜掺抗裂纤维
	整体或板状保温层	20～25	
	装配式混凝土板或松散材料保温层	20～30	
细石混凝土找平层	松散或板状保温层	30～35	混凝土强度等级 C20
混凝土随浇随抹	整体现浇混凝土	—	用于无保温屋面，原浆表面抹平、压光

（5）隔离层。可采用干铺塑料膜、土工布或卷材，也可采用铺抹低强度等级的砂浆（如白灰砂浆）。

4. 面层

平屋面面层材料的选择是以防水为主要目的。它是防水层或保护层。

（1）防水层。防水层有刚性防水层和柔性防水层。刚性防水层适用于炎热地区；柔性防水层适用于寒冷及温热地区。刚性防水层选用材料及做法见表 6-4。

表 6-4　　　　　　　　　刚性防水层材料及做法

名称	材料	厚度	构造	内掺剂
				名称
刚性防水层	C20 细石混凝土	≥40	内配直径 φ4～6 间距 100～200 双向钢筋网片，并应在分格缝处断开，保护层厚度≥10	1. 砂浆、混凝土防水剂 2. 混凝土膨胀剂 3. 水泥基渗透结晶型防水材料

柔性防水层分卷材防水层及涂料防水层两类。防水层材料的选用、组合及厚度应根据建筑物类别由工程做法定。卷材类防水材料见表 6-5；涂料类防水材料见表 6-6。

表 6-5　　　　　　　　　卷材类防水材料

类别	名称
沥青防水卷材	1. 石油沥青纸胎油毡、油纸 2. 石油沥青玻璃纤维胎油毡 3. 石油沥青玻璃布胎油毡 4. 铝箔面油毡

续表

类别	名称
高聚物改性沥青防水卷材	1. 改性沥青聚乙烯胎防水卷材 2. 沥青复合胎柔性防水卷材 3. 自粘橡胶沥青防水卷材 4. 弹性体改性沥青防水卷材 5. 塑性体改性沥青防水卷材 6. 自粘聚合物改性沥青聚酯胎防水卷材
合成高分子防水卷材	1. 聚氯乙烯防水卷材 2. 氯化聚乙烯防水卷材 3. 氯化聚乙烯橡胶共混防水卷材 4. 高分子防水材料（片材） 5. 高分子防水卷材胶粘剂

表 6-6　　　　　　　　　　　涂料类防水材料

类别	名称
防水涂料	1. 水性沥青基防水涂料 2. 聚氨酯防水涂料 3. 溶剂型橡胶沥青防水涂料 4. 聚合物乳液建筑防水涂料 5. 聚合物水泥防水涂料

（2）保护层。根据防水层种类的不同，保护层的做法也不同，见表 6-7。

表 6-7　　　　　　　　　　　保护层做法

防水层种类	保护层做法
1. 沥青类防水卷材	玛琋脂黏结绿豆砂，冷玛琋脂黏结云母、蛭石及块体材料，铺抹水泥砂浆或细石混凝土
2. 高聚物改性沥青及合成高分子防水卷材	浅色涂料、铝箔面层、彩砂面层、铺抹水泥砂浆或细石混凝土、块体材料
3. 高聚物改性沥青卷材防水涂膜	粘铺细砂、云母、蛭石、水泥砂浆、块体材料及细石混凝土
4. 合成高分子防水涂膜及聚合物水泥防水涂膜	浅色涂料、水泥砂浆、块体材料、细石混凝土
5. 倒置式防水屋面	采用块体材料或抹水泥砂浆，以及铺纤维织物上压卵石保护层

二、平屋面的排水

（一）排水坡度的形成

绝对水平的屋面是不能排水的。平屋面应有一定的排水坡度。排水坡度可通过结构找坡或材料找坡两种方法形成。

（1）材料找坡又称垫置坡度，是在水平搁置的屋面板上用轻质价廉的材料铺设找坡层。然后再在上面做保温（或隔热）层和防水层等，也可直接用保温（或隔热）材料找坡。这种做法的室内顶棚面平整，但屋面荷载加大，故屋面坡度不宜过大，见图6-5（a）。

（2）结构找坡又称搁置坡度，是把支撑屋面板的墙或梁，做成所需的倾斜坡度，屋面板直接搁置在该斜面上，形成排水坡度，上面直接做保温（或隔热）层和防水层等。这种做法省工、省料、较经济，但室内顶棚面是倾斜的，故多用于生产性建筑和有吊顶的公共建筑，见图6-5（b）。

图6-5 平屋面排水坡度的形成
(a) 材料找坡；(b) 结构找坡

（二）排水方式

屋面排水就是把屋面上的雨雪水尽快地排除出去，不要积存。通常平屋面的排水方式可分为无组织排水和有组织排水两大类。

1. 无组织排水

无组织排水又称自由落水，是指雨水经屋檐自由落下至室外地面。这种排水做法构造简单，造价低，不易漏雨和堵塞，但雨水有时会溅湿勒脚，污染墙面。一般用于低矮、次要及降雨量较少地区的建筑。

图6-6为单向、双向、三向、四向排水的屋面排水平面图和示意图；图6-7为无组织排水屋面组合示例。

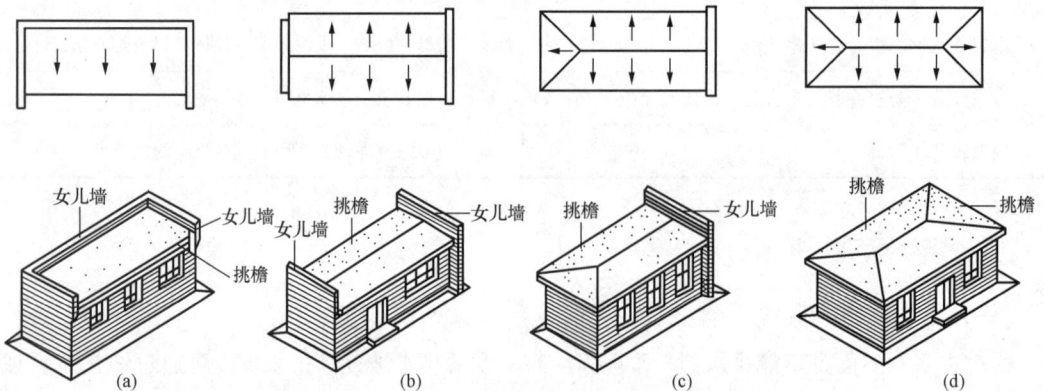

图6-6 无组织排水方式
(a) 三面女儿墙单向排水；(b) 两面女儿墙双向排水；(c) 一面女儿墙三向排水；(d) 四向排水

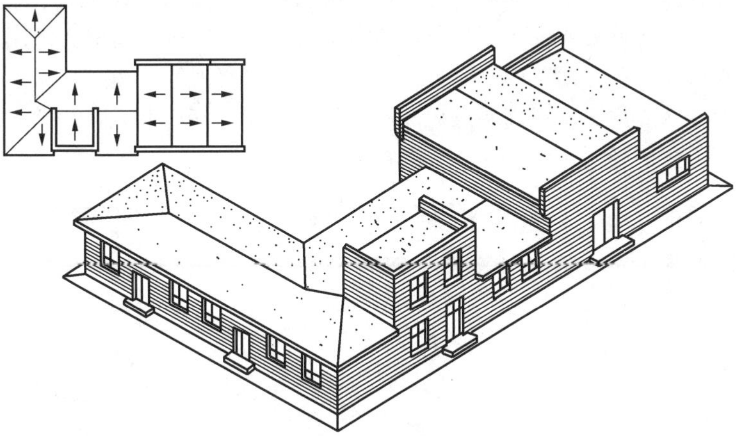

图 6-7　无组织排水屋面组合示例

2. 有组织排水

有组织排水又称天沟排水。天沟是屋面上的排水沟，位于檐口部位时又称檐沟。有组织排水是指在屋面设置与屋面排水方向垂直的天沟，将雨水汇集起来，经雨水口和雨水管排到室外。当建筑物较高或降雨量大时，如采用无组织排水将会出现很大雨水降落噪声及雨水四溅影响墙身和周围环境，见图 6-8（a）；采用有组织排水会避免上述情况，但这种排水做法构造较复杂，造价较高，易堵塞和漏雨，因此必须保证施工质量，加强使用时的维护和检修，见图 6-8（b）。

有组织排水按雨水管是在建筑物的外侧还是内部，分为外排水和内排水。

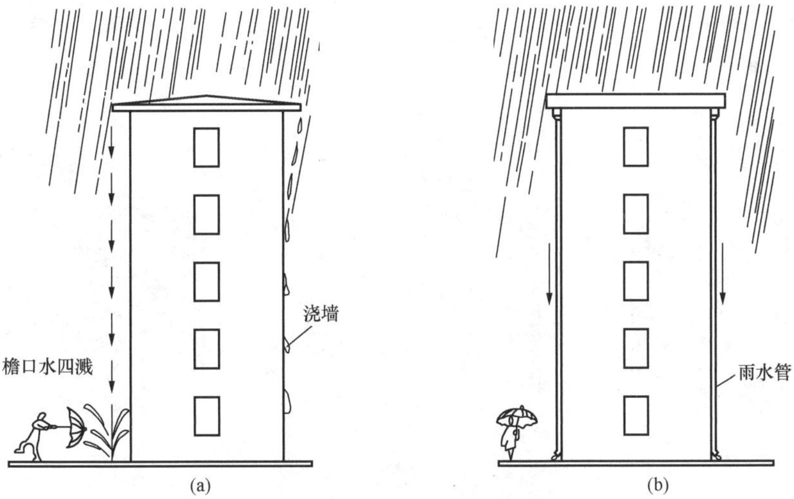

图 6-8　有组织与无组织排水的比较
（a）无组织排水；（b）有组织排水

（1）外排水是把屋面雨水汇集在檐沟，经过雨水口和室外雨水管排下。这种排水方式构造简单，造价较低，渗漏的隐患较少且维修方便，是屋面常用的排水方式，图 6-9 为不同檐口形式的外排水做法。

（2）内排水是把屋面雨水汇集在天沟内，经过雨水口和室内雨水管排入下水系统。这种排水方式构造复杂，造价、维修费用高，而且雨水管占室内空间。有以下情况宜采用或必须采用内排水：多跨结构找坡的屋面；屋面宽度过大不宜垫坡太厚；严寒地区屋面融化雪水易在外排水管冻结；外排水管有碍建筑立面美观；高层及超高层建筑等。图 6-10 为不同情况的内排水做法；图 6-11 为有组织排水屋面组合示例。

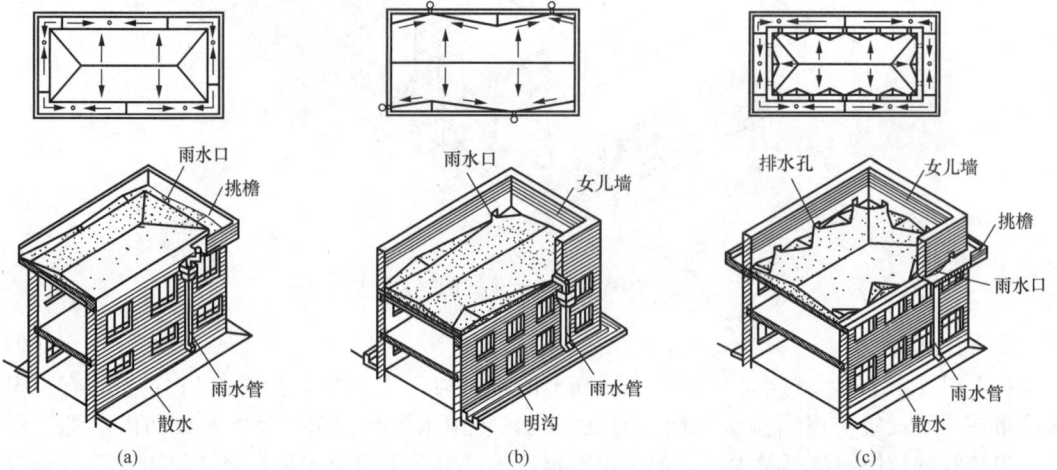

图 6-9　有组织外排水
（a）檐沟外排水；（b）女儿墙外排水；（c）女儿墙带挑檐外排水

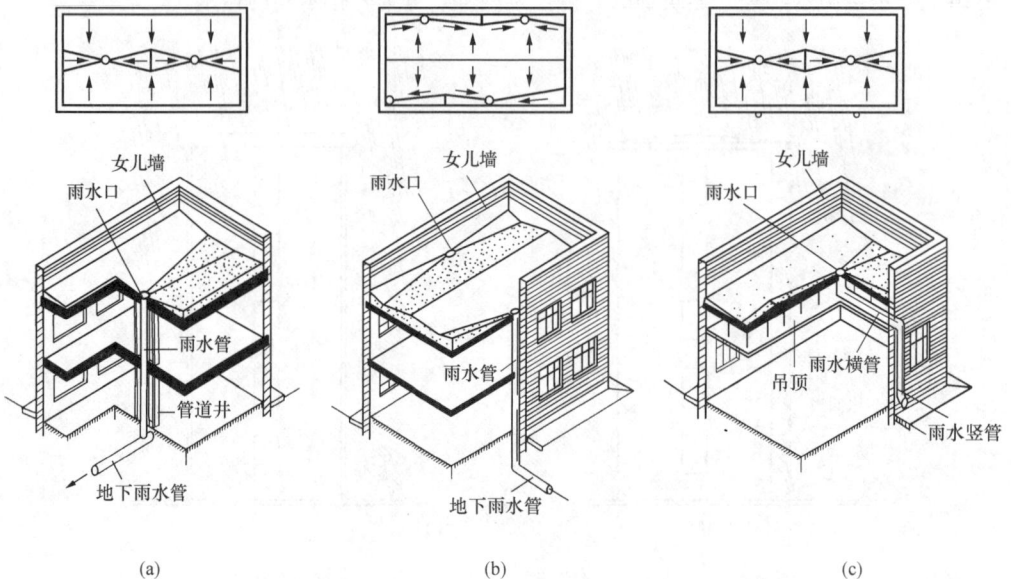

图 6-10　有组织内排水
（a）房间中部内排水；（b）外墙内侧内排水；（c）外墙外侧内排水

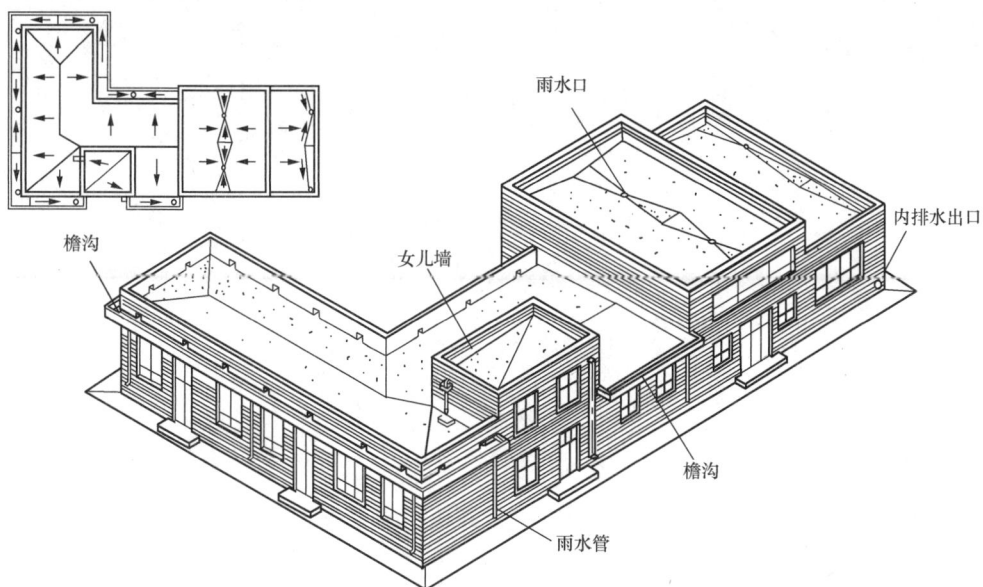

图 6-11 有组织排水屋面组合示例

课堂总结

本节主要内容是屋面工程的基本要求、设计及施工原则，屋面的形式和基本组成，平屋面的组成和排水。

笔记页

◎ 技能单元

一、名词解释

1. 平屋面

2. 坡屋面

3. 材料找坡

4. 结构找坡

5. 有组织排水

6. 无组织排水

二、填空题

1. 屋面按其所用的材料，一般可分为（　　）、（　　）、（　　）、（　　）等。

2. 屋面的形式有（　　）、（　　）和（　　）。

3. 屋面通常由四部分组成，即（　　）、（　　）、（　　）和（　　）。

4. 平屋面找坡有（　　）和（　　）两种方式。

5. 平屋面的排水方式可分为（　　）和（　　）两大类。

三、简答题

1. 屋面工程设计应遵照哪些原则？

2. 简述平屋面排水坡度的形成方法并分析各自的特点。

3. 屋面的排水方式有哪些？各自的特点和适用范围是什么？

笔记页

思政单元

【案例呈现】

紫禁城的屋顶

中国古代建筑由屋顶、屋身和台基三部分构成，屋顶有时比屋身更大、更突出，这是中国古代建筑外形的一大特点——大屋顶，充分体现了中华民族的勤劳与智慧。全世界古代建筑有三种大屋顶，即中国传统的抬梁架、古罗马的天然混凝土屋顶、欧洲的木桁架。

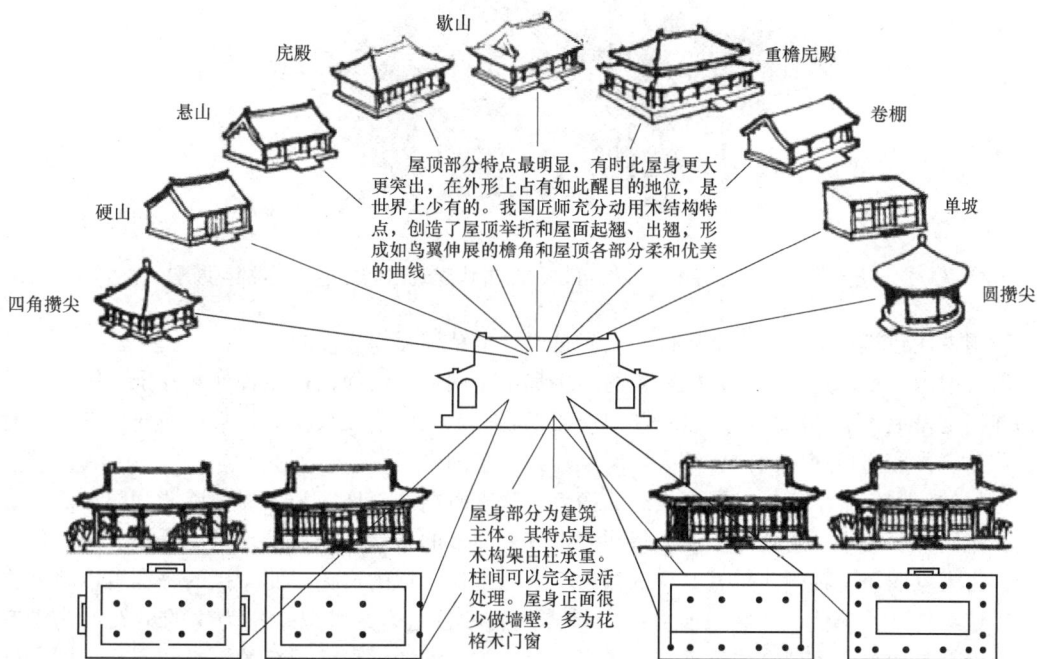

歇山
庑殿
重檐庑殿
悬山
卷棚
硬山
单坡
四角攒尖
圆攒尖

屋顶部分特点最明显，有时比屋身更大更突出，在外形上占有如此醒目的地位，是世界上少有的。我国匠师充分动用木结构特点，创造了屋顶举折和屋面起翘、出翘，形成如鸟翼伸展的檐角和屋顶各部分柔和优美的曲线

屋身部分为建筑主体。其特点是木构架由柱承重。柱间可以完全灵活处理。屋身正面很少做墙壁，多为花格木门窗

图片来源：中国古代建筑的大屋顶示意图（侯兆年供图）

紫禁城的屋顶结构主要有：庑殿顶、歇山顶、悬山顶、硬山顶和攒尖顶等形式。

庑殿顶是指屋顶上有四面坡、五根脊，庑殿顶是级别最高的屋顶。北京故宫级别最高的建筑使用的是重檐庑殿顶。

歇山顶顾名思义就是建筑山墙上出了一个檐子，匠人们干活间隙可在檐子上歇会儿。歇山顶的外形别致漂亮，多被颐和园这类园林使用。不过，在规格上仅次于庑殿顶的歇山顶也被故宫角楼使用。

悬山顶是指屋顶悬在山墙之外。庑殿顶、歇山顶和悬山顶均是明朝以前的古代建筑经常使用的屋顶。

明朝后期出现了硬山顶，简而言之就是房子屋顶的木头砌在墙里，使用大量烧砖和石灰的墙体既可以防水，又可以防止木头腐烂。硬山顶常见于北京民居四合院。

攒尖顶并非独立的结构形式，它实质是将庑殿顶的五根脊去掉，四角攒尖即为攒尖顶。

中国古代没有防水材料，常常使用石灰，但是石灰不防水，所以中国古代建筑很少使用平顶。欧洲古建筑使用的火山灰（硅酸盐）是天然水泥，防水性能优异，所以平顶建筑远多于古代中国。

中国古代建筑结构特点是：屋顶硕大、出檐深远、基本不用金属件、榫卯连接、抬梁式构架、整体屋架、独立结构。

为什么我国唐代建筑的屋檐能够伸出四五米远呢？原因就在于唐代建筑用巨大的斗拱来挑屋檐，斗拱有一个最重要构件"昂"前端挑着屋檐，后端用这根檩条压着屋檐，所以形成了唐代建筑的斗拱，也就是业内人士常说的"真斗拱"（到了明清建筑斗拱不起作用了，所以后人称明清建筑斗拱为"假斗拱"）。

从唐代建筑佛光寺的复原图可以领略古代建筑出檐之远（侯兆年供图）

我国古代建筑基本不使用金属件，大多是通过木结构互相连接的。

所有中国古代修建的房子，柱与梁的连接都不使用钉子，而是使用榫卯。柱子、梁和檩条之间的连接全是上大下小的榫卯连接，榫卯连接以后都是燕尾槽铰接受力，且可逆向拆卸。尽管中国古代建筑榫卯连接处创面损坏较大，但是却异常坚固可靠。

最早的斗拱用来承托伸出屋面很远的檐口。唐宋时期的寺庙，为了保证威严和防雨水，寺庙的出檐达到三、四米，屋顶加上泥被每平方米有一吨多的重量，光靠檐椽是承托不了屋檐的，所以中国古人发明了一种叫斗拱悬臂梁的构件来承托出檐深远的房檐。而斗拱的叠涩可以将屋檐的压力一级级传递、降低，然后把所有的力量传达到木柱上。这种以斗拱为主的梁架结构没有刚接，全部都是铰接，梁架结构呈平行四边形，故而抗震性能优异。现存的资料和照片证明中国古代建筑的墙可能倒塌，但是结构不会坍塌。例如山西应县木塔就是典型的中国古代建筑，整个建筑没有用一根钉子，历史上经受住了多次大地震的考验和战争的洗礼，至今屹立不倒。

独乐寺大雄宝殿的斗拱（侯兆年供图）

【案例点评】

中国古代没有防水材料，常常使用石灰，但是石灰不防水，所以中国古代建筑主要使用坡屋面形式，这种坡屋面以斗拱为主的梁架结构没有刚接，全部都是铰接，梁架结构呈平行四边形，故而抗震性能优异。

支撑坡屋面屋檐的斗拱作为我国特有的古建筑组成部分，集建筑力学、美学于一体，也是中国传统哲学对立统一的辩证法思想，是我国古代工匠汗水与智慧的结晶。

❤ 教学评价

1. 本课自查表

教学目标	知识目标	□清晰 □模糊 □一般 □混淆
	能力目标	□掌握 □熟悉 □了解
	思政目标	□有　□无
授课情况	概念清晰度	□清晰 □模糊 □一般 □混淆
	讲课语速	□快　□慢　□适当 □听不清
	课堂节奏	□快　□慢　□适当 □无
	课堂氛围	□激情 □饱满 □互动 □压抑
	授课方式	□接受 □抵触 □死板 □改进 □灵活
	板书或PPT	□工整 □潦草 □太少 □字迹模糊
学习情况	概念	□难懂 □理解 □易忘 □抽象 □简单 □太多
	学习方法	□听讲 □自学 □实验 □讨论 □笔记
	学习兴趣	□浓厚 □一般 □淡薄 □厌倦 □无
	学习态度	□端正 □一般 □被迫 □主动
	课前课后	□预习 □复习 □无　□没时间
	课后作业	□太少 □太多 □无
意见建议		

2. 小组评价表

讨论问题					
小组成员					
为我打分					

笔记页

课程名称	6.2 平屋面的构造（二）		
教学内容	6.2 平屋面的构造（二） 三、平屋面的防水 （一）柔性防水屋面		
学时安排	3 学时 （135 分钟）	知识单元	75 分钟
		技能单元	45 分钟
		思政单元	15 分钟
教学重点 及难点	平屋面柔性防水屋面构造		
教学目标	知识目标	1. 了解柔性防水屋面的构造组成。 2. 熟悉屋面防水等级和设计要求。 3. 掌握柔性防水屋面的细部构造	
	能力目标	1. 能够绘制一般柔性防水屋面泛水构造。 2. 能够绘制柔性防水屋面女儿墙构造。 3. 能够绘制柔性防水等高屋面变形缝构造	
	思政目标	1. 了解我国每一次房屋结构的变化，每一次防水技术的进步或每一个优秀防水工程的诞生，都是文明、进步与创新的结果，为人类文明进步和社会进步做出了贡献。 2. 了解"以排为主，以防为辅""多道设防，刚柔并济"等优秀建筑防水理念所体现的辩证法思想，体现了我国古代劳动人民的丰富智慧	
思政元素 融入方法	1. 课前布置课程思政故事自学和思考题。 2. 课中教师简述课程思政案例，并组织同学展开思考讨论。 3. 通过案例导入教学内容，通过讨论对学生进行思政教育		

知识单元

教学环节	教学内容安排
课前导入	课程思政案例：中国建筑屋面的防水历史 思考讨论：谈谈我国屋面防水的发展历史及对建筑发展的意义

6.2 平屋面的构造 （二）

三、 平屋面的防水

平屋面防水工程应根据建筑物的类别、重要程度、使用功能要求确定防水等级，并应按相应等级进行防水设防。对防水有特殊要求的建筑屋面，应进行专项防水设计。屋面防水等级和设防要求应符合表 6-8 的规定。

表 6-8 屋面防水等级和设防要求

防水等级	建筑类别	设防要求
Ⅰ级	重要建筑和高层建筑	两道防水设防
Ⅱ级	一般建筑	一道防水设防

平屋面按屋面防水层做法不同可分为柔性防水屋面、刚性防水屋面等。

（一）柔性防水屋面

柔性防水屋面包括卷材防水层屋面及涂膜防水层屋面。卷材防水层屋面，是指以防水卷材和胶结材料分层粘贴组成防水层的屋面；涂膜防水层屋面，是指采用可塑性和黏结力较强的高分子防水涂料，直接涂刷在屋面找平层上，形成不透水薄膜防水层的屋面。

1. 柔性防水屋面的构造组成

柔性防水屋面由多层材料叠合而成，按功能要求，可分为几种类型：上人屋面与不上人屋面；有保温（隔热）层与无保温（隔热）层；有隔汽层与无隔汽层等。图 6-12 为柔性防水屋面构造组成示例。

2. 柔性防水屋面的细部构造

在柔性防水屋面中，除大面积防水层外，尚需对各节点部位进行防水构造处理。

（1）泛水构造。凡屋面与垂直墙面交接处的构造处理都称泛水。如女儿墙与屋面、烟囱与屋面、高低屋面之间的墙与屋面等的交接处构造。

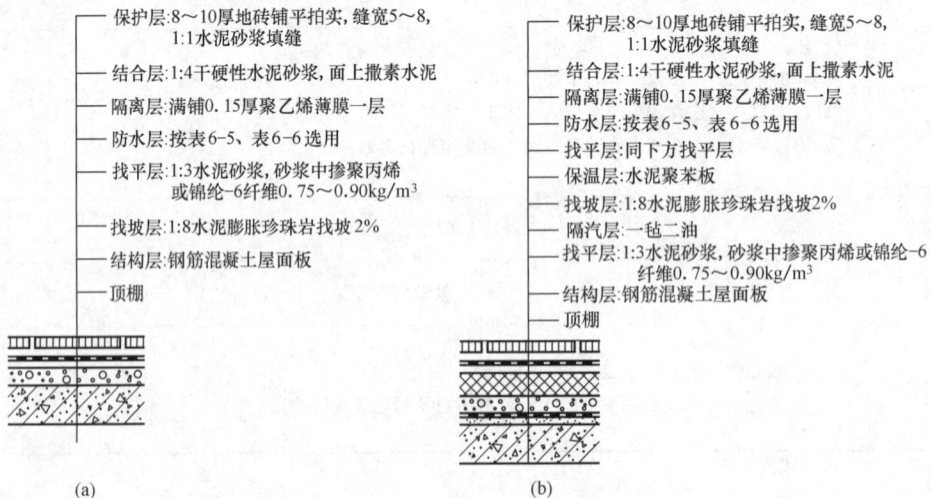

图 6-12 柔性防水屋面构造组成示例（屋面由结构找坡时，图中找坡层取消）（一）
(a) 无保温、无隔汽、上人屋面；(b) 有保温、有隔汽、上人屋面；

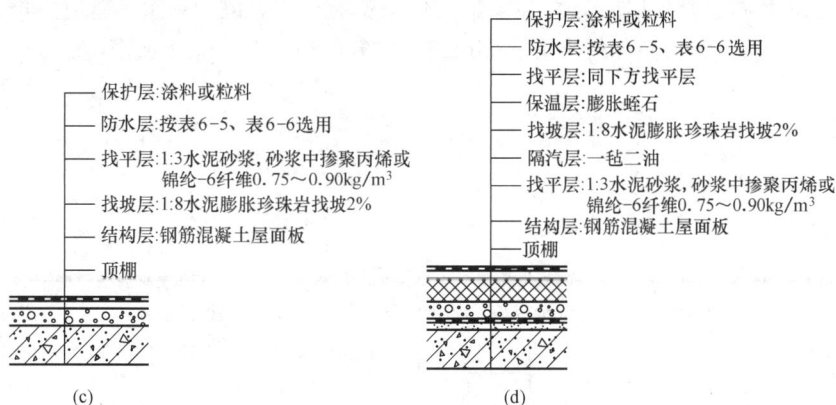

保护层:涂料或粒料
防水层:按表6-5、表6-6选用
找平层:1:3水泥砂浆,砂浆中掺聚丙烯或锦纶-6纤维0.75～0.90kg/m³
找坡层:1:8水泥膨胀珍珠岩找坡2%
结构层:钢筋混凝土屋面板
顶棚

(c)

保护层:涂料或粒料
防水层:按表6-5、表6-6选用
找平层:同下方找平层
保温层:膨胀蛭石
找坡层:1:8水泥膨胀珍珠岩找坡2%
隔汽层:一毡二油
找平层:1:3水泥砂浆,砂浆中掺聚丙烯或锦纶-6纤维0.75～0.90kg/m³
结构层:钢筋混凝土屋面板
顶棚

(d)

图 6-12 柔性防水屋面构造组成示例（屋面由结构找坡时，图中找坡层取消）（二）
（c）无保温、无隔汽、不上人屋面；（d）有保温、有隔汽、不上人屋面

平屋面排水不及坡屋面排水通畅，应允许有一定深度的囤水量，也就是泛水要具有足够的高度方能防止雨水四溢造成渗漏。泛水高度是自屋面保护层算起，应不小于 250mm。一般做法是先用水泥砂浆或细石混凝土在墙面与屋面交界处做成半径大于 50mm 的圆弧或 45°斜面，再在其上粘贴防水层。图 6-13 为泛水构造示例。

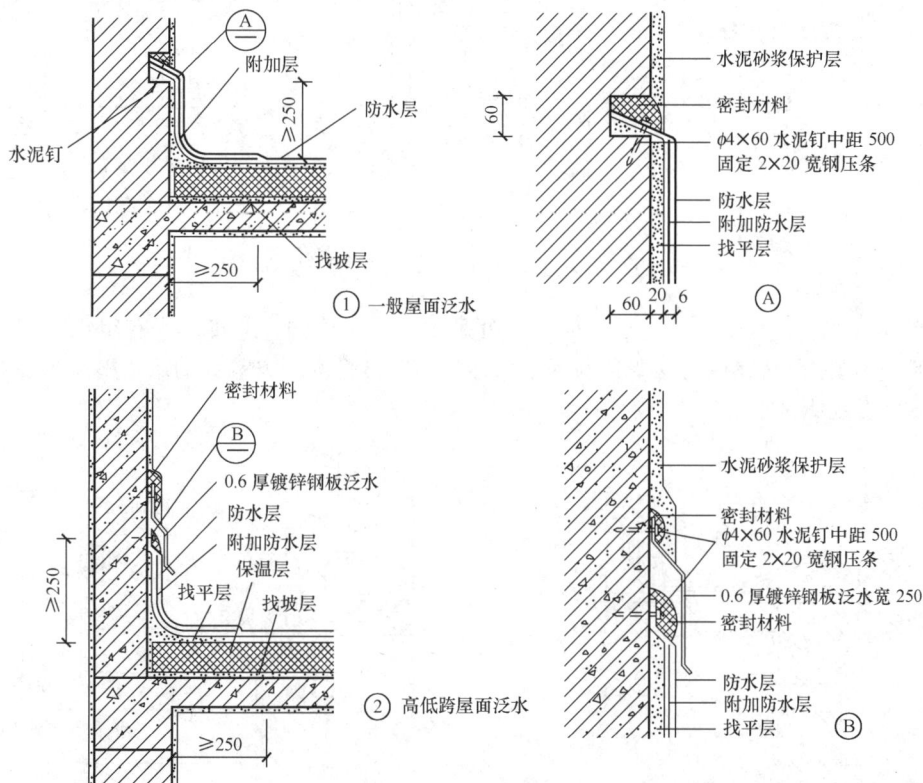

① 一般屋面泛水

② 高低跨屋面泛水

图 6-13 泛水构造示例

（2）檐口构造。柔性防水屋面的檐口包括自由排水檐口、檐沟有组织排水檐口等。

1) 自由排水檐口，是从屋面悬挑出不小于 400mm 宽的板，以利雨水下落时不至于浇墙。防水要点一是防水材料在檐口端部的收头做法；二是檐口板底面端头的滴水槽，图 6-14 为自由排水檐口构造示例。

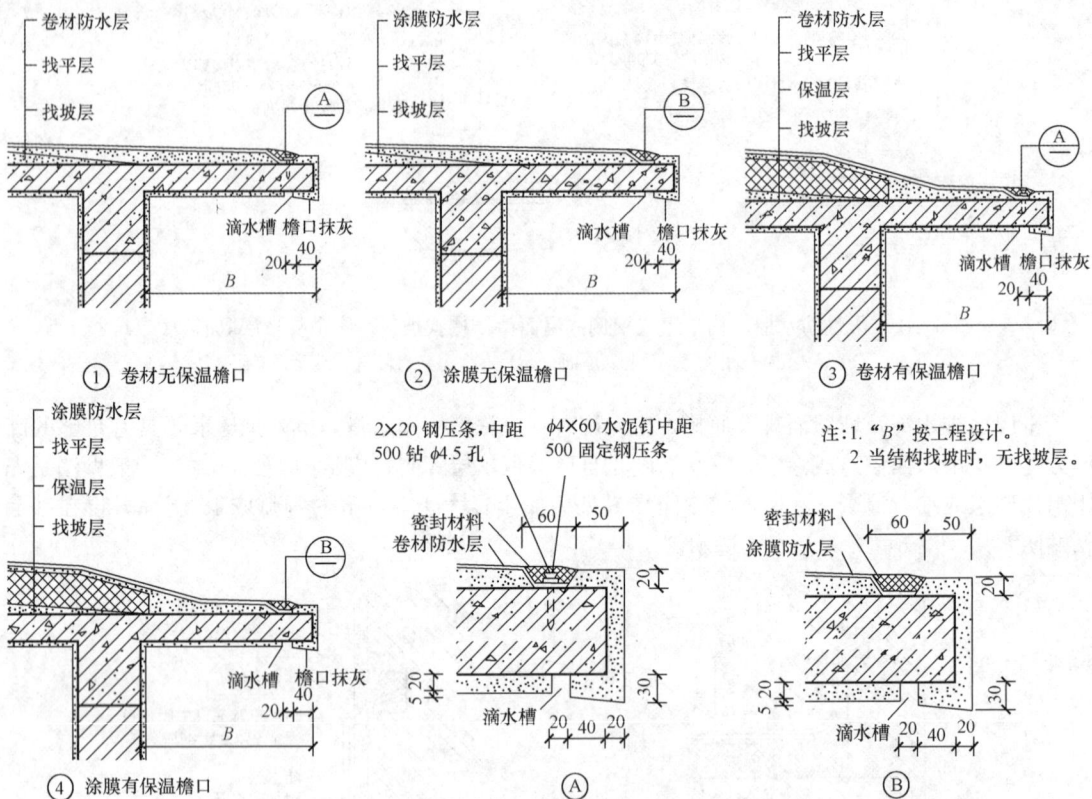

图 6-14　自由排水檐口构造示例

2) 檐沟有组织排水檐口，是在屋面边缘处悬挑出排水檐沟，并将雨水有组织导向雨水口。防水要点一是防水材料在檐沟沟壁顶部的收头做法；二是檐沟下方端头的滴水槽（鹰嘴线），图 6-15 为檐沟有组织排水檐口构造示例。

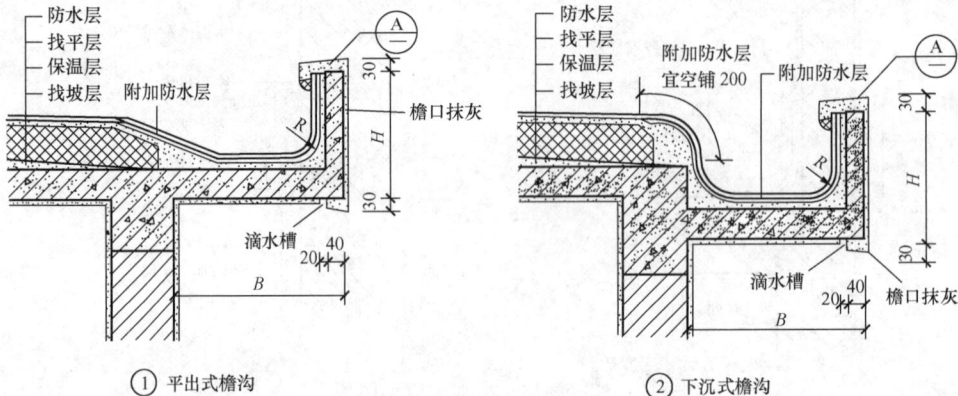

图 6-15　檐沟有组织排水檐口构造示例（一）

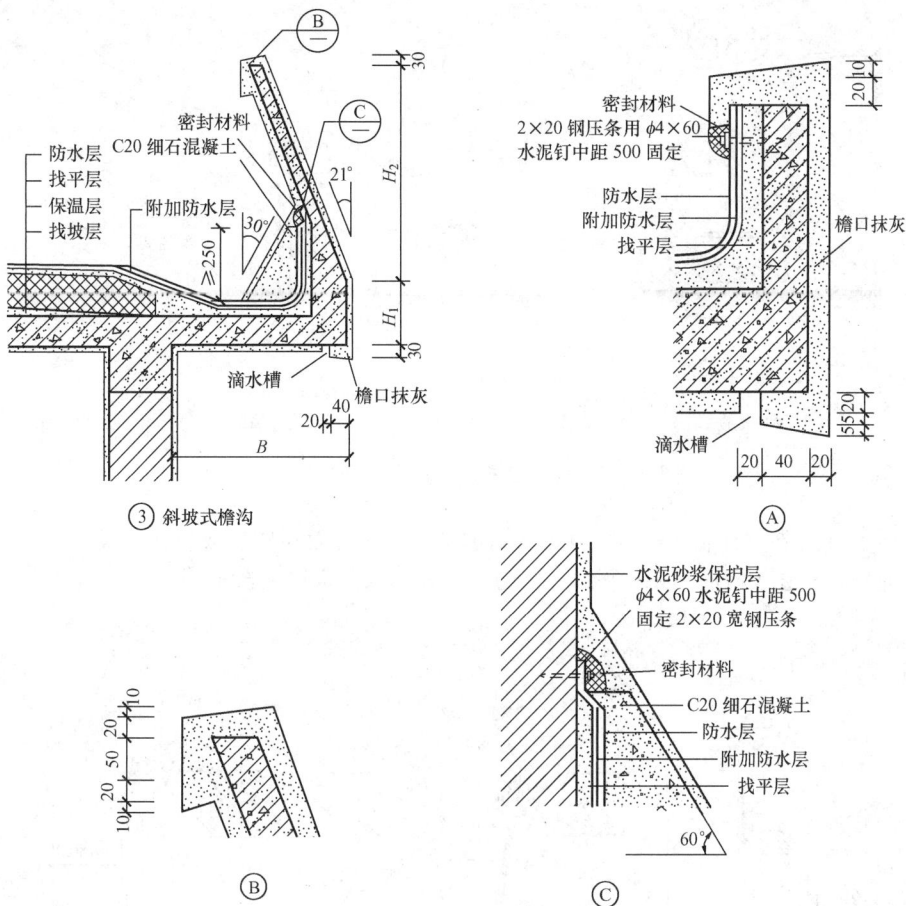

图 6-15 檐沟有组织排水檐口构造示例（二）

（3）女儿墙构造。女儿墙是外墙在屋面以上的延续，也称压檐墙。女儿墙不承受垂直荷载，墙厚一般为 240mm；为保证其稳定和抗震，高度不宜超过 500mm。女儿墙顶端的构造称为压顶。压顶处应设置配筋混凝土板并抹水泥砂浆，以防雨水渗透，侵蚀女儿墙，图 6-16 为女儿墙有组织排水构造示例。

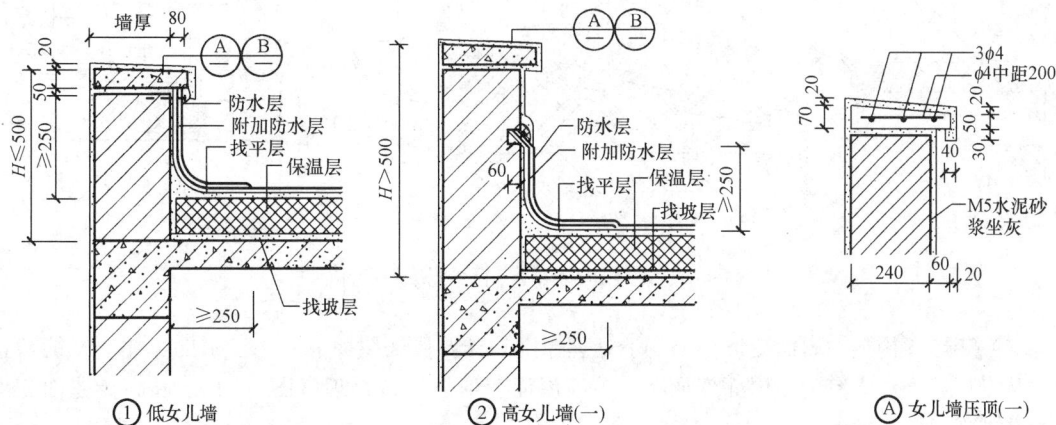

图 6-16 女儿墙有组织排水构造示例（一）

③ 高女儿墙(二)

⑧ 女儿墙压顶(二)

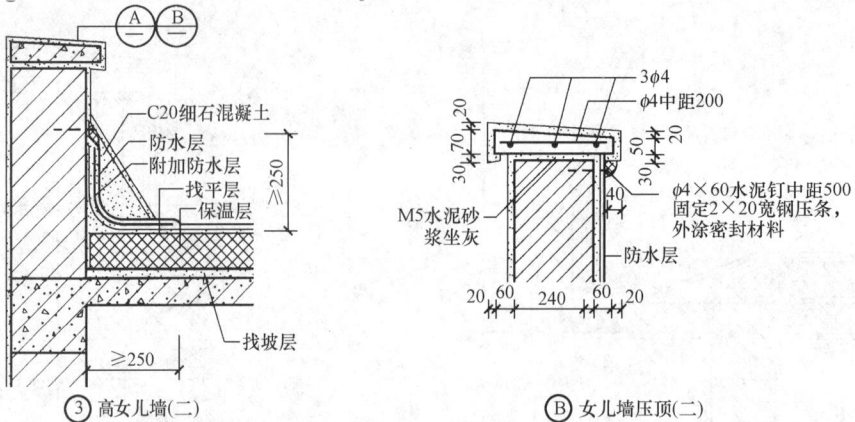

图 6-16 女儿墙有组织排水构造示例（二）

（4）雨水口构造。雨水口是用来将屋面雨水排至雨水管而在檐口或檐沟开设的洞口。其构造要求排水通畅，防止渗漏和堵塞，图 6-17 为屋面外排水雨水口构造示例。

① 挑檐雨水口

Ⓐ 挑檐铸铁雨水口

Ⓑ 挑檐UPVC雨水口

② 女儿墙雨水口

Ⓒ 女儿墙铸铁雨水口

Ⓓ 女儿墙UPVC雨水口

图 6-17 屋面外排水雨水口构造示例

（5）变形缝构造。屋面变形缝的构造处理原则是既要保证屋面有自由变形的可能，又能防止雨水从变形缝处渗入室内。屋面变形缝有等高屋面变形缝构造处理（图 6-18）和高低屋面变形缝构造处理（图 6-19）。

（6）屋面检修孔、屋面出入口构造。不上人屋面须设屋面检修孔，其构造如图 6-20 所示。

出屋面楼梯间一般需设屋面出入口，如图 6 - 21 所示。

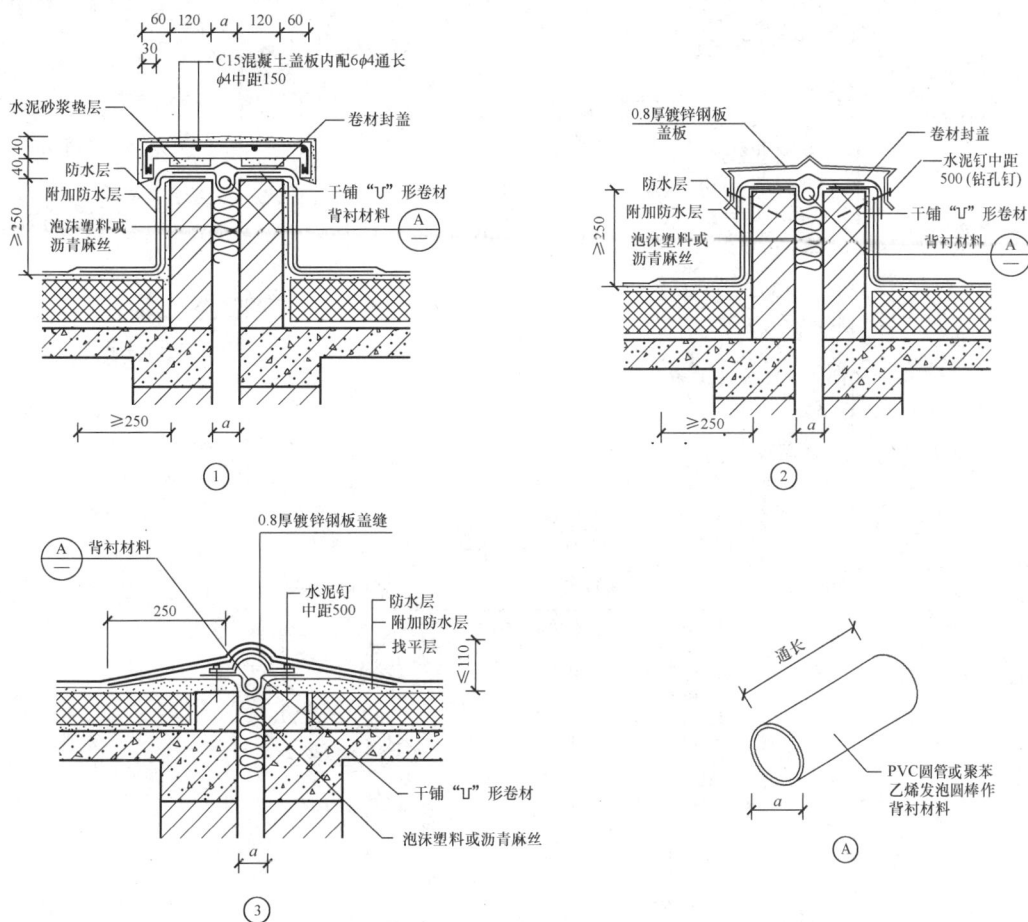

图 6 - 18　等高屋面变形缝构造处

图 6 - 19　高低屋面变形缝构造处理（一）

图 6-19 高低屋面变形缝构造处理（二）

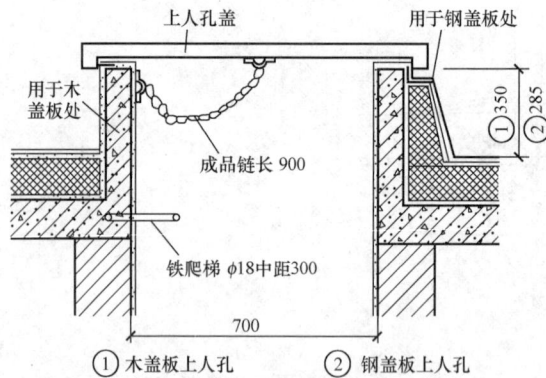

图 6-20 屋面检修孔构造

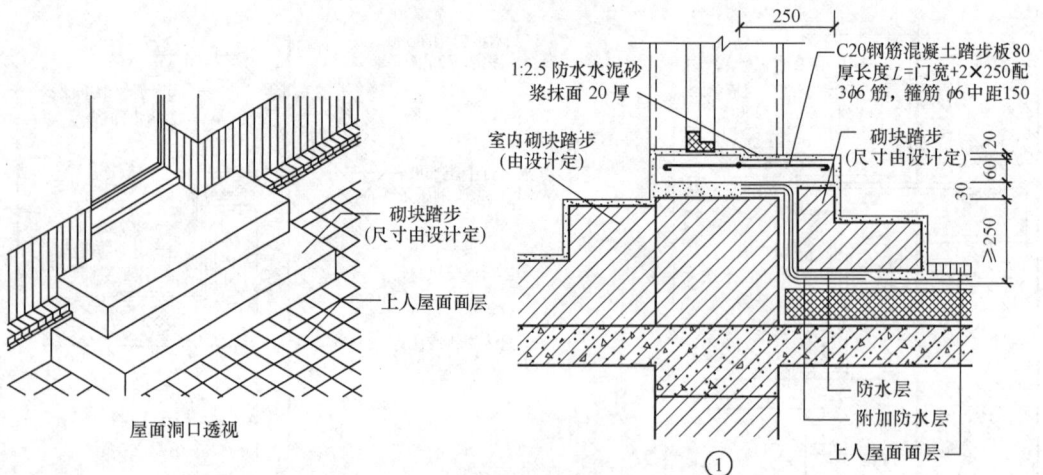

图 6-21 屋面出入口构造

📑 **课堂总结**

本节课主要内容是柔性防水平屋面的构造组成及细部构造。

⊙ 技能单元

一、名词解释

1. 卷材防水层屋面

2. 涂膜防水层屋面

3. 泛水

二、填空题

1. 平屋面按屋面防水层做法不同可分为（　　）和（　　）屋面等。
2. 泛水高度要求（　　）。

三、作图题（习题课）

1. 图示无保温层、无隔汽层、上人柔性防水屋面的构造。

2. 图示有保温层、有隔汽层、不上人柔性防水屋面的构造。

3. 绘出一般柔性防水屋面泛水构造。

4. 绘出一种柔性防水屋面女儿墙构造。

5. 绘出一种柔性防水等高屋面变形缝构造。

笔记页

思政单元

【案例呈现】

中国建筑屋面的防水历史

　　从古至今，建筑防水工作一直都受到人们的重视，从洞穴、茅屋到现代化建筑，随着屋面结构的变化，我国屋面防水也经历了三次大转折。

茅草屋时代

　　约 8000 年前，人类从洞穴里走出，建造最原始最简陋的茅草屋，原木人字架，两脚落地，呈三角形，披以茅草，坡度大于 60°，称"天地根元造"。这是坡屋面的原形，坡屋面形式始于此。

　　这一时期的防水材料主要以干燥的植物茅草为主，人们采用火烧穴壁技术，利用石灰铺地防潮，用泥抹墙后用火烧，形成一个坚硬的整体，在穴上搭"人"字形顶，铺上茅草或稻草。

　　但作为最原始的防水材料，它只能在小跨度、大坡度的简陋房上使用，若大跨小坡就无能为力了。

　　另外，稻草与基层结合不好，抗风揭性不好，不是漏水就是被揭房盖，诗圣杜甫还为此赋诗一首《茅屋为秋风所破歌》。

　　即便如此，茅草屋面的房屋形式不仅让先民走出洞穴，离开悬居，开启了人类的古代文明，更开启了防水史上的第一个高光时刻。

瓦屋面时代

瓦的使用始于西周早期，约公元前 1000 年，它是由黏土烧结而成，其本身为不透水材料，

可以大面积地扣在一起，不仅能起到遮风挡雨和室内采光的作用，而且还有装饰的效果。

这一时代瓦作为刚性防水材料充分体现了坡屋面建筑的防水和排水功能，由于其有效的刚性防水性，而普遍应用于各个建筑，并一直沿用至今，造就了我国防水历史上的第二个高光时刻。

平屋面时代

近现代，柔性防水材料的发现，是对构造防水瓦彻底的革命，使屋顶不再因为构造防水而成为坡屋顶，促进了平屋顶的诞生。

柔性防水材料，也称油毡卷材防水层，多为沥青、油毡等有机材料。

柔性防水材料韧性好，适应一定的变形与膨缩，不易开裂；质量轻，施工方便，操作技术要求较严；但易老化，寿命较短。

作为我国防水史上的第三个高光时刻，它的出现，不仅改变了人类建筑的风格，促进了房屋的多元化发展；还进而产生多功能的屋面防水卷材和防水涂料，不用再依赖坡度防水，成为未来防水材料的主宰。

近30年来，随着建筑防水新材料、新技术、新工艺的开发与应用，我国防水技术以前所未有的速度发展。各类防水材料取得了突破性发展，百花竞放。

图文来源：《建筑技术》：我国建筑防水技术发展历史回顾与展望

建筑和防水是相辅相成的，防水材料的革新和防水技术的提高，使屋顶更加壮丽，墙柱得以耐久，并促使了台基建筑及高塔的产生。因此，防水是推动建筑前进的原动力之一。反之，建筑功能的增加和提高，又要求防水材料的创新和防水技术的进一步提高，两者相互促进。

【案例点评】

我国建筑防水史长达上万年，屋面防水技术大体经历了茅草屋时代、瓦屋面时代和平屋面时代，每一次房屋结构的变化，每一次防水技术的进步或每一个优秀防水工程的诞生，都是文明、进步与创新的结果。"以排为主，以防为辅""多道设防，刚柔并济"等延续至今仍是经典的优秀建筑防水理念，体现了中国劳动人民的丰富智慧，为人类文明和整个社会的进步做出了贡献。

🫱 教学评价

1. 本课自查表		
教学目标	知识目标	□清晰 □模糊 □一般 □混淆
	能力目标	□掌握 □熟悉 □了解
	思政目标	□有 □无
授课情况	概念清晰度	□清晰 □模糊 □一般 □混淆
	讲课语速	□快 □慢 □适当 □听不清
	课堂节奏	□快 □慢 □适当 □无
	课堂氛围	□激情 □饱满 □互动 □压抑
	授课方式	□接受 □抵触 □死板 □改进 □灵活
	板书或PPT	□工整 □潦草 □太少 □字迹模糊
学习情况	概念	□难懂 □理解 □易忘 □抽象 □简单 □太多
	学习方法	□听讲 □自学 □实验 □讨论 □笔记
	学习兴趣	□浓厚 □一般 □淡薄 □厌倦 □无
	学习态度	□端正 □一般 □被迫 □主动
	课前课后	□预习 □复习 □无 □没时间
	课后作业	□太少 □太多 □无
意见建议		

2. 小组评价表				
讨论问题				
小组成员				
为我打分				

笔记页

课程名称	6.2　平屋面的构造（三）		
教学内容	6.2　平屋面的构造（三） 三、平屋面的防水 （二）刚性防水屋面 四、平屋面的保温和隔热 （一）平屋面的保温 （二）平屋面的隔热		
学时安排	2学时 （90分钟）	知识单元	65分钟
		技能单元	10分钟
		思政单元	15分钟
教学重点 及难点	刚性防水屋面及平屋面的保温		
教学目标	知识目标	1. 了解刚性防水屋面构造组成示例。 2. 熟悉平屋面的保温和隔热。 3. 掌握刚性防水屋面的细部构造	
	能力目标	1. 能够准确绘制刚性防水屋面构造组成。 2. 能够准确绘制刚性防水屋面泛水构造。 3. 能够准确绘制正置式和倒置式屋面保温的构造做法	
	思政目标	1. 使学生了解"冰立方"所体现的绿色，为我国"碳达峰""碳中和"和可持续发展目标做贡献。 2. 由"水立方"向"冰立方"转变体现了我国科技工作者的创新精神智慧，大学生应努力学习，不断创新，为实现我国经济高质量发展做贡献	
思政元素 融入方法	1. 课前布置课程思政故事自学和思考题。 2. 课中教师简述课程思政案例，并组织同学展开思考讨论。 3. 通过案例导入教学内容，通过讨论对学生进行思政教育		

知识单元	
教学环节	教学内容安排
课前导入	课程思政案例："水立方"向"冰立方"转变秘密武器 思考讨论："水立方"到"冰立方"转变的秘密是什么？

6.2 平屋面的构造 （三）

（二）刚性防水屋面

刚性防水屋面是指以刚性材料作为防水层的屋面，如配筋细石混凝土防水屋面等。

这种屋面具有构造简单、施工方便、造价低廉的优点，但对温度变化和结构变形较敏感，容易产生裂缝而渗水，所以多用于日温差较小的我国南方地区的建筑。

1. 刚性防水屋面的构造组成

刚性防水屋面由多层材料叠合而成，图 6-22 为刚性防水屋面构造组成示例。

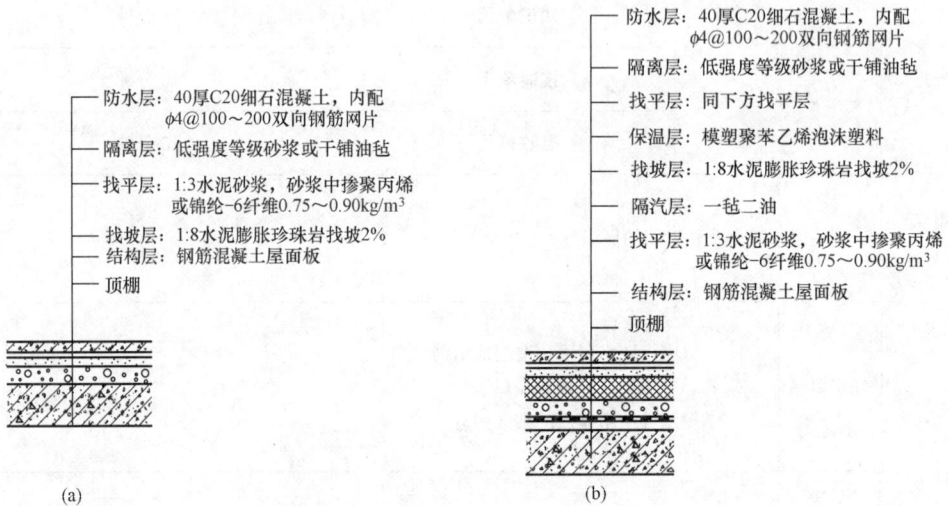

防水层：40厚C20细石混凝土，内配
ϕ4@100～200双向钢筋网片
隔离层：低强度等级砂浆或干铺油毡
找平层：1:3水泥砂浆，砂浆中掺聚丙烯
或锦纶-6纤维0.75～0.90kg/m³
找坡层：1:8水泥膨胀珍珠岩找坡2%
结构层：钢筋混凝土屋面板
顶棚

(a)

防水层：40厚C20细石混凝土，内配
ϕ4@100～200双向钢筋网片
隔离层：低强度等级砂浆或干铺油毡
找平层：同下方找平层
保温层：模塑聚苯乙烯泡沫塑料
找坡层：1:8水泥膨胀珍珠岩找坡2%
隔汽层：一毡二油
找平层：1:3水泥砂浆，砂浆中掺聚丙烯
或锦纶-6纤维0.75～0.90kg/m³
结构层：钢筋混凝土屋面板
顶棚

(b)

图 6-22 刚性防水屋面构造组成示例
(a) 无保温、无隔汽、上人屋面；(b) 有保温、有隔汽、上人屋面

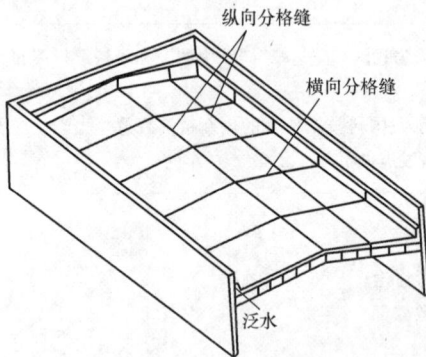

纵向分格缝
横向分格缝
泛水

图 6-23 屋面分格缝

2. 刚性防水屋面的细部构造

刚性防水屋面应做好防水层的分格缝构造，同时刚性防水屋面与柔性防水屋面一样，也需处理好泛水、檐口、雨水口等细部构造。

（1）分格缝构造。分格缝又称分仓缝，是用以适应屋面变形、防止不规则裂缝的人工缝。其设置目的在于：防止温度变化引起防水层开裂；防止结构变形将防水层拉坏。因此屋面分格缝应设置在装配式结构屋面板的支撑端、屋面转折处、刚性防水层与立墙的交接处，并应与板缝对齐。采用横墙承重的民用建筑中，屋面分格缝的位置如图 6-23 所示，分格缝构造如图 6-24 所示。

（2）泛水构造。刚性防水屋面与柔性防水屋面泛水构造基本相同。其一般做法是泛水与屋面防水应一次做成，不留施工缝，转角处做成圆弧形，并与垂直墙之间设分仓缝。图 6-25 为刚性防水屋面泛水构造示例。

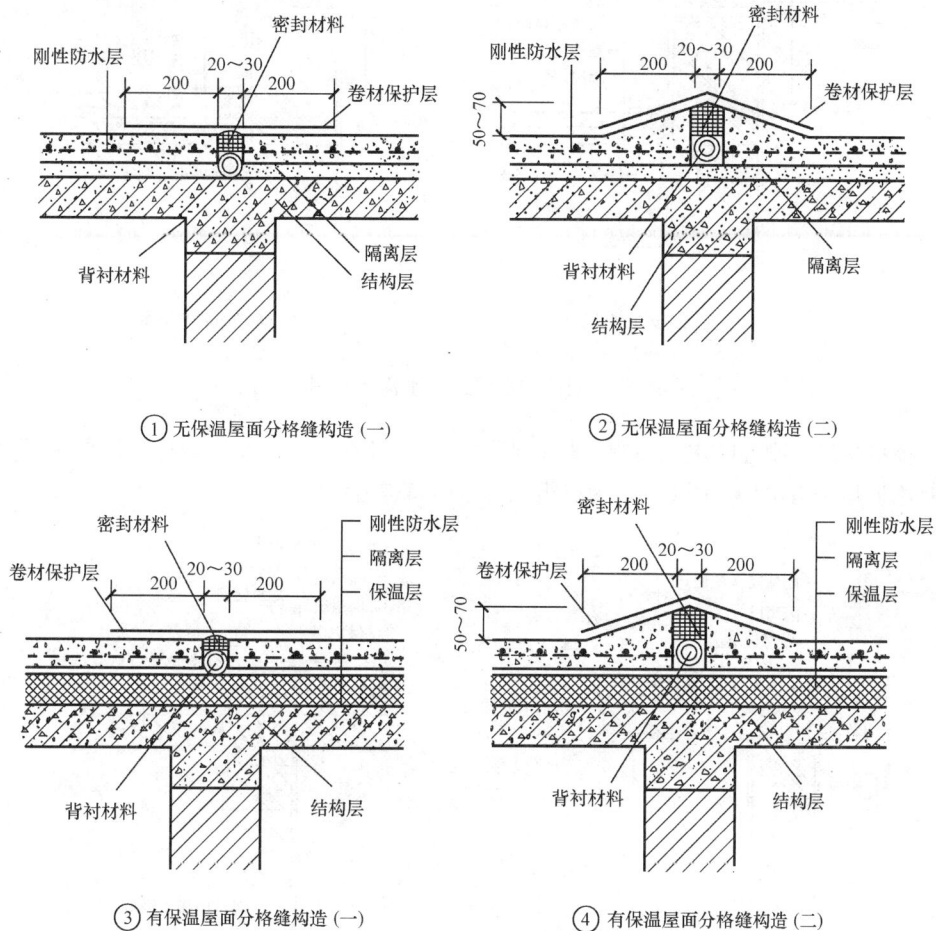

① 无保温屋面分格缝构造（一）　　　② 无保温屋面分格缝构造（二）

③ 有保温屋面分格缝构造（一）　　　④ 有保温屋面分格缝构造（二）

图 6-24　分格缝构造

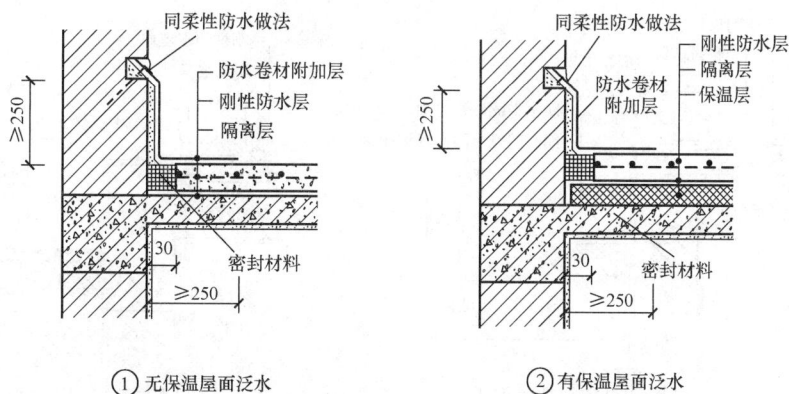

① 无保温屋面泛水　　　② 有保温屋面泛水

图 6-25　刚性防水屋面泛水构造示例（一）

③ 无保温女儿墙处泛水　　　　　④ 有保温女儿墙处泛水

图 6-25　刚性防水屋面泛水构造示例（二）

（3）檐口构造。刚性防水屋面常用檐口形式有自由排水檐口、有组织排水檐口等。图 6-26 为自由排水檐口构造示例；图 6-27 为有组织排水檐口构造示例。

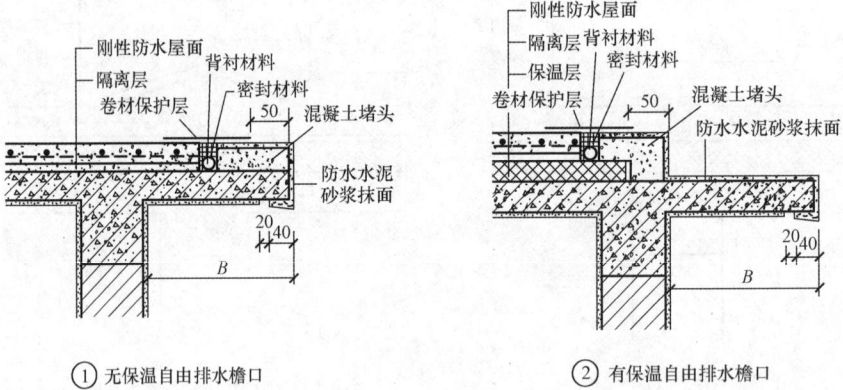

① 无保温自由排水檐口　　　　　② 有保温自由排水檐口

图 6-26　自由排水檐口构造示例

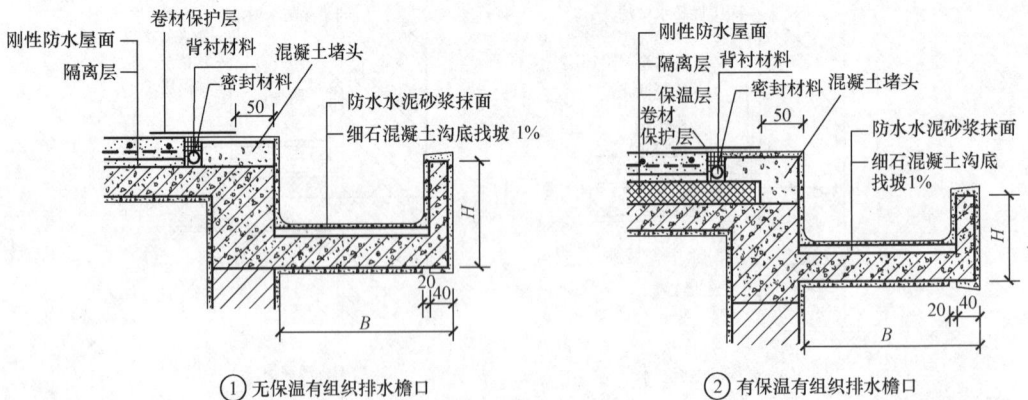

① 无保温有组织排水檐口　　　　　② 有保温有组织排水檐口

图 6-27　有组织排水檐口构造示例

（4）雨水口构造。雨水口是屋面雨水汇集并排至雨水管的关键部位，构造上要求排水通畅，防止渗漏和堵塞。刚性防水屋面雨水口的做法与柔性防水相似，故不再赘述。

四、平屋面的保温和隔热

（一）平屋面的保温

在采暖地区的冬季，室内外温差较大，为防止室内热量散失过大，保证房屋的正常使用并降低能源消耗，故在屋面中增设保温层。将保温层设在结构层之上，防水层之下，成为封闭的保护层，这种方式称为正置式（或内置式）保温屋面；保温层放在防水层之上，成为敞露的保温层，这种方式称为倒置式（或外置式）保温屋面，图 6-28 为倒置式保温屋面构造组成示例。

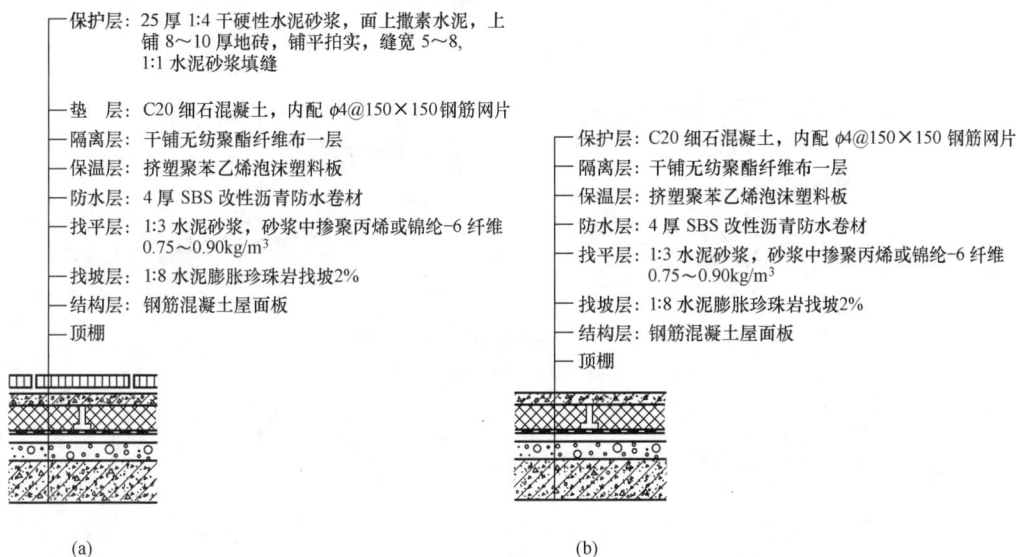

（a）

保护层：25 厚 1:4 干硬性水泥砂浆，面上撒素水泥，上铺 8～10 厚地砖，铺平拍实，缝宽 5～8，1:1 水泥砂浆填缝
垫　层：C20 细石混凝土，内配 φ4@150×150 钢筋网片
隔离层：干铺无纺聚酯纤维布一层
保温层：挤塑聚苯乙烯泡沫塑料板
防水层：4 厚 SBS 改性沥青防水卷材
找平层：1:3 水泥砂浆，砂浆中掺聚丙烯或锦纶-6 纤维 0.75～0.90kg/m³
找坡层：1:8 水泥膨胀珍珠岩找坡2%
结构层：钢筋混凝土屋面板
顶棚

（b）

保护层：C20 细石混凝土，内配 φ4@150×150 钢筋网片
隔离层：干铺无纺聚酯纤维布一层
保温层：挤塑聚苯乙烯泡沫塑料板
防水层：4 厚 SBS 改性沥青防水卷材
找平层：1:3 水泥砂浆，砂浆中掺聚丙烯或锦纶-6 纤维 0.75～0.90kg/m³
找坡层：1:8 水泥膨胀珍珠岩找坡2%
结构层：钢筋混凝土屋面板
顶棚

图 6-28　倒置式保温屋面构造组成示例
（a）上人屋面；（b）不上人屋面

（二）平屋面的隔热

在气候炎热地区，夏季太阳辐射使屋面温度剧烈升高，为减少传进室内的热量和降低室内的温度，屋面应采取隔热降温措施。我国南方地区的建筑屋面隔热更为重要。

屋面隔热措施通常有以下几种方式：

1. 通风隔热屋面

这种做法是指在屋面中设通风间层，使上层表面起遮挡阳光的作用。利用风压和热压作用把间层中的热空气不断带走，以减少传到室内的热量，从而达到隔热降温的目的。通风隔热屋面一般有架空通风隔热屋面和顶棚通风隔热屋面两种，如图 6-29、图 6-30 所示。

2. 蓄水隔热屋面

蓄水隔热屋面利用平屋面所蓄积的水层来达到屋面隔热的目的，图 6-31 为蓄水隔热屋面构造示例。

3. 种植隔热屋面

种植隔热屋面是在平屋面上种植植物，通过借助栽培介质隔热及植物吸收阳光进行光合作用和遮挡阳光的双重功效来达到降温隔热的目的，图 6-32 为种植隔热屋面构造示例。

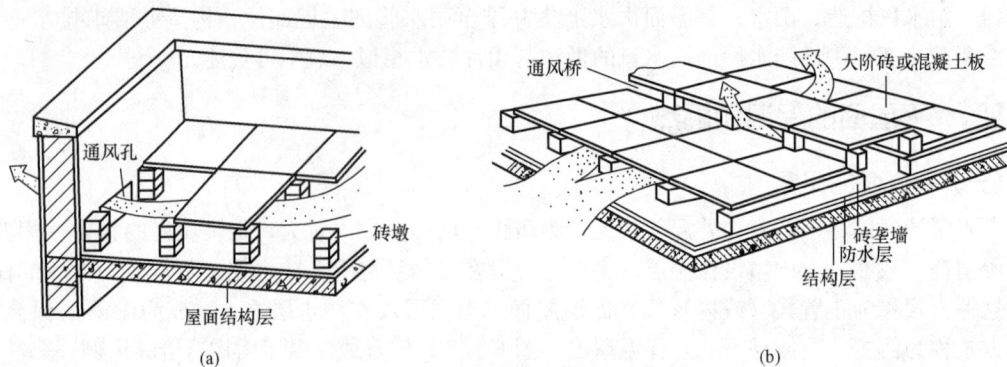

图 6-29　架空通风隔热屋面示意图

（a）架空隔热层与女儿墙通风孔；（b）架空隔热层与通风桥

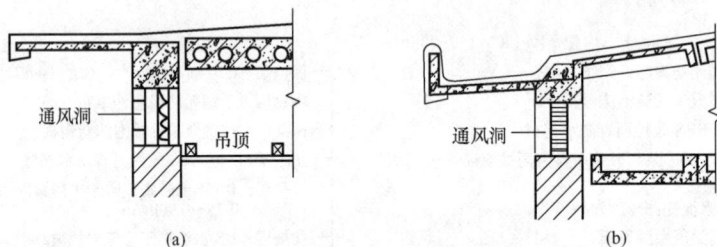

图 6-30　顶棚通风隔热屋面示意图

（a）吊顶通风层；（b）双槽板通风层

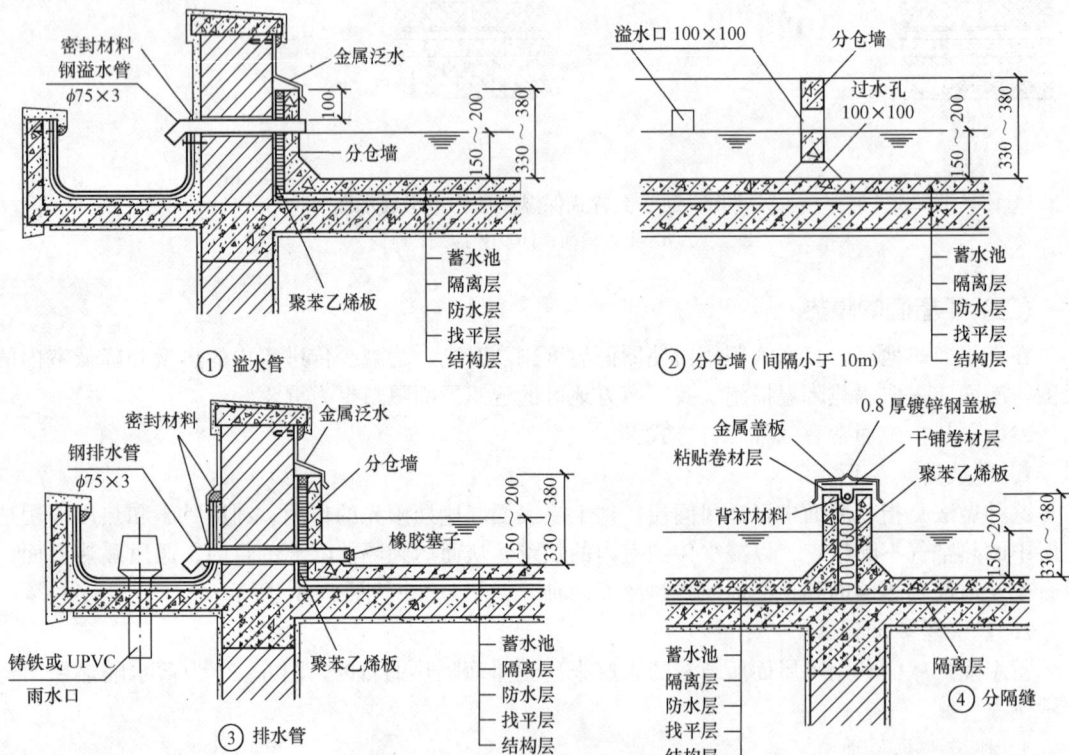

图 6-31　蓄水隔热屋面构造示例

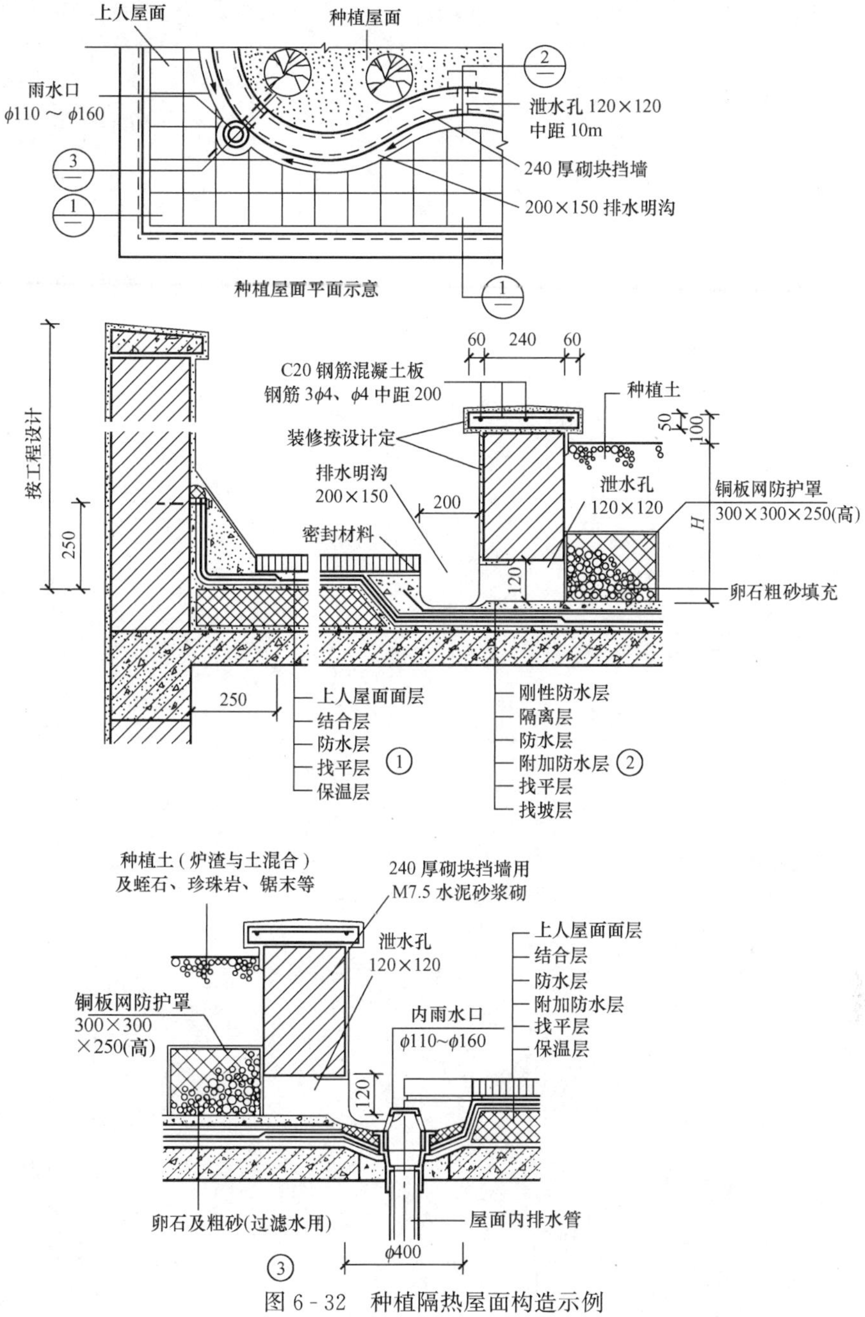

图 6 - 32　种植隔热屋面构造示例

4. 反射降温隔热屋面

反射降温隔热屋面是利用材料的颜色和光滑度对热辐射的反射作用，将一部分热量反射回去从而达到降温目的。如在屋面上采用浅色的砾石混凝土，或在屋面上涂刷白色涂料，均可起到明显的降温隔热作用。

📕 课堂总结

本节主要内容是刚性防水屋面及平屋面的保温和隔热构造。

笔记页

◎ 技能单元

一、名词解释

1. 刚性防水屋面

2. 分格缝

二、填空题

1. 平屋面按屋面防水层做法不同可分为（　　）和（　　）屋面等。

2. 平屋面的隔热措施通常有（　　）、（　　）、（　　）、（　　）等。

三、选择题

刚性防水屋面出现断裂的原因可能是（　　）。

A. 粘贴不牢　　　　　　B. 没做蒸汽扩散层　　C. 没做隔离层　　　　　D. 保护层不合理

四、简答题

刚性防水屋面的分格缝应设置在什么位置？

五、作图题

1. 图示无保温层、无隔汽层、上人刚性防水屋面的构造。

2. 图示一种倒置式保温屋面的构造。

笔记页

🫱 思政单元

【案例呈现】

"水立方"向"冰立方"转变的秘密武器

作为冬奥会开幕式之前率先进行的唯一项目，冰壶比赛在"冰立方"率先登场。

"冰立方"即 2008 年时惊艳世界的国家游泳中心"水立方"。为了承接冬奥会冰壶项目和冬残奥会轮椅冰壶项目，国家游泳中心近年来进行了多项升级改造，成为世界唯一的水上和冰上项目均可运行的"双奥场馆"。

图片来源：凤凰网

从游泳馆变身冰壶赛场，"水立方"的特殊顶棚材料却成为阻碍：原有的 ETFE 透明膜结构透光性强，对于游泳馆来说是极惊艳的效果，可对于冰上场馆来说，热辐射、顶棚冷凝水都会给比赛带来麻烦。

给"水立方"装什么样的"窗帘"，既美观，又能达到隔热效果，还不破坏原有覆膜结构？哈尔滨工业大学建筑学院教授陆诗亮带领的科研团队，通过对 ETFE 材料的传热模型，以及对室内热湿集成环境的作用机制的多方研究，最终选择了一种 PVC 膜基夹黑涂层织物材料，成功地给"冰立方"盖上一层隔热"窗帘"，为冬奥会冰壶比赛保驾护航。

使用 PVC 膜材遮蔽太阳光可以使冰立方室内太阳辐射量降低 98%，顶棚空腔内温度降低 1.5%，近天花区温度降低 10.2%，比赛场地附近温度降低 11%，可达到理想的太阳光遮蔽效果。而且该材料可以灵活拆装，使国家游泳中心在"冰—水"运动间自由转换。

除了降低场馆的热量外，敷设 PVC 膜材还有其他好处。局部高温场，可提高观众区的温度，为观众提供舒适的观赛环境。此外，余留的热量也能够提高顶棚表面温度，防止场馆内的水蒸气在场馆上方形成凝结水。

值得一提的是，这种"窗帘"材料的选择，既考虑功能，也充分考虑了"冰立方"的美观。如果单纯追求降温效果，只需使用黑色不透光的材料，但这样做视觉效果就很差。这种带涂层的 PVC 膜材，也是基于追求美观的角度考虑。

除了对"窗帘"的材料选择，如何为敷设"窗帘"选择最佳位置，最大限度降低馆内制冰系统的运转负荷和冰面维护的能耗，也是给"冰立方"遮阳的一大难题。为此，科研团队也进行了

图片来源：北京日报

大量模拟和实际测试。

"冰立方"外表由 3000 多个半透明的"气枕"组成，内部则拥有一层由钢骨架连接、用单层 ETFE 膜材与场馆室内相隔的"空腔"顶棚，也就是在 ETFE 膜材的平面上再安装一层 PVC 膜材夹心，可以使遮阳膜的生产和安装难度降到最低，便于"冰立方"未来快速变回"水立方"。

根据国家游泳中心的改造方案，本届冬奥会结束后，该场馆将在游泳季和冰上季之间不断切换，春夏秋三个季节将成为"水立方"，用于水上运动；冬季则变身"冰立方"，用于开展冰上运动，这一设计思路也是研究团队对"低碳奥运"理念的具体实践。

冰上运动场馆的多功能利用是其可持续发展的必然趋势。特别是随着越来越多的国内体育场馆采用"气枕"结构设计，研究团队为"冰立方"提出的改造模式，有希望在未来获得更大范围的推广使用。

【案例点评】

"水立方"到"冰立方"转变的秘密是由于哈尔滨工业大学建筑学院研发了一种 PVC 膜基夹黑涂层织物材料，成功地给"冰立方"盖上一层隔热"窗帘"，为冬奥会冰壶比赛保驾护航。

"水立方"改造是"绿色办奥"、可持续发展的样本，防晒、保温新材料的使用实现了奥运场馆的一馆多用，尤其是从水上项目到冰上项目的大幅度改造并致力于实现场馆在赛后的可持续利用，让全国体育场馆受惠，迅速走上绿色、科技之路，为我国"碳达峰""碳中和"目标做贡献。

🙎 教学评价

1. 本课自查表

教学目标	知识目标	□清晰 □模糊 □一般 □混淆
	能力目标	□掌握 □熟悉 □了解
	思政目标	□有　□无
授课情况	概念清晰度	□清晰 □模糊 □一般 □混淆
	讲课语速	□快　□慢　□适当 □听不清
	课堂节奏	□快　□慢　□适当 □无
	课堂氛围	□激情 □饱满 □互动 □压抑
	授课方式	□接受 □抵触 □死板 □改进 □灵活
	板书或PPT	□工整 □潦草 □太少 □字迹模糊
学习情况	概念	□难懂 □理解 □易忘 □抽象 □简单 □太多
	学习方法	□听讲 □自学 □实验 □讨论 □笔记
	学习兴趣	□浓厚 □一般 □淡薄 □厌倦 □无
	学习态度	□端正 □一般 □被迫 □主动
	课前课后	□预习 □复习 □无　□没时间
	课后作业	□太少 □太多 □无
意见建议		

2. 小组评价表

讨论问题					
小组成员					
为我打分					

笔 记 页

课程名称	6.3　坡屋面的构造
教学内容	6.3　坡屋面的构造 一、坡屋面的组成 二、坡屋面的承重结构形式 （一）檩式结构 （二）板式结构 三、坡屋面的承重结构构件 四、坡屋面的构造 （一）块瓦屋面 （二）油毡瓦屋面 （三）块瓦形钢板彩瓦屋面 五、坡屋面的保温和隔热 （一）坡屋面的保温 （二）坡屋面的隔热

学时安排	2 学时 （90 分钟）	知识单元	65 分钟
		技能单元	10 分钟
		思政单元	15 分钟

教学重点 及难点	坡屋面的组成是教学的重点，其细部构造是难点

教学目标	知识目标	1. 了解坡屋面的组成。 2. 熟悉坡屋面的承重结构构件。 3. 掌握坡屋面的构造：块瓦屋面、油毡瓦屋面、块瓦形钢板彩瓦屋面
	能力目标	1. 能够准确分辨坡屋面的承重结构形式。 2. 能够准确绘制块瓦屋面女儿墙泛水构造。 3. 能够准确绘制油毡瓦屋面檐沟构造
	思政目标	1. 使学生了解中国古建筑中坡屋面构造中的合理的、具有生命力的东西，汲取传统建筑文化中的积极因素从而坚定文化自信，把中国传统文化发扬光大。 2. 了解尊重自然、爱护自然、发展绿色建筑的重要性

思政元素 融入方法	1. 课前布置课程思政故事自学和思考题。 2. 课中教师简述课程思政案例，并组织同学展开思考讨论。 3. 通过案例导入教学内容，通过讨论对学生进行思政教育

知识单元	
教学环节	教学内容安排
课前导入	课程思政案例：古建筑是如何保温的？ 思考讨论：中国古建筑的坡屋面是如何起到保温作用的？和现代建筑相比，它有哪些优点？给我们今天的发展带来哪些启示？

6.3 坡屋面的构造

坡屋面的形式如图6-2所示。其中屋面是由一些相同坡度的倾斜面交接而成，其交线的名称如图6-33所示。

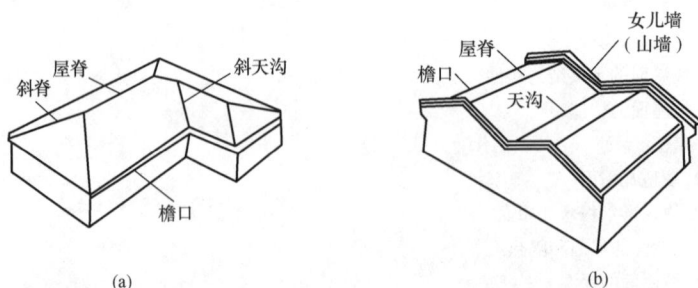

图6-33　坡屋面坡面交线名称
(a) 四坡；(b) 两坡

一、坡屋面的组成

坡屋面一般由结构层、面层及附加层组成。

1. 结构层

结构层主要承受屋面荷载，并把荷载传递到墙或柱上。一般有屋架、檩条、椽子或大梁等。

2. 面层

面层是屋面上的覆盖层，直接承受风雨、冰冻和太阳辐射等大自然气候的作用。它包括屋面盖料（如块瓦、油毡瓦等）和基层（如挂瓦条、屋面板等）。

3. 附加层

坡屋面的附加层由找平层、防水层、保温（或隔热）层、隔汽层、顶棚等组成。

（1）找平层。找平层一般选用1∶3水泥砂浆20厚，应充分养护。分格缝，纵横双向间距不宜大于6m。

（2）防水层。瓦材作为防水设防中的一道，与柔性防水层双道设防用于等级为Ⅱ级的屋面。瓦材既属于防水层又属于面层。

（3）保温（或隔热）层。采用轻质高效的块状材料做保温层（见表6-2），挤塑聚苯乙烯泡沫塑料板、聚苯乙烯泡沫塑料板均应采用阻燃型产品。

（4）隔汽层。隔汽层的要求及材料选用同平屋面。

（5）顶棚。顶棚是结构层下面的遮盖部分，可使室内上部平整，有一定光线反射，起保温（或隔热）和装饰作用。

二、坡屋面的承重结构形式

坡屋面的承重结构与平屋面不同，坡屋面结构坡度较大，直接形成屋面的排水坡度，它的结构形式有檩式和板式。

（一）檩式结构

檩式结构是在屋架或山墙上支承檩条，檩条上铺设屋面板或椽条的结构系统。常见的形式有：

1. 山墙承重

山墙承重也称硬山搁檩。当房屋横墙间距较小时，可将横墙上部砌成三角形，直接搁置檩条以承受屋面荷载，如图 6-34（a）所示。

2. 屋架承重

当房屋的内横墙较少需要有较大的使用空间时，常采用三角形架来架设檩条，以承受屋面荷载，如图 6-34（b）所示。

3. 梁架承重

梁架承重是我国民间传统的结构形式，由木柱和木梁组成，这种结构的墙只是起固护和分隔作用，不承重，故有"墙倒，屋不塌"之称，如图 6-34（c）所示。

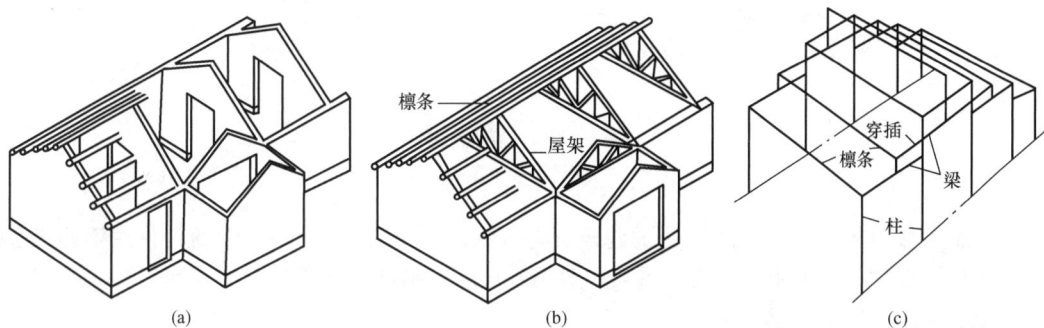

图 6-34 檩式结构屋面
(a) 山墙承重；(b) 屋架承重；(c) 梁架承重

（二）板式结构

它是将钢筋混凝土屋面板直接搁置在上部为三角形的横墙、屋架或斜梁上的支撑方式，这种方式常用于民用住宅或风景园林建筑的屋面，如图 6-35 所示。

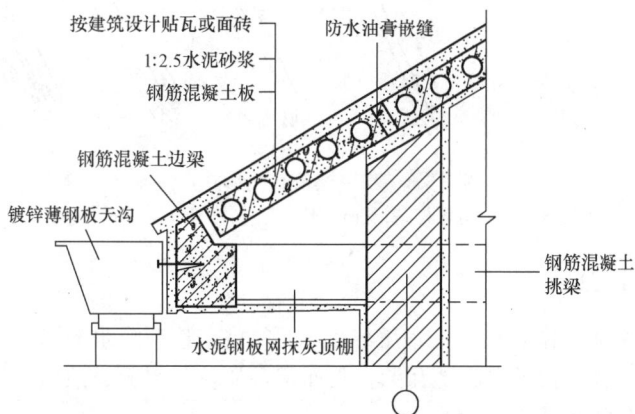

图 6-35 板式结构屋面

三、 坡屋面的承重结构构件

1. 屋架

屋架形式常为三角形，由上弦、下弦及腹杆组成。所用材料有木材、钢材及钢筋混凝土等，如图6-36所示。

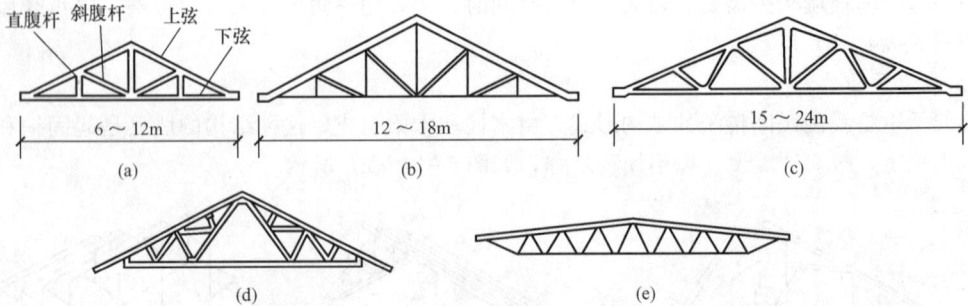

图6-36　屋架形式

（a）木屋架；（b）钢木屋架；（c）预应力钢筋混凝土屋架；（d）芬式钢屋架；（e）梭形轻钢屋架

木屋架一般用于跨度不超过12m的建筑。将木屋架中受拉力的下弦及直腹杆件用钢筋或型钢代替，这种屋架称为钢木屋架。钢木屋架一般用于跨度不超过18m的建筑，当跨度更大时需采用预应力钢筋混凝土屋架或钢屋架。

2. 檩条

檩条所用材料有木材、钢材及钢筋混凝土，檩条材料的选用一般与屋架所用材料相同，使得两者的耐久性接近。檩条的断面形式如图6-37所示。

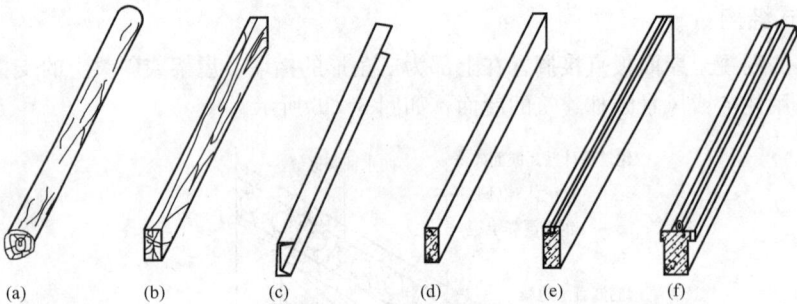

图6-37　檩条断面形式

（a）圆木檩条；（b）方木檩条；（c）槽钢檩条；（d）、（e）、（f）混凝土檩条

四、 坡屋面的构造

坡屋面是利用各种瓦材作防水层，靠瓦与瓦之间的搭盖达到防水的目的。目前常用的屋面材料有块瓦、油毡瓦等。瓦屋面的名称随瓦的种类而定，如块瓦屋面、油毡瓦屋面等。基层的做法则随瓦的种类和房屋的质量要求而定。

在檩式结构中，瓦材通常铺设在由檩条、屋面板、挂瓦条等组成的基层上，如图6-38所示。

在板式结构中，瓦材可通过水泥钉钉、泥背或挂瓦条等方式固定在钢筋混凝土板上。目前多采用板式结构，这里主要介绍屋面结构层为现浇钢筋混凝板的坡屋面构造。根据瓦材种类的不同，坡屋面分为块瓦屋面、油毡瓦屋面及块瓦形钢板彩瓦屋面。

（一）块瓦屋面

块瓦屋面根据基层的做法不同，分为砂浆卧瓦块瓦屋面、钢挂瓦条块瓦屋面及木挂瓦条块瓦屋面。

1. 块瓦屋面的构造组成

块瓦屋面由多层材料叠合而成，按功能要求，可分为无柔性防水层与有柔性防水层；有保温（隔热）层与无保温（隔热）层等。图 6 - 39 为砂浆卧瓦块瓦屋面的构造组成示例；图 6 - 40 为钢挂瓦条块瓦屋面的构造组成示例；图 6 - 41 为木挂瓦条块瓦屋面的构造组成示例。

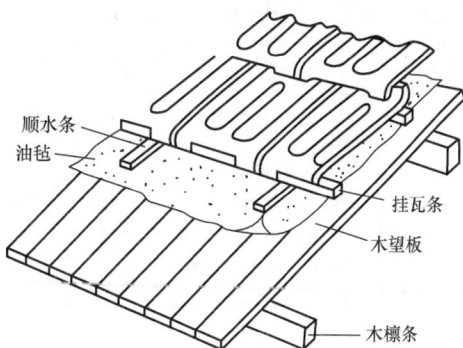

图 6 - 38　檩式结构瓦屋面

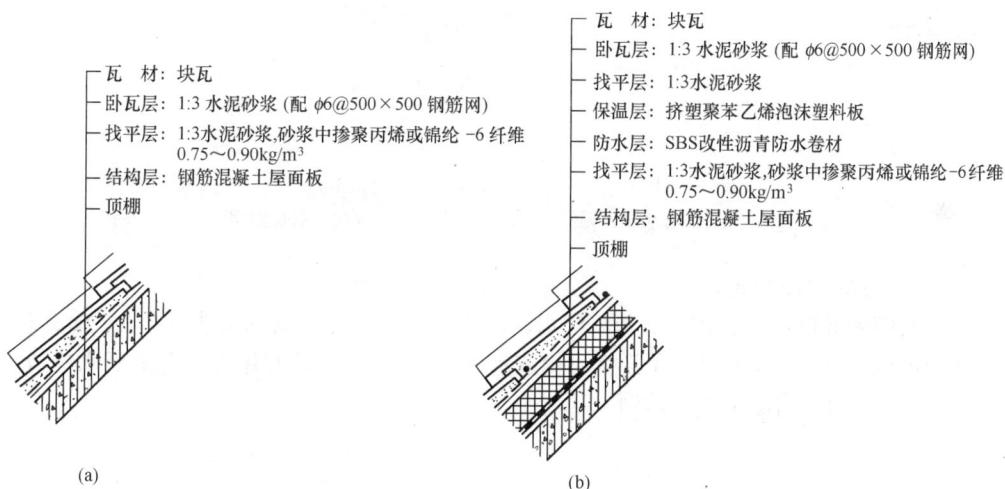

(a)

(b)

图 6 - 39　砂浆卧瓦块瓦屋面的构造组成示例

（a）无柔性防水层、无保温层；（b）有柔性防水层、有保温层

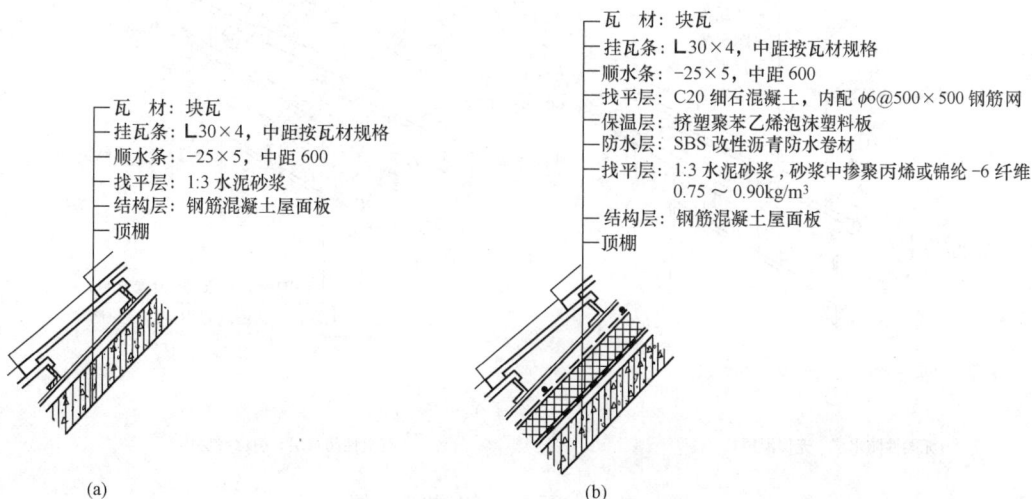

(a)

(b)

图 6 - 40　钢挂瓦条块瓦屋面的构造组成示例

（a）无柔性防水层、无保温层；（b）有柔性防水层、有保温层

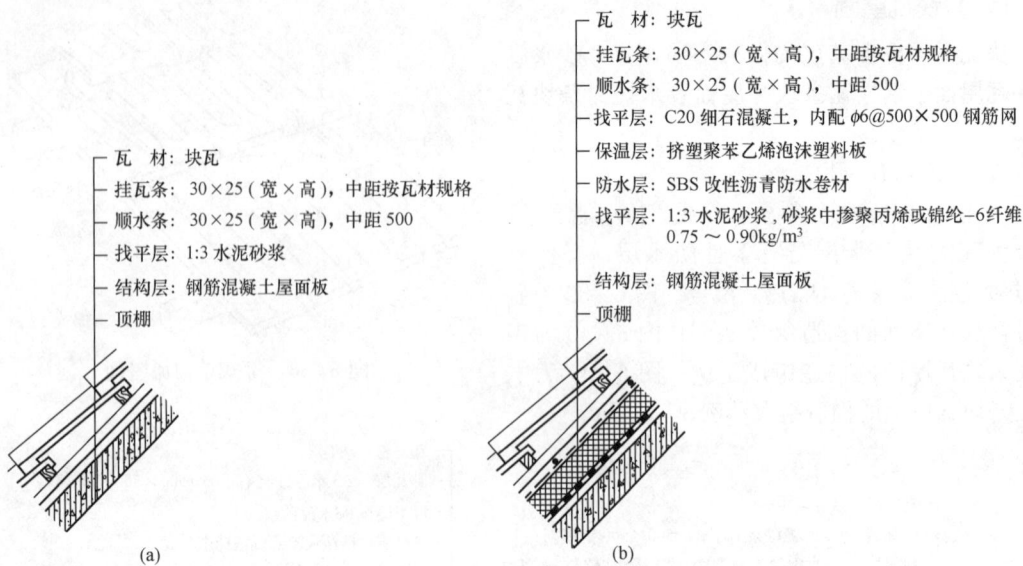

图6-41　木挂瓦条块瓦屋面的构造组成示例

（a）无柔性防水层、无保温层；（b）有柔性防水层、有保温层

2. 块瓦屋面的细部构造

块瓦屋面应做好檐口、檐沟、女儿墙泛水、山墙泛水等部位的细部构造。图6-42为块瓦屋面檐口构造示例；图6-43为块瓦屋面檐沟构造示例；图6-44为块瓦屋面女儿墙泛水构造示例；图6-45为块瓦屋面山墙泛水构造示例。

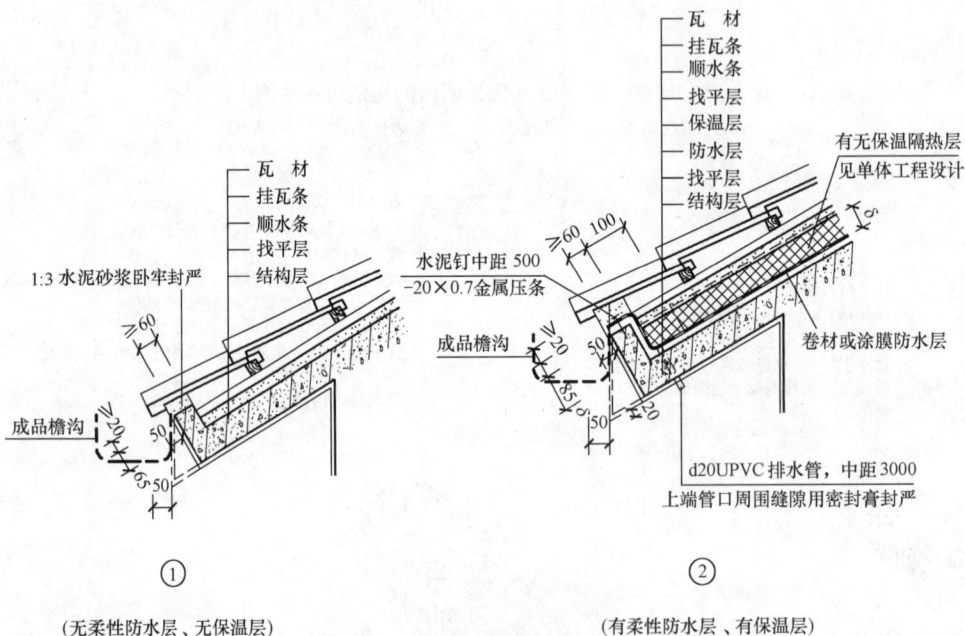

图6-42　块瓦屋面檐口构造示例

瓦 材
挂瓦条
顺水条
找平层
结构层

200

R50

50

翻起部位卷材附加层
空铺 200 宽

高聚物改性沥青卷材防水层 4 厚
高聚物改性沥青卷材附加层
1:3 水泥砂浆找平层 20 厚
轻集料混凝土找坡层 最薄处 0 厚
钢筋混凝土檐沟

①
（无柔性防水层、无保温层）

瓦 材
挂瓦条
顺水条
找平层
保温层
防水层
找平层
结构层

50

δ

20

100

有无保温隔热层
见单体工程设计
卷材或涂膜防水层

檐沟外保温随单体
工程外墙外保温做法

②
（有柔性防水层、有保温层）

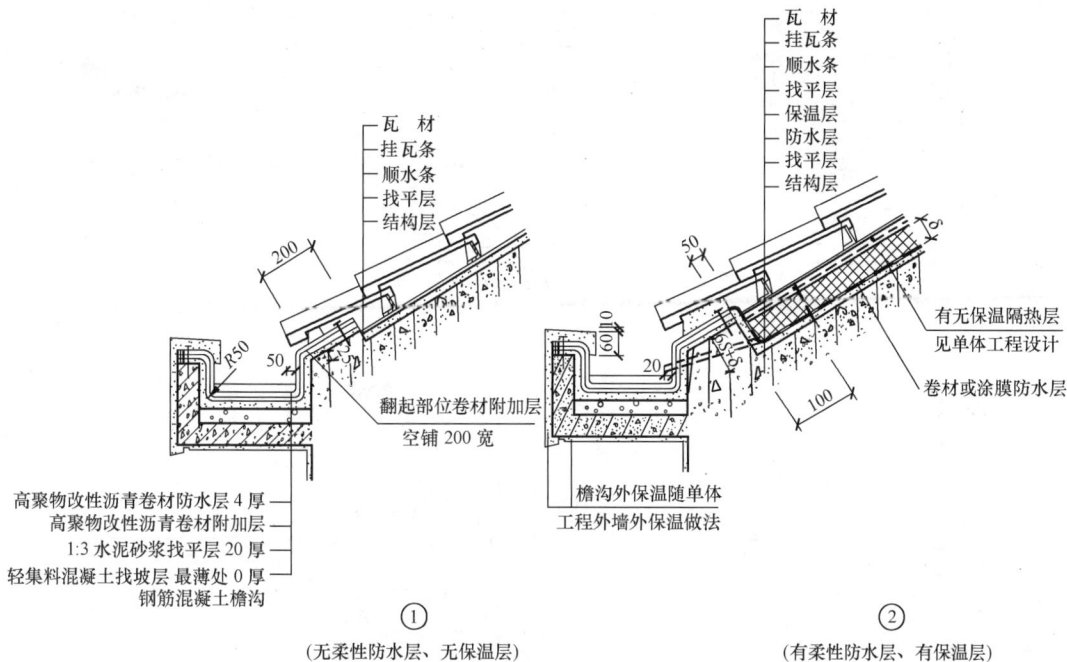

图 6-43 块瓦屋面檐沟构造示例

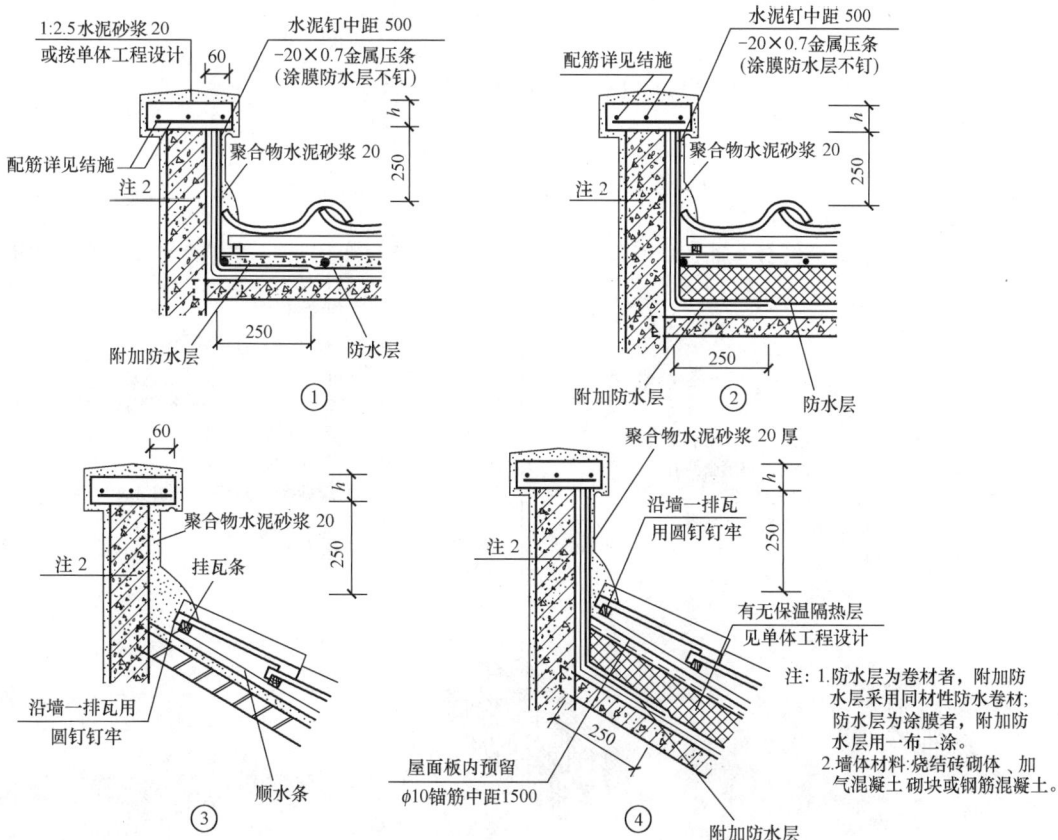

1:2.5 水泥砂浆 20
或按单体工程设计

60

水泥钉中距 500
-20×0.7 金属压条
（涂膜防水层不钉）

h

250

配筋详见结施

注 2

聚合物水泥砂浆 20

附加防水层

250

防水层

①

配筋详见结施

水泥钉中距 500
-20×0.7 金属压条
（涂膜防水层不钉）

h

250

注 2

聚合物水泥砂浆 20

附加防水层

250

防水层

②

60

聚合物水泥砂浆 20

h

250

注 2

挂瓦条

沿墙一排瓦用
圆钉钉牢

顺水条

③

聚合物水泥砂浆 20 厚

h

250

沿墙一排瓦
用圆钉钉牢

注 2

有无保温隔热层
见单体工程设计

屋面板内预留
φ10 锚筋中距 1500

250

附加防水层

④

注：1.防水层为卷材者，附加防
水层采用同材性防水卷材;
防水层为涂膜者，附加防
水层用一布二涂。
2.墙体材料:烧结砖砌体、加
气混凝土砌块或钢筋混凝土。

图 6-44 块瓦屋面女儿墙泛水构造示例

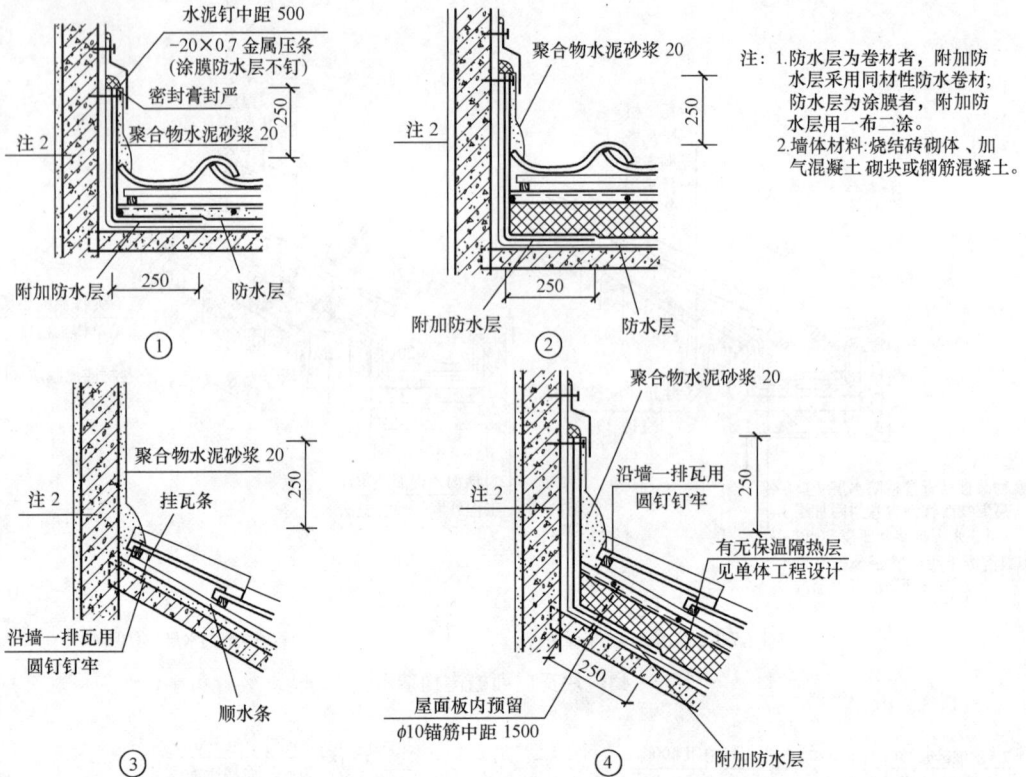

图6-45 块瓦屋面山墙泛水构造示例

（二）油毡瓦屋面

1. 油毡瓦屋面的构造组成

油毡瓦屋面由多层材料叠合而成，按功能要求，可分为无柔性防水层与有柔性防水层；有保温（隔热）层与无保温（隔热）层等。图6-46为油毡瓦屋面的构造组成示例。

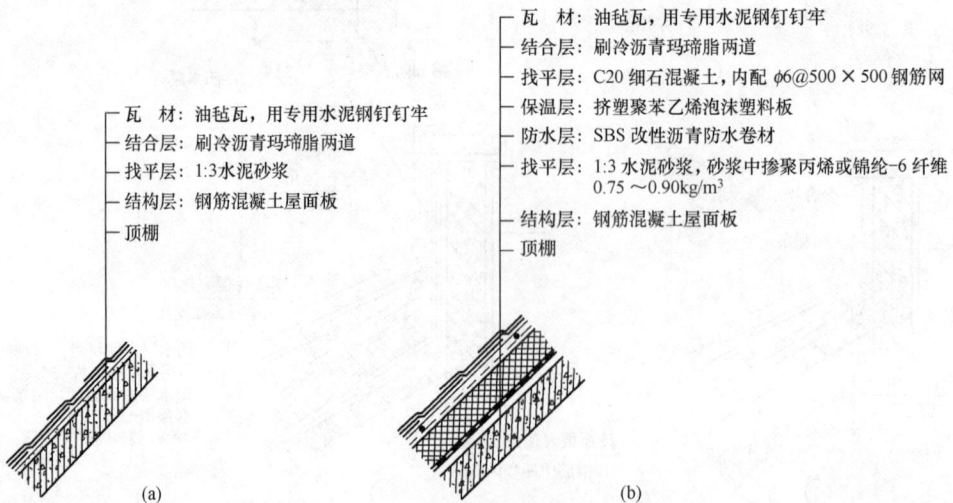

图6-46 油毡瓦屋面的构造组成示例

（a）无柔性防水层、无保温层；（b）有柔性防水层、有保温层

2. 油毡瓦屋面的细部构造

油毡瓦屋面应做好檐口、檐沟、女儿墙泛水、山墙泛水等部位的细部构造。图 6-47 为油毡瓦屋面檐口构造示例；图 6-48 为油毡瓦屋面檐沟构造示例；图 6-49 为油毡瓦屋面女儿墙泛水构

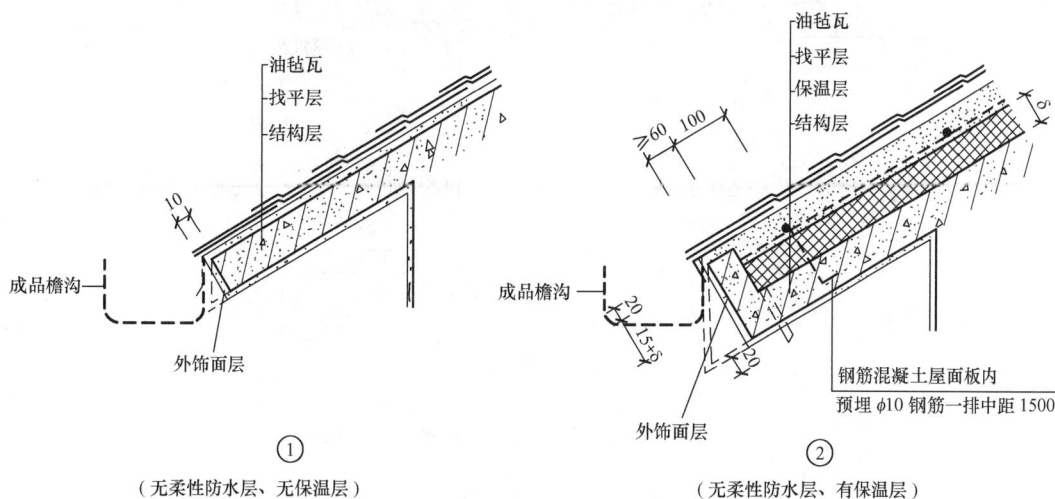

（无柔性防水层、无保温层）　　　　　　　　　（无柔性防水层、有保温层）

图 6-47　油毡瓦屋面檐口构造示例

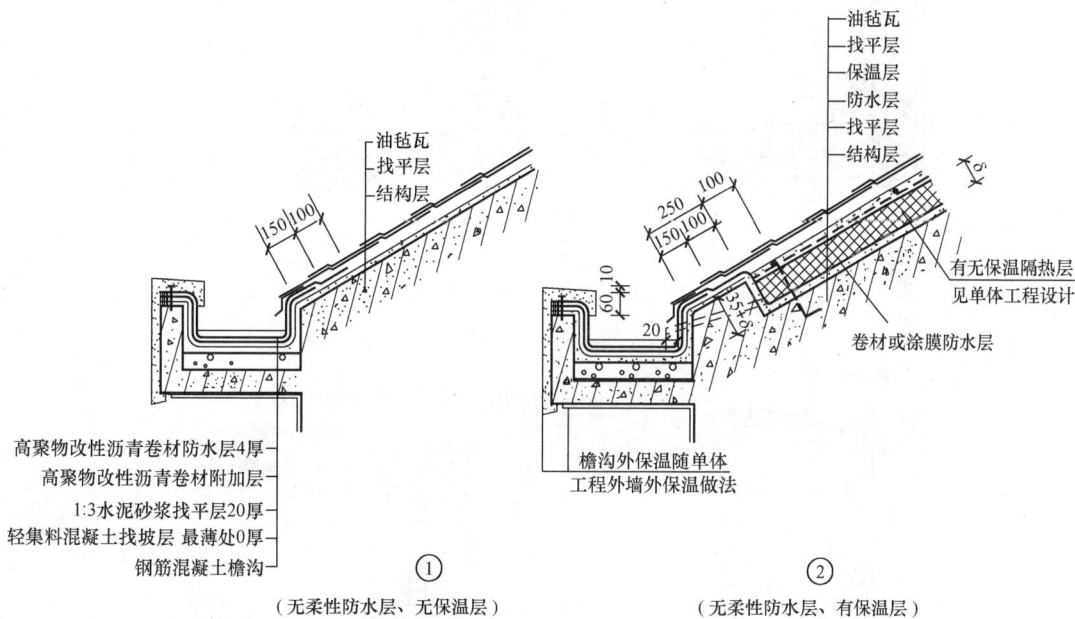

（无柔性防水层、无保温层）　　　　　　　　　（无柔性防水层、有保温层）

图 6-48　油毡瓦屋面檐沟构造示例

造示例；图 6-50 为油毡瓦屋面山墙泛水构造示例。

（三）块瓦形钢板彩瓦屋面

1. 块瓦形钢板彩瓦屋面的构造组成

块瓦形钢板彩瓦屋面由多层材料叠合而成，按功能要求，可分为无柔性防水层与有柔性防水层；有保温（隔热）层与无保温（隔热）层等。图 6-51 为块瓦形钢板彩瓦屋面构造组成示例。

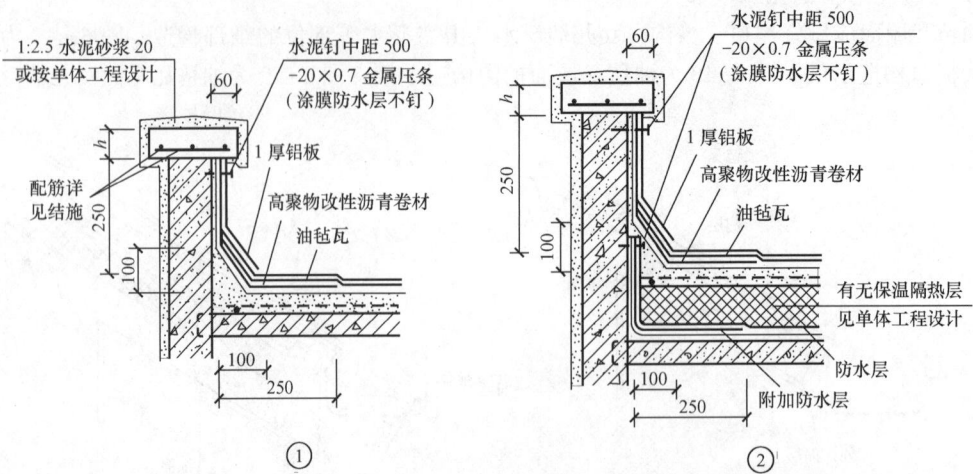

图 6-49 油毡瓦屋面女儿墙泛水构造示例

图中标注（左图①）：
- 1:2.5 水泥砂浆 20 或按单体工程设计
- 配筋详见结施
- 60
- 水泥钉中距 500
- -20×0.7 金属压条（涂膜防水层不钉）
- 1 厚铝板
- 高聚物改性沥青卷材
- 油毡瓦
- 250 100 100 250

图中标注（右图②）：
- 60
- 水泥钉中距 500
- -20×0.7 金属压条（涂膜防水层不钉）
- 1 厚铝板
- 高聚物改性沥青卷材
- 油毡瓦
- 有无保温隔热层见单体工程设计
- 防水层
- 附加防水层
- 250 100 100 100 250

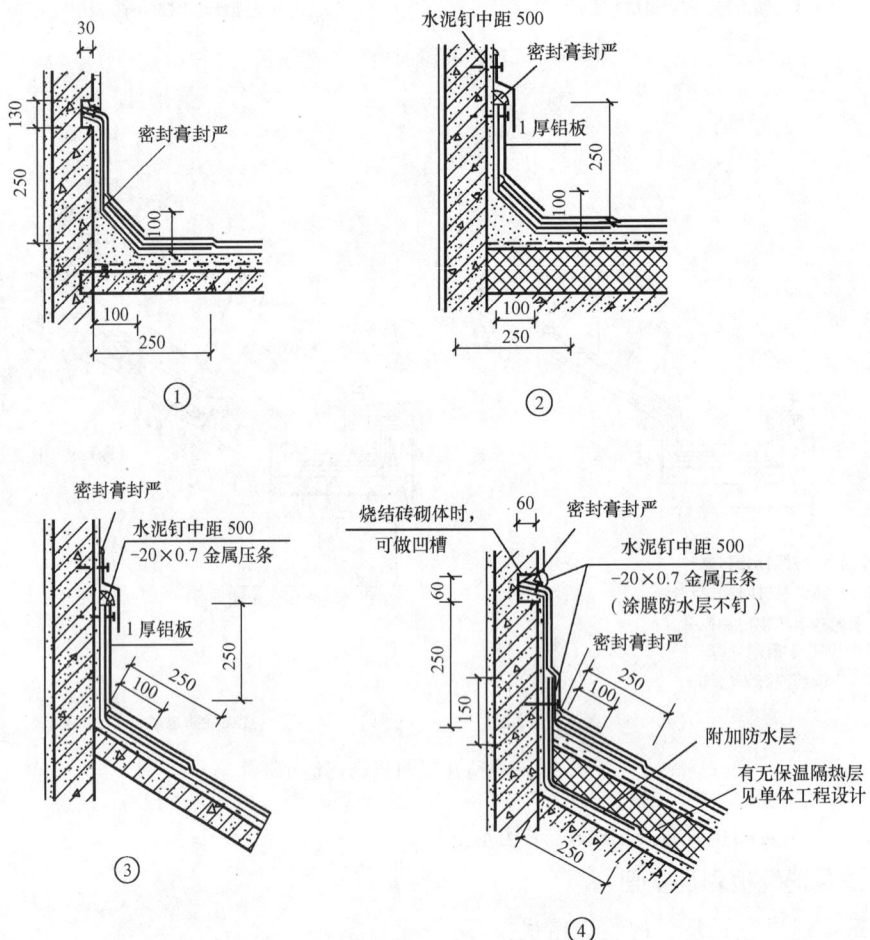

图 6-50 油毡瓦屋面山墙泛水构造示例

图中标注：
①
- 30
- 130
- 250
- 密封膏封严
- 100
- 100
- 250

②
- 水泥钉中距 500
- 密封膏封严
- 1 厚铝板
- 250
- 100
- 100
- 250

③
- 密封膏封严
- 水泥钉中距 500
- -20×0.7 金属压条
- 1 厚铝板
- 250
- 100
- 250

④
- 烧结砖砌体时，可做凹槽
- 60
- 密封膏封严
- 水泥钉中距 500
- -20×0.7 金属压条（涂膜防水层不钉）
- 密封膏封严
- 60
- 250
- 150
- 250
- 100
- 附加防水层
- 有无保温隔热层见单体工程设计
- 250

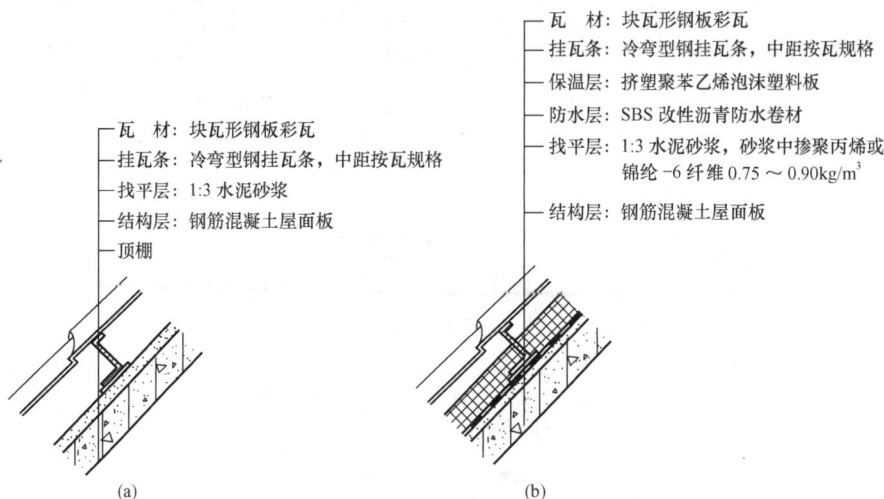

图 6-51 块瓦形钢板彩瓦屋面构造组成示例

（a）无柔性防水层、无保温层；（b）有柔性防水层、有保温层

2. 块瓦形钢板彩瓦屋面的细部构造

块瓦形钢板彩瓦屋面应做好檐口、檐沟、山墙挑檐、女儿墙泛水、山墙泛水等部位的细部构造。图 6-52 为块瓦形钢板彩瓦屋面檐口构造示例；图 6-53 为块瓦形钢板彩瓦屋面檐沟构造示例；图 6-54 为块瓦形钢板彩瓦屋面山墙挑檐构造示例；图 6-55 为块瓦形钢板彩瓦屋面女儿墙泛水构造示例；图 6-56 为块瓦形钢板彩瓦屋面山墙泛水构造示例。

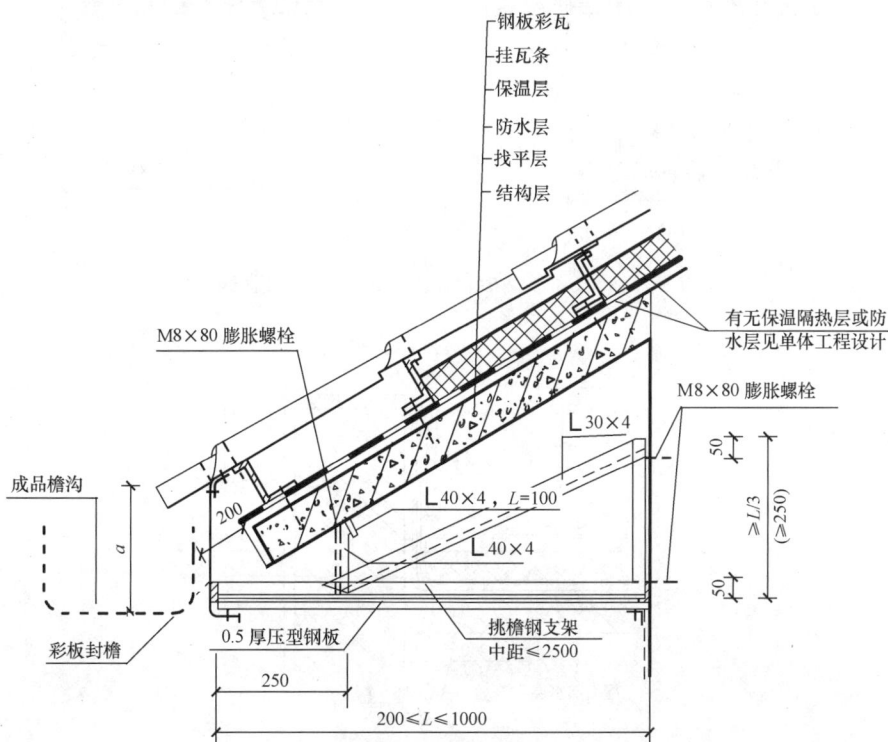

图 6-52 块瓦形钢板彩瓦屋面檐口构造示例

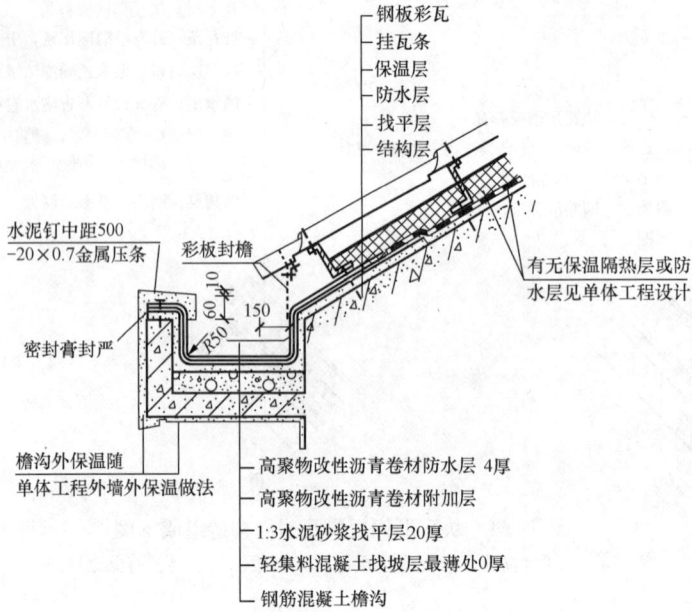

钢板彩瓦
挂瓦条
保温层
防水层
找平层
结构层

水泥钉中距500
-20×0.7金属压条
彩板封檐
有无保温隔热层或防水层见单体工程设计
密封膏封严
檐沟外保温随单体工程外墙外保温做法
高聚物改性沥青卷材防水层 4厚
高聚物改性沥青卷材附加层
1:3水泥砂浆找平层20厚
轻集料混凝土找坡层最薄处0厚
钢筋混凝土檐沟

图 6-53　块瓦形钢板彩瓦屋面檐沟构造示例

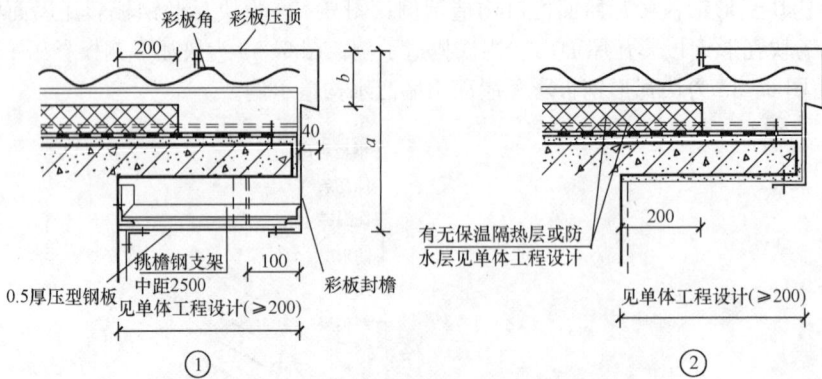

彩板角　彩板压顶
200
挑檐钢支架中距2500
0.5厚压型钢板
彩板封檐
见单体工程设计(≥200)
100
有无保温隔热层或防水层见单体工程设计
见单体工程设计(≥200)
200
①　②

图 6-54　块瓦形钢板彩瓦屋面山墙挑檐构造示例

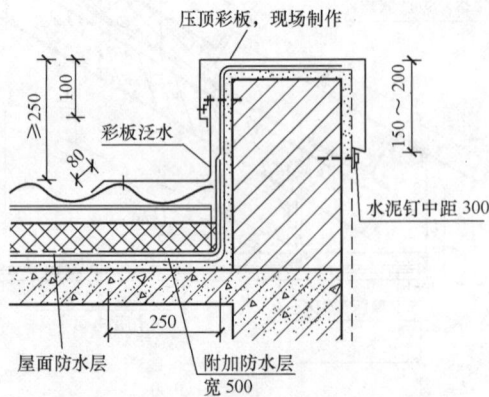

压顶彩板，现场制作
彩板泛水
水泥钉中距300
屋面防水层
附加防水层宽500
250
100
≥250
80
150～200

图 6-55　块瓦形钢板彩瓦屋面女儿墙泛水构造示例

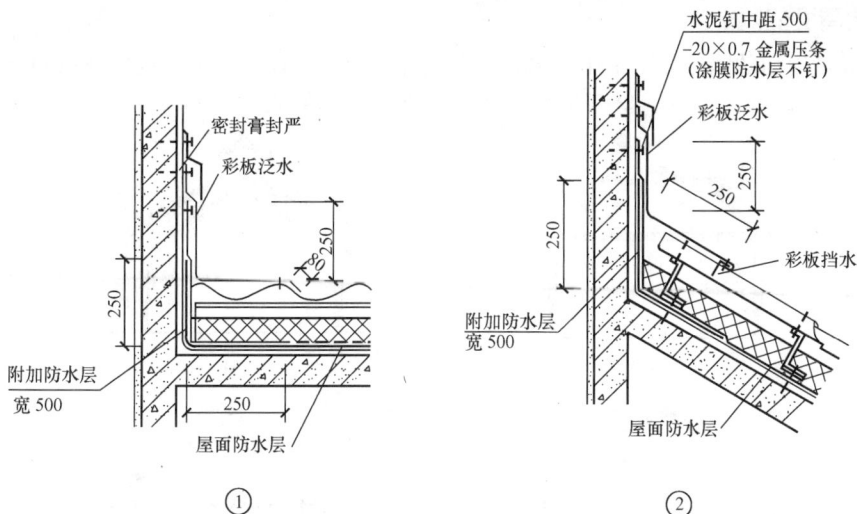

图 6-56 块瓦形钢板彩瓦屋面山墙泛水构造示例

五、坡屋面的保温和隔热

(一) 坡屋面的保温

坡屋面的保温有屋面保温和顶棚保温两种,如图 6-57 所示。当采用屋面保温时,保温层一般布置在瓦材与檩条之间或吊顶棚上面。保温材料可根据工程具体要求选用松散材料、块体材料或板状材料。

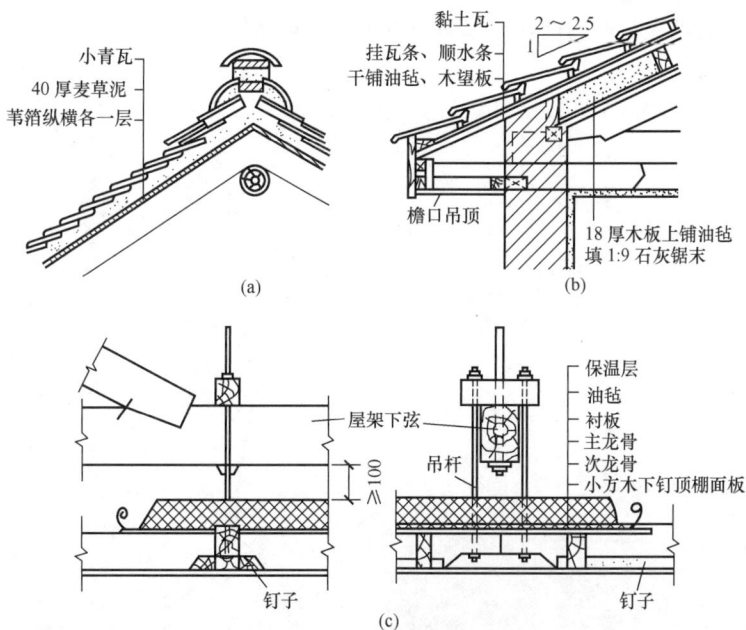

图 6-57 坡屋面保温构造
(a) 小青瓦保温屋面;(b) 平瓦保温屋面;(c) 保温吊顶棚图

（二）坡屋面的隔热

炎热地区坡屋面的隔热除了采用实体材料隔热外，较为有效的措施是设置通风间层，在坡屋面中设进气口和排气口，图 6-58 所示为几种通风屋面的示意图。

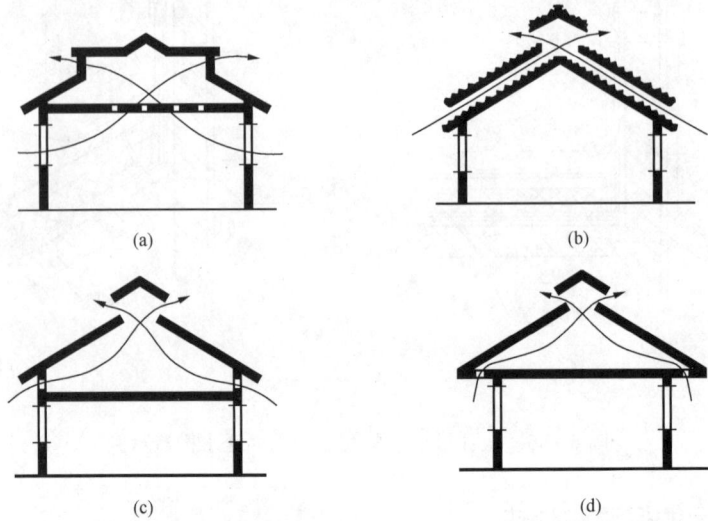

图 6-58　坡屋面通风示意
（a）在顶棚和天窗设通风孔；（b）在外墙和天窗设通风孔之一；
（c）在外墙和天窗设通风孔之二；（d）在山墙及檐口设通风孔

课堂总结

本节主要内容是坡屋面的构造：坡屋面的组成、承重结构形式、承重结构构件、构造、保温和隔热。

◎ 技能单元

一、填空题

1. 坡屋面的承重结构形式有（　　）和（　　）等。

2. 檩式结构常见的形式有（　　）、（　　）和（　　）。

3. 现浇钢筋混凝土板的坡屋面，根据瓦材种类的不同，分为块瓦屋面、（　　）和（　　）；其中块瓦屋面根据基层的做法不同，分为（　　）块瓦屋面、（　　）块瓦屋面和（　　）块瓦屋面。

4. 坡屋面的保温有（　　）和（　　）两种。

二、选择题

1. 金属板材屋面檐口挑出墙面的长度不应小于以下何值？（　　）

A. 120mm　　　　　　　B. 150mm　　　　　　　C. 180mm　　　　　　　D. 200mm

2. 当瓦屋面坡度近于 50％时，其檐口构造不应设置（　　）。

A. 镀锌铁皮明天沟　　　　　　　　　　B. 现浇钢筋混凝土檐沟

C. 砌筑女儿墙　　　　　　　　　　　　D. 安全护栏等

3. 压型金属板屋面采用咬口锁边连接时，其排水坡度不宜小于（　　）。

A. 3％　　　　　　　　B. 5％　　　　　　　　C. 8％　　　　　　　　D. 10％

4. 关于金属板屋面铺装相关尺寸的说法，错误的是（　　）。

A. 金属板屋面檐口挑出墙面的长度不应小于 100mm

B. 金属板伸入檐沟、天沟内的长度不应小于 100mm

C. 金属泛水板与突出屋面墙体的搭接高度不应小于 250mm

D. 金属屋脊盖板在两坡面金属板上的搭盖宽度不应小于 250mm

5. 块瓦屋面保温层上铺细石混凝土做持钉层时，防水垫层设置不正确的是？（　　）

A. 防水垫层应铺设在顺水条下　　　　　B. 防水垫层应铺设在屋面板上

C. 防水垫层应铺设在保护层上　　　　　D. 防水垫层应铺设在保温层下

笔记页

思政单元

【案例呈现】

古建筑是如何保温的？

无论宫阁殿宇，还是老宅民居，一脚踏进去，仿佛瞬间就能将燥热甩出身体，进入另一番清幽凉快的世界，令人神清气爽、心明眼亮。

同样是建筑，为什么那些古老的建筑，似乎比现代建筑更加宜居？为什么它们能在如此高温的天气里，充当着"天然空调房"？我们的祖先，又在哪些意想不到的地方，安放了令人叹为观止的智慧？答案就在中国古建筑的房檐里。

首先，从房檐的构造来看：

中国的古建筑，屋檐是一大特色。层层叠叠的飞檐，营造出壮观的气势、飞扬的美感，美不胜收。尤其在宫殿屋顶转角处，四角翘伸，如凤鸟展翅，既雍容富丽，又轻盈飘逸，在空中伸展出浓郁的古典风范。

古建筑中的挑檐，不仅令建筑造型美观，在功能上也照顾周到：夏天，它有利于避免阳光在正午照入室内；冬天，正午阳光又恰能照入建筑的最深处。

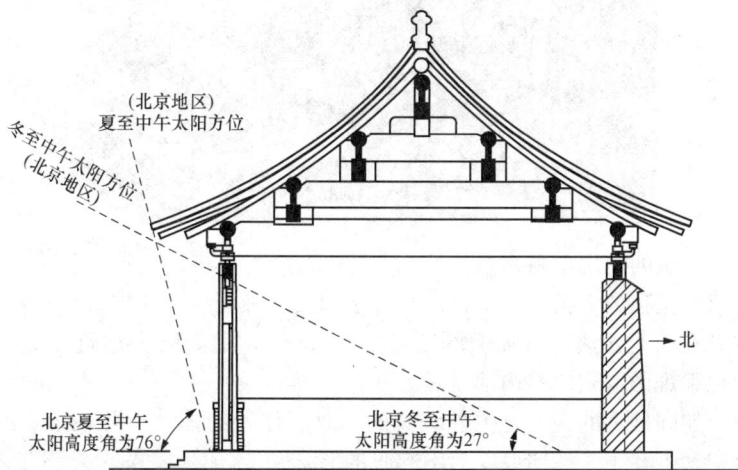

中国大部分地区位于北温带，四季阳光照射角度会有所变化。以北京地区为例，夏季的正午太阳高度约为 76 度，冬季约为 27 度。

通过把屋檐向外挑出一定尺寸，可以调节阳光的照射效果：夏天早上温度较低时，阳光可以照进建筑内部；到了正午时分，太阳几乎位于正上方，就只能照射到檐柱外侧，热量也被隔离在建筑外部，室内保持了凉爽。

如果是在冬天，随着太阳升起，建筑内部逐渐接受光照，到了正午时分，阳光正好射入室内最内侧墙位置，使得屋内暖意洋洋。

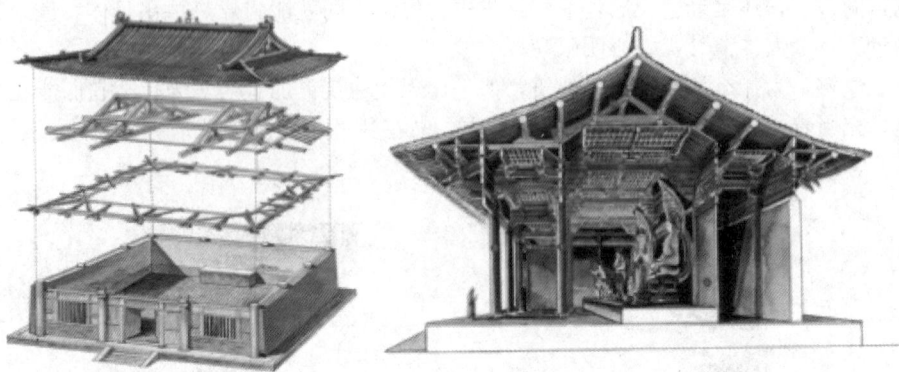

图片来源：李乾朗

中国古建筑有独特的梁架结构。高级建筑常用抬梁式，通过在立柱上架梁，层层上抬，形成坡屋顶。多层的木构件，比起现代建筑的钢筋混凝土墙面，隔热性能要好得多。

坡屋顶的形式，使得古建筑的顶部出现了一个架空层，太阳光的热量，必须经由两次缓冲与降温：先通过屋顶泥背层进入屋顶内，再经过天花板之上架空层的过渡，才能继续往下，传向地面。

在冬天，架空层的存在，也使得室外的寒冷不能直接传入室内，保证了古建筑的冬暖夏凉。

其次，从屋顶建筑的使用材料来看：

在紫禁城古建筑屋顶的木板基层上，还会分层铺墁各种泥背，如护板灰、青灰、麻刀泥等。

泥背材质本身不利于导热，再加上厚度可达 30 厘米，犹如给古建筑穿上了厚厚的防护服，使外界的温度变化很难影响到建筑内部。

优秀的建筑，如同优秀的人，是内外兼修的。对居住者的体贴，既在于一道道华丽的飞檐、一层层精致的梁架，也在于一堵堵厚实而不起眼的墙。

古建筑的墙体通常很厚。紫禁城太和殿的墙体厚达 1.45 米，不仅可以稳固木构件，也增加了外界热量传递到建筑内部的距离，具有保温隔热的性能。

古建工程会在墙内采取"填馅"做法：墙的两侧为整砖砌筑，中间用碎砖、碎石填充，并留

有一些空隙，不仅节省了材料，还有利于阻隔外部热量传递。

既低耗又高效；既绿色环保，又讲究实用，中国的古建筑，处处彰显着工匠精益求精的智慧。

（文章来自浙江日报起航号"浙江城乡建设"频道）

【案例点评】

中国的古建筑通过合理利用自然而使建筑达到保温的效果。首先，从建筑结构上看，坡面大屋顶的挑檐和独特的梁架结构，不仅造型美观，而且可以充分利用不同季节阳光照射角度，起到冬暖夏凉的作用；其次，屋面使用了护板灰、青灰、麻刀泥等材料，既防水又保温，既低耗又高效；既绿色环保，又讲究实用，中国的古建筑，体现了天人合一、道法自然的人本主义思想，处处彰显着工匠精益求精的智慧。

中国古建筑坡屋面构造中合理的、具有生命力的做法，为绿色生态、低碳节能的建筑理念提供了非常重要的借鉴作用。我们一定要坚定文化自信，汲取传统建筑文化中的积极因素，把中国传统文化发扬光大；尊重自然、爱护自然，像保护自己的眼睛一样保护生态环境。像对待生命一样对待生态环境。筑生态文明之基，走绿色发展之路。

笔记页

二 教学评价

1. 本课自查表

教学目标	知识目标	□清晰 □模糊 □一般 □混淆	
	能力目标	□掌握 □熟悉 □了解	
	思政目标	□有　□无	
授课情况	概念清晰度	□清晰 □模糊 □一般 □混淆	
	讲课语速	□快　□慢　□适当 □听不清	
	课堂节奏	□快　□慢　□适当 □无	
	课堂氛围	□激情 □饱满 □互动 □压抑	
	授课方式	□接受 □抵触 □死板 □改进 □灵活	
	板书或PPT	□工整 □潦草 □太少 □字迹模糊	
学习情况	概念	□难懂 □理解 □易忘 □抽象 □简单 □太多	
	学习方法	□听讲 □自学 □实验 □讨论 □笔记	
	学习兴趣	□浓厚 □一般 □淡薄 □厌倦 □无	
	学习态度	□端正 □一般 □被迫 □主动	
	课前课后	□预习 □复习 □无　□没时间	
	课后作业	□太少 □太多 □无	
意见建议			

2. 小组评价表

讨论问题					
小组成员					
为我打分					

笔记页

教学模块 7　门　　窗

课程名称	7.1　概述 7.2　常用门窗			
教学内容	7.1　概述 一、门窗的作用及分类 二、门窗产品的要求 三、门窗设置的有关规定 7.2　常用门窗 一、门窗的物理性能要求 二、门窗构造			
学时安排	2 学时 （90 分钟）	知识单元		65 分钟
		技能单元		10 分钟
		思政单元		15 分钟
教学重点 及难点	门窗的作用及分类、常用门窗的构造			
教学目标	知识目标	1. 了解门窗产品的要求。 2. 熟悉门窗设置的有关规定。 3. 掌握门窗的分类和常用门窗的构造		
	能力目标	1. 能够描述节能门窗保温性能的要求。 2. 能够分辨塑料、铝合金、木制门窗的不同特征。 3. 能够绘制塑料、铝合金、木制门窗构造的节点		
	思政目标	使学生认识到门窗节能对我国"双碳"目标的实现至关重要，努力学习，不断探索，加大科技创新，研发更加节能环保的建筑材料，以实际行动践行创新、协调、绿色、开放、共享的新发展理念，实现社会和谐，满足人民对美好生活的需要		
思政元素 融入方法	1. 课前布置课程思政故事自学和思考题。 2. 课中教师简述课程思政案例，并组织同学展开思考讨论。 3. 通过案例导入教学内容，通过讨论对学生进行思政教育			
知识单元				
教学环节	教学内容安排			
课前导入	课程思政案例：全面推广使用绿色低碳节能门窗 思考讨论：结合本案例谈谈节能门窗对绿色发展理念的重要性。			

7.1 概　　述

一、 门窗的作用及分类

门窗是建筑物重要的围护结构构件。门在房屋建筑中的作用主要是交通联系，交通疏散并兼采光和通风；窗的作用主要是采光、通风及眺望。在不同情况下，门窗还有分隔、保温、隔声、防火、防辐射、防风沙等作用。同时，它们的尺度、比例、形状、组合、透光材料的类型等，影响着整个建筑的艺术效果。

门按照开启方式可分为以下几类（图7-1）。

（1）平开门。水平开启的门，铰链安在侧边，有单扇、双扇，有向内开、向外开之分。

（2）弹簧门。形式同平开门，不同的是，弹簧门的侧边用弹簧铰链或下面用地弹簧传动，开启后能自动关闭。

（3）推拉门。可以在上下轨道上滑行的门。推拉门有单扇和双扇之分，可以藏在夹墙内或贴在墙面外，占地少，受力合理，不易变形。

（4）折叠门。为多扇折叠，可以拼合折叠推移到侧边的门。

（5）转门。为三或四扇连成风车形，在两个固定弧形门套内旋转的门。

图7-1　门的形式
(a) 平开门；(b) 弹簧门；(c) 推拉门；(d) 折叠门；(e) 转门

窗按照开启方式可分为以下几类（图7-2）。

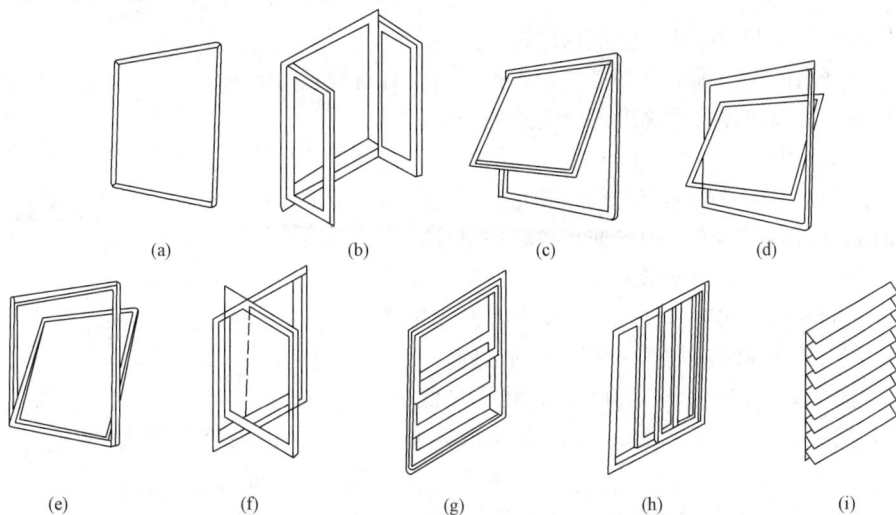

图7-2 窗的开启方式

（a）固定窗；（b）平开窗；（c）上悬窗；（d）中悬窗；（e）下悬窗；
（f）立转窗；（g）垂直推拉窗；（h）水平推拉窗；（i）百叶窗

（1）固定窗。无窗扇、不能开启的窗称为固定窗。固定窗的玻璃直接嵌固在窗框上，可供采光和眺望之用。

（2）平开窗。该类窗铰链安装在窗扇一侧与窗框相连，向外或向内水平开启。它有单扇、双扇、多扇，有向内开与向外开之分。其构造简单，开启灵活，制作维修均方便，是民用建筑中采用最广泛的窗。

（3）悬窗。该类窗因铰链和转轴的位置不同，可分为上悬窗、中悬窗和下悬窗。上悬窗向外开，中悬窗下边向外开防雨效果好，可作外窗用，而下悬窗不能防雨，只能用于内窗。

（4）立转窗。该类窗的窗扇沿垂直中轴旋转，也称垂直转窗。该类窗引导风进入室内效果较好，但防雨及密封性较差，多用于单层厂房的低侧窗，不宜用于寒冷和多风沙的地区。

（5）推拉窗。该类窗分垂直推拉窗和水平推拉窗两种。垂直推拉窗需要设滑轮及平衡措施；水平推拉窗上下设槽轨。它们不多占使用空间，窗扇受力状态较好，适宜安装较大玻璃，但通风面积受到限制。

（6）百叶窗。该类窗主要用于遮阳、防雨及通风，但采光差。百叶窗可用金属、木材、钢筋混凝土等制作，有固定式和活动式两种形式。

二、门窗产品的要求

（1）门窗的材料、尺寸、功能和质量等应符合使用要求，并应符合建筑门窗产品标准的规定。

（2）门窗的配件应与门窗主体相匹配，并应符合各种材料的技术要求。

（3）应推广应用具有节能、密封、隔声、防结露等优良性能的建筑门窗。

（4）门窗与墙体应连接牢固，且满足抗风压、水密性、气密性的要求，对不同材料的门窗选择相应的密封材料。

三、 门窗设置的有关规定

(1) 外门构造应开启方便，坚固耐用；

(2) 手动开启的大门扇应有制动装置，推拉门应有防脱轨的措施；

(3) 双面弹簧门应在可视高度部分装透明安全玻璃；

(4) 旋转门、电动门、卷帘门和大型门的邻近应另设平开疏散门，或在门上设疏散门；

(5) 开向疏散走道及楼梯间的门扇开足时，不应影响走道及楼梯平台的疏散宽度；

(6) 全玻璃门应选用安全玻璃或采取防护措施，并应设防撞提示标志；

(7) 门的开启不应跨越变形缝；

(8) 窗扇的开启形式应方便使用，安全和易于维修、清洗；

(9) 当采用外开窗时应加强牢固窗扇的措施；

(10) 开向公共走道的窗扇，其底面高度不应低于 2m；

(11) 临空的窗台低于 0.80m 时，应采取防护措施，防护高度由楼地面起计算不应低于 0.80m；

(12) 防火墙上必须开设窗洞时，应按防火规范设置；

(13) 天窗应采用防破碎伤人的透光材料；

(14) 天窗应有防冷凝水产生或引泄冷凝水的措施；

(15) 天窗应便于开启、关闭、固定、防渗水，并方便清洗。

7.2　常　用　门　窗

民用建筑和一般工业建筑及其附属用房常采用塑料、铝合金、木制三种材质的门窗。

塑料、铝合金门窗用做外门窗，木门窗则主要用于内门窗，三种不同材质的门窗各有其不同的特点。

(1) PVC 改性塑料门窗。具有传热系数小，耐弱酸碱，无需油漆等优点，在其窗框料及扇框料中加进合适的钢衬，大幅度增加了塑料窗的强度和刚性，使其在高层建筑上得以应用。用于七层以上建筑外窗时，不能选用外开启窗，可选用内平开或推拉窗。塑料耐弱酸碱的特点，又使其在有酸、碱的工业厂房及沿海盐雾地区的民用建筑更为适宜。

(2) 铝合金门窗。用铝合金挤压成型材制作的门窗。具有加工精细，轻质高强，不易锈蚀，外观高雅等优点，被广泛用于高层民用建筑。为满足节能要求，将框料做成带隔断层的或者在框料中填充保温材料（如泡沫保温塑料）。

(3) 木门窗。木材取材方便，易于加工，有的木材本身的木纹具有较强的装饰性。新产品模压门不仅可加工成各种线脚图案，具有很强的雕塑感，而且充分合理地利用木材资源，有利于环境保护；由于木材防火性能差，材质不均匀，受潮会变形。我国林资源有限，故近年来，除少数有特殊要求的低层、多层建筑外，外门窗基本不用木材。木材被大量地用作室内装修，在室内门窗这个领域上，木材将发挥它的优势。

一、 门窗的物理性能要求

(1) 建筑外门窗的选取，应根据建筑等级，使用功能、造价因素等综合考虑，其性能分级指标如抗风压、水密性、气密性、保温性、隔声性、采光性等，见表 7-1～表 7-6。

表 7 - 1   抗风压性能分级

分级	1	2	3	4
指标值 kPa	$1.0 \leqslant P_3 < 1.5$	$1.5 \leqslant P_3 < 2.0$	$2.0 \leqslant P_3 < 2.5$	$2.5 \leqslant P_3 < 3.0$
分级	5	6	7	8	×.×
指标值 kPa	$3.0 \leqslant P_3 < 3.5$	$3.5 \leqslant P_3 < 4.0$	$4.0 \leqslant P_3 < 4.5$	$4.5 \leqslant P_3 < 5.0$	$P_3 \geqslant 5.0$

注 ××表示用≥5.0kPa 的具体值，取代分级代号。

表 7 - 2   水密性能分级

分级	1	2	3	4	5	××××
指标值（Pa）	$100 \leqslant \Delta P < 150$	$150 \leqslant \Delta P < 250$	$250 \leqslant \Delta P < 350$	$350 \leqslant \Delta P < 500$	$500 \leqslant \Delta P < 700$	$\Delta P \geqslant 700$

注 ××××表示用≥700Pa 的具体值取代分级代号，适用于热带风暴和台风袭击地区的建筑。

表 7 - 3   气密性能分级

分级	2	3	4	5
单位缝长指标值 q_1 [m³/ (m·h)]	$4.0 \geqslant q_3 > 2.5$	$2.5 \geqslant q_3 > 1.5$	$1.5 \geqslant q_3 > 0.5$	$q_3 \leqslant 0.5$
单位缝长指标值 q_2 [m³/ (m·h)]	$12 \geqslant q_3 > 7.5$	$7.5 \geqslant q_3 > 4.5$	$4.5 \geqslant q_3 > 1.5$	$q_3 \leqslant 1.5$

表 7 - 4   保温性能分级

分级	5	6	7	8	9	10
指标值 [W/(m²·K)]	$4.0 > K \geqslant 3.5$	$3.5 > K \geqslant 3.0$	$3.0 > K \geqslant 2.5$	$2.5 > K \geqslant 2.0$	$2.0 > K \geqslant 1.5$	$1.5 > K \geqslant 1.0$

表 7 - 5   空气隔声性能分级

分级	2	3	4	5	6
指标值（dB）	$25 \leqslant R_w < 30$	$30 \leqslant R_w < 35$	$35 \leqslant R_w < 40$	$40 \leqslant R_w < 45$	$R_w \geqslant 45$

表 7 - 6   采光性能分级

分级	1	2	3	4	5
指标值	$0.20 \leqslant T_r < 0.30$	$0.30 \leqslant T_r < 0.40$	$0.40 \leqslant T_r < 0.50$	$0.50 \leqslant T_r < 0.60$	$T_r \geqslant 0.60$

（2）在确定门窗的抗风压性能时，宜采用查表法。由于各厂家料型不一样，因此厂家在制作前，要对其型材的抗风压性能进行进一步计算。

（3）沿海潮湿风盐雾地区宜采用塑料门窗。

（4）门窗的水密性，在位于大风、多雨地区，不应低于 3 级。

（5）门窗的气密性，在冬季室外平均风速大于或等于 3.0m/s 的地区，多层建筑不应低于 3 级，高层建筑不应低于 4 级。在冬季室外平均风速小于 3.0m/s 的地区，多层建筑不应低于 2 级，高层建筑不应低于 3 级。

（6）在寒冷及严寒地区，如采用铝合金窗时，应使用断桥型材。

（7）门窗的保温性能等级应按当地的节能要求确定。

（8）门窗的隔声性，沿街的住宅或环境噪声较大时，其隔声性能应不小于 30dB（3 级）。

（9）在计算节能的外墙表面积和建筑物体积时，挑窗（凸窗）应将其展开的面积和凸出部分体积，加到建筑物的表面积和建筑物的体积中，不可忽略不计。

二、门窗构造

（1）塑料组合门窗拼装节点示例，如图 7-3 所示。

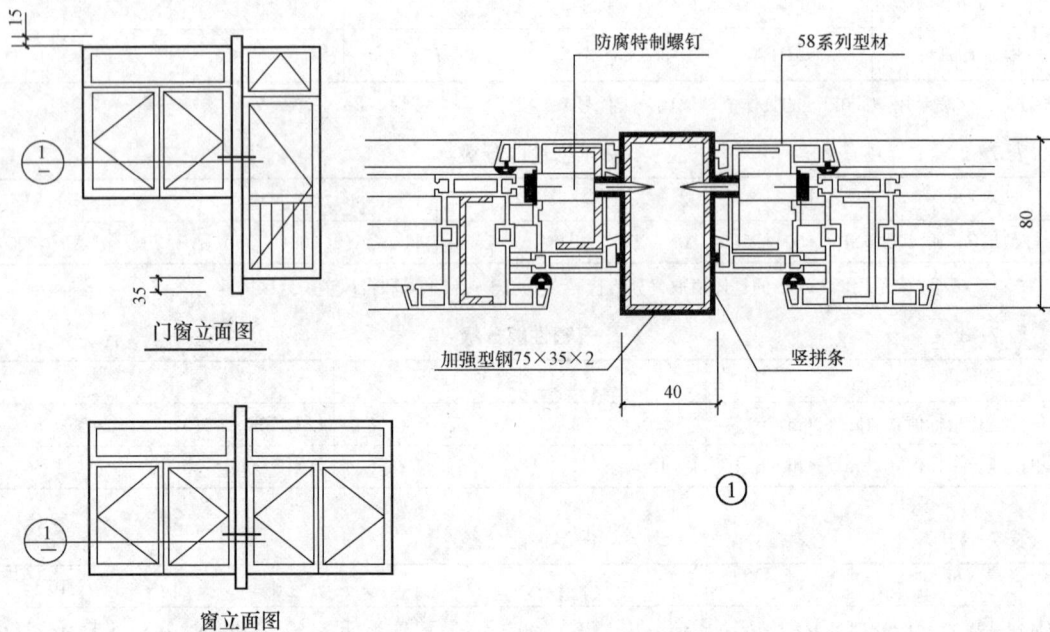

图 7-3　塑料组合门窗拼装节点

（2）铝合金窗框上墙安装详图示例，如图 7-4 所示。

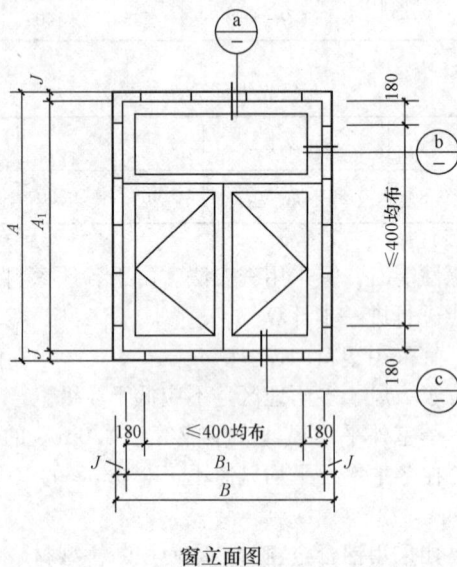

图 7-4　铝合金窗框上墙安装详图（一）

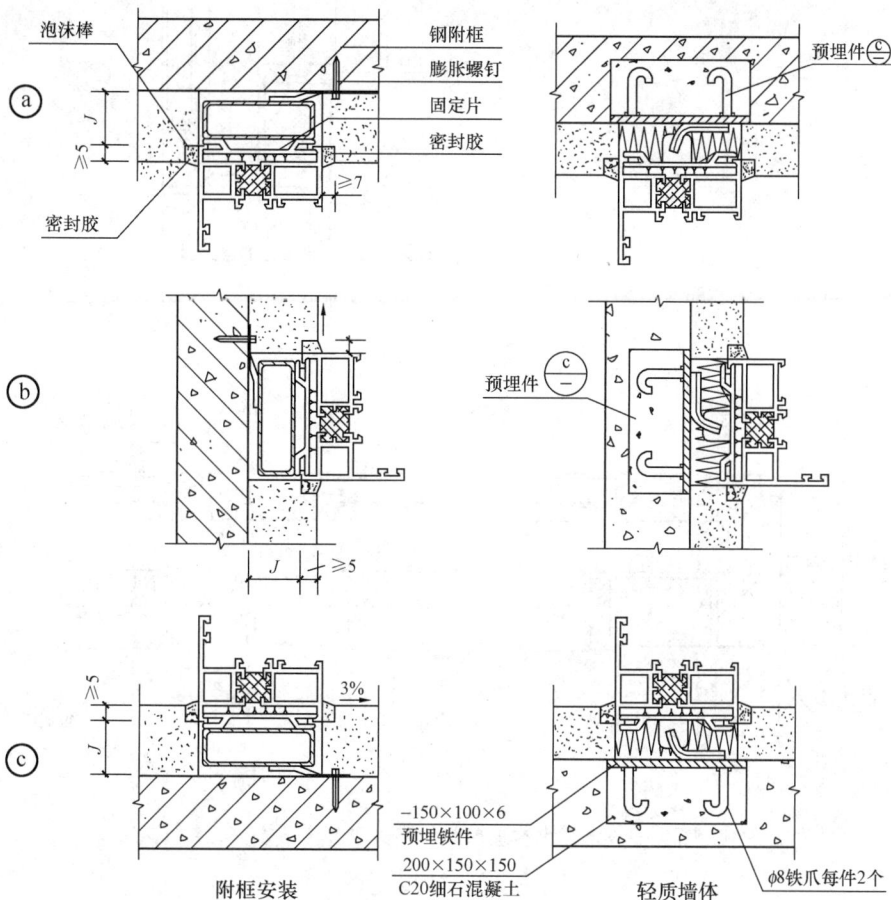

图 7-4 铝合金窗框上墙安装详图（二）

（3）木窗中空玻璃带纱扇外平开窗节点示例，如图 7-5 所示。

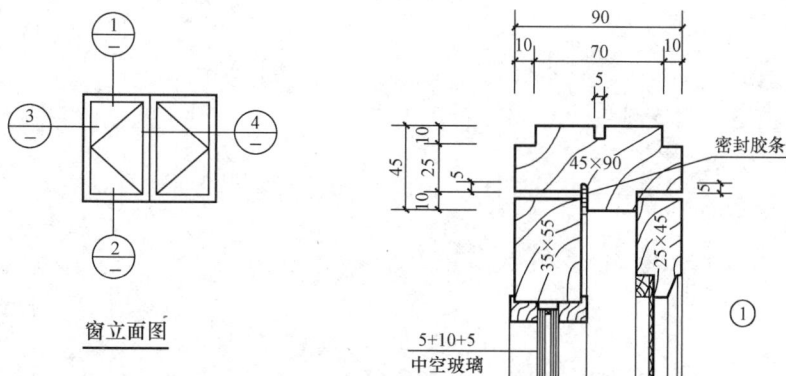

图 7-5 木窗中空玻璃带纱扇外平开窗节点（一）

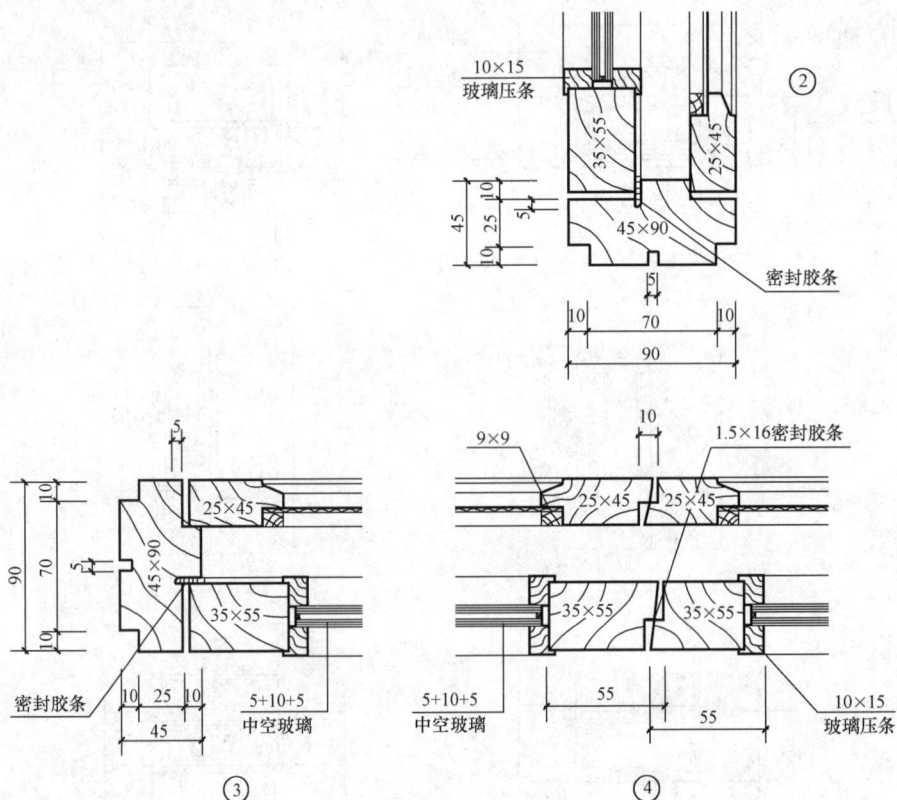

图 7 - 5　木窗中空玻璃带纱扇外平开窗节点（二）

课堂总结

　　本节主要内容是门窗的作用及分类、门窗产品的要求、设置的有关规定，常用门窗的物理性能要求和门窗构造。

🎯 技能单元

一、填空题

1. 民用建筑和一般工业建筑及其附属用房常采用（　　）、（　　）、（　　）三种材质的门窗。

2. 建筑外门窗的性能分级指标有抗风压、（　　）、（　　）、（　　）、（　　）及采光性等。

3. 门的开启不应跨越（　　）。

4. 防火墙上必须开设窗洞时，应按（　　）设置。

二、选择题

1. 会议室的大门可以选用（　　）。

A. 弹簧门　　　　　　　B. 转门　　　　　　　C. 推拉门　　　　　　　D. 折叠门

2. 通向封闭楼梯间的门应选用（　　）。

A. 平开门　　　　　　　B. 隔声门　　　　　　C. 防火门　　　　　　　D. 防火卷帘

3. 开向公共走道的窗扇，其底面高度不应低于（　　）。

A. 0.9m　　　　　　　　B. 1.2m　　　　　　　C. 1.8m　　　　　　　　D. 2.0m

4. 临空的窗台低于（　　）时，应采取防护措施。

A. 0.6m　　　　　　　　B. 0.4m　　　　　　　C. 0.8m　　　　　　　　D. 0.9m

5. 下列有关钢门窗固定方式中，哪条是正确的？（　　）

A. 门窗框固定在砖墙洞口内，用高强度等级砂浆卡住

B. 直接用射钉与砖墙固定

C. 墙上预埋铁件与框架焊接

D. 墙上预埋铁件与钢门窗框的铁脚焊接

6. 双层窗的玻璃常采用不同厚度组合，其主要原因在于（　　）。

A. 节能要求　　　　　　B. 隔声组合　　　　　C. 透光要求　　　　　　D. 造价要求

三、简答题

1. 简述门窗的作用及开启方式。

2. 简述 PVC 改性塑料门窗、铝合金门窗及木门窗的特点。

笔记页

思政单元

【案例呈现】

全面推广使用绿色低碳节能门窗

长期以来，建筑的高能耗饱受诟病，几乎成为我国节能降耗的"软肋"。

伴随我国建筑总量的不断攀升和居住舒适度的提高，与工业耗能、交通耗能相比，建筑耗能呈不断上涨趋势。建筑行业能否实现碳达峰、碳中和，对我国"双碳"目标的实现至关重要。

碳中和：二氧化碳的排放和消除得到相对平衡，消除量＝排放量；碳达峰：二氧化碳的排放量不再增长，达到峰值后再慢慢减下去。

"碳中和"过程既是挑战又是机遇，其过程将会是一场涉及广泛领域的大变革，说是"草蛇灰线，伏脉千里"也一点都不过。

"碳中和"这一顶层规划下，看似遥远与庞大的政府工作要求，其实与我们社会个体息息相关。

一扇门窗也能实现碳减排吗？作用不容小觑。2020 年 11 月，中国建筑节能协会能耗专委会发布的《中国建筑能耗研究报告（2020）》显示，2018 年全国建筑全过程碳排放总量为 49.3 亿 t二氧化碳，占全国碳排放的比重为 51.3%。门窗是建筑围护结构的重要组成部分，门窗的能耗约占建筑能耗的 50%，通过门窗流失的能量，约占社会总能耗 20%～25%。而目前全国既有建筑超过 600 亿 m²，其中 90% 以上为高能耗建筑，且门窗能耗为欧美国家的 2～3 倍。有相关数据测算，若将既有建筑门窗和新增建筑门窗全部换成节能门窗，每年可节约标煤约 5.16 亿 t，相当于全国全年煤炭产量的 15% 左右，每年可减少二氧化碳排放 13.50 亿 t。

国家从 2020 年 7 月发布城镇老旧小区改造措施，旧建筑通过更换门窗提高建筑节能进而延长门窗使用周期减少门窗能耗，大大提升建筑节能水平。由此可见，产品整体性能较好的"系统门窗"更符合当下市场需要。

作为建筑物热交换、热传导最活跃、最敏感的部位，门窗的节能成为建筑节能的关键，建筑企业在房屋建造时应尽量使用节能材料，提高门窗在隔音、抗风压、水密、气密等方面的性能，避免任何不必要的资源浪费与能源损耗，积极推动绿色低碳发展、践行社会责任，为实现"双碳"目标贡献力量。

（资料来源：中国建设报 2022 - 03 - 07）

【案例点评】

2020 年我国明确碳达峰、碳中和时间表后，2022 年的政府工作报告提出，"有序推进碳达峰碳中和工作，落实碳达峰行动方案"。降低门窗能耗对我国实现"双碳"目标意义重大。

建筑行业能否实现碳达峰、碳中和，对我国"双碳"目标的实现至关重要，而门窗节能是建筑节能的关键，我们不仅要加大科技创新，研发更加节能环保的建筑材料，而且要全面推广使用绿色低碳节能门窗，把生态文明建设纳入中国特色社会主义总体布局，以实际行动践行创新、协调、绿色、开放、共享的新发展理念，实现社会和谐，满足人民对美好生活的需要。

笔记页

教学评价

1. 本课自查表		
教学目标	知识目标	□清晰 □模糊 □一般 □混淆
	能力目标	□掌握 □熟悉 □了解
	思政目标	□有　□无
授课情况	概念清晰度	□清晰 □模糊 □一般 □混淆
	讲课语速	□快　□慢　□适当 □听不清
	课堂节奏	□快　□慢　□适当 □无
	课堂氛围	□激情 □饱满 □互动 □压抑
	授课方式	□接受 □抵触 □死板 □改进 □灵活
	板书或PPT	□工整 □潦草 □太少 □字迹模糊
学习情况	概念	□难懂 □理解 □易忘 □抽象 □简单 □太多
	学习方法	□听讲 □自学 □实验 □讨论 □笔记
	学习兴趣	□浓厚 □一般 □淡薄 □厌倦 □无
	学习态度	□端正 □一般 □被迫 □主动
	课前课后	□预习 □复习 □无　□没时间
	课后作业	□太少 □太多 □无
意见建议		

2. 小组评价表				
讨论问题				
小组成员				
为我打分				

笔记页

课程名称	7.3　专用门窗		
教学内容	7.3　专用门窗		
学时安排	1 学时 （45 分钟）	知识单元	25 分钟
		技能单元	10 分钟
		思政单元	10 分钟
教学重点 及难点	防火门窗和防火卷帘		
教学目标	知识目标	1. 了解专用门窗的适用场景。 2. 熟悉隔声门的空气隔声分级。 3. 掌握防火门和防火窗的耐火极限分级	
	能力目标	1. 能够识读防火门窗和卷帘的构造详图。 2. 能够描述专用门窗的适用场景。 3. 能够描述防火门窗的耐火极限和开启方式	
	思政目标	1. 了解紫禁城门窗所包含的美学思想，通过所学专业把我国的传统文化发扬光大，坚定中国特色社会主义文化自信。 　2. 了解紫禁城门窗所体现的中国古代工匠精益求精的工匠精神，发扬工匠精神，为实现我国经济高质量发展做贡献	
思政元素 融入方法	1. 课前布置课程思政故事自学和思考题。 2. 课中教师简述课程思政案例，并组织同学展开思考讨论。 3. 通过案例导入教学内容，通过讨论对学生进行思政教育		

知识单元

教学环节	教学内容安排
课前导入	课程思政案例：紫禁城古建筑门窗的运用智慧 思考讨论：①结合案例谈谈中国门窗的作用；②中国式门窗体现了什么美学思想?

7.3 专用门窗

民用建筑及工业建筑采用的专用门窗有：防火门、防火窗、防火卷帘、隔声门、安全户门、防 X 射线门、电磁波屏蔽门、转门、升降门等。

专用门窗均有专业生产厂家，各厂家生产技术、构造要求可能有所差别，选择具体厂家产品时，技术性能指标、节点构造、安装方法等，以厂家提供的技术资料为准。预埋件等应满足厂家的要求。

专用门窗采用材料及安装应按有关要求进行：

（1）门窗所用材料质量要求应符合国家现行标准和有关规定。产品出厂前应检验合格，并附有合格证。

（2）门窗颜色由设计人自定，并在门窗表中注明。

（3）门窗一般为先砌洞口后安装，要求洞口尺寸准确，四周平直，按照门窗与洞口连接方法作好预埋件。

（4）门窗安装应符合 GB 50210—2018《建筑装饰装修工程质量验收标准》的规定。

（5）安装工作应由专业安装人员按有关规定进行，宜优先考虑由生产厂专业队伍负责安装。

1. 防火门

按规范规定防火门的耐火极限分为三级，即：甲级防火门耐火极限为 1.2h，乙级为 0.9h，丙级为 0.6h。工程设计中所用防火门的耐火极限，由工程设计者根据防火规范确定，并在工程设计图纸中标明。

钢防火门构造详图示例，如图 7-6 所示；木夹板防火门构造详图示例，如图 7-7 所示。

2. 防火窗

按规范规定防火窗的耐火极限分为三级，即：甲级防火窗耐火极限为 1.2h，乙级为 0.9h，丙级为 0.6h。工程设计中所用防火窗的耐火极限由工程设计者根据防火规范确定，并在工程设计图纸中标明。

防火窗一般采用钢防火窗，分为固定防火窗和开启式防火窗两种。

钢防火窗构造详图示例，如图 7-8 所示。

3. 防火卷帘

防火卷帘适用于民用建筑及工业建筑中防火分区的分隔。一般有钢防火卷帘及特级防火卷帘。

防火卷帘安装节点构造详图示例，如图 7-9 所示。

4. 隔声门

隔声门适用于民用建筑及工业建筑中有隔声要求的房间门。一般采用钢制隔声门，包括不带观察窗和带观察窗两种立面形式。开启方式为平开门。

隔声门构造详图示例，如图 7-10 所示。

5. 安全户门

安全户门是指适用于住宅入户门及其他民用建筑使用的安全防盗门，是一种将保温、防盗、防火、隔声等几种功能集于一门的钢制安全户门，开启方式为平开。

安全户门节点构造详图示例，如图 7-11 所示。

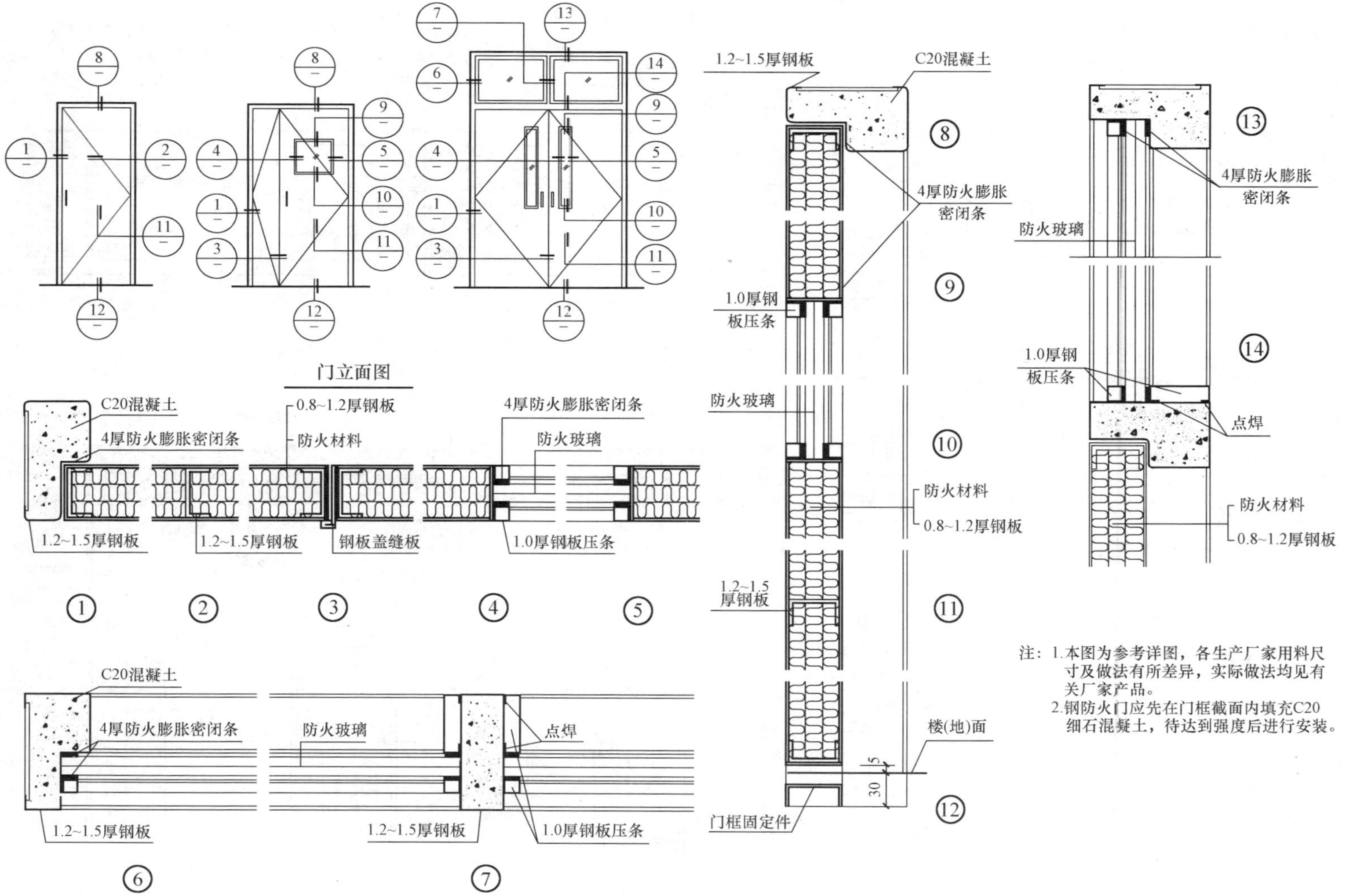

图 7 - 6 钢防火门详图

注：1. 本图为参考详图，各生产厂家用料尺寸及做法有所差异，实际做法均见有关厂家产品。
2. 钢防火门应先在门框截面内填充C20细石混凝土，待达到强度后进行安装。

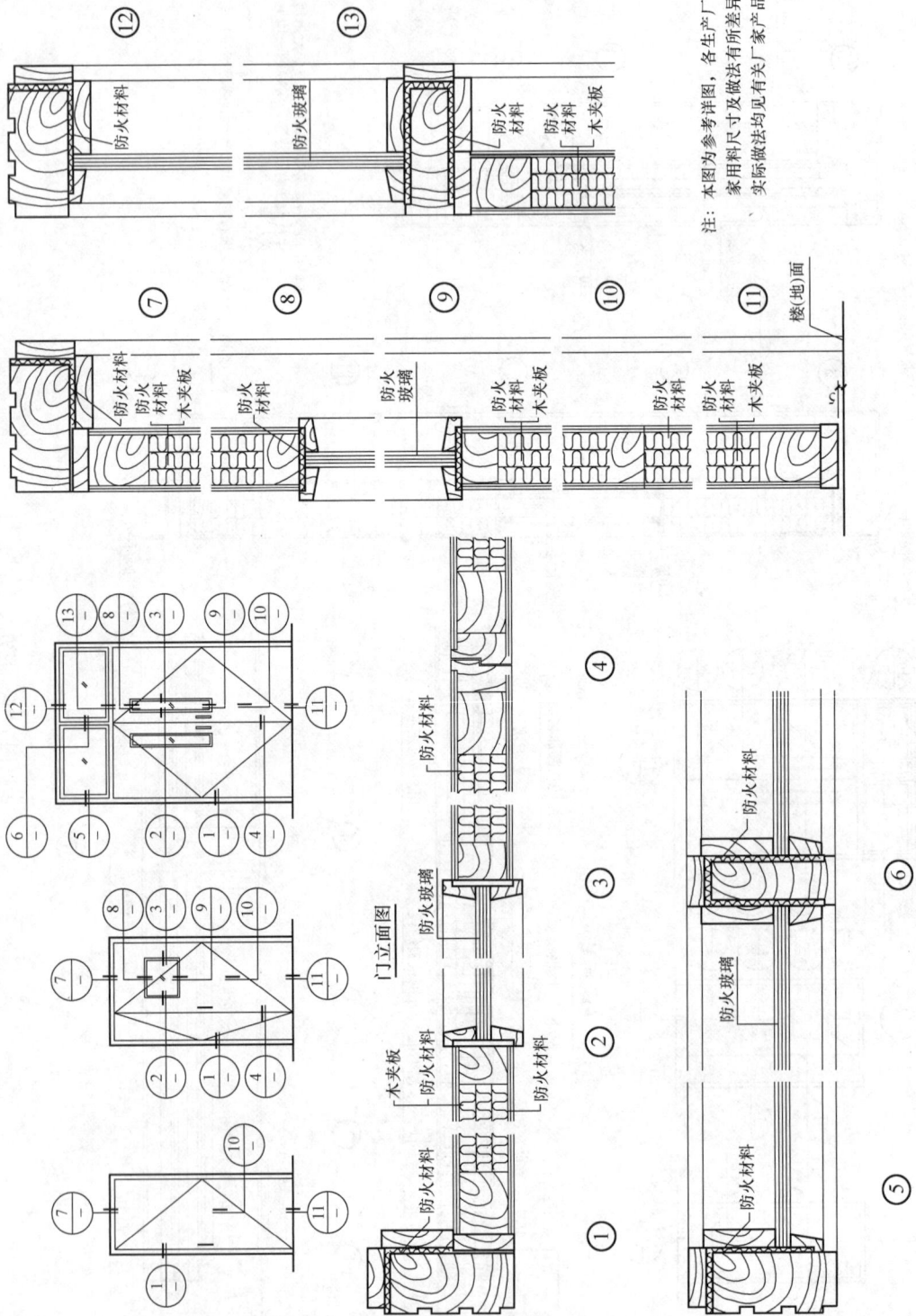

注：本图为参考详图，各生产厂家用料尺寸及做法有所差异，实际做法均见有关厂家产品。

图7-7 木夹板防火门详图

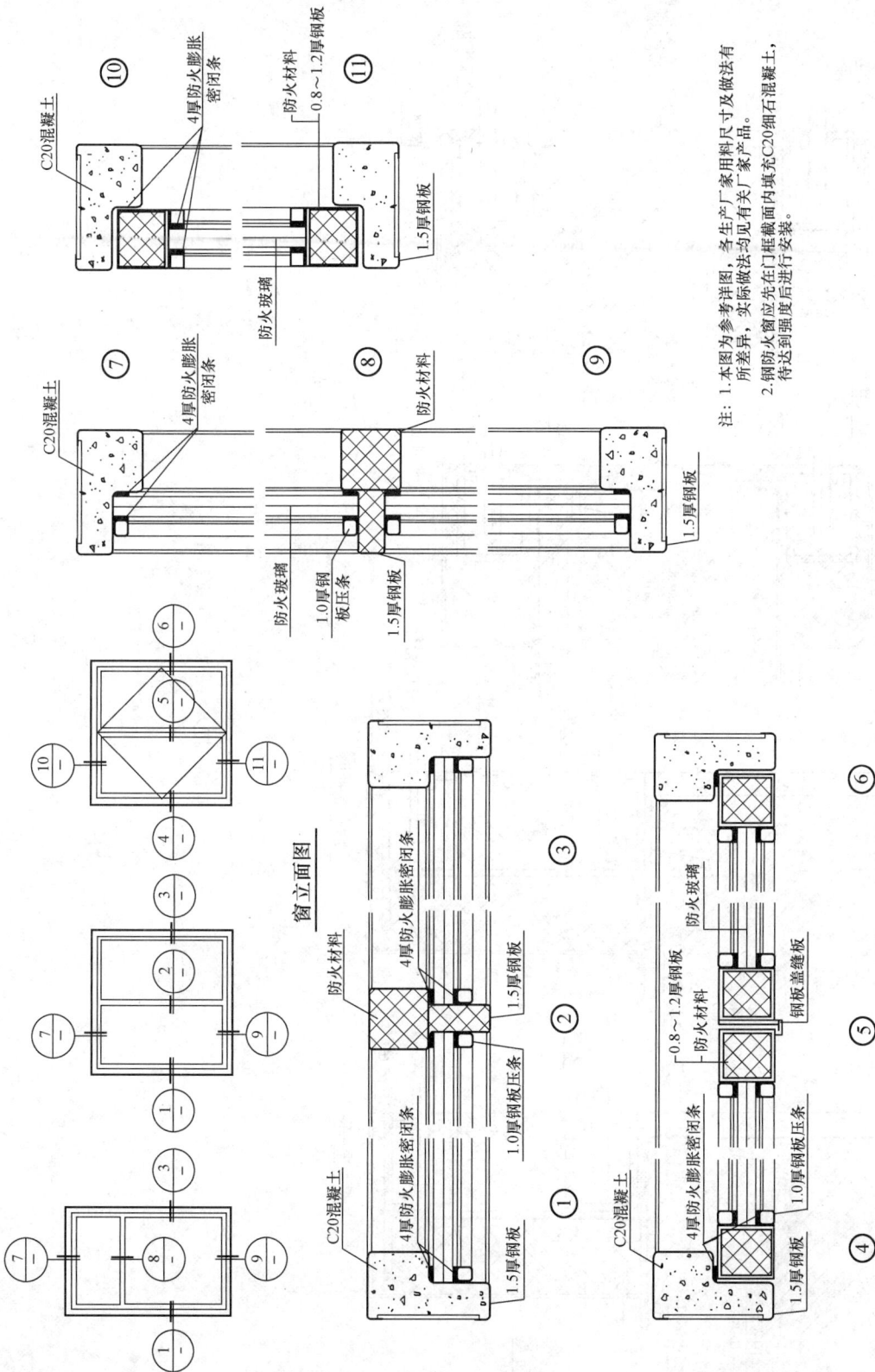

图 7 - 8　钢防火窗详图

注：1. 本图为参考详图，各生产厂家用料尺寸及做法有所差异，实际做法详见有关厂家产品。
2. 钢防火窗应先在门框截面内填充C20细石混凝土，待达到强度后进行安装。

窗立面图

C20混凝土　4厚防火膨胀密闭条　1.5厚钢板
防火材料　1.0厚钢板压条

防火玻璃　1.0厚钢板压条　1.5厚钢板

防火材料

C20混凝土　4厚防火膨胀密闭条　1.5厚钢板　防火玻璃
0.8~1.2厚钢板　防火材料　钢板盖缝板

C20混凝土　4厚防火膨胀密闭条　1.5厚钢板

防火材料

防火玻璃　1.0厚钢板压条　1.5厚钢板

C20混凝土　4厚防火膨胀密闭条　1.5厚钢板
0.8~1.2厚钢板　防火材料

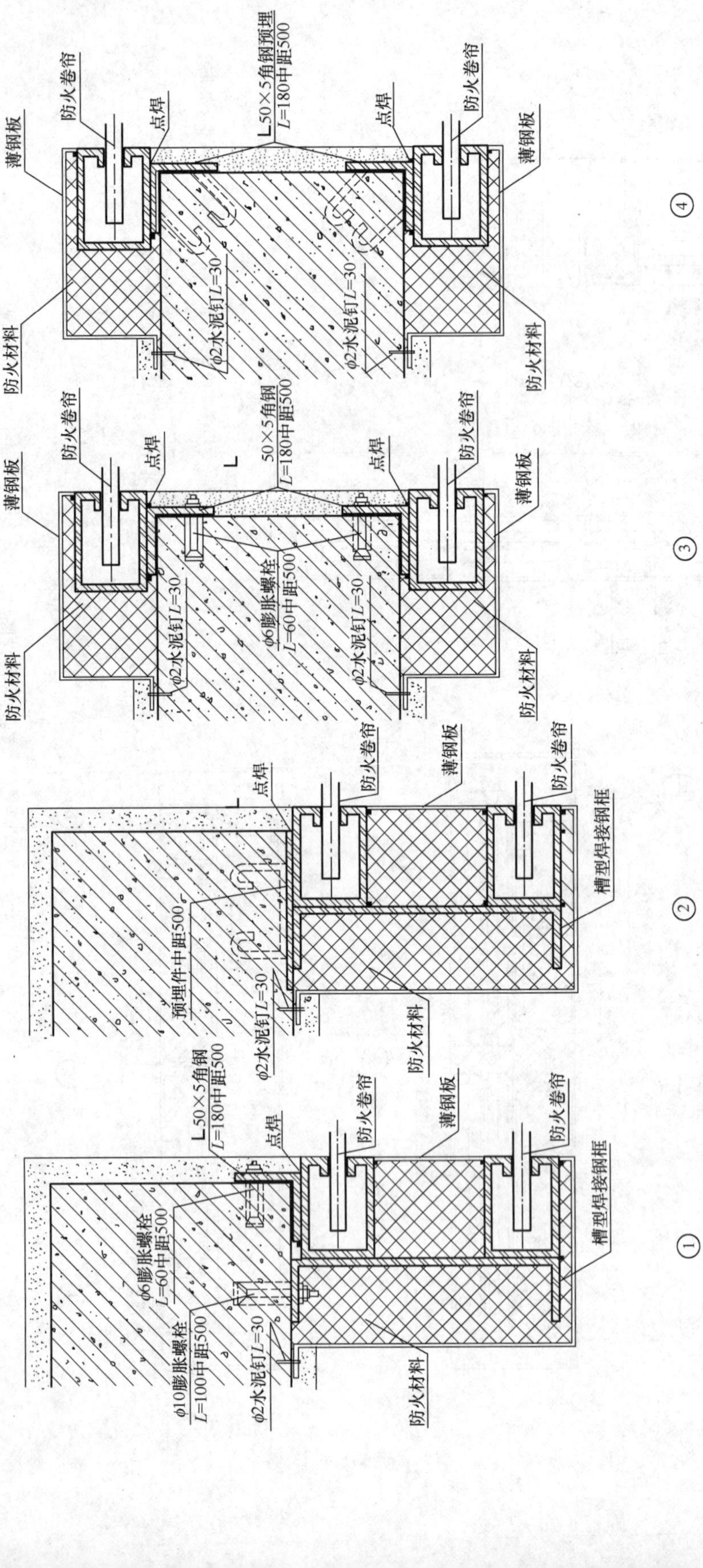

图 7 - 9　防火卷帘安装节点详图

图 7 - 10　隔声门构造详图

门立面图

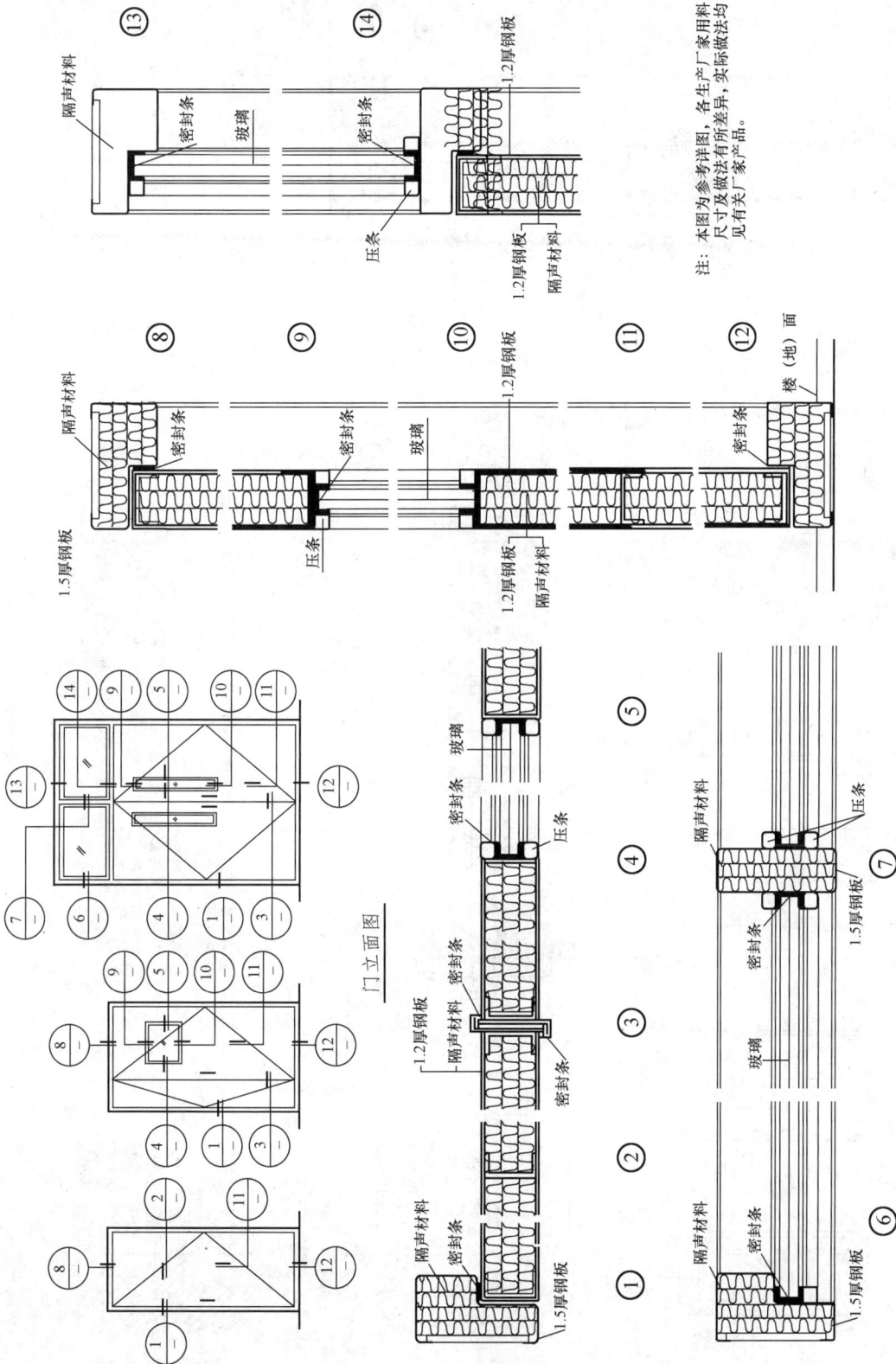

注：本图为参考详图，各生产厂家用料尺寸及做法有所差异，实际做法均见有关厂家产品。

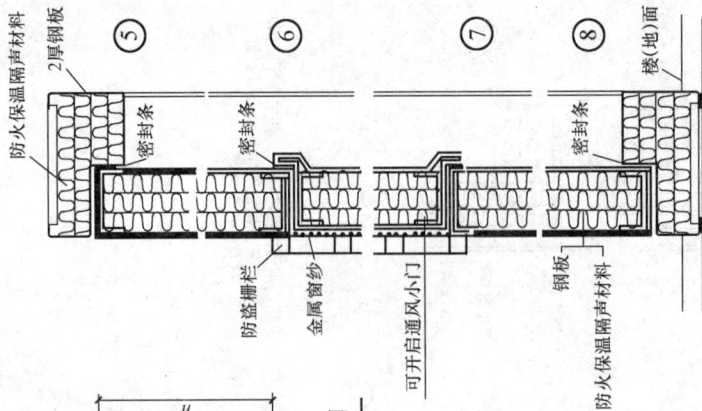

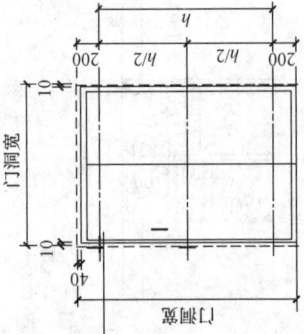

单扇门框与墙体连接位置图

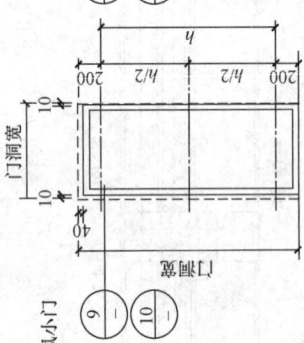

双扇门框与墙体连接位置图

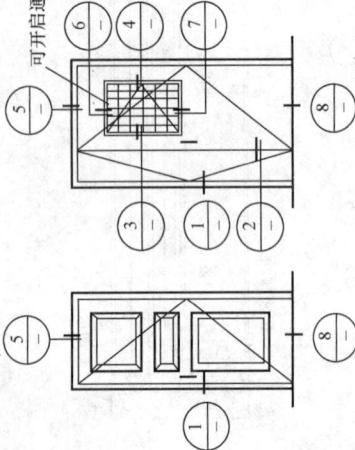

门立面图

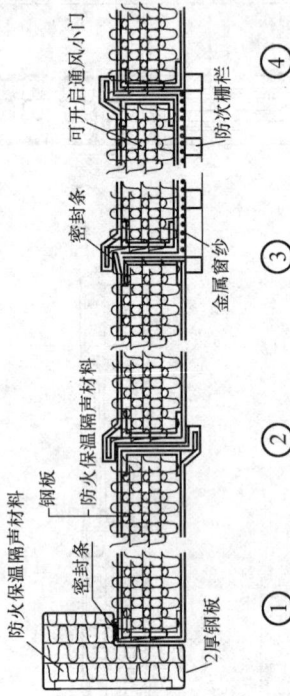

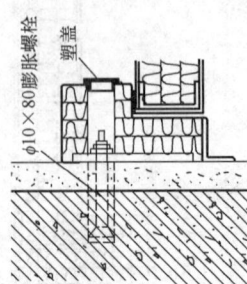

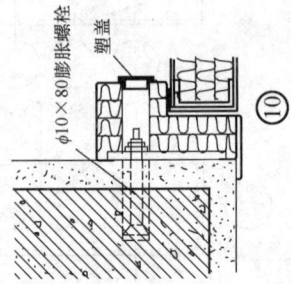

注: 1.本图为参考用图，各生产厂家用料尺寸及做法有所差异，实际做法均见有关厂家产品。
2.连接适用墙体：
(1) 钢筋混凝土墙；
(2) 混凝土空心砌块墙（门两侧的空心砌块用混凝土填实，或做钢筋混凝土构造柱或带预制混凝土砌块）；
(3) 烧结砖型砌体墙；
(4) 其他轻型隔墙（门两侧做钢筋混凝土构造柱或加带预制埋件的预制混凝土砌块）。

图 7-11 安全户门门节点详图

6. 防 X 射线门

防 X 射线门适用于有 X 射线防护要求的房间。如：医院中诊断 X 射线机、CT 扫描机等；科研、工业 X 射线无损伤检测设备机房等。医院伽玛刀、钴 60 治疗机及工业 γ 射线探伤等具有 γ 射线源的建筑，可根据计算参照使用。

X 射线门一般为平开形式。

（1）防 X 射线门防护材料采用铅板及铅玻璃，其厚度由工程设计者经过计算确定，并在图纸中标明。

（2）木门木材选用一、二等红白松木或材质相似的木材，须经过常规干燥处理，其含水率不应大于当地的平衡含水率。钢制门门扇面板采用 1.5 冷轧钢板。所有金属构件表面均应进行防腐蚀处理。

（3）防 X 射线门安装，应与墙内埋件焊接连接或用膨胀螺栓安装、墙体应为钢筋混凝土墙和烧结砖砌体墙。

7. 电磁波屏蔽门

电磁波屏蔽门适用于为隔绝（减弱）室内或室外电磁场和电磁波干扰的屏蔽室。如：信息保密机房、仪器测量调试实验室、微波暗室、医院核磁共振室等。

电磁波屏蔽门一般为平开形式。

（1）电磁波屏蔽门屏蔽层材料采用镀锌钢板，门缝采用插刀屏蔽做法。钢板件除已按规定做了防护涂料的可不另作处理外，必须作防锈处理。

（2）电磁波屏蔽门安装应与墙内埋件焊接或用膨胀螺栓安装，墙体为钢筋混凝土墙、烧结砖砌体墙，如系轻型砌块墙则在洞口两侧做钢筋混凝土构造柱或加带预埋件的预制混凝土砌块。

（3）由于屏蔽工程具有专业性和严格性，电磁波屏蔽门应按不同技术经济指标选购专业厂家产品，并采用专业施工队伍进行施工。

8. 转门

转门适用于酒店、写字楼、机场、购物中心、医院、银行、剧院等场所非大量人流集中出入的部分。转门不能作为安全疏散门使用，当转门设在安全疏散口时，必须在转门两侧另设供安全疏散用的门。

转门包括普通转门、折叠式转门、隔断式转门三种形式。

（1）转门按使用材料可分为不锈钢转门、铝合金转门、木转门、全玻璃转门等。

（2）转门按驱动方式分为人力推动转门和自动转门。当采用自动转门时，必须设置防夹、防冲撞系统以保证安全。

（3）转门四周边角均应装上橡胶密封条和特制毛刷，门边挺与转壁、门扇上冒头与吊顶以及门扇下冒头与地坪表面之间的空隙封堵严密，以提高其防尘、隔声、节能等效果。

9. 升降门

升降门适用于民用建筑及工业建筑，如厂房、车库、仓库等建筑。

升降门是门扇开启后移至门洞上方，不占用下部空间，门扇有配重组件平衡门扇重量，减少开关门扇阻力。开关方式为电动和手动两用。根据需要可加装电动无线遥控装置遥控开关门扇。门扇按是否保温分为一般门扇和保温门扇，由工程设计者根据保温要求确定选用，并在图纸中标明。

（1）保温门扇面材料选用彩色金属绝热材料夹心板，一般门型门扇面采用压型钢板。门扇骨架材料为冷轧方钢管及热轧角钢、槽钢、扁钢，门扇骨架采用电弧焊接。门扇与骨架采用点焊或螺栓、钢钉连接。

（2）门扇、五金零件及轨道等表面均应进行防腐蚀处理。

（3）门扇及配件储存于干燥无腐蚀性物资场所，露天存放防雨防潮。门扇运输应垫平、捆牢，避免挤压变形，注意保护门扇漆面防止擦伤。

（4）将门扇导轮装入导轨中，安装好滑轮组，将钢丝绳一端连接门上端吊环绕过滑轮槽，一端与配重连接，调节配重使其与门扇重量平衡，调至门扇上下移动可以停于任意位置为好。

（5）初步安装好后先不接通电动装置，试用手动开关门扇，应能灵活开关，如有阻卡应排除直至能正常运转。调好手动开关后可接通电源进行电动开关调试，直至开关顺畅自如。

（6）电气控制部分安装及接线要严格按照有关电气操作规程操作并妥善接好保护地线，检查无误方可接通电源。

📖 课堂总结

本节主要内容是专用门窗：防火门窗、防火卷帘、隔声门、安全户门、防 X 射线门、电磁波屏蔽门、转门、升降门的适用场景、相关规定和构造。

◎ 技能单元

填空题

1. 民用建筑及工业建筑采用的专用门窗有（　　）、（　　）、（　　）、（　　）、（　　）、（　　）、（　　）、（　　）、（　　）等。

2. 防火门按材质一般分为（　　）和（　　）。

3. 防火门的耐火极限分为（　　）级，分别为（　　）、（　　）和（　　）。

4. 防火窗一般采用钢防火窗，按开启方式分为（　　）和（　　）两种。

5. 防火卷帘一般有（　　）和（　　）。

6. 防火卷帘按开启方式分为（　　）、（　　）和（　　）。

7. 隔声门一般采用钢制隔声门，包括（　　）和（　　）两种立面形式。

8. 安全户门是指适用于住宅入户门及其他民用建筑使用的（　　）门。

9. 转门（　　）作为安全疏散门使用。

笔记页

思政单元

【案例呈现】

紫禁城古建筑门窗的运用智慧

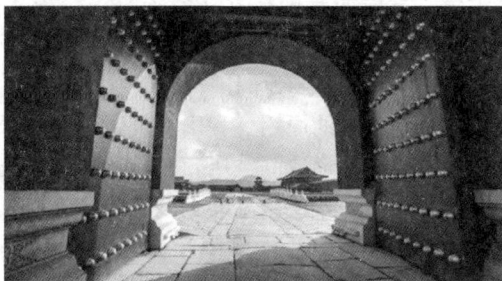

人们去紫禁城参观，首先就要进入紫禁城的大门。

门自古至今就是建筑出入口的开关设施，其作用主要是分割内外空间，供人出入建筑的通道，同时也具安全保卫的作用。《释名·释宫室》有："门，扪也。在外为人所扪摸也"。在紫禁城中，人们见到最多的门有两种：实榻门和隔扇门。实榻门常见于紫禁城的四个大门、城内宫墙的宫门及重要建筑前门庑的大门。这种门的特点是采用厚木板拼接而成，且门上有门钉。门钉即带有帽子状装饰物的钉子，其最初目的是为了固定门板。由于实榻门往往要由多块厚木板拼起来，时间一久容易散开。为了避免散落木板块，就在门板里头穿木带，再用钉子把木带与木板钉牢。然而，外露的钉子既影响门的美观，又容易生锈，因而古人在钉子外增加了"帽子"，其材质多为铜质，形状圆而凸起中空，如湖中水泡一样。这种门钉兼有实用及装饰功能，并能给人以防御之感。紫禁城内门钉数量一般为 9 行 9 列，"9"是最大的阳数，体现了帝王非凡的地位。

紫禁城内另外一种常见的门即为隔扇。隔扇是我国古代的一种门，用于分隔室内外或室内空间。隔扇门既可联通内外，又能分隔空间，同时可以透光、通风等，因而具有门、窗、墙的功能。隔扇门在唐代已经出现，宋代以后大量采用，用于朝向内院的房屋立面墙，分隔房屋内部空间。如太和殿隔扇，主要由抹头（横向的木条）、上部的隔芯、下部的裙板组成。其中，隔芯在隔扇中占用的比例最大。隔芯部分的纹饰稀疏有致，为糊纸裱绢提供支点，同时起到通风、采光的作用。由于隔芯会采取不同形式的纹饰，因而这部分是最能体现隔扇艺术特色的部分，是装饰的重点所在。

紫禁城隔扇的隔芯有精美的纹饰。这些纹饰不仅造型优美，而且寓意丰富，如"三交六椀菱花"寓意天地之交而生万物，"斜交方格"寓意财富源源不断，"直方格"寓意公平正直，"古老钱菱花"寓意招财进宝、事业进步……可以认为，紫禁城隔扇的纹饰集实用功能、艺术学与美学于一体。

紫禁城古建筑的门可起到防御、隔断作用，却替代不了窗。窗的应用具有较大的灵活性，其大小、位置可以根据需要随意变化。窗在古建筑立面构图上具有重要作用，能显示建筑等级，烘托建筑主题，形成借景效果。宫廷窗户为槛窗做法。槛窗是安装在槛墙（窗户下面的矮墙）上的窗。它可认为是一种短隔扇，主要由隔芯加上抹头组成。它的外形、开启方式与隔扇门相同，与隔扇的区别就在于没有"裙板"这个构件。

需要说明的是，紫禁城古建筑重要的宫殿仅在正立面（南立面）开设门窗，背立面（北立面）除了正中部位开设隔扇外，其余全部为封闭的墙体，这属于地理环境学的"负阴抱阳"做法。"负阴抱阳"即建筑坐北朝南。以太和殿为例进行说明。太和殿坐北朝南，且南向全部为隔扇及槛窗，而北向基本封闭，其有地理学的原因：我国的黄河流域处于北半球亚热带季风气候最为显著的地区，冬季在亚洲大陆西北内部形成高气压，有长达数月的偏北寒风；夏季高气压中心转向东南太平洋上，来自南方致雨的季风，使得温度上升、暑气逼人。在这种地理条件下，建筑朝正南方向最为适宜，北侧封闭以利于御寒，而南侧开设窗户则利用阳光照射和夏季通风。《易经·说卦传》有："圣人南面而听天下，向明而治"，意思就是古圣先王坐北朝南而听治天下，面向光明的阳光而治理天下。北京夏天盛行南风，冬季盛行北风，太和殿坐北朝南，其南部门窗通开，有利于夏天通风；其北部封闭，有利于冬天御寒。

横陂窗

槛窗

踏板

槛墙

紫禁城古建筑巧妙地运用门窗来分割空间、采光和通风，它们集科学性、艺术性于一体，集实用、装饰为一体，体现了古代工匠的智慧。

（资料来源：科技日报作者者周乾）

【案例点评】

门窗，是建筑物重要的围护结构构件，门在房屋建筑中的作用主要是交通联系、交通疏散并兼采光和通风；窗的作用主要是采光、通风及眺望，在不同情况下，门窗还有分割、保温、隔声、防火、防辐射、防风沙等作用。中国古代的木门窗，不仅具有使用价值，而且是园林风景的一部分，对美化环境、陶冶情操有着非常重要的作用，让人类生活有了质的飞跃。

门可出入于尘世，窗能游思于仙境。中国古代门窗于传统建筑艺术中熠熠生辉，其深沉而含蓄的文化内涵让人醉心其间，流连忘返。无论雕梁画栋，抑或曲栏朱槛，都化作一声声历史的轻喃，悄然拂过我们的耳畔……门窗在中国建筑装饰文化历史上蕴含着博大精深的文化韵味，在古人眼里，门窗犹如天人之际的一道帷幕。

如果把眼睛比作人们心灵的窗户，那么窗就好比建筑的眼睛，传递着建筑本身的气质与灵魂。中国古建筑的窗，有着漫长的发展历史，是中国传统建筑最具特色的部分，体现了中国传统文化的历史内涵、审美意蕴和空间美感。而故宫里的窗，更是集历代建筑精华于一身，内容丰富，技艺精湛，可谓是"一窗一世界"。

借景，又是门窗的另一个妙用。尺幅大小的窗口成了诗人眼中的取景器，门窗与外界环境融为一体，体现了人与自然的和谐，而且具有诗意和艺术性，体现了主人的道德情感、文化主张。

　　清代文学家李渔对传统美学素有研究，他在《闲情偶寄·居室部》中着重论述了窗的设计以及美学思想。他不仅强调窗棂与栏杆的设计应讲究装饰美，而且还力求把窗从整体上变成一幅优美的图画，以期达到"移天换日之法，变昨为今，化板成活，俾耳目之前，刻刻似有生机飞舞"的境界。如在窗上雕以栩栩如生的花卉、虫鸟，或将人工雕造的花鸟草虫制成扇形窗棂，如此，无论四季轮回或是阴晴圆缺，足不出户便可置身丹崖碧水、茂林修竹之中，可随意欣赏四季花卉、珍禽异兽，从而达到从"卧游"到"居游"的理想境界。

　　当代大学生应该坚定文化自信，通过所学专业把我国的传统文化发扬光大。

笔记页

❷ 教学评价

<table>
<tr><td colspan="3" align="center">1. 本课自查表</td></tr>
<tr><td rowspan="3">教学目标</td><td>知识目标</td><td>□清晰 □模糊 □一般 □混淆</td></tr>
<tr><td>能力目标</td><td>□掌握 □熟悉 □了解</td></tr>
<tr><td>思政目标</td><td>□有　□无</td></tr>
<tr><td rowspan="6">授课情况</td><td>概念清晰度</td><td>□清晰 □模糊 □一般 □混淆</td></tr>
<tr><td>讲课语速</td><td>□快　□慢　□适当 □听不清</td></tr>
<tr><td>课堂节奏</td><td>□快　□慢　□适当 □无</td></tr>
<tr><td>课堂氛围</td><td>□激情 □饱满 □互动 □压抑</td></tr>
<tr><td>授课方式</td><td>□接受 □抵触 □死板 □改进 □灵活</td></tr>
<tr><td>板书或PPT</td><td>□工整 □潦草 □太少 □字迹模糊</td></tr>
<tr><td rowspan="6">学习情况</td><td>概念</td><td>□难懂 □理解 □易忘 □抽象 □简单 □太多</td></tr>
<tr><td>学习方法</td><td>□听讲 □自学 □实验 □讨论 □笔记</td></tr>
<tr><td>学习兴趣</td><td>□浓厚 □一般 □淡薄 □厌倦 □无</td></tr>
<tr><td>学习态度</td><td>□端正 □一般 □被迫 □主动</td></tr>
<tr><td>课前课后</td><td>□预习 □复习 □无　□没时间</td></tr>
<tr><td>课后作业</td><td>□太少 □太多 □无</td></tr>
<tr><td>意见建议</td><td colspan="2"></td></tr>
<tr><td colspan="3" align="center">2. 小组评价表</td></tr>
<tr><td>讨论问题</td><td colspan="2"></td></tr>
<tr><td>小组成员</td><td></td><td></td></tr>
<tr><td>为我打分</td><td></td><td></td></tr>
</table>

笔记页

参　考　文　献

［1］罗尧治.建筑结构.2版.北京：中央广播电视大学出版社，2017.